Informe Final
de la Cuadragésima
Reunión Consultiva
del Tratado Antártico

REUNIÓN CONSULTIVA
DEL TRATADO ANTÁRTICO

Informe Final
de la Cuadragésima
Reunión Consultiva
del Tratado Antártico

Pekín, China
22 de mayo - 1 de junio de 2017

Volumen I

Secretaría del Tratado Antártico
Buenos Aires
2017

Publicado por:

Secretariat of the Antarctic Treaty
Secrétariat du Traité sur l' Antarctique
Секретариат Договора об Антарктике
Secretaría del Tratado Antártico

Maipú 757, Piso 4
C1006ACI Ciudad Autónoma
Buenos Aires - Argentina
Tel: +54 11 4320 4260
Fax: +54 11 4320 4253

Este libro también está disponible en: *www.ats.aq* (versión digital)
y para compras en línea.

ISSN 2346-9889
ISBN (vol. I): 978-987-4024-47-3
ISBN (obra completa): 978-987-4024-44-2

Índice

VOLUMEN I

VOLUMEN II

Siglas y abreviaciones

PARTE II. MEDIDAS, DECISIONES Y RESOLUCIONES (continuación)

4. Planes de gestión

ZAEP n.° 109: Isla Moe, islas Orcadas del Sur
ZAEP n.° 110: Isla Lynch, islas Orcadas del Sur
ZAEP n.° 111: Isla Powell del Sur e islas adyacentes, islas Orcadas del Sur
ZAEP n.° 115: Isla Lagotellerie, bahía Margarita, tierra de Graham
ZAEP n.° 129: Punta Rothera, isla Adelaida
ZAEP n.° 140: Partes de la isla Decepción, islas Shetland del Sur
ZAEP n.° 165: Punta Edmonson, bahía Wood, mar de Ross
ZAEA n.° 5: Estación Amundsen-Scott del Polo Sur, Polo Sur

PARTE III. DISCURSOS E INFORMES DE APERTURA Y CLAUSURA

1. Discursos de apertura y clausura

Discurso de bienvenida pronunciado por el Vice Primer Ministro del Consejo
de Estado de la República Popular de China, Sr. Zhang Gaoli

2. Informes de Depositarios y Observadores

Informe de los Estados Unidos en su carácter de Gobierno Depositario del Tratado
Antártico y su Protocolo
Informe de Australia en su carácter de Gobierno Depositario de la CCRVMA
Informe de Australia en su carácter de Gobierno Depositario del ACAP
Informe del Reino Unido en su carácter de Gobierno Depositario de la CCFA
Informe del Observador de la CCRVMA
Informe del SCAR
Informe del COMNAP

3. Informes de expertos

Informe de la OHI
Informe de la OMM
Informe de la ASOC
Informe de la IAATO

PARTE IV. DOCUMENTOS ADICIONALES DE LA XL RCTA

1. Documentos adicionales

Resumen de la conferencia del SCAR

2. Lista de documentos

Documentos de Trabajo

Documentos de Información

Documentos de Antecedentes

Documentos de la Secretaría

3. Lista de participantes

Partes Consultivas

Partes no Consultivas

Observadores, Expertos e Invitados

Secretaría del País Anfitrión

Secretaría del Tratado Antártico

Siglas y abreviaciones

ACAP	Acuerdo sobre la Conservación de Albatros y Petreles
AMP	Área Marina Protegida
ASOC	Coalición Antártica y del Océano Austral
BP	Documento de Antecedentes
CCFA	Convención para la Conservación de las Focas Antárticas
CCRVMA	Convención para la Conservación de los Recursos Vivos Marinos Antárticos y/o Comisión para la Conservación de los Recursos Vivos Marinos Antárticos
CCRWP	Programa de trabajo de respuesta para el cambio climático
CEE (EMG)	Evaluación Medioambiental Global
CMNUCC	Convención Marco de las Naciones Unidas sobre Cambio Climático
COI	Comisión Oceanográfica Intergubernamental
COMNAP	Consejo de Administradores de Programas Antárticos Nacionales
CPA	Comité para la Protección del Medio Ambiente
EIA	Evaluación del Impacto Ambiental
FIDAC	Fondos internacionales de indemnización de daños debidos a la contaminación por hidrocarburos
GCI	Grupo de Contacto Intersesional
GSCCR	Grupo Subsidiario sobre respuesta al Cambio Climático
GSPG	Grupo Subsidiario sobre Planes de Gestión
IAATO	Asociación Internacional de Operadores Turísticos en la Antártida
IBA	Áreas Importantes para la Conservación de las Aves
IEE (EMI)	Evaluación ambiental inicial
IGP&I Clubs	Grupo internacional de Clubes de Protección e Indemnización
IP	Documento de Información
IPCC	Grupo intergubernamental de expertos sobre cambio climático
MARPOL	Convenio Internacional para Prevenir la Contaminación por los Buques
OACI	Organización de Aviación Civil Internacional
OHI	Organización Hidrográfica Internacional
OMI	Organización Marítima Internacional
OMM	Organización Meteorológica Mundial
OMT	Organización Mundial del Turismo
PNUMA	Programa de las Naciones Unidas para el Medio Ambiente

RBCA	Región Biogeográfica de Conservación de la Antártida
RCC	Centros de Coordinación de Rescates
RCTA	Reunión Consultiva del Tratado Antártico
RETA	Reunión de Expertos del Tratado Antártico
SAR	Búsqueda y salvamento
SCAR	Comité Científico de Investigación Antártica
SC-CAMLR	Comité Científico de la CCRVMA
SEII	Sistema electrónico de intercambio de información
SMH	Sitio y Monumento Histórico
SOLAS	Convenio Internacional para la Seguridad de la Vida Humana en el Mar
SOOS	Sistema de Observación del Océano Austral
SP	Documento de la Secretaría
STA	Sistema del Tratado Antártico o Secretaría del Tratado Antártico
UAV/RPAS	Vehículos Aéreos no Tripulados / Sistemas de Aeronaves Dirigidas por Control Remoto
UICN	Unión Internacional para la Conservación de la Naturaleza
WP	Documento de Trabajo
ZAEA	Zona Antártica Especialmente Administrada
ZAEP	Zona Antártica Especialmente Protegida
ZIA	Zonas importantes para la conservación de las aves

PRIMERA PARTE
Informe Final

1. Informe Final

Informe Final de la Cuadragésima Reunión Consultiva del Tratado Antártico

Pekín, China, 23 de mayo al 1 de junio de 2017

(1)   De conformidad con el Artículo IX del Tratado Antártico, los representantes de las Partes Consultivas, Alemania, Argentina, Australia, Bélgica, Brasil, Bulgaria, Chile, China, Ecuador, España, los Estados Unidos de Norteamérica, la Federación de Rusia, Finlandia, Francia, India, Italia, Japón, Noruega, Nueva Zelandia, los Países Bajos, Perú, Polonia, Sudáfrica, Suecia, Ucrania, el Reino Unido de Gran Bretaña e Irlanda del Norte, la República de Corea, la República Checa, y Uruguay, se reunieron en Pekín entre el 23 de mayo y el 1 de junio de 2017 con el propósito de intercambiar información, realizar consultas, y considerar y recomendar a sus Gobiernos medidas para promover los principios y objetivos del Tratado.

(2)   Asistieron también a la Reunión las delegaciones de las siguientes Partes Contratantes del Tratado Antártico, las cuales no son Partes Consultivas: Belarús, Canadá, Colombia, Dinamarca, Kazajstán, la República Democrática Popular de Corea, Islandia, Malasia, Mónaco, Pakistán, Portugal, Rumania, Suiza, la República de Eslovaquia, Turquía, y Venezuela.

(3)   En conformidad con las Reglas 2 y 31 de las Reglas de Procedimiento, asistieron a la Reunión los Observadores de la Convención sobre la Conservación de los Recursos Marinos Vivos (CCRVMA), el Comité Científico de Investigación Antártica (SCAR) y el Consejo de Administradores de los Programas Nacionales Antárticos (COMNAP).

(4)   También estuvieron presentes en la Reunión expertos pertenecientes a las siguientes organizaciones internacionales y organizaciones no gubernamentales: la Coalición Antártica y del Océano Austral (ASOC), la Asociación Internacional de Operadores de Turismo en la Antártida (IAATO), el Grupo internacional de Clubes de Protección e Indemnización (IGP&I Clubs), la Organización Hidrográfica Internacional (OHI), los Fondos

internacionales de indemnización de daños debidos a la contaminación por hidrocarburos (FIDAC), la Organización Marítima Internacional (OMI) y la Organización Meteorológica Mundial (OMM).

(5)   China, como País anfitrión, cumplió con los requisitos de información respecto de las Partes Contratantes, Observadores y Expertos mediante circulares, cartas y un sitio web exclusivo de la Secretaría.

Tema 1: Apertura de la Reunión

(6)   Se dio inicio oficial a la Reunión el 23 de mayo de 2017. En nombre del Gobierno anfitrión, y de conformidad con las Reglas 5 y 6 de las Reglas de Procedimiento, la Jefe de la Secretaría del País anfitrión, Sra. Guo Xiaomei, dio por iniciada la Reunión y propuso la candidatura del Sr. Liu Zhenmin, Subsecretario de Relaciones Exteriores, como Presidente de la XL RCTA. La propuesta fue aceptada.

(7)   El Presidente dio una cordial bienvenida a China a todas las Partes, Observadores y Expertos y puso de relieve la contribución de China a los asuntos antárticos durante las últimas tres décadas, señalando que esta era la primera ocasión en que China se desempeña como País anfitrión para la RCTA y el CPA. El Presidente ofreció sus mejores augurios a los Delegados en sus próximas deliberaciones.

(8)   Los Delegados guardaron un minuto de silencio en honor de los fallecidos Dr. Gordon Hamilton, Capitán William Cranfield, Sr. Malcom MacFarlane, y Comandante Alistair McColl. El Profesor Hamilton, un ciudadano norteamericano, fue un importante glaciólogo, profesor en la Universidad de Maine e investigador del Instituto de Cambio Climático de dicha Universidad.

(9)   Se unió a la Reunión Su Excelencia, el Sr. Zhang Gaoli, Vice Primer Ministro del Consejo de Estado de la República Popular de China. El Vice Primer Ministro Zhang ofreció una cordial bienvenida a los Delegados y señaló que esta es la primera oportunidad de China como su País anfitrión. Puso de relieve la singular naturaleza geográfica y medioambiental de la Antártida y su importancia para el cambio climático mundial, y para la supervivencia y la evolución humana. Destacó la función del Sistema del Tratado Antártico en mantener la paz, la estabilidad y la cooperación en la Antártida, y refiriéndose a los provechosos resultados obtenidos por los países que han trabajado en forma cooperativa bajo la orientación del Sistema del Tratado Antártico, instó a todas las Partes a impulsar el espíritu del Tratado Antártico y a trabajar de manera incansable en la creación de un mejor futuro para la Antártida y

para todo el mundo. Se extendió sobre la función y contribución de China al desarrollo de un orden pacífico, estable y ecológico en la Antártida en tres aspectos, donde China es: un participante importante en la gobernanza antártica, un firme contribuyente a la investigación científica en la Antártida, y una fuerza activa en la protección del medioambiente antártico. Declaró que desde su adhesión al Tratado en 1983, China se ha mantenido comprometida con los propósitos y principios del Tratado y con el conjunto de los intereses de la comunidad internacional, cumpliendo en forma activa sus derechos y responsabilidades en virtud del Tratado, promoviendo constantemente la causa de la Antártida y aportando su sabiduría y fortaleza a la comprensión, protección y uso de la Antártida por la humanidad.

(10)   Al destacar la cooperación antártica como un medio para promover la paz y la prosperidad en el mundo, el Vice Primer Ministro Zhang propuso que la RCTA considere los siguientes cinco puntos. En primer lugar, fue enfático en señalar que la paz y la estabilidad de la Antártida son requisitos previos fundamentales para todas las actividades que se llevan a cabo en la región. Alentó a las Partes a seguir aumentando la confianza y a asumir un sentido más firme de responsabilidad compartida, redoblando su diálogo y consultas, y promoviendo la realización conjunta de planes y soluciones para abordar los desafíos que se imponen en la región. En segundo lugar, dado el éxito del Sistema del Tratado Antártico, las Partes deben seguir consolidando la gobernanza de la Antártida dentro del actual marco, y debe mantenerse el principio del consenso. En tercer lugar, el Vice Primer Ministro Zhang instó a las Partes a ampliar el área y el alcance de una eficaz gobernanza cooperativa al mejorar las consultas y la cooperación mutua en igualdad de condiciones. En cuarto lugar, respaldó la promoción y mantención de las libertades en la investigación científica en la Antártida, y recomendó la priorización de la investigación sobre los impactos del clima mundial y los cambios medioambientales. En quinto lugar, puso de relieve la necesidad de proteger el medioambiente natural de la Antártida y de garantizar la mantención del equilibrio ecológico y el desarrollo sustentable de la región. Por último, deseó a las Partes una provechosa Reunión y las alentó a seguir trabajando en pos de la protección de la Antártida. Las notas al texto completo del Vice Primer Ministro Zhang se encuentran en el Volumen II, Parte III.1.

Tema 2: Elección de autoridades y creación de Grupos de Trabajo

(11)   El Embajador Mauricio Efrain Baus Palacios, Jefe de Delegación de Ecuador, País anfitrión de la XLI RCTA, fue elegido Vicepresidente. De acuerdo

con la Regla 7 de las Reglas de Procedimiento, el Dr. Manfred Reinke, Secretario Ejecutivo de la Secretaría del Tratado Antártico, actuó como Secretario de la Reunión. La Sra. Guo Xiaomei, Jefe de la Secretaría del País anfitrión, se desempeñó como Subsecretaria. El Sr. Ewan McIvor, de Australia, mantuvo su cargo como Presidente del Comité para la Protección del Medio Ambiente.

(12) Se establecieron dos Grupos de Trabajo:

- Grupo de Trabajo 1: Asuntos políticos, jurídicos e institucionales;
- Grupo de Trabajo 2: Asuntos operacionales, científicos y relativos al turismo.

(13) Se eligieron los siguientes Presidentes para los Grupos de trabajo:

- Grupo de Trabajo 1: Sra. Therese Johansen, de Noruega;
- Grupo de Trabajo 2: Sr. Máximo Gowland, de Argentina, y la Sra. Jane Francis, del Reino Unido.

Tema 3: Aprobación del programa y asignación de temas

(14) Se aprobó el siguiente programa:

1. Apertura de la Reunión
2. Elección de autoridades y creación de Grupos de Trabajo
3. Aprobación del Programa, asignación de temas a los Grupos de Trabajo y consideración del Plan de trabajo estratégico plurianual
4. Funcionamiento del Sistema del Tratado Antártico: Informes de las Partes, Observadores y Expertos
5. Informe del Comité para la Protección del Medio Ambiente
6. Funcionamiento del Sistema del Tratado Antártico: Asuntos generales
7. Funcionamiento del Sistema del Tratado Antártico: Asuntos relacionados con la Secretaría
8. Responsabilidad
9. Prospección biológica en la Antártida
10. Intercambio de información
11. Asuntos educacionales
12. Plan de trabajo estratégico plurianual
13. Seguridad de las operaciones antárticas

14. Inspecciones realizadas en virtud del Tratado Antártico y del Protocolo sobre Protección del Medio Ambiente

15. Asuntos científicos, cooperación y facilitación científica

16. Futuros desafíos científicos en la Antártida

17. Implicaciones del cambio climático para la gestión de la zona del Tratado Antártico

18. Turismo y actividades no gubernamentales en la zona del Tratado Antártico, incluidos los asuntos relativos a las Autoridades competentes

19. Nombramiento del Secretario Ejecutivo

20. Preparativos para la XLI Reunión

21. Otros asuntos

22. Aprobación del Informe Final

23. Clausura de la Reunión

(15) La Reunión aprobó la siguiente asignación de los temas del programa:

- Sesión plenaria: Temas 1, 2, 3, 4, 5, 18, 19, 20, 21, 22.
- Grupo de Trabajo 1: Temas 6, 7, 8, 9, 10, 11 y 12.
- Grupo de Trabajo 2: Temas 13, 14, 15, 16, 17.

(16) Además, la Reunión decidió asignar los proyectos de instrumentos que surjan del trabajo del CPA y de los Grupos de trabajo a un grupo de redacción jurídica para someter a consideración sus aspectos jurídicos e institucionales.

Tema 4: Funcionamiento del Sistema del Tratado Antártico: Informes de las Partes, Observadores y Expertos

(17) Conforme a la Recomendación XIII-2, la Reunión recibió los informes de los gobiernos depositarios y secretarías.

(18) Estados Unidos, en su carácter de Gobierno Depositario del Tratado Antártico y su Protocolo Ambiental, informó sobre la situación del Tratado Antártico y el Protocolo al Tratado Antártico sobre Protección del Medio Ambiente (Documento de Información IP 158 rev. 2). Durante el año pasado no se registraron nuevas adhesiones al Tratado y se produjo una adhesión al Protocolo: Malasia depositó su instrumento de adhesión al Protocolo el 15 de agosto de 2016. Suiza anunció su adhesión el 1 de junio de 2017. Estados Unidos señaló que actualmente las Partes del Tratado son 53 y que al 1 de junio de 2017, las Partes adherentes al Protocolo eran 39.

(19) Australia, en su carácter de Gobierno Depositario de la Convención para la Conservación de los Recursos Vivos Marinos Antárticos (CCRVMA), informó que desde la XXXIX RCTA no se han producido nuevas adhesiones a la Convención. Señaló que la Convención cuenta actualmente 36 Partes (Documento de Información IP 32).

(20) El Reino Unido, en su carácter de Gobierno Depositario de la Convención para la Conservación de las Focas Antárticas (CCFA), informó que no se han recibido solicitudes de adhesión a la Convención, como tampoco ningún instrumento de adhesión, desde la XXXIX RCTA (Documento de Información IP 1 rev. 1). El Reino Unido agradeció a todas las Partes que han completado sus informes para el presente año y alentó a todas las Partes Contratantes de la CCFA a que presenten sus informes de manera oportuna.

(21) Australia, en su carácter de Gobierno Depositario del Acuerdo sobre la Conservación de Albatros y Petreles (ACAP), informó que desde la XXXIX RCTA no se han registrado nuevas adhesiones al Acuerdo, y que este cuenta con 13 Partes (Documento de Información IP 31). Australia puso de relieve que el Acuerdo comparte los objetivos de conservación de otros instrumentos del Sistema del Tratado Antártico y alentó a todas las Partes que no son miembros del ACAP a considerar su adhesión al Acuerdo.

(22) La CCRVMA presentó un resumen de los resultados de la trigésima quinta Reunión de la CCRVMA, realizada en Hobart, Australia, entre el 17 y el 28 de octubre de 2016 (Documento de Información IP 11). Dicha Reunión fue presidida por el Sr. Vasily Titushkin (Federación de Rusia). Participaron 24 Miembros, 2 Estados adherentes, 1 Estado Observador y 11 Observadores de organizaciones no gubernamentales. Los resultados claves que interesan a la RCTA incluyeron los actuales esfuerzos de la CCRVMA por renovar el acuerdo para la publicación de los datos del sistema de observación de buques (VMS, por sus siglas en inglés) con objeto de apoyar las iniciativas de búsqueda y salvamento (SAR) en el área de distribución de la Convención, una iniciativa comenzada en un taller sobre SAR realizado en asociación con la XXXVI RCTA. Haciendo notar que los resultados del Comité Científico de la CCRVMA de 2016 se presentaron durante la XX Reunión del CPA, el resumen informó sobre la cosecha de austromerluza y kril en las pesquerías sometidas a la autoridad de la CCRVMA durante la temporada 2015-2016, el trabajo permanente en relación con las áreas marinas protegidas (AMP), en particular la aprobación de la AMP de la región del mar de Ross y la aprobación de una medida sobre el establecimiento de zonas especiales para el estudio científico en las las áreas marinas recientemente expuestas por

el retroceso o derrumbe de las plataformas de hielo, el cambio climático e iniciativas de creación de capacidades para científicos en las primeras etapas de sus carreras profesionales. Se refirió además a la aprobación de una segunda Evaluación del Funcionamiento de la CCRVMA, cuyos resultados se informarían en la XXXVI reunión de la CCRVMA, en octubre de 2017.

(23) El SCAR presentó el Documento de Información IP 35, *Informe anual correspondiente al periodo 2016/2017 del Comité Científico de Investigación Antártica para la XL Reunión Consultiva del Tratado Antártico*. El SCAR llamó la atención de las Partes con respecto al nuevo formato de su informe y su enfoque general en texto sin formato para informar a la reunión con respecto a un abanico de sus contribuciones. El SCAR informó a la Reunión que había acogido a cuatro nuevos Miembros Asociados: Austria, Colombia, Tailandia y Turquía, y que había dado inicio a una nueva asociación con el Foro Asiático de Ciencias Polares. El SCAR destacó diversos ejemplos de sus actividades, que incluyeron un alto nivel de participación en la XXXIV reunión del SCAR y en la Conferencia Abierta de Ciencias (Kuala Lumpur, Malasia, 20 al 30 de agosto de 2016) así como importantes iniciativas de educación y difusión que incluyen una "wikibomb" para cargar en Wikipedia las biografías pormenorizadas de 110 mujeres científicas antárticas. El SCAR felicitó al Dr. Robert Dunbar (EE. UU.), al Dr. Heinrich Miller (Alemania) y al Dr. Francisco Herve (Chile), quienes recibieron importantes distinciones durante la Reunión de Delegados del SCAR y la Conferencia Abierta de Ciencias. El SCAR llamó la atención de la Reunión hacia su página web (*http://www.scar.org/*), donde puede encontrarse más información acerca de sus actividades actuales.

(24) El COMNAP presentó el Documento de Información IP 9, *Informe anual de 2016/2017 del Consejo de Administradores de los Programas Antárticos Nacionales*, y se refirió a la reciente aceptación del Programa Antártico Nacional de Malasia como Observador, lo que eleva a 30 miembros y cuatro organizaciones observadoras el total de la membresía. Entre sesiones, el COMNAP coordinó dos talleres, uno sobre Búsqueda y Salvamento (Documento de Información IP 10) y otro sobre los "Desafíos de la invernada", cuyos procedimientos se encuentran publicados y disponibles en forma gratuita. El Documento de Información IP 9 destacó dos proyectos: la Base de datos y el Catálogo de estaciones, ambos del COMNAP. El COMNAP señaló que la base de datos del COMNAP (Documento de Información IP 64) es un sistema de información integral que incluye las instalaciones, buques, y la información de contacto de los programas antárticos nacionales, y puso

de relieve que dicha base de datos informa sobre un abanico de productos del COMNAP, incluido el recientemente revisado Manual de información sobre vuelos antárticos. El COMNAP señaló que gran parte de la información es puesta a disposición del público a través del sistema interactivo de información geográfica en línea (SIG) en su sitio web y en su Catálogo de estaciones (Documento de Información IP 12).

(25) En relación con el Artículo III-2 del Tratado Antártico, la Reunión recibió informes de otras organizaciones internacionales.

(26) La OHI presentó el Documento de Información IP 4, *Informe de la Organización Hidrográfica Internacional (OHI) y Propuesta de un Seminario sobre la Importancia de la Hidrografía en la Región Antártic*a. El documento se centró en la escasez de conocimientos hidrográficos sobre la Antártida y sus consiguientes riesgos para las operaciones científicas y marítimas. La OHI expresó su opinión en cuanto a que las investigaciones y conclusiones científicas se ven comprometidas debido a la falta de información topográfica y batimétrica del fondo marino, lo que también implica un riesgo para la seguridad. La OHI reiteró su opinión en cuanto a que debería llevarse a cabo la medición, el registro y la interpretación de datos relativos a profundidad como una actividad de observación medioambiental de rutina en todo momento cuando los buques están en el mar, y donde no se aplican restricciones. La OHI invitó a la RCTA a incluir un seminario para examinar con detenimiento el impacto del estado actual de los conocimientos sobre hidrografía en la Antártida, en particular en relación con la seguridad, las operaciones, la protección del medioambiente, el cambio climático, el modelamiento y la investigación oceánica en la región, el cual sería presentado por la OHI como parte de su programa para la XLI RCTA de 2018, en Ecuador. La organización expresó su deseo de trabajar en colaboración con el SCAR, el COMNAP, la CCRVMA, y la IAATO con el fin de abordar las deficiencias relativas a los datos. Además instó a las Partes para que incluyeran en sus políticas relevantes, y/o en sus reglamentos sobre todas las operaciones marítimas, un incentivo para que realicen mediciones, el registro y la interpretación de los datos relativos a profundidad como una actividad de rutina de vigilancia del medioambiente, y a hacerlo en todo momento mientras se encuentren en el mar, a menos que apliquen restricciones específicas.

(27) La OMI presentó el Documento de Información IP 139 rev. 1, *An overview of the International Code for Ships Operating in Polar Waters* [Una reseña sobre el Código Internacional relativo a embarcaciones que operan en Aguas Polares]. Considerando su anterior presentación de 2009, la OMI

afirmó que el documento se había preparado como una actualización sobre su trabajo para la RCTA. En el documento se entregó una reseña de los requisitos del Código Internacional relativo a embarcaciones que operan en Aguas Polares, conocido como "Código Polar", en relación con la seguridad marítima y la protección del medio marino. Se refirió además al lugar que ocupa el Código Polar en el marco mundial actual que rige las actividades marítimas internacionales. La OMI puso de relieve los requisitos asociados de capacitación y certificación para los oficiales y la tripulación de buques que operan en aguas polares, conforme al Convenio Internacional sobre Normas de Formación, Titulación y Guardia para la Gente de Mar (Convenio STCW). Luego entregó un análisis sobre qué otras cosas pueden hacerse para garantizar la seguridad de las actividades marítimas polares para todos los buques, tomando en cuenta los actuales debates sostenidos por la OMI.

(28)   La OMM presentó el Documento de Información IP 112, *Informe anual de la OMM de 2016-2017*, en el que describió sus actividades para el periodo desde la XXXIX RCTA. En el documento se explicó la forma en que las actividades polares y de alta montaña prioritarias del Plan estratégico para 2016-2019 de la OMM promueven y coordinan las observaciones, la investigación y otros servicios relevantes, los que son llevados a cabo por las naciones y grupos de naciones en las regiones antárticas, árticas y de alta montaña. La OMM señaló que el Año de la predicción polar (YOPP, por sus siglas en inglés) cubre el periodo 2017-2019, y que se prevé un Periodo de observación especial entre el 16 de noviembre de 2018 y el 15 de febrero de 2019 (Documento de Información IP 116). También hizo mención de los Sistemas Mundiales Integrados de Observación de la OMM: la Red de Observación Antártica (AntON) (Documento de Información IP 117), el Grupo de tareas del espacio polar (Documento de Información IP 114), la Vigilancia de la Criósfera Global (Documento de Información IP 113), el Programa Mundial de Investigaciones Climáticas (PMIC), y el desarrollo de la red del Centro Meteorológico Polar Regional (PRCC, por sus siglas en inglés) (Documento de Información IP 118). Señaló además que la OMM está comprometida a participar entregando servicios, observación e investigación meteorológica y climatológica sobre la Antártida en una colaboración positiva y mutuamente beneficiosa con las Partes.

(29)   El FIDAC presentó el Documento de Información IP 88, *The International Oil Pollution Compensation Funds* [Fondos internacionales de indemnización de daños debidos a la contaminación por hidrocarburos], en el que ofreció una reseña de su funcionamiento a fin de facilitar una comparación con los mecanismos previstos en virtud del Anexo VI al Protocolo al Tratado Antártico

sobre Protección del Medio Ambiente. El FIDAC recordó a la Reunión acerca de su propósito de ofrecer una indemnización financiera por los daños ocasionados por la contaminación producidos por el vertido de hidrocarburos persistentes procedentes de petroleros en sus Estados Miembros. Señaló que a la fecha del 22 de abril de 2017, el Fondo de 1992 contaba con 114 Estados Miembros y que el Fondo complementario contaba con 31, y reiteró que el Director y la Secretaría de FIDAC se complacerían de compartir su experiencia y de entregar un mayor apoyo a la RCTA en relación con el establecimiento del Fondo que se menciona en el Artículo 12.

(30) IGP&I Clubs presentó el Documento de Información IP 87, *Liability Annex: Financial Security* [Anexo sobre responsabilidad: seguridad financiera] e informó a la Reunión que las 13 principales organizaciones suscriptoras que comprenden IGP&I Clubs ofrecen cobertura de seguro de responsabilidad de terceros para aproximadamente el 90 % del tonelaje marítimo del mundo. IGP&I Clubs observó que la cobertura de seguro que ofrece es amplia y que incluye la mayor parte de las responsabilidades de un armador con respecto a la operación de su buque. La organización señaló que la responsabilidad relativa a la contaminación incluye entre las responsabilidades que cubre los daños ocasionados por la contaminación por petróleo. IGP&I Clubs se mostró complacida de ser invitada a la RCTA, y de ofrecer cualquier asesoramiento que resulte relevante.

(31) La ASOC presentó el Documento de Información IP 146, *Informe de la Coalición Antártica y del Océano Austral,* en el que describió en forma abreviada el trabajo realizado durante el año pasado por la Coalición, y destacó algunos asuntos claves para esta RCTA. Señaló en el documento que durante el año pasado, la ASOC y representantes de sus grupos miembros participaron de forma activa en los debates intersesionales entablados en los foros de la RCTA y el CPA así como en otras reuniones internacionales. La ASOC presentó a la RCTA sus tres principales prioridades: zonas protegidas, gestión cautelar de las actividades humanas, y el cambio climático. La ASOC recomendó algunas medidas que las Partes del Tratado Antártico podrían adoptar a fin de progresar en estas prioridades: iniciar la planificación sistemática de la conservación para ampliar la red de zonas protegidas; aspirar a la gestión cautelar del turismo y de otras actividades y en específico, respaldar la Fase 2 del Código Polar; y elaborar una respuesta de la RCTA al cambio climático. Durante el año pasado, la ASOC se vinculó con diversas organizaciones del Sistema del Tratado Antártico, incluida la IAATO, el SCAR, la Coalición de Pescadores Legítimos de Austromerluza (COLTO) y el Fondo de Investigación de la Vida Silvestre Antártica (AWR, por sus siglas en inglés), con el fin de intentar la identificación de fortalezas y

debilidades en los procedimientos y prácticas actuales del Sistema del Tratado Antártico y proponer algunas soluciones para las posibles deficiencias. Por último, la ASOC alentó a la RCTA a tomar una postura proactiva en relación con los temas que influyen en los valores significativos de la Antártida y a pasar del debate a la toma de decisiones activa.

(32) La IAATO presentó el Documento de Información IP 162, *Informe de la Asociación Internacional de Operadores Turísticos Antárticos 2016-2017*. La IAATO reafirmó su misión de defender y promover la visita segura y responsable hacia el medioambiente a la zona del Tratado Antártico, y agradeció las oportunidades de colaboración con otras organizaciones. Señaló que desde 2010, la IAATO ha representado a casi todos los buques de pasajeros que operan en aguas antárticas en virtud del Convenio Internacional para la Seguridad de la Vida Humana en el Mar (SOLAS). Hizo notar una única excepción que se produjo durante la temporada 2016-2017, la del crucero japonés *Ocean Dream*, que no realizó desembarcos. La IAATO informó que durante la temporada 2016-2017 se observó un total de 44 367 visitantes, lo que representó un aumento de aproximadamente 15 % con respecto a la temporada anterior. La IAATO observó que los 39 000 desembarcos de visitantes registrados durante la temporada 2016-2017 representaron la cifra más alta de desembarcos observada para cualquier temporada. Además hizo notar a la Reunión el trabajo realizado por el SCAR de desarrollo de su iniciativa de planificación sistemática de la conservación; el trabajo relativo al Código Polar; y su programa de Embajadores de la Antártida. Por último, la IAATO presentó a su próximo Director Ejecutivo, el Dr. Damon Stanwell-Smith, recientemente designado en el cargo.

Tema 5: Informe del Comité para la Protección del Medio Ambiente

(33) El Sr. Ewan McIvor, Presidente del Comité para la Protección del Medio Ambiente, presentó el informe de la XX Reunión del CPA. Durante su Reunión, el CPA consideró 30 Documentos de Trabajo y 67 Documentos de Información. Además, de conformidad con los temas del programa del CPA, se presentaron 5 Documentos de la Secretaría y 6 Documentos de Antecedentes. Aunque el Presidente del CPA destacó aquellos temas en los que el CPA acordó proporcionar asesoramiento específico a la RCTA, alentó a todas las Partes a revisar todas las secciones de su Informe.

Apertura de la Reunión (Tema 1 del programa del CPA)

(34)   El Presidente del CPA anunció que el Comité recibió con beneplácito a Malasia como un nuevo Miembro, y expresó su deseo de acoger como Miembros a Suiza y a Turquía en un futuro cercano. Además, destacó el reconocimiento por parte del CPA del trabajo realizado por muchos representantes anteriores y actuales de los Miembros del CPA durante los últimos 20 años, y entregó un reconocimiento especial a los representantes que asistieron a la XX Reunión del CPA que han mantenido una estrecha asociación con el Comité desde su primera Reunión en Tromsø, Noruega, en 1998.

Deliberaciones estratégicas sobre el futuro trabajo del CPA (Tema 3 del programa del CPA)

(35)   El Presidente del CPA señaló que el Comité actualizó su Plan de trabajo quinquenal a fin de incorporar las acciones que pudieran haber surgido durante la Reunión.

Funcionamiento del CPA (Tema 4 del programa del CPA)

(36)   El Presidente del CPA informó sobre su presentación al Comité de un documento en el que se examinaron las formas de garantizar que el Comité se mantenga bien ubicado para apoyar los esfuerzos de las Partes por proteger el medioambiente antártico de manera integral.

(37)   El Comité había acordado recomendar a la RCTA una lista de necesidades científicas que ayudaría a fomentar y apoyar la ciencia con el fin de comprender y abordar de mejor manera los desafíos medioambientales que enfrenta la Antártida, lo que sería conveniente para su trabajo y para los debates de la RCTA sobre prioridades científicas antárticas. El Comité examinaría la lista de necesidades científicas del CPA, las que estarían contenidas en el Documento de Trabajo WP 34 de la XXI Reunión del CPA. El Comité reconoció también la necesidad de implementar mecanismos complementarios para ayudar al CPA a abordar su carga de trabajo cada vez mayor, y acordó que su trabajo se podría fortalecer si se le otorgase acceso a un apoyo financiero razonable. Con respecto a este apoyo financiero, el Comité aceptó la oferta del Presidente del CPA de profundizar el trabajo durante el periodo intersesional, en consulta con la Secretaría y los Miembros interesados, a fin de considerar las opciones para obtener y administrar un posible financiamiento para el CPA.

(38)   En relación con la elaboración por el CPA de una lista de necesidades científicas, las Partes expresaron su acuerdo en la conveniencia de la iniciativa y señalaron que sería una valiosa herramienta de debate tanto para el CPA como para la RCTA, y afirmaron que este tema está en consonancia con los debates de la RCTA acerca de los futuros desafíos y prioridades científicas antárticas. La Reunión expresó además su interés en el asesoramiento adicional del CPA en relación con su consideración de opciones de un apoyo financiero razonable para el trabajo de este. Las Partes expresaron su opinión en cuanto a todas las solicitudes de financiamiento que se presentan a la RCTA deben ser específicas y concretas.

(39)   El Presidente del CPA informó que el Comité había considerado además un documento presentado por Australia, Japón, Nueva Zelandia, Noruega, el SCAR, España y Estados Unidos, donde se informaba sobre la operación del Portal de Medioambientes Antárticos. El Comité apoyó la decisión tomada por la Reunión de Delegados del SCAR de 2016 de explorar opciones neutrales en términos de costos para que el SCAR se encargue del funcionamiento operativo del Portal después de 2018, y expresó su acuerdo en considerar otras alternativas para apoyar la administración del Portal por parte del SCAR. El Comité agradeció la contribución de Francia en la traducción al francés del contenido del Portal y la oferta de los Países Bajos, presentada durante la Reunión, de ofrecer su apoyo financiero en el futuro. El Comité también expresó su apoyo general hacia el Plan de Gestión de Contenidos del Portal.

(40)   La Reunión agradeció a los coautores del documento y reconoció el valor del Portal como una fuente de fácil acceso a información científica actualizada para el CPA y para la RCTA, así como para la educación y difusión públicas. La Reunión expresó su acuerdo en que el Portal debería seguir siendo una fuente políticamente neutra de información científica revisada por expertos, y puso de relieve la función del panel editorial en garantizar la independencia de todos los artículos que se publiquen en este. La Reunión agradeció el acuerdo preliminar del SCAR de asumir la administración del Portal a partir de 2018, así como el apoyo constante ofrecido por Francia y la oferta de los Países Bajos de proporcionar apoyo financiero. Junto con alentar a los sectores normativos y a las instancias decisorias a utilizar el Portal en todo su potencial, Noruega expresó también que exploraría opciones para contribuir en el futuro a la operación constante del Portal con apoyo financiero.

Cooperación con otras organizaciones (Tema 5 del programa del CPA)

(41)   El Presidente del CPA anunció que el Comité había considerado su asesoramiento entregado a la XXXIX RCTA, donde refrendó las

recomendaciones emanadas del Taller conjunto del CPA y el SC-CAMLR sobre cambio climático y vigilancia realizado en Punta Arenas, Chile, en mayo de 2016, y reconocido la importancia del seguimiento de los progresos en la implementación de estas recomendaciones. Luego de señalar que el Plan de trabajo estratégico plurianual de la RCTA incluye una medida para que la XL RCTA considere los resultados del taller conjunto, el Comité acordó informar a la RCTA sobre lo siguiente: el SC-CAMLR también había acogido de buen grado el informe del taller y refrendado las recomendaciones emanadas de este; las medidas tomadas por el CPA con respecto a adelantar las recomendaciones se habían abordado en profundidad en conjunto con su trabajo en curso de implementación del CCRWP; y, con referencia a la Recomendación 16 del taller, el Comité había acordado actualizar su Plan de trabajo quinquenal a fin de incluir en este una medida sobre la planificación de un futuro taller conjunto, incluido un examen de la implementación de las recomendaciones del taller de 2016.

(42) La Reunión agradeció el asesoramiento del Comité con respecto a su trabajo de abordar las recomendaciones emanadas del taller conjunto, y acogió de buen grado la mayor interacción entre el CPA y el SC-CAMLR como una importante contribución a la coherencia entre los distintos organismos del Sistema del Tratado Antártico. La Reunión señaló que el Presidente del CPA representaría al CPA en el panel establecido para llevar a cabo una segunda Evaluación del Funcionamiento de la CCRVMA, lo que ofrecería una nueva oportunidad para fortalecer las relaciones de trabajo entre ambos comités.

Reparación y remediación del daño ambiental (Tema 6 del programa del CPA)

(43) El Presidente del CPA señaló que el Comité acordó el establecimiento de un GCI para examinar el Manual sobre limpieza en la Antártida anexo a la Resolución 2 (2013).

Implicaciones del cambio climático para el medioambiente: enfoque estratégico (Tema 7 del programa del CPA)

Implementación y examen del Programa de trabajo de respuesta al cambio climático

(44) El Presidente del CPA informó que el Comité consideró un informe sobre el trabajo intersesional conducido por Nueva Zelandia acerca de la implementación del Programa de trabajo de respuesta al cambio climático

(CCRWP, por sus siglas en inglés) y un documento en el que se expone la investigación afiliada del SCAR con relevancia para el CCRWP.

(45)	Haciendo notar la solicitud de la RCTA contenida en la Resolución 4 (2015) de recibir actualizaciones anuales del CPA sobre la implementación del CCRWP, el Comité había solicitado a la RCTA lo siguiente: aprobar el establecimiento de un Grupo Subsidiario de respuesta al cambio climático (GSRCC) de conformidad con la Regla 10 de las Reglas de Procedimiento del CPA para respaldar la implementación del CCRWP, según se describe en el Apéndice 2 del Informe Final de la XX Reunión del CPA; y solicitar el apoyo de la Secretaría para la traducción de los textos fundamentales y la entrega de apoyo técnico para la coordinación y comunicación de las actualizaciones a fin de apoyar la buena participación y manejo eficaz del trabajo.

(46)	El CPA además había solicitado que la RCTA: considere su aceptación de un completo informe del SCAR sobre el trabajo de sus grupos subsidiarios y afiliados con relevancia para los asuntos y necesidades identificados en el CCRWP, el que indicó en forma clara que los grupos del SCAR están en buena posición para contribuir; y su aceptación de la oferta de la OMM en cuanto a proporcionar a la XXI Reunión del CPA un informe sobre sus actividades relevantes al CCRWP.

(47)	El Presidente del CPA informó que el Comité había considerado también las recomendaciones emanadas de la Reunión de Expertos del Tratado Antártico (RETA) sobre cambio climático y sus implicaciones para la gestión y gobernanza de la Antártida y acordado lo siguiente: que, aparte de las Recomendaciones 18 y 29, las que había registrado como trabajo futuro para el GSRCC propuesto, las recomendaciones relativas al trabajo del CPA se habían incorporado en el CCRWP; la medida de Conservación CM 24-04 de la CCRVMA sobre el establecimiento por tiempo limitado de áreas especiales para el estudio científico en áreas marinas expuestas recientemente luego del retroceso o derrumbe de barreras de hielo en la Península Antártica han sido contribuciones positivas para la ejecución de la Recomendación 26 de la RETA; y que el CPA no requería las posteriores actualizaciones de la Secretaría sobre las medidas tomadas con respecto a las recomendaciones de la RETA, si bien señaló que la RCTA podría desear recibir actualizaciones acerca del progreso obtenido en relación con dichas recomendaciones, en particular las recomendaciones 1 a 17.

(48)	La Reunión felicitó al CPA por su prolongado trabajo acerca de las implicaciones del cambio climático sobre el medioambiente. Señaló que el GSRCC sería un mecanismo valioso para que el CPA respalde la implementación del CCRWP. La Reunión agradeció también al SCAR y a la OMM por sus provechosos comentarios sobre la investigación y los efectos del cambio climático, y alentó a ambas organizaciones a continuar actualizando al CPA y a la RCTA en relación con este asunto.

(49) Noruega recordó que han transcurrido 10 años desde sus iniciales debates centrados específicamente en el cambio climático en el seno del CPA y de la RCTA, lo que había llevado a la realización de la RETA de 2010 sobre las implicaciones del cambio climático para la gobernanza, organizada conjuntamente por el Reino Unido y Noruega. Recordó que las recomendaciones de la RETA incluían una propuesta para el desarrollo de un CCRWP. Expresó su satisfacción por la reciente aprobación del CCRWP por el CPA y la RCTA, y se refirió al importante papel que desempeñaría el GSRCC en este contexto. El Reino Unido expresó su apoyo a los comentarios formulados por Noruega. Argentina alentó la amplia participación en el GSRCC y reiteró la importancia de que los documentos relevantes se tradujeran a los cuatro idiomas oficiales del Tratado puesto que se trata de un asunto con probables implicaciones políticas.

(50) La Reunión aprobó el establecimiento del GSRCC de conformidad con los Términos de Referencia presentados en el Apéndice 2 del Informe Final de la XX Reunión del CPA, y expresó su interés en las actualizaciones periódicas del CPA con respecto a sus futuros progresos, y aprobó la Decisión 1 (2017) *Grupo Subsidiario del Comité para la Protección del Medio Ambiente sobre respuesta al cambio climático (SGCCR).*

Evaluación del impacto ambiental (EIA) (Tema 8 del programa del CPA)

Otros temas relacionados con la Evaluación del Impacto Ambiental

(51) El Presidente del CPA informó que el Comité había considerado un informe sobre los debates intersesionales conducidos por el Reino Unido para examinar los asuntos relativos a políticas generales identificados durante su anterior trabajo intersesional de revisión de las *Directrices para la Evaluación del Impacto Ambiental en la Antártida* (Directrices para EIA). El Comité expresó su acuerdo en actualizar los *Procedimientos para la consideración por el CPA de proyectos de CEE en el período entre sesiones* aprobados durante la XVIII Reunión del CPA a fin de incluir un término de referencia normalizado complementario acerca de "si la CEE: i) identifica todos los impactos ambientales que resultarán de la actividad propuesta; y ii) sugiere métodos de mitigación adecuados para (reducir o evitar) dichos

impactos". Además acordó incluir en su Plan de trabajo quinquenal diversas medidas sobre asuntos relacionados con las EIA.

(52) El Presidente del CPA informó que, junto con señalar que el Plan de trabajo estratégico plurianual de la RCTA incluye una medida para que la XL RCTA "considere el asesoramiento del CPA y analice las consideraciones políticas de la revisión de las Directrices para Evaluación del Impacto Ambiental (EIA)", el Comité había expresado su acuerdo en informar a la RCTA su recomendación de que todas las Partes proporcionen la información solicitada en la Resolución 1 (2005) de forma adecuada y oportuna. El Comité había solicitado además el asesoramiento de RCTA sobre hasta qué punto el CPA debía comenzar a trabajar sobre lo siguiente: la creación de un método adecuado y eficaz para evitar que un proyecto con efectos adversos sobre el medioambiente siga avanzando dentro del Sistema del Tratado Antártico; la posible aplicación de procesos de clasificación y definición del ámbito que se suelen aplicar en otras partes del mundo como parte del proceso de EIA de proyectos de gran envergadura; y los procesos para la revisión independiente y periódica de las actividades a nivel de CEE (incluida la evaluación del cumplimiento con cualquier condición para la expedición de permisos exigida por la autoridad competente).

(53) La Reunión puso de relieve la importancia del proceso de EIA como una herramienta fundamental del Protocolo Ambiental, y de considerar las formas de mantener el proceso actualizado a fin de reflejar las prácticas recomendables. La Reunión reafirmó también la importancia de la adhesión de las Partes a la Resolución 1 (2005).

(54) Las Partes formularon una serie de puntos en relación con los asuntos planteados en la solicitud de asesoramiento de la RCTA por parte del CPA, que incluyeron considerar que: las Partes tienen a su disposición un abanico de valiosos instrumentos para garantizar que las actividades en la Antártida se llevan a cabo conforme al Anexo I; el CPA y la RCTA han continuado su revisión y actualización de las Directrices sobre EIA; es posible que se deba aplicar cierta cautela a la consideración de un mecanismo para impedir actividades; la RCTA debería llamar la atención de las Partes hacia la necesidad de agilizar la implementación del Protocolo Ambiental y sus disposiciones sobre EIA en su legislación nacional; debería definirse un criterio de referencia para los procesos de EIA en la Antártida; es posible que no sea conveniente la realización de CEE por parte de organizaciones externas; y podría ser conveniente el establecimiento de valores umbral claramente definidos del impacto ambiental.

(55)   Reiterando la necesidad de procedimientos de EIA robustos y factibles y la necesidad de seguir las prácticas recomendables en los procesos para proteger el medioambiente, la Reunión acogió la oferta del Comité de continuar su trabajo en relación con las EIA, incluida la incorporación en su Plan de trabajo quinquenal del nuevo trabajo asociado, y expresó su interés en los futuros debates sobre este asunto.

Protección y gestión de zonas (Tema 9 del programa del CPA)

9a. Planes de Gestión

(56)   El Presidente del CPA informó que el Comité había considerado 7 planes de gestión revisados para Zonas Antárticas Especialmente Protegidas (ZAEP) y un Plan de Gestión para una Zona Antártica Especialmente Administrada (ZAEA), y que acordó remitir a la RCTA cada uno de los planes de gestión revisados para su aprobación por medio de una Medida.

(57)   Acogiendo el asesoramiento del CPA, la Reunión aprobó las siguientes Medidas sobre ZAEP y ZAEA:

- Medida 1 (2017), *Zona Antártica Especialmente Protegida n.° 109 (Isla Moe, islas Orcadas del Sur): Plan de Gestión revisado.*

- Medida 2 (2017), *Zona Antártica Especialmente Protegida n.° 110 (Isla Lynch, islas Orcadas del Sur): Plan de Gestión revisado.*

- Medida 3 (2017), *Zona Antártica Especialmente Protegida n.° 111, (Isla Powell del Sur e islas adyacentes, islas Orcadas del Sur): Plan de Gestión revisado.*

- Medida 4 (2017), *Zona Antártica Especialmente Protegida n.° 115 (Isla Lagotellerie, bahía Margarita, Tierra de Graham): Plan de Gestión revisado.*

- Medida 5 (2017), *Zona Antártica Especialmente Protegida n.° 129 (Punta Rothera, isla Adelaida): Plan de Gestión revisado.*

- Medida 6 (2017), *Zona Antártica Especialmente Protegida n.° 140 (Partes de la isla Decepción, islas Shetland del Sur): Plan de Gestión revisado.*

- Medida 7 (2017), *Zona Antártica Especialmente Protegida n.° 165 (Punta Edmonson, bahía Wood, mar de Ross): Plan de Gestión revisado.*

- Medida 8 (2017), *Zona Antártica Especialmente Administrada n.° 5 (Estación Amundsen-Scott del Polo Sur, Polo Sur): Plan de Gestión revisado.*

(58)   El Presidente del CPA señaló además que el Comité consideró un informe sobre debates informales intersesionales relativos a opciones de gestión para proteger los valores científicos y medioambientales de la zona del Domo A, y que había acogido la oferta de China con respecto a un proyecto de Código de Conducta en el Domo A y de liderar los debates intersesionales basándose en dicho proyecto.

9b. Sitios y Monumentos Históricos

(59)   El Presidente del CPA informó que el Comité había acogido de buen grado el informe sobre progresos presentado por Noruega y el Reino Unido en torno al GCI establecido durante la XIX Reunión del CPA para el desarrollo de material de orientación sobre enfoques de conservación para la gestión de los objetos del patrimonio antártico, y había acordado mantener dicho GCI con el propósito de producir dicho material de orientación para su consideración durante la XXI Reunión del CPA.

(60)   Las Partes agradecieron el asesoramiento del CPA en cuanto a que el GCI seguiría trabajando y produciría material de orientación para su consideración en la XXI Reunión del CPA. Argentina comentó que algunos conceptos relativos al patrimonio no se encontraban claramente definidos en el Sistema del Tratado Antártico, por ejemplo, el concepto de universalidad, lo que podría tener consecuencias para la historia nacional de algunas Partes individuales. Por lo mismo, recalcó que los participantes en los debates constantes del CPA deberían recurrir a los expertos nacionales relevantes.

9c. Directrices para sitios

(61)   En relación con el trabajo del Comité con respecto a las Directrices para Sitios, el Reino Unido señaló que se habían obtenido grandes progresos en el desarrollo de orientaciones para los sitios más visitados, pero que debe cosiderarse el mantener las Directrices para Sitios bajo revisión constante, y que, según corresponda, deben elaborarse nuevas Directrices para Sitios.

9d. Protección y gestión del espacio marino

(62)   La Reunión acogió con beneplácito el acuerdo del CPA con respecto a que en el futuro podría ser conveniente que el Comité considere y analice los medios y posibilidades de buscar la conectividad entre el océano y las zonas terrestres, y que considere si es posible que la existencia de medidas complementarias en el marco del Protocolo Ambiental, en particular en el Anexo V, puedan respaldar

y fortalecer las iniciativas de protección del medio marino, y cómo lo harían. Señaló que la designación de zonas protegidas debería tener una base científica sólida y que las decisiones tomadas por la CCRVMA no deberían requerir automáticamente acciones complementarias de las Partes, sino que habría que considerar caso a caso la necesidad de tales acciones. Noruega observó que sería lógico que en tales casos la RCTA solicite al CPA que considere y ofrezca su asesoramiento en cuanto a si las actuales Medidas relativas a zonas terrestres en una zona asociada a una AMP son lo suficientemente abarcadoras. Además observó que no existe una demarcación geográfica oficial entre las zonas de interés y de responsabilidad de las partes componentes del Sistema del Tratado Antártico.

9e. Otros asuntos relacionados con el Anexo V

(63) El Presidente del CPA señaló que el Comité había considerado los resultados del trabajo del Grupo Subsidiario sobre Planes de Gestión (GSPG) de elaborar material de orientación para las Zonas Antárticas Especialmente Administradas, y expresó su acuerdo en informar a la RCTA que había refrendado las *Orientaciones para la evaluación de una zona para su posible designación como Zona Antártica Especialmente Administrada* y los *Lineamientos para la preparación de planes de gestión de Zonas Antárticas Especialmente Administradas*, y acordado remitir a la RCTA un proyecto de Resolución alentando su difusión y uso.

(64) Con su aceptación del asesoramiento del CPA, la Reunión aprobó la Resolución 1 (2017) *Material de orientación para la designación de Zonas Antárticas Especialmente Administradas (ZAEA).*

(65) El Presidente del CPA observó que el Comité consideró documentos en los que se presentó el *Código de Conducta del SCAR para la Exploración e Investigación de Entornos Acuáticos Subglaciares* y el *Código de conducta ambiental para el trabajo de investigación científica sobre el terreno en la Antártida*, ambos del SCAR. Estos documentos fueron presentados tras el acuerdo del Comité, en la XIX Reunión del CPA, de alentar la difusión y uso de los Códigos de Conducta del SCAR por medio de una Resolución de la RCTA. El Comité había agradecido la voluntad del SCAR de llevar a cabo nuevas consultas sobre el *Código de conducta ambiental para el trabajo de investigación científica sobre el terreno en la Antártida* con el propósito de presentar una nueva revisión para su consideración en la XXI Reunión del CPA. El Comité también había expresado su respaldo al *Código de Conducta del SCAR para la Exploración e Investigación de Entornos Acuáticos Subglaciares,*

acordando que el documento se remitiese a la RCTA para su aprobación mediante un proyecto de Resolución sobre el apoyo a su difusión y uso.

(66) Agradeciendo la información proporcionada por el CPA, la Reunión aprobó la Resolución 2 (2017) *Código de Conducta del SCAR para la Exploración e Investigación de Entornos Acuáticos Subglaciares.*

(67) El Comité consideró los resultados del trabajo intersesional conducido por el Reino Unido y Noruega de preparar una plantilla revisada para resumir la evaluación previa de una ZAEP propuesta, en concordancia con las *Directrices: Un proceso de evaluación previa para la designación de ZAEP/ ZAEA*, acordadas en la XVIII Reunión del CPA. El Comité acordó informar a la RCTA su actualización de las *Directrices: Un proceso de evaluación previa para la designación de ZAEP/ZAEA*, aprobadas en la XVIII Reunión del CPA, a fin de incluir una plantilla no obligatoria para la evaluación previa de las ZAEP que facilita la entrega de información conforme a las Directrices. Esta nueva versión de las Directrices reemplaza la versión que se había adjuntado al informe de la XVIII Reunión del CPA, en 2015.

(68) El Presidente del CPA señaló que el Comité había considerado un documento presentado por Australia, Nueva Zelandia y el SCAR, donde se resume una reciente revisión de las Regiones Biogeográficas de Conservación de la Antártida (RBCA) aprobadas en virtud de la Resolución 6 (2012). La revisión reflejó las actualizaciones sobre las capas espaciales subyacentes, incluida la representación más reciente de las zonas libres de hielo de la Antártida, y que se agregó una nueva zona (zona número 16) biológicamente diferente. Para garantizar que el trabajo del CPA y de las Partes se base en una comprensión más actualizada de la distribución espacial de la biodiversidad terrestre antártica, el Comité acordó recomendar que la RCTA apruebe las nuevas Regiones Biogeográficas de Conservación de la Antártida (RBCA Versión 2) y remitió a la RCTA el proyecto de Resolución para su aprobación y reemplazo de la Resolución 6 (2012).

(69) Con su aceptación del asesoramiento del CPA, la Reunión aprobó la Resolución 3 (2017), *Regiones Biogeográficas de Conservación de la Antártida (RBCA, Versión 2).*

(70) El Presidente del CPA señaló además que el Comité se había referido a la Resolución 5 (2015) sobre Zonas importantes para la conservación de las aves (ZIA) en la Antártida, y que había respaldado una propuesta presentada por el Reino Unido, Australia, Nueva Zelandia, Noruega y España de llevar a cabo trabajo intersesional para desarrollar los criterios para evaluar si las

colonias de aves ameritan la designación de ZAEP, y recomendar al Comité las ZIA que cumplan con dichos criterios.

Conservación de la flora y fauna antárticas (Tema 10 del programa del CPA)

10a. Cuarentena y especies no autóctonas

(71) El Presidente del CPA informó que el Comité acordó un proceso de actualización de su Manual sobre Especies No Autóctonas del CPA, y había solicitado a la Secretaría la actualización de la versión en línea, según corresponda, a fin de incorporar el *Código de Conducta para la Exploración e Investigación de Entornos Acuáticos Subglaciares* del SCAR, las RBCA revisadas, y un manual preparado por Argentina destinado a evitar la introducción de especies no autóctonas al realizar las actividades de los programas antárticos nacionales.

10c. Otros asuntos relacionados con el Anexo II

(72) El Presidente del CPA señaló que el Comité consideró una serie de documentos con información relevante para comprender y administrar los aspectos medioambientales del uso de Vehículos Aéreos no Tripulados (UAV) y Sistemas de Aeronaves Dirigidas por Control Remoto (RPAS) en la Antártida, incluido un completo informe del SCAR sobre el estado de los conocimientos sobre la respuesta de la vida silvestre.

(73) Al señalar que el Plan de trabajo estratégico plurianual de la RCTA incluye una medida con respecto a considerar el asesoramiento del Comité sobre UAV y RPAS, el Comité acordó informar a la RCTA sobre lo siguiente: que había alentado la difusión y uso de las directrices basadas en prácticas recomendables cautelares sobre el uso de UAV y RPAS en lugares cercanos a vida silvestre en la Antártida, como se describe en el Documento de Trabajo WP 20; que había manifestado su acuerdo en cuanto a que los futuros estudios sobre la respuesta de la vida silvestre ante los UAV y RPAS en la Antártida deben considerar los asuntos identificados en el mismo documento; y que había acordado establecer un GCI a cargo de elaborar directrices sobre los aspectos medioambientales del uso de UAV y RPAS en la Antártida para su consideración en la XXI Reunión del CPA.

(74) La Reunión agradeció el acuerdo del Comité de elaborar orientaciones sobre los aspectos medioambientales del uso de UAV y RPAS, y agradeció a Alemania por aceptar la conducción del GCI. Se señaló que debería adoptarse

un enfoque cautelar hacia el uso de UAV y RPAS, y que dichos enfoques deberían basarse específicamente en los sitios y en las especies. Bulgaria sugirió que la RCTA debía considerar una combinación de las directrices del COMNAP sobre asuntos operacionales y relativos a la seguridad con la orientación que debía desarrollar el CPA sobre asuntos medioambientales, a fin de que los operadores puedan contar con un conjunto único de reglas.

(75) El Presidente del CPA informó que el Comité había considerado un documento presentado por Argentina donde se propuso la evaluación de los diferentes mecanismos de protección para la colonia de pingüinos emperador de la isla Cerro Nevado en el actual contexto del cambio climático y presiones antropogénicas. Respaldó el trabajo adicional realizado por Argentina y otros Miembros y Observadores interesados de considerar y desarrollar mecanismos de protección para la colonia. El Comité informó a la RCTA sobre su acogida del documento presentado por Argentina y su acuerdo en cuanto a recomendar la aplicación de las Directrices de comportamiento en las cercanías de la colonia de pingüinos emperador de la isla Cerro Nevado como una medida provisional hasta que se evalúe la necesidad de desarrollar mecanismos de protección más restrictivos.

(76) Argentina se refirió al debate sostenido por el Comité acerca de un documento presentado por el SCAR, Mónaco y Bélgica, donde se resumieron los resultados de la reunión sostenida en junio de 2015 para evaluar la biodiversidad de la Antártida y el Océano Austral y el estado de su conservación en el contexto del Plan Estratégico para la Diversidad Biológica 2011-2020 del Convenio sobre Diversidad Biológica, y las Metas de Aichi (Documento de Trabajo WP 13). Argentina expresó algunas inquietudes relativas a las evaluaciones de la biodiversidad basadas en metas y parámetros desarrollados en los foros de la Organización de Naciones Unidas. Si bien se consideró apropiado que la biodiversidad de la Antártida necesitaría quedar reflejada en cualquier panorama general que se preparase, Argentina deseó llamar la atención hacia dos problemas:

a) Desde el punto de vista técnico, los objetivos y metas aprobados en foros multilaterales, como las Metas de Aichi para la Diversidad Biológica, podrían no resultar adecuadas para la zona del Tratado Antártico y el área de distribución de la CCRVMA, incluido el hecho de que ninguna de estas áreas se tomó en consideración para el desarrollo de dichos objetivos y metas. Su aplicación, por lo tanto, podría conducir a conclusiones sesgadas en el Documento de Trabajo WP 13.

b) Desde el punto de vista jurídico y político, aun cuando el Tratado Antártico promueva la cooperación con los órganos especializados de la ONU, queda claro que el marco regulatorio de la zona del Tratado Antártico es el Tratado Antártico. Por lo mismo, se precisa un enfoque cuidadoso de aquellos casos que parten de un enfoque regulatorio con diferentes metas, objetivos, mediciones e indicadores.

(77) Argentina puso de relieve la necesidad de presentar al CPA las conclusiones de los talleres y de que el Comité examine este asunto desde una perspectiva más amplia.

(78) Al señalar la importancia de cooperar y participar junto a organismos internacionales y acuerdos globales, algunas de las Partes fueron enfáticas con respecto a que el desarrollo de una estrategia hacia la diversidad orientada por el Sistema del Tratado Antártico para contribuir a la evaluación global presentaba una oportunidad para que las Partes demuestren su liderazgo en el ámbito de la biodiversidad de la Antártida y del Océano Austral.

(79) Tomando en cuenta que las enmiendas al Anexo II habían entrado en vigor durante el periodo intersesional, el Reino Unido señaló que las modificaciones incluyen la cobertura de las especies surgidas naturalmente en la zona del Tratado Antártico a través de migraciones, y la necesidad de elaborar procedimientos y criterios para la designación de especies especialmente protegidas. Como tal, el Reino Unido consideró que sería importante garantizar que estos cambios se vean reflejados en las herramientas utilizadas por las Partes para la conservación de la fauna y flora antárticas.

Vigilancia ambiental e informes sobre el estado del medioambiente (Tema 11 del programa del CPA)

(80) El Presidente del CPA informó que el Comité había observado que el trabajo en curso, descrito en un documento presentado por Australia, Nueva Zelandia, Noruega y los Estados Unidos, de desarrollar una metodología para evaluar la vulnerabilidad de los sitios utilizados por los visitantes contribuiría al progreso de las Recomendaciones 3 y 7 del Estudio sobre turismo de 2012 del CPA. Tomando en cuenta que la XXXIX RCTA había solicitado al CPA el desarrollo de una serie de estimaciones más probables de los niveles críticos estimados que permitan orientar los esfuerzos de vigilancia, tal como se indica en la Recomendación 7 del Estudio sobre Turismo, el Comité informó a la RCTA que había considerado un informe sobre el actual trabajo realizado en conformidad con la Recomendación 3 de desarrollar una metodología de evaluación de la vulnerabilidad de los sitios ante la visita de turistas, y observó que este trabajo además sería relevante para abordar la Recomendación 7.

Informes sobre inspecciones (Tema 12 del programa del CPA)

(81) El Presidente del CPA informó que, con respecto a este tema del programa, el Comité consideró documentos sobre inspecciones realizadas por Argentina y Chile durante enero y febrero de 2017, además de las inspecciones realizadas por separado por Australia en diciembre de 2016. El Comité había aceptado de buen grado las conclusiones generales en cuanto a que las tres estaciones inspeccionadas cumplían con el Protocolo Ambiental, y que la ZAEA inspeccionada habían logrado con eficacia los objetivos por los cuales había sido designada.

Asuntos generales (Tema 13 del programa del CPA)

(82) El Presidente del CPA informó que el Comité consideró un documento presentado por China junto a una serie de coautores, en el que se presentó el concepto de "Expedición ecológica", en referencia a la promoción de actividades ecológicas en la Antártida por parte de quienes planifican y realizan actividades en la región, incluso a través de la implementación de los métodos y orientaciones descritos en las actuales Resoluciones y en las deliberaciones del CPA y la RCTA y de todos los nuevos métodos desarrollados como resultado de los recientes progresos en la gestión y la tecnología modernas.

(83) El CPA había expresado su acuerdo en remitir a la RCTA un proyecto de resolución para su aprobación, en el que se aliente y promueva el concepto de "expedición ecológica".

(84) China agradeció a los coautores del documento por su participación y agradeció al Comité por aceptar remitir el nuevo concepto a la consideración de la RCTA.

(85) Al aceptar la recomendación del CPA, la Reunión aprobó la Resolución 4 (2017), *Expedición ecológica a la Antártida*.

Elección de autoridades (Tema 14 del programa del CPA)

(86) El Presidente del CPA señaló que el Comité había expresado sus sinceros agradecimientos a la Dra. Polly Penhale de los Estados Unidos por su excelente trabajo e importantes contribuciones como Vicepresidente del CPA. El Comité eligió además al Dr. Kevin Hughes, del Reino Unido, como Vicepresidente durante un periodo de dos años.

(87) La Reunión agradeció cordialmente a la Dra. Polly Penhale por su participación y sobresaliente trabajo como Vicepresidente del CPA y felicitó al Dr. Kevin Hughes por su designación.

Preparativos para próxima Reunión (Tema 15 del programa del CPA)

(88) El Presidente del CPA señaló que el Comité aprobó un Programa preliminar para la XXI Reunión del CPA, el cual se basa en el programa de su XX Reunión.

(89) La Reunión expresó sus agradecimientos al CPA y se refirió a la importancia del asesoramiento y las recomendaciones formulados a las Partes en relación con la implementación y operación del Protocolo Ambiental. Las Partes reconocieron la importancia de garantizar que durante las RCTA se asigne un tiempo adecuado a la consideración del asesoramiento del CPA, incluso a través de la programación de sesiones del CPA y la RCTA.

(90) La Reunión agradeció al Sr. McIvor por su completo informe acerca del trabajo del CPA, y por su liderazgo del CPA.

Tema 6: Funcionamiento del Sistema del Tratado Antártico: Asuntos generales

(91) Uruguay presentó el Documento de Trabajo WP 3, *Informe del Grupo de Contacto Intersesional (GCI) sobre los criterios para adquirir carácter consultivo*, preparado en conjunto con Chile y Nueva Zelandia. En el documento se reseñaron algunos de los principales puntos planteados durante las consultas del GCI.

(92) La Reunión señaló que un conjunto de orientaciones claras acerca del carácter consultivo beneficiaría de igual manera a las posibles Partes Consultivas y a aquellas a cargo de evaluar las solicitudes de carácter consultivo. Se señaló que las directrices propuestas no se proponían generar nuevos requisitos para la Parte del Tratado que solicita el carácter consultivo, sino que aspiraban a asistir a dichas Partes y a la RCTA para aclarar el tipo de información conveniente en este proceso de toma de decisiones.

(93) Tras el debate, la Reunión aprobó la Decisión 2 (2017) *Directrices sobre el procedimiento a seguir con respecto al carácter de Parte Consultiva*.

(94) El Secretario Ejecutivo presentó el Documento de la Secretaría SP 3, *Lista de medidas con estado "Aún no entró en vigor"*, e indicó que, según la

información en la base de datos del STA, hay una serie de Medidas que aún no han entrado en vigor. El Reino Unido expresó que sería conveniente la producción de una lista similar, y que esta fuera presentada por la Secretaría en forma anual. Señalando que algunas de las Medidas que figuran en el Documento de la Secretaría SP 3 perdieron su vigencia o se reemplazaron por otras Medidas, la Reunión aprobó la Decisión 3 (2017) *Medidas retiradas.*

(95) Estados Unidos presentó el Documento de Trabajo WP 6, *Aprobación de Observadores del CPA*, en el que se propusieron dos nuevas reglas para su inclusión en las Reglas de Procedimiento de la RCTA para permitirle a la RCTA la aprobación como Observador del CPA de organizaciones científicas, medioambientales y técnicas. En el documento se señaló que las actuales Reglas de Procedimiento de la RCTA no permiten claramente a la RCTA la aprobación de observadores del CPA que no correspondan a "organizaciones internacionales", pese a que en el Artículo 11 (4) del Protocolo y en las Reglas de Procedimiento del CPA se deja abierto el carácter de Observador a todas las "organizaciones científicas, medioambientales y técnicas relevantes".

(96) La Reunión expresó sus agradecimientos a los Estados Unidos por su documento y por llamar la atención hacia la posible necesidad de una mayor claridad con respecto a la aprobación de Observadores del CPA en las Reglas de Procedimiento de la RCTA. Señalando la conveniencia de realizar nuevas consultas sobre este asunto, así como de los comentarios del CPA, los Estados Unidos manifestaron su acuerdo en dirigir nuevas consultas intersesionales informales, e informar nuevamente durante la XLI RCTA.

(97) Australia presentó el Documento de Trabajo WP 27, *Nombramiento de Presidentes de Grupos de Trabajo de la RCTA*, preparado en conjunto con Argentina, Noruega y el Reino Unido. El documento recordó que en ocasión de la XXXIX RCTA la Reunión acordó desarrollar procedimientos para elegir los presidentes y copresidentes de los Grupos de Trabajo de la RCTA. Australia comentó que el proceso recomendado para la designación de Presidentes de los Grupos de Trabajo de la RCTA descrito en el documento se basaba en las prácticas para la elección de autoridades del CPA, y que se propone garantizar una mayor transparencia, eficacia y eficiencia en el funcionamiento de la RCTA. Tras un breve análisis, la Reunión aprobó la Decisión 4 (2017), *Procedimientos para la designación de Presidentes de los Grupos de Trabajo de la Reunión Consultiva del Tratado Antártico.*

(98) Nueva Zelandia presentó el Documento de Trabajo WP 32, *Establecimiento del Área Marina Protegida de la CCRVMA en la región del mar de Ross,*

preparado en conjunto con los Estados Unidos, la Argentina, Chile y Francia. En el documento se señaló que durante la trigésima quinta reunión de la CCRVMA, en octubre de 2016, la Convención aprobó su primera Área Marina Protegida (AMP) a gran escala: el Área Marina Protegida de la región del mar de Ross (AMPRMR). Con 1,55 millones de kilómetros cuadrados (598.200 millas cuadradas), esta AMPRMR es el AMP de mayor extensión a nivel mundial.

(99) Nueva Zelandia expresó que la nueva AMP, designada para alcanzar una serie de objetivos científicos y de conservación, constituye un paso significativo en relación con el logro de la meta de la CCRVMA de crear un sistema representativo de AMP en el océano Austral, y que además es un importante logro para el sistema del Tratado Antártico, ya que fortalece la toma de decisiones con fundamentos científicos en materia de conservación marina, lo cual es el sello distintivo de la Convención para la CRVMA.

(100) Algunas de las Partes consideraron que la RCTA y el CPA deberían considerar la aprobación de nuevas medidas con el propósito de complementar y alentar las iniciativas de conservación de la CCRVMA. Se recomendó que la RCTA podría solicitar el asesoramiento del CPA en materia de conectividad entre el océano y las zonas terrestres en la Antártida, y si la existencia de medidas complementarias podría respaldar las iniciativas de protección del medio marino a través de la aplicación del Anexo V.

(101) Diversas Partes expresaron sus agradecimientos a los proponentes por el proyecto de resolución sobre la AMP de la región del mar de Ross, y alentaron a la CCRVMA para que continúe su trabajo de crear un sistema representativo de AMP en el Océano Austral. Suecia destacó la importancia de este trabajo. La ASOC expresó su apoyo a la aprobación de la Resolución y estuvo de acuerdo en que la RCTA debería realizar un trabajo complementario a las iniciativas de la CCRVMA.

(102) Varias de las Partes, tras agradecer a los proponentes por la Resolución, pusieron de relieve que la RCTA no debería juzgar la forma en que se desenvuelve la CCRVMA dentro de su ámbito de competencias.

(103) Otras Partes expresaron su opinión en cuanto a que el establecimiento de nuevas ZAEP y ZAEA debería basarse en evaluación científica consistente de conformidad con los procedimientos normalizados del CPA y de la RCTA para su designación.

(104) La Reunión aprobó Resolución 5 (2017), *Establecimiento del Área Marina Protegida en la región del mar de Ross*.

(105) Sudáfrica presentó el Documento de Información IP 33, *Gateway Access: Transit Visa Developments in South Africa* [Acceso al portal de entrada: la evolución de la visa de tránsito en Sudáfrica], en respuesta a las inquietudes formuladas durante la XXXIX RCTA en relación con las dificultades que experimentan los ciudadanos extranjeros para obtener visa de tránsito al viajar hacia y desde la Antártida a través de Ciudad del Cabo. El Ministerio de Asuntos Nacionales de Sudáfrica había emitido una "dispensa especial" para "investigadores, especialistas, y equipos expedicionarios que viajan hacia y desde la Antártida a través de Ciudad del Cabo". Sudáfrica afirmó que se mostraba esperanzado de que el asunto se había resuelto de manera satisfactoria, y que el país se encontraba firmemente comprometido a facilitar el acceso a la Antártida con propósitos científicos.

(106) La Federación de Rusia agradeció a Sudáfrica por el documento y por su respuesta oportuna y eficaz para tratar los asuntos planteados durante la XXXIX RCTA. Recalcó la excelente cooperación entre las autoridades sudafricanas y rusas durante el periodo intersesional, considerándolo un ejemplo del espíritu de cooperación que constituye uno de los principios fundamentales del Sistema del Tratado Antártico.

(107) En su calidad de Estados Portales, Chile y Argentina agradecieron a Sudáfrica por compartir sus experiencias, y señalaron que también habían sufrido problemas similares y que estaban trabajando en su solución. Si bien Chile afirmó que en la actualidad trata estos asuntos caso a caso, la Argentina señaló que había logrado progresar en una nueva norma migratoria que abordaría estos asuntos, y que dicha norma se encuentra en la etapa final de aprobación. La IAATO hizo notar además la conveniencia de que su personal de campo pudiera recibir este tipo de atención en los puertos de entrada.

(108) Turquía presentó el Documento de Información IP 94, *Ratification of Protocol on Environmental Protection to the Antarctic Treaty by Turkey* [Ratificación de Turquía del Protocolo al Tratado Antártico sobre Protección del Medio Ambiente]. El documento informó que, el 14 de febrero de 2017 la Gran Asamblea Nacional turca había ratificado el Protocolo Ambiental, incluidos todos sus Anexos. Señaló que la ley sobre la ratificación del Protocolo Ambiental había culminado su proceso y se había publicado en el diario oficial del país. La Reunión felicitó a Turquía por su exitosa ratificación del Protocolo Ambiental.

(109) Islandia presentó el Documento de Información IP 169, *Statement by Iceland* [La declaración de Islandia], y expresó que la importancia del trabajo científico relacionado con los océanos, el cambio climático y la protección

del medioambiente se encuentra entre los fundamentos de su unión al Sistema del Tratado Antártico, en octubre de 2015. Señaló que todos los estados pertenecientes al Consejo del Ártico eran ahora o bien Partes Consultivas o Partes no Consultivas el Tratado Antártico.

(110) Con respecto a las consultas intersesionales, la Reunión acordó además que cada Parte notificaría al Secretario Ejecutivo acerca de su Representante y cualquier representante suplente, de acuerdo con la Regla revisada 46(a), en un plazo de dos semanas desde la finalización de la RCTA.

(111) China presentó el Documento de Información IP 175 rev. 2, *Chair's summary of the Special Meeting "Our Antarctica: Protection and Utilisation"*, [Resumen del Presidente de la Reunión Especial sobre "Nuestra Antártida: su protección y uso"], donde informó sobre la reunión especial que se llevó a cabo en ese país el 23 de mayo de 2017, la que no figuraba entre los temas del programa oficial de la RCTA. China informó que la reunión especial había sido presidida por Su Excelencia el Sr. Liu Zhenmin, Vice Primer Ministro de Asuntos Exteriores de China, quien subrayó el importante papel del Sistema del Tratado Antártico e hizo notar la necesidad de medidas coordinadas en respuesta a los desafíos globales que enfrenta la Antártida. China informó que Su Excelencia el Sr. Zhang Yesui, Vice primer Ministro de Relaciones Exteriores de China, ofreció una ponencia magistral en la que desarrolló sus observaciones acerca de la relación entre la protección y el uso de la Antártida. China informó asimismo que fueron invitados otros ocho oradores, provenientes de la Federación de Rusia, Polonia, Argentina, Estados Unidos, China, el Reino Unido, Chile y Australia, a presentar sus puntos de vista acerca de una serie de asuntos relacionados con la ciencia y la gestión en la Antártida. China remitió a las Partes al Documento de Información IP 175 rev. 2, donde se presenta el resumen del Presidente de la Reunión Especial.

(112) Los Estados Unidos recordaron a la Reunión acerca de las facultades para designar hasta tres árbitros en virtud del Artículo 2 del Programa del Protocolo al Tratado Antártico sobre Protección del Medio Ambiente. Las designaciones deberían comunicarse al Secretario General del Tribunal Permanente de Arbitraje.

(113) En relación con este tema del programa se presentó el siguiente documento de antecedentes:

- Documento de Antecedentes BP 23, *Ingreso no Autorizado a la Estación Machu Picchu Período 2016 – 2017* (Perú).

Tema 7: Funcionamiento del Sistema del Tratado Antártico: Asuntos relacionados con la Secretaría

(114) Turquía presentó el Documento de Información IP 89, *Antarctic Treaty Secretariat Internship Grant for Republic of Turkey* [Beca de pasantía de la Secretaría del Tratado Antártico para la República de Turquía], en el que describió una pasantía de cuatro semanas de duración en la Secretaría del Tratado Antártico adjudicada al Asesor Jurídico del Centro de Investigación Polar de la Universidad Técnica de Estambul, el Sr. Onur Sabri Durak. La pasantía ayudó a Turquía a ampliar su comprensión de los mecanismos y funciones de la Secretaría del Tratado Antártico.

(115) El Secretario Ejecutivo presentó el Documento de Secretaría SP 4 rev. 4, *Informe de la Secretaría 2016-2017*, en el que se informó en forma pormenorizada sobre las actividades de la Secretaría durante el Ejercicio Económico correspondiente a 2016-2017 (1 de abril de 2016 al 31 de marzo de 2017). Expresó sus agradecimientos a la embajada de China en Buenos Aires y a la embajada de España a través de su programa "Antártida Educa", así como al Instituto Fueguino de Turismo, por cooperar con la Secretaría en la organización de un concurso de arte dirigido a alumnos de las escuelas de Argentina y Chile en ocasión de las actividades conmemorativas del vigésimo quinto aniversario de la firma del Protocolo Ambiental. El 4 de octubre de 2016 la Secretaría realizó una publicación con motivo del vigésimo quinto aniversario de la aprobación del Protocolo, la cual estuvo disponible en línea en el sitio web de la Secretaría en los cuatro idiomas del Tratado, además de su versión impresa, disponible a través de un distribuidor en línea.

(116) El Secretario Ejecutivo puso al día a la Reunión con respecto a asuntos relativos a la coordinación y los contactos, las tecnologías informáticas, la publicación del Informe Final de la XXXIX RCTA, la información disponible al público, el personal y los asuntos financieros. Señaló que no se habían producido cambios en la dotación de la Secretaría. El Secretario Ejecutivo informó que se realizaron modificaciones y mejoras al Sistema Electrónico de Intercambio de Información (SEII) a partir de los resultados del GCI sobre la revisión de los Requisitos de intercambio de Información y de otros debates sostenidos durante la XXXIX RCTA. Reiteró que la Secretaría continuaría completando sus bases de datos de documentos en línea con la traducción de todos los documentos.

(117) El Secretario Ejecutivo presentó el Documento de la Secretaría SP 5 rev. 2, *Programa de la Secretaría 2017-2018*, donde se describen las actividades

propuestas de la Secretaría para el periodo correspondiente al ejercicio económico 2017-2018 (1 de abril de 2017 al 31 de marzo de 2018). El Secretario Ejecutivo señaló que el costo de la vida en Argentina siguió aumentando de manera importante durante 2016, y a modo de compensación propuso un aumento del 6 % en los sueldos del personal de servicios generales. Esto no se haría extensivo al personal ejecutivo.

(118) El Secretario Ejecutivo presentó además el Documento de la Secretaría SP 6 rev. 1, *Perfil presupuestario quinquenal prospectivo correspondiente a los ejercicios económicos desde 2017/2018 hasta 2021/2022*. Si bien hizo notar que el perfil presupuestario anticipa un aumento moderado de los costos en dólares estadounidenses, este no contempla cambios importantes para el periodo 2017-2018 a 2021-2022, y mantuvo un aumento nominal nulo en las contribuciones correspondientes al período.

(119) La Reunión agradeció al Secretario Ejecutivo por su pormenorizado informe y reconoció el importante trabajo que lleva a cabo la Secretaría. China expresó sus agradecimientos a la Secretaría por el valioso apoyo entregado por esta en sus preparativos para la XL RCTA.

(120) Tras nuevas deliberaciones, la Reunión aprobó la Decisión 5 (2017), *Informe, programa y presupuesto de la Secretaría*. La Reunión solicitó al Secretario Ejecutivo el desarrollo de un Documento de la Secretaría aparte sobre una Política sobre recursos humanos para el personal de la Secretaría del Tratado Antártico.

(121) La Reunión manifestó su acuerdo en cuanto a la conveniencia de que el próximo Secretario Ejecutivo examine el sitio web y considere los cambios que resulten apropiados a fin de mejorar su funcionalidad, y que informe a la RCTA.

Tema 8: Responsabilidad

(122) Según lo acordado en la XXXIX RCTA, el Secretario Ejecutivo informó que la Secretaría renovó la invitación extendida por la Reunión al FIDAC, IGP&I Clubs y a la OMI para la entrega de asesoramiento sobre los asuntos relativos al Anexo VI del Protocolo. La Reunión acogió de buen grado la participación de dichos grupos.

(123) Las Partes Consultivas ofrecieron información actualizada sobre el estado de su aprobación del Anexo VI, y sobre la implementación de este Anexo en su legislación nacional. De entre las Partes que han aprobado el Anexo

VI (Australia, Ecuador España, Finlandia, Italia, Noruega, Nueva Zelandia, los Países Bajos, Perú, Polonia, el Reino Unido, Sudáfrica, y Suecia), cinco informaron que la aplicación del Anexo VI en su legislación nacional se encontraba a la espera de la entrada en vigor del Anexo VI (la Federación de Rusia, Finlandia, Noruega, los Países Bajos, y Suecia). Otras Partes señalaron que el Anexo VI entraría en vigor en sus legislaciones en el momento de su entrada en vigor.

(124) Diversas Partes anunciaron que se encontraban en proceso de implementación del Anexo VI en sus legislaciones nacionales, y que para algunas de ellas dicha implementación se completaría dentro del actual periodo legislativo. Alemania anunció que esperaba que su procedimiento de ratificación se hiciera efectivo en una fecha posterior de este año.

(125) Entre las Partes no Consultivas, Turquía informó su ratificación el Anexo VI el 14 de febrero de 2017.

(126) Se alentó a las Partes que aún no han aprobado el Anexo VI a que lo hagan como un asunto prioritario, y se señaló que si bien se alcanzó el punto intermedio (14 de las 28 aprobaciones requeridas) ya han transcurrido 12 años desde la aprobación del Anexo.

(127) La Reunión expresó su acuerdo en realizar un seguimiento de la implementación del Anexo VI.

(128) Las Partes que han aprobado el Anexo VI al Protocolo ofrecieron compartir su experiencia con las demás Partes.

(129) FIDAC presentó el Documento de Información IP 88, *The International Oil Pollution Compensation Funds* [Fondos internacionales de indemnización de daños debidos a la contaminación por hidrocarburos], en el que se propuso entregar una reseña de su función a fin de facilitar una comparación con los mecanismos previstos en virtud del Artículo 12 del Anexo VI al Protocolo Ambiental. FIDAC entrega a sus Estados Miembros una indemnización financiera por los daños derivados de la contaminación provocada por el vertido de hidrocarburos persistentes procedentes de buques petroleros. Al tiempo que observó que la actividad naviera ha observado menos incidentes durante los últimos años, la organización confirmó el riesgo de un importante derrame al transportarse cada año unas 1.800 millones de toneladas de petróleo por mar. Informó que son 114 los Estados que se han unido al Fondo de 1992 en calidad de miembros, y que 31 Estados lo han hecho al Fondo Complementario, que ofrece indemnización ante derrames mayores. Desde su establecimiento, el Fondo de 1992, y el anterior Fondo

de 1971 han participado en 150 incidentes de diversas magnitudes en todo el mundo. Hasta la fecha no se han producido incidentes que necesiten, o pudieran necesitar, la intervención del Fondo Complementario.

(130) FIDAC describió la forma en que funciona su sistema de indemnizaciones. Señaló que sobre el armador recae la responsabilidad estricta de todo daño provocado por la contaminación por petróleo, y que este por lo general limita su responsabilidad financiera a un monto que es determinado por el tonelaje del buque. Este importe es garantizado por la empresa aseguradora de responsabilidad del armador, y si las pérdidas superan esta cobertura, FIDAC indemniza aquellos que registraron dichas pérdidas. FIDAC recibe el financiamiento de la industria petrolera y es gestionado por los gobiernos. Los órganos rectores de la organización, que consisten en cada Estado Miembro del Fondo, se reúnen en forma semestral para tomar decisiones sobre el pago de indemnizaciones, asuntos presupuestarios y relativos a políticas, incluidos los montos a recaudar en contribuciones. El documento puso de relieve que el Artículo 3 del Convenio del Fondo de 1992 establece que el Convenio se aplica exclusivamente a los daños ocasionados por contaminación ocurridos dentro del territorio (incluidas las aguas territoriales) de un Estado Contratante y en la zona económica exclusiva (ZEE) de un Estado Contratante.

(131) FIDAC explicó que por lo general, un incidente de contaminación por petróleo podría originar cinco tipos de daños por contaminación: daños a la propiedad; costos de las operaciones de limpieza en el mar y en tierra; pérdidas económicas sufridas por los pescadores u otros participantes en maricultura; pérdidas económicas sufridas por el sector del turismo; y los costos de recuperación del medioambiente. El daño por contaminación se definió como el costo de las medidas razonables de recuperación emprendidas realmente, o que se emprenderán, y los costos de las medidas preventivas y otras pérdidas o daños ocasionados por las medidas preventivas. El documento continuó con la definición de medidas preventivas como todas las medidas razonables tomadas por cualquier persona luego de ocurrido un incidente con el propósito de evitar o reducir a un mínimo el daño ocasionado por la contaminación. FIDAC hizo notar que si bien se paga una indemnización por los costos de las medidas de recuperación razonables destinadas a acelerar la recuperación natural del daño medioambiental, no se indemniza por los daños de carácter punitivo calculados en función del grado de culpa del infractor. El objetivo del Fondo es trabajar con las aseguradoras con el fin de proporcionar un pago sin demoras a las víctimas. Los Miembros de FIDAC establecieron una política sobre reclamaciones que se expresa

en el Manual de reclamaciones del Fondo de 1992, el cual, junto con otras publicaciones, elaboraron las definiciones en práctica para los conceptos de daño causado por contaminación y proceso de reclamaciones.

(132) FIDAC describió la forma en que se administra dicho fondo, y señaló que los Fondos generales cubren los gastos de administración de los fondos respectivos, incluidos los costos de la gestión de la Secretaría, y que, en lo que toca al Fondo de 1992, este cubre los pagos de indemnizaciones y los desembolsos relativos a las reclamaciones. Se establecieron fondos de reclamaciones aparte para los incidentes de mayor magnitud. En el documento se explicó que el fondo es financiado por los receptores del petróleo en el estado miembro en el que se produjo el incidente, y no por el gobierno. El documento puso de relieve que FIDAC obtiene su financiamiento a partir de las contribuciones recaudadas desde cualquier entidad que, durante el correspondiente año calendario, hubiera recibido una cantidad mayor a las 150.000 toneladas de petróleo sujeto a contribución. Estas contribuciones se calculan en proporción a la cantidad de petróleo recibida. Los gobiernos de los estados miembros tienen la responsabilidad de informar todos los incidentes.

(133) FIDAC informó que ha entregado diversos servicios a sus sectores involucrados para garantizar el pago oportuno y justo de las indemnizaciones. En concreto, el Fondo ayudó en la correcta implementación de los Convenios; ofreció talleres sobre responsabilidad internacional y regímenes de indemnización a los niveles regionales y nacionales; ofreció, junto con la OMI e IGP&I Clubs, un curso anual abreviado; y llevó a cabo actividades de educación y difusión que incluyeron ponencias en conferencias y exhibiciones en diversas instituciones.

(134) FIDAC explicó que forma parte de un régimen internacional de responsabilidad e indemnización cuyo éxito y eficacia, durante 40 años, se han comprobado como incalculables, ofreció poner su experiencia a disposición, y ofreció su ayuda a las Partes en la creación del Fondo previsto en el Artículo 12 del Anexo VI.

(135) En respuesta a una pregunta formulada por España sobre el importe máximo de pago en un incidente de gran envergadura, FIDAC informó a la Reunión que, basándose en el Convenio de Responsabilidad Civil de 1992, el Convenio del Fondo de 1992, y el Protocolo al Fondo Complementario de 2003, la responsabilidad civil de un buque petrolero de mayor envergadura se limita a aproximadamente 90 millones de DEG (derechos especiales de giro), o 130 millones de dólares estadounidenses. El pago máximo permitido por el régimen de indemnización fue de aproximadamente mil millones de dólares

estadounidenses. Señaló que la primera parte del pago se derivó del pago de las primas del armador a través de IGP&I Clubs (90 millones de DEG), y que el resto fue financiado por la industria petrolera de los estados miembros y no por los estados miembros en sí. FIDAC afirmó que, en su experiencia de 40 años, mil millones de dólares bastarían para cubrir los costos asociados a cualquiera de los derrames ocurridos hasta la fecha.

(136) En respuesta a una pregunta formulada por los Países Bajos, FIDAC afirmó no tener experiencia en medidas de recuperación en regiones polares, puesto que no se han producido derrames en dichas regiones. FIDAC señaló que los derrames en las regiones polares son un punto de activo debate en una serie de foros y que las labores de limpieza en un medioambiente cubierto por el hielo podrían ser extremadamente complejas.

(137) En respuesta a una pregunta formulada por los Estados Unidos en relación con las "medidas de recuperación razonables" destinadas a acelerar la recuperación natural del daño general del medioambiente, FIDAC hizo dos precisiones. En primer lugar, "recuperación razonable" tiene el mismo significado que "restauración" y que ambos términos se usan de manera indistinta. En segundo lugar, pese a no contar con la experiencia práctica en la implementación de "medidas de recuperación razonables" en el contexto de las zonas polares, la idoneidad de la recuperación del medioambiente se basaría en términos científicos. Al preguntársele sobre ejemplos de casos en los que la recuperación podría no haber sido necesaria ni factible, FIDAC afirmó que toda respuesta de recuperación se basa por completo en la circunstancia objetiva en particular. FIDAC ofreció diversos ejemplos de la flexibilidad de dicha respuesta en los distintos medioambientes, incluidas las configuraciones donde se considera que los procesos naturales resultan menos perjudiciales para el medioambiente que la adopción de medidas de intervención.

(138) Las Partes expresaron sus agradecimientos a FIDAC por su provechosa e ilustrativa ponencia.

(139) IGP&I Clubs presentó el Documento de Información IP 87, *Liability Annex: Financial Security* [Anexo sobre responsabilidad, seguridad financiera], en el que describió la disposiciones sobre seguridad financiera y el alcance de la cobertura del seguro de responsabilidad de terceros ofrecida por sus miembros. Explicó que cada club constituye una entidad mutua en la cual la aseguradora está conformada por el colectivo de asegurados. Los asegurados son miembros del club, pagan primas al club, y la operación de este no contempla la obtención de ganancias. El superávit de fondos puede o bien ser devuelto a los miembros o destinarse a un fondo de reserva, en tanto que los

fondos deficitarios se recuperan con la imposición de primas complementarias a los miembros. Al tiempo que señaló que cada club proporciona cobertura de seguros de conformidad con su propio reglamento, IGP&I Clubs observó que las diferencias entre las reglas de los distintos clubes es leve, y que estos se centran en gran medida en los problemas de seguridad y la prevención de pérdidas relacionadas con la operación de buques.

(140) IGP&I Clubs afirmó que la gama de responsabilidades que cubre cada club es extensa, y que incluye la mayor parte de las responsabilidades que probablemente encuentre un armador en la operación de su buque, incluyendo, entre otras: responsabilidades relativas a contaminación; responsabilidades relativas a la carga; responsabilidades relativas a la tripulación, responsabilidades relativas a colisiones, responsabilidades relativas a daños a la propiedad y responsabilidades relativas al retiro de los restos de un naufragio. El documento señaló que las responsabilidades relativas a contaminación y las relativas al retiro de los restos de un naufragio corresponden a una emergencia medioambiental según lo que define el Anexo VI. IGP&I Clubs informó a las Partes que la cobertura de protección e indemnización que ofrecen los clubes sustenta el régimen de responsabilidad e indemnización establecido por la Organización Marítima Internacional (OMI) para los daños ocasionados por contaminación provocada por los buques. En referencia al Convenio internacional sobre responsabilidad civil por daños debidos a la contaminación por hidrocarburos de1992 y el Convenio internacional sobre responsabilidad civil nacida de daños debidos a contaminación por los hidrocarburos para combustible de los buques de 2001, señaló que estos se encuentran actualmente vigentes en 136 y 83 Estados, respectivamente. Hizo notar además que muchos de los buques no pertenecientes a ningún Estado que navegan en aguas antárticas mantienen cobertura de protección e indemnización con algún miembro de IGP&I Clubs.

(141) IGP&I Clubs recordó que el Anexo VI se aplica a las "emergencias medioambientales", y que estas se definen como eventos accidentales que tienen como resultado, o existe el peligro inminente de que tengan como resultado, algún impacto importante y adverso sobre el medioambiente antártico. Sugirió que existen esencialmente tres aspectos en las obligaciones y responsabilidades en virtud del Anexo VI que reflejan aquellas establecidas en el Protocolo Ambiental mismo: la prevención y mitigación de las emergencias medioambientales; la respuesta a dichas emergencias; y la asignación de responsabilidades para sufragar los costos de dicha respuesta. IGP&I Clubs afirmó además que el Artículo 6 del Anexo asigna al operador que no adopta las medidas de respuesta exigidas la responsabilidad estricta de los costos de las medidas que sean tomadas por cualquiera de las Partes. Indicó que cuando

un operador debería haber respondido de manera oportuna y eficaz y no lo hace, y las Partes no toman medidas de respuesta, el operador es responsable de pagar los costos estimados de la acción de respuesta que debería haberse tomado a un fondo administrado por la Secretaría del Tratado Antártico.

(142) Desde el punto de vista de una empresa aseguradora, IGP&I Clubs observó que las Partes deben imponer a sus operadores la obligación de mantener los seguros u otros instrumentos de seguridad financiera en los límites aplicables contenidos en el Anexo VI. Estos deberían cubrir: su responsabilidad frente a las Partes que intervienen en la adopción de las medidas requeridas; su responsabilidad del pago que debe hacerse al Fondo; o su responsabilidad cuando una Parte toma medidas de ejecución contra este en las circunstancias en que ninguna Parte interviene para abordar la emergencia. Al señalar que los límites estipulados en el Anexo VI son idénticos a los límites impuestos a los daños a la propiedad contenidos en el Protocolo de 1996 que Enmienda el Convenio internacional sobre limitación de la responsabilidad nacida de reclamaciones de Derecho marítimo, IGP&I Clubs expresó su preocupación en cuanto a que esto podría significar que en una jurisdicción en la que las reclamaciones por el retiro de los restos de un naufragio son separadas del régimen de limitación, el armador o el operador podrían contraer una responsabilidad ilimitada.

(143) IGP&I Clubs expresó que su seguro, en principio, cubriría las responsabilidades de un "operador comercial" según lo definido en el Artículo 6 del Anexo VI. La definición de "operador" en el Artículo 2 (c) del Anexo VI es mucho más amplia y abarca a "toda persona natural o jurídica, sea estatal o no estatal, que organiza actividades a ser realizadas en la zona del Tratado Antártico". Tal definición puede abarcar a actores distintos al armador, y puede incluir a los actores que no cuentan con la cobertura de protección e indemnización de IGP&I Clubs. Observó que la disposición sobre seguros contenida en el Artículo 11 del Anexo VI exige que las Partes que caen dentro de la definición de "operador" mantengan seguros u otros instrumentos de seguridad financiera adecuados.

(144) IGP&I Clubs señaló que los certificados de seguros (conocidos como "certificados de ingreso") emitidos por IGP&I Clubs para todos los buques registrados en la cobertura de protección e indemnización deberían bastar como evidencia de que un buque está debidamente asegurado conforme a los requisitos del Anexo VI. Basándose en que las disposiciones sobre seguro obligatorio no contemplan el derecho de tomar acciones directas en contra del proveedor de seguros, como tampoco el requisito de que las

aseguradoras renuncien a interponer los eximentes de la póliza contenidos en el Reglamento de los clubes, IGP&I Clubs hizo notar que las aseguradoras están facultadas para invocar los eximentes contenidos en el Reglamento del Club, como también los que están disponibles para el asegurado en el Artículo 8 del Anexo VI.

(145) Al señalar que los límites de responsabilidad contenidos en el Artículo 9 del Anexo VI parecen representar un requisito mínimo, IGP&I Clubs recomendó el reemplazo de las jurisdicciones con límites inferiores por los límites descritos en el Anexo VI, y que prevalezcan aquellas jurisdicciones con límites más elevados.

(146) IGP&I Clubs informó además que no queda clara la forma en que los artículos 7 y 9 (2) del Anexo VI funcionarán en conjunto con los actuales regímenes internacionales de responsabilidad limitada. Al poner de relieve que el Artículo 9 (2) del Anexo VI estipula que el Anexo no debe afectar la responsabilidad o el derecho de limitar la responsabilidad en virtud de ningún tratado internacional de limitación de responsabilidad, IGP&I Clubs señaló que esto se refiere principalmente a los actuales regímenes internacionales de responsabilidad limitada vigentes, y que estos no contienen cláusulas relativas a su propia jurisdicción. Señaló además que el Artículo 7 del Anexo VI aborda el momento en que pueden iniciarse las acciones, pero que no está clara la forma en que esto se relaciona con el Artículo 9 (2) y con los actuales regímenes internacionales de responsabilidad limitada.

(147) Para concluir, IGP&I Clubs comentó que el Artículo 12 utiliza el concepto de "costos razonables y justificados" en relación con la solicitud de reembolso del Fondo, pero que no es claro con respecto a la forma en que se usará dicho reembolso ni la forma en que se evaluarán los "costos razonables y justificados", lo que da origen a ciertas preocupaciones. Por ejemplo, ¿podrán utilizarse para financiar el establecimiento de equipo de respuesta y recursos en la Antártida? De ser así, no se trataría de riesgos asociados a protección e indemnización, por lo que los armadores u operadores no estarían cubiertos por P&I Clubs.

(148) La Reunión agradeció a IGP&I Clubs por su asistencia y por sus aportes provechosos y pormenorizados.

(149) Varias de las Partes acogieron de buen grado la confirmación que ofreció el informe en cuanto a la disponibilidad del seguro de protección e indemnización exigido en virtud del Anexo VI. Algunas de las Partes señalaron que el tema de los seguros es un asunto complicado que necesita

de mayores debates, algunos de los cuales podrían estar más allá del alcance de la Reunión, y que podría ser necesario comprender cómo será el Anexo VI una vez que entre en vigor. Señalaron que el documento, así como el cauce para el diálogo con IGP&I Clubs ayudarían al debate interno en el seno de las administraciones nacionales.

(150) Desde la perspectiva de los operadores antárticos, la IAATO hizo notar que el seguro de protección e indemnización, tal como se describe por IGP&I Clubs, cubre a los armadores y no necesariamente a los operadores autorizados por las Partes de la RCTA a viajar hacia la Antártida. La organización hizo notar que sería importante aclarar si la cobertura para el buque y el armador se extiende también a los operadores autorizados.

(151) La Federación de Rusia puso de relieve que si bien ya implementó el Anexo VI, y que los buques de la Expedición Nacional Rusa a la Antártida han contado con seguros durante los últimos 15 a 20 años a través de los servicios de BNI, el problema de la cobertura de seguros para los actuales equipos e instalaciones en la Antártida sigue existiendo. A partir de su propia experiencia, la Federación de Rusia se refirió a las dificultades para encontrar empresas aseguradoras en condiciones de ofrecer sus servicios en la Antártida puesto que no cuentan ni con las capacidades ni con las pericias necesarias, y saben que en última instancia dependerán de las pericias de los programas antárticos nacionales.

(152) En respuesta a los comentarios de la IAATO y la Federación de Rusia en relación con los operadores que no son los propietarios de los buques, el Reino Unido señaló su definición de "operador" como la organización que recibe la autorización, y que en el caso de las actividades marítimas, una vez entrado en vigor el Anexo VI, no expediría permisos a menos que el operador utilice un buque debidamente asegurado. En cuanto a las actividades no marítimas, el Reino Unido se refirió a su amplia participación en el debate sostenido con el mercado de seguros del Reino Unido sobre las implicaciones del Anexo VI. Si bien la industria de seguros se encuentra abierta a la posibilidad de desarrollar productos de seguros específicos, espera la entrada en vigor del Anexo VI a nivel internacional, ya que los detalles sobre los requisitos relativos a responsabilidad no estarán claros hasta ese momento, y sería complejo llevar a cabo las necesarias evaluaciones de riesgo en las que se basan estos productos.

(153) En respuesta a una pregunta formulada por los Estados Unidos en relación con la responsabilidad del operador de garantizar que todos los buques que participan en sus operaciones cuenten con la necesaria cobertura, IGP&I Clubs señaló que el seguro puede ingresarse a nombre del armador y que el

operador del buque quedaría asegurado al mismo nivel de responsabilidad que su propietario. Señaló, sin embargo, que si el operador es también el fletador de un buque, este no calificaría como coasegurado bajo el seguro del propietario ofrecido por IGP&I Clubs, por lo que necesitaría un seguro aparte en su calidad de fletador.

(154) FIDAC advirtió a las Partes con respecto a que muchos buques podrían no estar debidamente o suficientemente asegurados a menos que cuenten con un seguro ofrecido por un miembro de IGP&I Clubs. FIDAC aclaró que los tres eventos en los que sus fondos pagarían una indemnización son los siguientes: cuando el armador está libre de responsabilidad; cuando el dueño del seguro o el armador están en condiciones de pagar; y en el caso más común, cuando los daños sobrepasan el monto del seguro y la responsabilidad.

(155) Considerando que el Anexo VI no ha entrado en vigor tras doce años, la OMI sostuvo que ha buscado proporcionar asesoramiento práctico que ayude en el desarrollo de los asuntos relativos a responsabilidad en el contexto del Sistema del Tratado Antártico. La OMI señaló que ya existe una interfaz entre lo que puede lograrse en la Antártida, lo que está disponible en el mercado, y lo que se exige en virtud de los convenios que han entrado en vigor. Señaló que el Convenio internacional sobre responsabilidad civil nacida de daños debidos a contaminación por los hidrocarburos para combustible de los buques (Convenio "combustible de los buques"), aprobado por la OMI en 2001, cuenta con 84 estados contratantes, y que el Convenio Internacional de Nairobi Sobre la Remoción de Restos de Naufragios de 2007 cuenta con 35 estados contratantes.

(156) La OMI recalcó que la comunidad marítima internacional se basa en los regímenes de responsabilidad establecidos, y que el éxito de dichos regímenes depende del amplio apoyo tanto de la industria como de los gobiernos. Comentó que la implementación de estos regímenes necesita contar con el apoyo de los estados y de la industria. Si bien admitió que no recae sobre la Secretaría de la OMI la función de interpretar los regímenes internacionales de responsabilidad o sus posibles coincidencias, sugirió la conveniencia de examinar las diferencias entre las expectativas de las Partes con respecto al Anexo VI y los Convenios sobre responsabilidad negociados en el marco de la OMI.

(157) La OMI señaló que la consecuencia de un derrame importante ocurrido tras el accidente del *Torrey Canyon* en 1967 había puesto de relieve que, con el fin de contar con un régimen adecuado de indemnización y responsabilidad, se hizo necesaria la existencia de un seguro adecuado. La OMI explicó que

si bien se permite a los proveedores de seguros relevantes, incluido IGP&I Clubs, algunos eximentes para el pago de reclamaciones de seguros, estos se encuentran sujetos a los Convenios de la OMI pertinentes, donde no se permite postergar los pagos de reclamaciones relativas al retiro de los restos de un naufragio o de vertidos de combustibles hasta que el armador haya pagado.

(158) La OMI expresó su interés en el progreso de la aprobación del Anexo VI y llamó la atención de las Partes hacia la exitosa evolución del Código Polar voluntario en un instrumento obligatorio en virtud de los convenios SOLAS (Convenio internacional para la seguridad de la vida humana en el mar) y MARPOL (Convenio internacional para prevenir la contaminación por los buques), que también cubren la Antártida. Se refirió además a la exitosa extensión de la prohibición de MARPOL referente al transporte de hidrocarburos pesados tanto en calidad de combustible como de carga hacia la zona del Tratado Antártico. Sugirió que en caso de no aprobarse el Anexo VI, debería hacerse efectivo un enfoque similar para hacer extensivos los convenios sobre responsabilidad que ya están en vigor en virtud de la OMI a las aguas antárticas con el fin de dar cobertura a la región.

(159) En respuesta a una pregunta formulada por la Federación de Rusia, IGP&I Clubs informó a las Partes que, por lo general, el equipo de respuesta ante derrames es entregado por los estados y que puede ser almacenado por las empresas petroleras. Señaló que es el gobierno el que suele coordinar la respuesta ante el derrame, y que el armador paga el costo de esta. Sin embargo, explicó que normalmente los clubes no cubren los costos de la compra del equipo de respuesta, ya que los costos de la preparación para casos de derrame no se consideran riesgos o responsabilidades de protección e indemnización del armador surgidas del incidente.

(160) IGP&I Clubs confirmó que, en general, los requisitos del Anexo VI se encuentran dentro del ámbito de cobertura, sin embargo puso de relieve que una serie de dispensas de los clubes, tales como las acciones dolosas de los asegurados o la relación de estos con un buque evidentemente no apto para la navegación, la operación imprudente y las infracciones de los reglamentos impedirán la entrega de la cobertura.

(161) Las Partes expresaron su sincero agradecimiento a IGP&I Clubs, a la OMI y a FIDAC por su asistencia a la XL RCTA, y por la ayuda proporcionada para aclarar diversos elementos del Anexo VI. Algunas Partes señalaron que el debate con IGP&I Clubs, la OMI y FIDAC debería continuar y que además un dialogo con los armadores u otros expertos en operaciones podría resultar provechoso durante la implementación del Anexo VI.

(162) FIDAC, IGP&I Clubs y la OMI expresaron su deseo de ofrecer su experiencia y conocimientos y de seguir contribuyendo al debate de la RCTA en relación con la responsabilidad. La Reunión solicitó que el Secretario Ejecutivo renueve la invitación al FIDAC, P&I Club y a la OMI para que asistan a una futura RCTA, y que informe a estos organismos que la RCTA agradecerá sus comentarios y asesoramiento sobre los problemas relacionados con los seguros de acuerdo al Anexo VI al Protocolo.

(163) La Federación de Rusia presentó el Documento de Información IP 144, *Russian legislation on regulation of activities in the Antarctic* [La legislación rusa en relación con la normación de las actividades en la Antártida], donde describió la Ley Federal n.° 50 relativa a la "Normación de las actividades de los ciudadanos y entidades jurídicas rusas en la Antártida". Esta ley nacional aprobó el Anexo VI del Protocolo Ambiental. En el documento se explicó que se había ofrecido una traducción de la Ley Federal n.° 50 con el fin de compartir la experiencia en la implementación del Anexo VI. La Federación de Rusia expresó que las Partes deberían seguir informándose entre ellas acerca de sus metodologías y soluciones a los desafíos y tareas en la región antártica.

(164) Agradeciendo a la Federación de Rusia por la traducción de esta legislación, las Partes señalaron que la puesta en común de información acerca de la implementación del Anexo VI se considera una valiosa herramienta para quienes continúan trabajando en la implementación del Anexo VI. Algunas de las Partes señalaron que su legislación y normativas nacionales ya están disponibles a través del SEII o en anteriores Documentos de Información.

(165) Varias de las Partes comentaron que sería provechoso que la Secretaría establezca una página web específica en la que las Partes aporten, en forma voluntaria, legislación que refleje la implementación del Anexo VI. La Secretaría expresó su acuerdo en recopilar de manera centralizada la información que mantiene actualmente sobre legislación nacional relativa a la implementación del Anexo VI. Se alentó a las Partes que aún no han proporcionado información a la Secretaría en relación con su legislación nacional y demás instrumentos relevantes a que lo hagan.

(166) La Federación de Rusia presentó además el Documento de Información IP 145, *Approximate list, scope and character of response actions* [Lista aproximada de las medidas de respuesta y su ámbito y carácter], en el que recordó a las Partes acerca de sus responsabilidades en virtud del Artículo 15 del Protocolo Ambiental y del Artículo 5 del Anexo VI en relación con las acciones de respuesta ante emergencias. El documento alentó a las

Partes a considerar los debates sobre la elaboración de una lista aproximada del ámbito y carácter de las acciones de respuesta antes de la entrada en vigor del Anexo VI. Esto sería de ayuda para el Gobierno Ruso, que tiene la responsabilidad de hacerlo conforme a su legislación nacional sobre implementación. Señaló que esto daría una base jurídica más sólida a las Partes que han implementado el Anexo VI para su aplicación, y que resultaría un conveniente apoyo para aquellas Partes que aún no lo han aprobado.

(167) La Federación de Rusia informó a la Reunión que se propone ofrecer una lista aproximada del ámbito y carácter de las acciones de respuesta solicitadas a los operadores para casos de emergencia medioambiental mientras llevan a cabo actividades en la Antártida en el futuro.

(168) Otras Partes que han promulgado legislación en la que se implementa el Anexo VI señalaron que su legislación nacional no exige la elaboración de una lista de acciones de respuesta. Se señaló además que en algunos sistemas nacionales la interpretación de las disposiciones relevantes, incluidas aquellas relativas al alcance de una acción de respuesta razonable, sería en definitiva un asunto para tratar en los tribunales. Las Partes expresaron su acuerdo en mantener el provechoso y franco debate sobre la implementación del Anexo VI.

Tema 9: Prospección biológica en la Antártida

(169) Los Países Bajos presentaron el Documento de Información IP 168, *An Update on Status and Trends Biological Prospecting in Antarctica and Recent Policy Developments at the International Level* [Actualización sobre el estado y las tendencias de la prospección biológica en la Antártida y recientes avances de las políticas internacionales]. Las Partes intercambiaron puntos de vista acerca de las novedades informadas por los Países Bajos.

(170) Los Países Bajos llamaron además la atención de las Partes hacia el estado del proceso de desarrollo de un instrumento jurídicamente vinculante en virtud de la Convención de las Naciones Unidas sobre el Derecho del Mar (UNCLOS) sobre la conservación y uso sustentable de la diversidad biológica marina de las áreas que estaban más allá de sus jurisdicciones nacionales. La Reunión reafirmó al Sistema del Tratado Antártico como el marco competente dentro del cual se debe abordar la conservación y uso sustentable de la diversidad biológica marina en la región antártica.

(171) La ASOC señaló que las actividades relativas a la bioprospección tienen relevancia para la protección del medioambiente, y que esta debería debatirse de manera transparente.

(172) La Reunión expresó su acuerdo en la necesidad de un mayor debate en la RCTA sobre todos los aspectos de este tema, y que debería incluirse en el Plan de trabajo estratégico plurianual. Señaló la importancia del Sistema del Tratado Antártico y del trabajo realizado hasta ahora, incluida la Resolución 7 (2005), la Resolución 9 (2009), y la Resolución 6 (2013), y se mostró favorable hacia la continuación de este trabajo durante el próximo año, en la XLI RCTA. La Reunión alentó a las Partes a presentar los Documentos de Trabajo que resulten relevantes para continuar con este trabajo.

(173) Ante la solicitud de algunas Partes Consultivas, el Secretario Ejecutivo informó sobre las invitaciones extendidas por la Organización de Naciones Unidas, más recientemente en conexión con la próxima reunión que se sostendrá en julio del presente año. La Reunión estuvo de acuerdo en que, en caso de que la Secretaría recibiera nuevas invitaciones de la Secretaría de Naciones Unidas en relación con el proceso al que se refiere la Resolución 69/292 de la Asamblea General, esta distribuiría la invitación de inmediato entre todas las Partes. Se acordó que a menos que se reciba alguna objeción dentro del plazo de 14 días a partir de la fecha de distribución de la invitación, la Secretaría respondería de la siguiente manera:

Estimado Sr./Sra,

Me complace acusar recibo de su carta con fecha (X FECHA), la que se ha transmitido a las Partes Consultivas del Tratado Antártico. Muchas gracias por su amable invitación. Aprovecho la oportunidad para recordarle que el Sistema del Tratado Antártico es el marco competente dentro del cual se debe abordar la conservación y uso sustentable de la diversidad biológica marina en la región antártica.

Secretario Ejecutivo

Secretaría del Tratado Antártico

(174) La Reunión señaló que el responder a una correspondencia dirigida a la Secretaría del Tratado es tema delicado.

Tema 10: Intercambio de información

(175) El COMNAP presentó el Documento de Información IP 12, *Operational information – national expeditions: Facilities & SAR categories* [Información operacionales-expediciones nacionales: instalaciones y categorías de SAR], en respuesta a dos solicitudes de información relativas al intercambio de información formuladas durante la XXXIX RCTA (Informe Final, Apéndice 4). El COMNAP informó a la Reunión sobre las categorías de las instalaciones acordadas por sus Miembros para su uso en una gama de productos y herramientas, y señaló que dichas categorías acordadas y sus definiciones tienen un prolongado historial de uso.

(176) El COMNAP presentó además el Documento de Información IP 64, *Advances to the COMNAP database* [Progresos obtenidos en la base de datos del COMNAP], donde se describió el reciente reacondicionamiento de su sistema de base de datos para apoyar el trabajo de los programas antárticos nacionales. Esta base de datos informó a un rango de productos que incluyen el Manual de información sobre vuelos antárticos (AFIM) del COMNAP y brinda apoyo al proyecto Catálogo de infraestructura del COMNAP. El COMNAP informó a la Reunión que esta era una completa base de datos, e invitó a la RCTA a considerar la forma en que los datos que contiene pueden reducir la repetición del trabajo de completar información entre plataformas y la forma en que esta puede ayudar a garantizar que la información mantenga su coherencia y vigencia entre dichas plataformas. Como herramienta destinada a transmitir información desde la base de datos, el COMNAP lanzó una interfaz de GIS disponible para el público en su sitio web.

(177) La Secretaría presentó el Documento de la Secretaría SP 10, *Informe para la revisión del funcionamiento del Sistema Electrónico de Intercambio de Información (SEII)*, en el que presentó una serie de mejoras y modificaciones propuestas para el SEII, incluidas consideraciones relativas a la interfaz; el intercambio de datos con otros sistemas; consideraciones relativas a la autorización y publicación; y el uso de los datos del SEII para la elaboración y presentación de informes entre las diferentes partes y a través de diferentes temporadas, incluido el desarrollo de nuevos informes abreviados destinados a extraer útil información del sistema. Señaló la posibilidad de hacer que la interfaz funcione en todos los idiomas del Tratado y que además podrían considerarse otras formas de intercambio de datos entre el SEII y la base de datos del COMNAP.

(178) Belarús puso de relieve la importancia de que la interfaz sea fácil de usar y la conveniencia de que, en específico, se puedan completar formularios electrónicos en el SEII en todos los idiomas del Tratado.

(179) La Reunión invitó a la Secretaría del Tratado Antártico y a la Secretaría el COMNAP a cooperar durante el periodo intersesional, y a considerar formas de reducir las repeticiones y aumentar la compatibilidad entre sus bases de datos, en particular en relación con la información permanente proporcionada por las Partes. El COMNAP confirmó que se encuentra preparado para explorar junto a la Secretaría del Tratado Antártico las posibilidades prácticas y técnicas y la conveniencia del intercambio de datos entre las plataformas organizacionales.

(180) La Reunión solicitó a la Secretaría del Tratado Antártico que además, durante el próximo periodo intersesional, siga mejorando el SEII, incluida la oferta de la interfaz del sitio web en los cuatro idiomas del Tratado.

(181) Además se solicitó a la Secretaría que considere realizar una compilación fotográfica en línea de las anteriores RCTA. Esta accedió a considerar esta solicitud.

Tema 11: Asuntos educacionales

(182) Bulgaria presentó el Documento de Trabajo WP 24, *Segundo informe del Grupo de contacto intersesional sobre educación y difusión*, preparado en conjunto con Bélgica, Brasil, Chile, Portugal y el Reino Unido. El GCI recomendó que la RCTA: reconozca la conveniencia del Foro sobre educación y difusión; asesore a las Partes para que sigan promoviendo el uso del Foro para informar sobre sus actividades relativas a la educación y difusión; evalúe las actividades y eventos informales claves relativos a la educación y difusión en los que las Partes pueden participar; y asesore a las Partes para que sigan promoviendo no solo a la Antártida y la investigación antártica por medio de sus actividades de educación y difusión, sino también al Tratado Antártico y al Protocolo Ambiental en sí.

(183) Bulgaria agradeció a todas las Partes que participaron en el GCI y señaló que sus actividades se han llevado a cabo tanto a nivel nacional como internacional. Entre las actividades del GCI se incluyeron: una celebración del vigésimo quinto aniversario del Protocolo Ambiental, el Día Internacional anual de la Antártida, en diciembre, las semanas Polares bianuales, y la organización de un tercer taller internacional de educadores polares.

(184) La Reunión agradeció a Bulgaria por liderar el GCI y enfatizó la importancia de las actividades de educación y difusión. La IAATO agradeció a las Partes por su invitación a participar en el GCI y señaló que este foro no solo es importante para la puesta en común de información y de ideas para la educación y difusión sino también para la promoción general de la coordinación y colaboración en asuntos antárticos. La Reunión expresó su acuerdo en apoyar la continuación del GCI y lo alentó a presentar una propuesta de acción concreta durante el próximo año. La Reunión confirmó que la sección del sitio web de la Secretaría dedicado a la educación y difusión contaría con enlaces hacia los sitios web de las Partes individuales y que en si misma no contendría material de dichas Partes.

(185) La Reunión accedió a continuar el GCI sobre Educación y difusión durante un nuevo periodo intersesional, y acordó los siguientes Términos de Referencia:

- impulsar la colaboración a nivel nacional e internacional en materia de educación y difusión;
- identificar las actividades y los eventos internacionales claves relacionados con la educación y difusión, para la posible participación de las Partes del Tratado Antártico;
- compartir los resultados de las iniciativas de educación y difusión que demuestran el trabajo de las Partes del Tratado Antártico sobre gestión de la zona del Tratado Antártico;
- enfatizar las iniciativas de protección ambiental en curso que se informaron con observaciones y resultados científicos para reforzar la importancia del Tratado Antártico y su Protocolo de Protección del Medioambiente;
- promover las actividades relativas a educación y difusión realizadas por Expertos y Observadores, y alentar la cooperación con estos grupos;
- analizar la posibilidad de crear una sección sobre educación y difusión antárticas en el sitio web de la STA.

(186) Asimismo, se acordó lo siguiente:

- que los Observadores y Expertos que participan en la RCTA sean invitados a entregar sus contribuciones;
- el Secretario Ejecutivo abriría el foro de la RCTA para el GCI y le proporcionaría apoyo; y
- que Bulgaria se desempeñe como coordinador e informe a la próxima RCTA sobre el progreso obtenido por el GCI.

(187) Venezuela presentó el Documento de Información IP 19, *Material divulgativo/ educativo: Juega y aprende con el Tratado Antártico*, donde hizo referencia al material de educación y difusión "Juega y aprende con el Tratado Antártico". Este material aspira a incorporar conocimientos básicos sobre el Sistema del Tratado Antártico en el sistema educacional de ese país.

(188) Venezuela presentó el Documento de Información IP 28, *Enlace web de divulgación y educación: Antártida en la escuela*. En el documento se incluyo un enlace web hacia el proyecto de educación y difusión "La Antártida en la escuela", que aspira a proporcionar información al público general.

(189) Sudáfrica presentó el Documento de Información IP 51, *Creating Awareness: the Role of the Antarctic Legacy of South Africa (ALSA)* [Crear conciencia: el papel del legado antártico de Sudáfrica], donde se ofreció una actualización acerca del proyecto ALSA, incluido su establecimiento, posterior desarrollo y evolución en el principal depositario del patrimonio antártico y subantártico de Sudáfrica y sus iniciativas educativas y de sensibilización.

(190) Colombia presentó el Documento de Información IP 60, *Campaña de Educación "Todos Somos Antártica" Actividades 2016 - 2017*. En este documento se describen las actividades de la campaña educativa y de difusión "Todos somos Antártida" de Colombia durante la temporada 2016 - 2017. La campaña continuó sensibilizando al público colombiano con respecto a la Antártida. Las actividades incluyeron seminarios, presentaciones, eventos de difusión especiales, documentales y cursos.

(191) Colombia presentó además el Documento de Información IP 61, *Aportes de Colombia al Conocimiento de la Cultura y Adaptación Antárticas*, que dio cuenta de las principales actividades de investigación durante la tercera expedición científica colombiana de 2016-2017. La expedición incluyó 27 proyectos de investigación. Colombia agradeció a Argentina, España, Chile y a los Estados Unidos por el apoyo brindado.

(192) Chile presentó el Documento de Información IP 96, *Programa de Educación Antártica* donde describió los diferentes niveles de actividades de educación que se llevan a cabo en ese país.

(193) Argentina presentó el Documento de Información IP 99, *Celebración del 25° Aniversario del Protocolo al Tratado Antártico sobre Protección del Medio Ambiente - Lanzamiento de sellos postales*. El 4 de octubre de 2016, Argentina conmemoró el vigésimo quinto aniversario de la firma del Protocolo al Tratado Antártico sobre Protección del Medio Ambiente con la

emisión de dos sellos de correo. El documento contenía información acerca de estos sellos.

(194) Ecuador presentó el Documento de Información IP 129, *Primeras Jornadas Antárticas, 2016* donde se pusieron de relieve las actividades de difusión y educación que Ecuador considera importantes para todas las generaciones. Siendo Ecuador un país tropical, los asuntos relativos a la Antártida son particularmente difíciles de transmitir. Para superar esta dificultad, Ecuador organizó conferencias basadas en educación y ciencias sobre la Antártida y eventos en torno al trigésimo aniversario de la primera expedición ecuatoriana a la región.

(195) Perú presentó el Documento de Información IP 134, *Actividades del Programa Nacional Antártico de Perú Período 2016 – 2017*, donde proporcionó información acerca de las actividades del Programa Antártico Nacional peruano durante la temporada 2016-2017.

(196) Bulgaria y Turquía presentaron el Documento de Información IP 138, *Polar Scientific and Outreach Cooperation Between Bulgaria and Turkey* [Cooperación polar científica y de difusión entre Bulgaria y Turquía], en el que se entregó información acerca de la firma de un Memorando de Entendimiento entre el Instituto Antártico Búlgaro y el Centro de Investigación Polar de la Universidad Técnica de Estambul, en octubre de 2016. Se destacó además el evento sostenido en Estambul durante el taller del Programa científico polar turco, en el que el Instituto Antártico Búlgaro presentó una exposición cartográfica histórica de la Antártida preparado para el vigésimo quinto aniversario de la firma del Protocolo Ambiental.

(197) La ASOC presentó el Documento de Información IP 148, *Collaborating on Antarctic Education and Outreach* [Colaboración para la educación y difusión antárticas], preparado en conjunto con la IAATO, en el que se informó sobre las actividades de educación y difusión en las que colaboró la Coalición durante el periodo intersesional 2016-2017. Entre estas actividades se incluyó un afiche producido por la ASOC, la IAATO y el WWF para el Congreso Mundial de Conservación de la UICN de 2016; una celebración conjunta con la comunidad del Sistema del Tratado Antártico del vigésimo quinto aniversario de la firma del Protocolo Ambiental, el 4 de octubre de 2016, utilizando el hashtag #AntarcticaProtected; y la colaboración en la campaña de medios sociales durante el Día de San Valentín, diseñada para aumentar la conciencia respecto de especies antárticas más desconocidas, en específico, los invertebrados. La ASOC señaló que los proyectos y campañas de medios coordinados son eficaces para poner de relieve los

mensajes claves y para lograr la participación de un público más amplio. La ASOC y la IAATO expresaron sus esperanzas en cuanto a que su trabajo en común serviría de estímulo a nuevas iniciativas compartidas entre las Partes del Tratado Antártico y para que los Observadores y Expertos de la RCTA realcen la importancia del Sistema del Tratado Antártico.

(198) Rumania presentó el Documento de Información IP 171, *Romanian Antarctic Education and Outreach Activities during 2015-2017* [Actividades de educación y difusión antártica de Rumania durante la temporada 2015 - 2017], donde describió una serie de eventos relativos a su participación en el GCI sobre educación y difusión. Entre estas actividades se incluyeron: las celebraciones del vigésimo quinto aniversario del Protocolo Ambiental; la participación en los eventos del Día de la Antártida y de la Semana Polar de la Asociación de Jóvenes Científicos Polares (APECS); la publicación de un libro y un documental acerca del renombrado científico polar rumano Emil Racovita; eventos de medios; un evento de la Embajada Rumana en Canberra dedicado a los dos famosos exploradores Racovita y Negoita, además de seminarios.

(199) En relación con este tema del programa se presentaron los siguientes documentos de antecedentes:

- Documento de Antecedentes BP 9, *Piloto Luis Pardo Villalón: Rescatando del olvido a un héroe Chileno* (Chile).

- Documento de Antecedentes BP 10, *Celebración de la Semana Antártica en Punta Arena*s (Chile).

- Documento de Antecedentes BP 13, *Práctica de celebración de las Conferencias científicas y prácticas internacionales dedicadas a los problemas de la Antártida en la República de Belarú*s (Belarús).

Tema 12: Plan de trabajo estratégico plurianual

(200) La Reunión consideró el Plan de trabajo estratégico plurianual aprobado en la XXXIX RCTA. En el documento se abordó cada uno de los temas prioritarios y consideró eliminar algunas prioridades actuales y agregar nuevas prioridades.

(201) Tras el debate, la Reunión actualizó su Plan de trabajo estratégico plurianual y aprobó la Decisión 7 (2017), *Plan de trabajo estratégico plurianual para la Reunión Consultiva del Tratado Antártico*.

Tema 13: Seguridad de las operaciones en la Antártida

Operaciones: Aire

(202) El SCAR presentó el Documento de Trabajo WP 20, *Estado actual de los conocimientos acerca de las respuestas de la vida silvestre a los Sistemas de Aeronaves Dirigidas por Control Remoto (RPAS)*, e hizo referencia al Documento de Antecedentes BP 1, *Best Practice for Minimising Remotely Piloted Aircraft System Disturbance to Wildlife in Biological Field Research* [Mejores prácticas para reducir a un mínimo la perturbación ocasionada por los Sistemas de Aeronaves Dirigidas por Control Remoto sobre la vida silvestre en las investigaciones biológicas en terreno]. En respuesta a una solicitud de la XVIII Reunión del CPA, se presentó en este documento una síntesis de 23 documentos de investigación científica publicados en relación con la respuesta de la vida silvestre a los sistemas de aeronaves dirigidas por control remoto (RPAS). El SCAR señaló que las respuestas a los RPAS no son las mismas entre las distintas especies, parámetros de rutas de vuelo, o tipo de RPAS, y que no hay suficientes datos acerca de sus efectos sobre la demografía. El SCAR hizo notar que esta revisión respaldó la conclusión de que no existiría una solución única para la mitigación de las respuestas de la vida silvestre a los RPAS. Como resultado, el SCAR indicó que las orientaciones necesitarían ser específicas a los sitios y a las especies y que deben considerar tanto el tipo de RPAS utilizado como el ruido generado por estos. El SCAR recomendó que el CPA implemente directrices preliminares en materia de prácticas recomendables tal como se describe en el documento, y que los futuros estudios sobre la respuesta de la vida silvestre a los RPAS deberían contemplar un abanico de especies y variables, conforme a lo que se expone en el documento.

(203) La Reunión agradeció el trabajo realizado por el SCAR y expresó su acuerdo en que probablemente se necesite llegar a directrices específicas relativas al lugar, la especie y al equipo científico para la gestión eficaz del uso de RPAS en torno a la vida silvestre.

(204) El COMNAP presentó el Documento de Información IP 77, *Update from the COMNAP Unmanned Aerial Systems Working Group (UAS-WG)* [Actualización del Grupo de Trabajo del COMNAP sobre sistemas aéreos no tripulados (GT-UAS)], y se refirió a la rápida evolución de la tecnología de los RPAS, en especifico, a la tecnología de sistemas de vigilancia dependiente automática (ADS-B, por sus siglas en inglés) según lo señalado por el Reino Unido, una conveniente herramienta de apoyo a la seguridad de las

operaciones aéreas. En el documento se informó también sobre los resultados del estudio del COMNAP sobre el uso de RPAS por sus programas antárticos nacionales durante un periodo de 12 meses. Los resultados indican que la mayor parte del uso que se hace de los RPAS tiene fines científicos.

(205) La Reunión expresó sus agradecimientos por las útiles contribuciones del SCAR y del COMNAP.

(206) Los Países Bajos señalaron que en los *Principios generales del turismo antártico* (2009) se establece que "Ante la falta de información detallada sobre el posible impacto, las decisiones sobre el turismo se basarán en un enfoque precautorio y pragmático que incorpore también una evaluación de los riesgos". Basándose en esto, y tomando en cuenta las lagunas en los conocimientos, además de la decisión de la IAATO de prohibir provisionalmente el uso de RPAS con fines recreativos en las zonas costeras con abundancia de vida silvestre, los Países Bajos habrían esperado que la RCTA adopte el enfoque de la IAATO hasta tener más conocimientos a su disposición.

(207) La Reunión hizo notar la información entregada por el Presidente del CPA en cuanto a que no se ha alcanzado el consenso con respecto a una propuesta planteada por los Países Bajos durante la Reunión del CPA de prohibir el uso recreativo de los UAV y RPAS, y que el GCI establecido por el CPA para desarrollar orientaciones sobre los aspectos medioambientales del uso de UAV y RPAS consideraría con mayor detenimiento el uso de estos dispositivos para todos los fines.

(208) La Reunión apoyó las recomendaciones ofrecidas por el CPA en relación con el uso de UAV y RPAS en las cercanías de la vida silvestre en la Antártida. Acogió la indicación del COMNAP en cuanto a que seguiría trabajando en los aspectos relativos a la seguridad y el medioambiente de las operaciones de UAVS y RPAS. Expresó su acuerdo en que los UAV y RPAS se incluyan en el debate sobre las operaciones aéreas durante la XLI RCTA.

(209) Noruega presentó el Documento de Trabajo WP 46, *Infraestructura y operaciones relacionadas con las operaciones aéreas de los operadores no gubernamentales: posibles efectos sobre los Programas Antárticos Nacionales*, preparado con el Reino Unido y Australia. En el documento se señaló que si bien la gestión del tráfico aéreo en la Antártida es realizada por los programas antárticos nacionales, existe un interés cada vez mayor por parte de los operadores no gubernamentales de viajar hacia la Antártida y al interior de esta. Noruega, Australia, y el Reino Unido propusieron que

la RCTA examine los desafíos que podrían producirse en relación con el aumento de las operaciones aéreas en la Antártida y expresaron su acuerdo en incluir el tema de las operaciones aéreas en el Plan de trabajo estratégico plurianual de la RCTA para su consideración en la XLI RCTA de 2018.

(210) La Reunión estuvo de acuerdo en que el aumento en la Antártida del tráfico aéreo de organizaciones no gubernamentales es un problema importante que tiene implicaciones tanto para la seguridad como para la protección del medioambiente. Algunas de las Partes recalcaron la importancia de realizar debates sobre políticas generales, incluida la necesidad de un debate fundamental en relación con el aumento del sector aéreo no gubernamental.

(211) La Federación de Rusia informó a la Reunión que, debido a las muchas operaciones no gubernamentales que dependen del apoyo del Programa Antártico Nacional, su sistema nacional de permisos exige que los operadores cuenten con la educación y formación relevantes a fin de garantizar que las operaciones aéreas se realicen de conformidad con el Manual de información sobre vuelos antárticos del COMNAP (AFIM).

(212) En respuesta, la IAATO señaló que algunos de sus operadores aéreos tienen autonomía, se desempeñan de manera segura, y llevan a cabo sus vuelos sin la asistencia de los programas antárticos nacionales. La IAATO agradeció al COMNAP por el trabajo realizado en el AFIM y en los sistemas de seguimiento de aeronaves, el que representa una importante contribución a la seguridad aérea.

(213) La Reunión expresó su acuerdo en que el aumento de tráfico aéreo no gubernamental es un asunto importante que debe seguir debatiéndose, y su deseo de agregar este tema al Plan de trabajo estratégico plurianual.

(214) Alemania presentó el Documento de Información IP 42, *DROMLAN - Dronning Maud Land Air Network* [DROMLAN, Red Aérea de Tierra de la Reina Maud]. Alemania señaló que su motivación en este documento era aumentar la transparencia acerca de las actividades realizadas a través de la Red Aérea de Tierra de la Reina Maud (DROMLAN). Señaló que DROMLAN es un proyecto de cooperación internacional sin fines de lucro de los Programas Antárticos Nacionales de Bélgica, Finlandia, Alemania, India, Japón, los Países Bajos, Noruega, Rusia, Sudáfrica, Suecia y el Reino Unido, los que operan estaciones y tienen intereses científicos en la zona más extensa de la Tierra de la Reina Maud (TRM). Explicó que, con el consentimiento de todos los participantes en DROMLAN, Antarctic

Logistics Center International (PTY) Ltd. (ALCI) de Ciudad del Cabo es responsable de la mayor parte de las operaciones aéreas y colabora estrechamente con el Comité Directivo de DROMLAN en su gestión. Alemania afirmó que DROMLAN ha ofrecido mayor frecuencia y acceso a la TRM y que ha mejorado en forma importante las normas sobre seguridad de sus expediciones científicas y logísticas en el lugar.

(215) La Reunión agradeció la presentación de Alemania y acogió de buen grado el éxito de DROMLAN.

(216) La Federación de Rusia presentó el Documento de Información IP 143, *On use of the blue ice area in the vicinity of Romnaes Mount as a reserve airstrip* [El uso de la zona de hielo azul en las cercanías del monte Romnaes como pista de aterrizaje de reserva], en el que describió la necesidad de una pista de aterrizaje de respaldo para el acceso a la estación Novolazarevskaya por razones de seguridad, y el uso que esta tendría. La Federación de Rusia señaló que ALCI, con sede en Sudáfrica, había preparado una Evaluación Medioambiental Inicial (IEE) para la construcción y operación de la pista de aterrizaje, la que fue presentada a Sudáfrica para su consideración. La Federación de Rusia explicó que Sudáfrica no ha actualizado sus procedimientos legislativos establecidos de aprobación de permisos, por lo que no está en condiciones de aprobar la IEE de ALCI. Informó a la Reunión que ALCI Nord, una empresa rusa, presentó a las autoridades de ese país la solicitud de un permiso para iniciar los trabajos en la pista de aterrizaje, y que dicho permiso se había expedido recientemente.

(217) También se presentaron los siguientes documentos, los que se consideraron como presentados en este tema del programa:

- Documento de Información IP 27, *Procedures for Safe use of Unmanned Aerial Systems in Antarctica* [Procedimientos para el uso seguro de sistemas aéreos no tripulados en la Antártida] (Nueva Zelandia). En el documento se informó sobre el desarrollo de un manual sobre sistemas aéreos no tripulados con relevancia para el sobrevuelo de estos sistemas en la región del mar de Ross y la ensenada McMurdo en la Antártida. En este manual, que se basa en el Manual de operadores de UAS del COMNAP, se definen los procedimientos que deben seguirse incluso durante los procedimientos de evaluación previa y de operación en terreno.

Operaciones: Marítimas

(218) El Reino Unido se refirió al Documento de Información IP 139 rev. 1, *Una reseña sobre el Código Internacional relativo a embarcaciones que operan*

en Aguas Polares, preparado por la OMI. El Reino Unido ofreció una visión general de los requisitos del Código Internacional relativo a embarcaciones que operan en Aguas Polares, (Código Polar) desde la perspectiva de un operador en relación con la seguridad marítima y la protección del medio marino, y abordó el lugar que ocupa el Código Polar en el actual marco internacional que rige al transporte marítimo internacional. El Reino Unido explicó la importancia de este Manual de operaciones en Aguas Polares (PWOM, por sus siglas en inglés), y destacó la forma en que se utiliza el Sistema de indexación del riesgo para la evaluación de los límites operacionales polares (POLARIS) en la toma de decisiones. El Reino Unido puso de relieve que el documento de la OMI describe los requisitos asociados de capacitación y certificación para los oficiales y la tripulación de buques que operan en aguas polares conforme al Convenio Internacional sobre Normas de Formación, Titulación y Guardia para la Gente de Mar (Convenio STCW). Además, el documento de la OMI examinó qué otras medidas pueden tomarse para garantizar la seguridad de las operaciones marítimas polares tomando en consideración los debates en curso en el seno de la OMI. El Reino Unido además hizo notar que la OMI se encuentra actualmente considerando si hacer extensiva o no la aplicabilidad del Código Polar hacia otros buques no sujetos en la actualidad al Convenio SOLAS, tales como los buques pesqueros y los yates.

(219) La ASOC presentó el Documento de Información IP 151, *Ordenación de embarcaciones no sujetas al Convenio SOLAS en el océano Austral*, en el que proporcionó un informe abreviado de la actividad marítima en el Océano Austral y la entrada en vigor del Código Polar. En el documento se estima que es probable que el Código Polar sea relevante para menos de la mitad de las embarcaciones que operan cada año en la zona del Tratado Antártico, puesto que el Código no es aplicable actualmente a los buques no sujetos al Convenio SOLAS, incluidos los buques pesqueros, las embarcaciones de recreo y cargueros de menor tamaño. La ASOC puso de relieve que se necesitaría una acción concertada de las Partes para garantizar el mejor resultado en la Reunión del Comité de Seguridad Marítima de la OMI en junio de 2017. La ASOC recomendó que las Partes reconozcan que el trabajo realizado en el Código Polar hasta ahora no tiene aplicación para cerca de la mitad de los buques que navegan en el Océano Austral; aprueben una Decisión sobre la necesidad de acción concertada dentro de la OMI para garantizar que se dé inicio urgente a la Fase 2 del trabajo de la OMI, relativa a las embarcaciones no sujetas al Convenio SOLAS; y acepten ofrecer su punto de vista en relación con las normas sobre embarcaciones no sujetas al

Convenio SOLAS en caso de que OMI no logre incluir el punto "aplicación de un código obligatorio para embarcaciones no sujetas al Convenio SOLAS que operan en aguas polares" acordado previamente dentro de su programa directo.

(220) Finlandia presentó el Documento de Información IP 123, *The Polar Code – Finnish Views* [El Código Polar: la perspectiva de Finlandia], en el que informó sobre las actividades realizadas y previstas por ese país en relación con la entrada en vigor del Código Polar. En su calidad de Presidente del Consejo Ártico durante el periodo 2017–2019, Finlandia indicó que todos los Estados del Ártico han negociado sobre el Código Polar en conjunto y de manera activa dentro de la OMI. Finlandia acogió de buen grado la entrada en vigor del Código Polar el 1 de enero de 2017 y alentó a todas las Partes a respaldar la implementación efectiva del Código Polar en aguas antárticas.

(221) Finlandia señaló también que los buques reforzados, de conformidad con las Reglas de clases de hielo finlandesas-suecas (FSICR, por sus siglas en inglés), y las reglas equivalentes sobre clases de hielo de las sociedades de clasificación, han navegado con éxito durante décadas tanto en aguas del Ártico como en la Antártida, y que, de acuerdo con el Código Polar (Resolución MSC.385 [94], secciones 3.3.2 y 6.3.3) se podrían utilizar en el futuro rompehielos y otras embarcaciones reforzadas de conformidad con las FSICR en aguas polares en las condiciones del hielo relevantes. Finlandia señaló que en febrero de 2018 organizaría en Helsinki, Finlandia, una Conferencia Internacional sobre la aplicación armonizada del Código Polar, e invitó a participar a las Partes y Observadores y Expertos interesados.

(222) Nueva Zelandia hizo notar que el Código Polar se debatiría en la próxima reunión de la OMI, e instó a las Partes a que dialoguen con sus delegados de la OMI nacionales con el fin de expresar su apoyo hacia el progreso de la Fase 2 del Código Polar, el que normaría la navegación en aguas polares de las embarcaciones no sujetas al Convenio SOLAS.

(223) El Reino Unido hizo ver que tanto la RCTA como la CCRVMA tienen un gran interés en la aplicación y posterior desarrollo del Código Polar con el fin de aumentar la seguridad de todas las embarcaciones que navegan en aguas antárticas. Estados Unidos recalcó que sería beneficiosa la experiencia práctica adquirida a través de la implementación del Código Polar, en particular cuando el trabajo realizado hasta ahora conformaría la base de referencia para la Fase 2. Además, al reconocer que existen diferencias entre las operaciones de las embarcaciones no sujetas al Convenio SOLAS en la

zona del Tratado Antártico y en aguas del Ártico, Estados Unidos se refirió a la factibilidad de que la OMI considere un plan de trabajo centrado en el desarrollo de directrices voluntarias para las embarcaciones no sujetas al Convenio SOLAS que operan en aguas antárticas.

(224) Si bien expresó su apoyo al progreso de la Fase 2 del Código Polar, la IAATO advirtió que, puesto que POLARIS se basa en el sistema ártico, aún hay trabajo por hacer para garantizar su aplicación en la Antártida de manera equitativa y práctica. La IAATO hizo notar que está trabajando junto a POLARVIEW y la Asociación Internacional de Sociedades de Clasificación (IACS) en el fortalecimiento de POLARIS en la Antártida, y agradeció las colaboraciones que podrían llevar a la eficacia en el largo plazo del Código Polar en aguas antárticas.

(225) La OMM recordó su recopilación de observaciones meteorológicas voluntarias desde los buques. La mayor recopilación de datos sobre la Antártida, respecto de la cual no hay abundancia de información, y en particular desde buques que navegan en la región, podría mejorar los servicios entregados por las aplicaciones pertenecientes a la OMM tales como el seguimiento climatológico, predicción meteorológica numérica y servicios marítimos. La organización invitó a la RCTA y a las Partes a que consideren promover el concepto de hacer obligatoria la recopilación e información de datos climatológicos en el Código Polar.

(226) La Reunión agradeció a las Partes por los documentos relativos al Código Polar, e hizo notar su firme respaldo a los debates en curso. Reconoció la importancia de la próxima reunión de la OMI, en la que se considerarán las formas de impulsar el asunto de las embarcaciones no sujetas al Convenio SOLAS y el Código Polar.

(227) La Organización Hidrográfica Internacional (OHI) presentó el Documento de Información IP 4, *Report by International Hydrographic Organization (IHO) and a Proposal for a Seminar on the Importance of Hydrography in the Antarctic Region* [Informe de la Organización Hidrográfica Internacional (OHI) y una propuesta de seminario sobre la importancia de la hidrografía en la región antártica], centrado en la escasez de conocimientos hidrográficos sobre la Antártida y sus consiguientes riesgos para las operaciones científicas y marítimas. La OHI reiteró que más del 90% de las aguas antárticas se mantienen sin estudiar, y que eso impone un gran riesgo de incidentes marítimos. La organización instó a las Partes a garantizar que todas sus embarcaciones utilicen sensores de profundidad y pongan esa información a disposición de las agencias hidrográficas con el fin de mejorar la cartografía

hidrográfica. Tomando en cuenta que durante la XXXIX RCTA la Reunión incluyó en su Plan de trabajo estratégico plurianual una prioridad en relación con los relevamientos topográficos en la Antártida, la OHI propuso la presentación de un seminario sobre el estado y el impacto de la hidrografía en la Antártida como parte del programa de la XLI RCTA de Ecuador, en 2018. Además, la OHI instó a la RCTA a alentar la medición, registro e interpretación de datos relativos a profundidad en el mar en todo momento y como una rutina de observación del medioambiente, a menos que apliquen restricciones específicas.

(228) La Reunión recalcó la importancia de contar con cartas náuticas en la Antártida para garantizar una navegación segura, y reconoció los costos logísticos y financieros para quienes llevan a cabo los relevamientos hidrográficos. Se alentó a las Partes a poner a disposición de la OHI todos los datos batimétricos recopilados desde sus buques para fines hidrográficos.

(229) La Reunión agradeció el documento de la OHI, así como sus constantes esfuerzos en apoyo de la navegación segura y las actividades hidrográficas en la Antártida. Las Partes acogieron la propuesta de la OHI de realizar un seminario sobre la importancia de la hidrografía en la región antártica durante la XLI RCTA.

(230) Argentina presentó el Documento de Información IP 132, *Ayudas a la navegación, balizamiento y cartografía Antártica*, donde informó sobre las recientes actividades de ese país con la participación de su Servicio Hidrográfico Naval. En el documento se señalaron las actividades que contribuyeron a mejorar la seguridad de la navegación en aguas antárticas por medio de un trabajo de mantenimiento, levantamientos e investigación.

(231) Argentina presentó el Documento de Información IP 133, *Informe sobre la instalación de Ayudas a la Navegación en el Continente Antártico*, donde se describió el plan de instalación de ayudas a la navegación principalmente en la zona de la Península Antártica con el propósito de aumentar la seguridad de la navegación y por consiguiente, la seguridad de la vida humana en el mar y la protección del medio marino.

(232) En relación con este tema del programa se presentaron también los siguientes documentos:

- Documento de Información IP 167, *New IAATO Guidelines for Submersibles and Remote Operated Vehicle activities* [Nuevas orientaciones de la IAATO para vehículos submarinos y operados remotamente] (IAATO), donde se presentaron las orientaciones preparadas por el Comité de operaciones de campo de la IAATO aprobadas durante la reunión de la asociación en mayo de 2017. Al describir las actividades actuales y previstas de los vehículos submarinos y operados remotamente, la IAATO adelantó que con la reciente evolución en la tecnología de vehículos submarinos es probable que la actividad de estos vehículos aumente en el futuro.

- Documento de Información IP 56, *Contribución de Colombia a la Seguridad Marítima en la Antártida* (Colombia). En este documento se informó sobre las actividades de Colombia durante la temporada 2016-2017 para obtener datos sobre hidrografía y recopilar datos físicos, químicos y biológicos. Se destacaron además proyectos relacionados con la simulación de la navegación en aguas antárticas y el trabajo técnico submarino en aguas extremadamente frías.

- Documento de Información IP 100, *Monitoreo Ambiental en Bahía Fildes. Programa de Observación del Ambiente Litoral de Chile (P.O.A.L.) 2017* (Chile), donde se informó sobre el trabajo de vigilancia del ecosistema de la Armada de Chile en el marco del Programa de Observación del Ambiente Litoral que se llevó a cabo para evaluar la tendencia de elementos contaminantes.

- Documento de Información IP 101, *Apoyo meteorológico de la Armada de Chile* (Chile), donde se describió el apoyo de la Armada de Chile a las campañas antárticas chilenas a través de recursos técnicos que incluyen información satelital, cruceros de capacitación, actividades de investigación, observación desde buques oceanográficos y datos meteorológicos obtenidos en las diferentes estaciones y centros.

- Documento de Información IP 102, *Mantenimiento de Ayudas a la Navegación en la Antártica, Período Estival 2016 - 2017* (Chile), en el que se informó de una red de 70 ayudas a la navegación administrada y mantenida por Chile. Estas ayudas se concentran principalmente en la zona de la Península Antártica, y ofrecen apoyo a la seguridad en la navegación para todos los buques que transitan por la zona.

- Documento de Información IP 104, *Elaboración de Carta Náutica de la Antártica por el Servicio Hidrográfico y Oceanográfico de la Armada de Chile: Carta SHOA n° 15350 (INT 9104) "Estrecho Gerlache - Islote Useful a Isla Wednesday"* (Chile). En este documento se informó que los relevamientos hidrográficos realizados y el intercambio de información con otros servicios hidrográficos hizo posible la generación de productos cartográficos tales como la Carta SHOA N° 15350 (INT 9104) "Estrecho Gerlache - Islote Useful a Isla Wednesday", publicada en 2016.

Operaciones: Estaciones

(233) Belarús presentó el Documento de Información IP 2, *Estación de Investigación Antártica de Belarús - el estado actual de la creación y las perspectivas de desarrollo*. Belarús informó a la Reunión acerca de la creación de infraestructura de su estación científica en la Antártida. El país se refirió a su construcción de una estación de investigación modular en las cercanías del monte Vecherniaya, en la Tierra Enderby, Antártida Oriental, y afirmó que con la ayuda logística ofrecida por la Federación de Rusia, había finalizado en diciembre de 2015 la construcción de su primer módulo, y que había comenzado la construcción del segundo módulo y otras instalaciones, los que deberían quedar finalizados en la temporada 2017-2018. La República de Belarús se propone, luego de completar la primera fase de construcción, la realización en la temporada 2019-2020 de su primera expedición de investigación durante todo el año, e informó a la Reunión que en el periodo 2021-2025 se llevará a cabo la segunda ronda de construcciones, y que implementaría un conjunto de medidas destinadas a reducir la emisión de sustancias contaminantes, la descarga de aguas residuales, evitar derrames de combustibles, planificar rutas de investigación, y retirar los escombros y otros residuos de instalaciones anteriores.

(234) La ASOC presentó el Documento de Información IP 159, *Decarbonizing Antarctic Operations (ASOC)* [Operaciones antárticas con menos emisiones de carbono (ASOC)], donde se entregó un resumen actualizado del progreso de las Partes en pos de la reducción de su consumo energético y el reemplazo de los sistemas basados en combustibles fósiles por energías renovables en las operaciones antárticas. La ASOC recomendó a las Partes tomar nota de las experiencias positivas de los operadores que han establecido sistemas de energía limpia como parte de sus operaciones antárticas, y alentó a las Partes a aplicar en la Antártida políticas integrales sobre energías renovables y de ahorro energético.

(235) Nueva Zelandia agradeció a la ASOC por el Documento de Información IP 159 y se refirió a su compromiso respecto a la gestión y reducción de sus emisiones en el marco del Programa de Certificación de Medición y Reducción de Emisiones (CEMARS, por sus siglas en inglés), el que seguirá utilizando como medida del éxito en reducir las emisiones de carbono en sus operaciones.

(236) Los siguientes documentos se consideraron como presentados en este tema:

- Documento de Información IP 40, *Refurbishment and Modernization of the German Antarctic Receiving Station GARS O'Higgins*

[Reacondicionamiento y modernización de la estación receptora antártica alemana GARS O'Higgins] (Alemania), donde se describieron las instalaciones, el estado y las actividades que se realizan en la estación GARS O'Higgins, y se informó sobre las medidas tomadas para su renovación y modernización, así como sobre los aspectos tecnológicos y relativos a infraestructura.

- Documento de Información IP 41, *Final Modernization of Gondwana Station, Terra Nova Bay, Northern Victoria Land* [Modernización final de la estación Gondwana, bahía Terra Nova, Tierra Victoria del Norte] (Alemania), que ofreció a la Reunión una actualización relativa a la renovación de la estación y señaló que la estación se encuentra preparada para operar como base para la investigación durante al menos 25 a 30 años en la Tierra Victoria del Norte como base para la realización de investigación.

- Documento de Información IP 43, *EDEN ISS: A facility to provide Neumayer Station III overwinterers with fresh food while advancing space technology* [EDEN ISS: Una instalación para ofrecer alimentos frescos al personal de invernada de la estación Neumayer III mientras realizan progresos en tecnología espacial] (Alemania). En este documento se informó sobre el proyecto internacional EDEN ISS, que aspira al desarrollo de un invernadero que integra las más modernas tecnologías agrícolas controladas en la estación alemana Neumayer III.

- Documento de Información IP 78, *Reconstruction of the Brazilian Station in Antarctica* [Reconstrucción de la estación brasileña en la Antártida] (Brasil), en el que se ofreció una actualización sobre los trabajos de reconstrucción de la estación antártica Comandante Ferraz, los que consisten en dos etapas de montaje previo realizadas en Shanghai, China, y dos etapas de construcción que se llevarán a cabo en la Antártida.

- Documento de Información IP 107, *Capacidad logística de la Estación Científica Ecuatoriana "Pedro Vicente Maldonado"- Año 2017* (Ecuador). En el documento se informó a la Reunión acerca de las capacidades logísticas de la estación Maldonado, y sobre el apoyo logístico proporcionado por las expediciones científicas ecuatorianas hacia la Antártida durante el verano austral.

- Documento de Información IP 109, *Aplicación de la Norma de Operación en la XXI Campaña Antártica Ecuatoriana (2016-2017)* (Ecuador), en el que se informó a la Reunión sobre la norma de operación que se aplicó durante la XXI expedición antártica ecuatoriana en 2016-2017.

- Documento de Información IP 110, *Plan de contingencias y riesgos durante la XXI Campaña Antártica Ecuatoriana (2016-2017)* (Ecuador), donde se describieron los planes de contingencia y las responsabilidades del personal destinado a las actividades de Ecuador en la estación Maldonado, y se reseñó el análisis de riesgo llevado a cabo durante la temporada estival 2016-2017.

- Documento de Información IP 156, *Greening of established infrastructure and logistics in Antarctica* [El proceso de hacer más ecológica la infraestructura y la logística en la Antártida] (Noruega), en el que se resumió la forma en que Noruega ha explorado las formas de volver más ecológica la infraestructura y la logística en la Antarctica. En el documento se destacó que los programas antárticos nacionales que se encuentran estableciendo y modernizando su infraestructura comparten el desafío universal de encontrar el equilibrio entre el costo de la inversión de capital, los costos de operaciones, el riesgo, y la vida útil esperada, y puso de relieve el papel fundamental que desempeña el COMNAP en responder a este desafío a través del fomento del desarrollo cooperativo de los sistemas de los operadores individuales, y de la creación de sinergia mediante la puesta en común de los recursos logísticos.

- Documento de Información IP 36, *The U.S. Antarctic Program Antarctic Infrastructure Modernization for Science Project* [Modernización de la infraestructura del programa antártico de los Estados Unidos para proyectos científicos (Estados Unidos). En este documento se informó sobre la modernización de la infraestructura científica antártica (AIMS, por sus siglas en inglés), un proyecto centrado en la modernización de la infraestructura básica de la estación McMurdo, la mayor de las tres estaciones permanentes operadas por el Programa Antártico de Estados Unidos, y el crucial enlace de apoyo que representa para la estación Amundsen-Scott del Polo Sur de ese país así como para otros sitios de investigación remotos.

(237) En relación con este tema del programa se presentaron también los siguientes documentos:

- Documento de Antecedentes BP 5, *Plans for the revitalization of the Dobrowolski Station* [Planes de reactivación de la estación Dobrowolski] (Polonia).

- Documento de Antecedentes BP 22, *Capacidades y limitaciones de la Base Antártica "Pdte. Eduardo Frei M." en apoyo a los Programas Antárticos Nacionales y Extranjeros* (Chile).

Seguridad

(238) El COMNAP presentó el Documento de Información IP 10, *Search and Rescue Coordination and Response in the Antarctic: Report from the COMNAP Antarctic SAR Workshop III* [Coordinación y respuesta en la Búsqueda y

salvamento en la Antártida: Informe del Tercer taller del COMNAP sobre SAR en la Antártida] que se llevó a cabo en Valparaíso, Chile, entre el 1 y 2 de junio de 2016, y agradeció a los organizadores conjuntos, DIRECTEMAR Chile e INACH. Al taller asistieron representantes de cinco centros de coordinación y salvamento con la responsabilidad común de la coordinación de SAR en la zona del Tratado Antártico, de programas antárticos nacionales, de la CCRVMA, de la IAATO y de otras organizaciones relevantes. El COMNAP alentó a las Partes a poner el informe sobre el taller a disposición de todos quienes participan en actividades en la Antártida con el fin de apoyar el objetivo común de la seguridad de la vida humana. El COMNAP indicó que el IV Taller del COMNAP sobre SAR en la Antártida se llevaría a cabo en Nueva Zelandia en 2019, y que los detalles se proporcionarían durante la RCTA del próximo año.

(239) La CCRVMA y la IAATO expresaron su interés en participar en nuevos debates sobre esta importante materia. La CCRVMA afirmó que los buques pesqueros sujetos a la CCRVMA respaldan las operaciones de SAR en el área de distribución de la Convención en virtud de un acuerdo que autoriza a la Secretaría de la CCRVMA a transmitir los datos de sus sistemas de seguimiento en caso de eventos de SAR. Este acuerdo se encuentra actualmente en revisión con el propósito de su renovación.

(240) Estados Unidos presentó el Documento de Información IP 7, *Austral Mid-Winter Medical Evacuation from Amundsen-Scott South Pole Station, Antarctica* [Evacuación médica austral en pleno invierno desde la estación Amundsen-Scott del Polo Sur]. Estados Unidos describió su exitosa evacuación aérea de dos empleados a contrato del Programa Antártico de Estados Unidos que se encontraban gravemente enfermos desde la estación Amundsen-Scott del Polo Sur. Estados Unidos destacó que la ejecución sin problemas de esta evacuación médica solo había sido posible gracias a la estrecha coordinación y apoyo de varios programas antárticos nacionales.

(241) Estados Unidos presentó el Documento de Información IP 72, *Antarctic Mass Rescue Operations Response and Preparedness Challenges* [Desafíos a la preparación y respuesta de las operaciones masivas de salvamento en la Antártida], en el que ofreció una reseña general de los desafíos asociados a la respuesta de las operaciones masivas de salvamento (MRO, por sus siglas en inglés) en la zona del Tratado Antártico ante incidentes de búsqueda y salvamento (SAR) en tierra, aire, o mar. Señaló que el éxito de la respuesta MRO depende de la cooperación y coordinación entre las autoridades de SAR, los programas antárticos nacionales, los participantes de la industria

y demás recursos que estuvieran disponibles para la asistencia. Al recalcar que una respuesta MRO eficaz depende del desarrollo de un plan de contingencia eficaz y basado en la realidad, y de ejercicios para poner dicho plan a prueba, Estados Unidos expresó su respaldo al enfoque del COMNAP sobre planificación de contingencias y talleres sobre SAR cada tres años.

(242) Estados Unidos expresó sus agradecimientos al COMNAP por su informe y señaló su interés en ayudar en la realización de un ensayo teórico de MRO durante el próximo IV Taller del COMNAP sobre SAR en la Antártida. El COMNAP agradeció a los Estados Unidos por su recomendación de incluir un ensayo de MRO en el programa del IV Taller sobre SAR del COMNAP y agradeció la ayuda ofrecida por Estados Unidos para planificar y realizar dicho ejercicio teórico.

(243) La IAATO agradeció el trabajo sobre SAR realizado por el COMNAP y los Estados Unidos, y señaló que estarían complacidos de participar en el ejercicio de MRO. La IAATO explicó que cada año la organización se esfuerza en la realización de un ejercicio de SAR con alguno de los Centros de coordinación de salvamento (RCC, por sus siglas en inglés) con responsabilidades en la Antártida, agradeció a Chile por la oportunidad de realizar un ejercicio conjunto de búsqueda y salvamento (SAREX) durante la última temporada y agradeció toda oportunidad de trabajar en el futuro con otros RCC.

(244) Chile presentó el Documento de Información IP 103, *Casos de Búsqueda y Salvamento en el área de la Península Antártica, Período 2016 / 2017, MRCC Chile*. En el documento se resumieron las actividades de SAR realizadas por el Servicio de búsqueda y salvamento marítimo de Chile (MRCC Chile) durante la temporada 2016-2017. Si bien el documento informó que no se produjeron casos de incidentes de SAR durante el periodo, informó sobre un caso de evacuación médica. En el documento se puso de relieve que esta cifra constituye una importante disminución de los incidentes marítimos que requirieron de la coordinación del MRCC Chile con respecto a años anteriores.

(245) Chile presentó el Documento de Información IP 125, *Informe sobre la XIX° edición de la Patrulla Antártica Naval Combinada entre Argentina y Chile*, preparado en conjunto con Argentina. En el documento se describieron las actividades de la décimo novena Patrulla Antártica Combinada (PANC), llevada a cabo en conjunto por Chile y Argentina entre el 15 de noviembre de 2016 y el 31 de marzo de 2017. Chile señaló que el propósito principal de la PANC es la realización y práctica de ejercicios de SAR, rescates, y

de control de la contaminación en la zona al sur de 60° de latitud S entre los meridianos 10°O y 131°O. Además, se realizan actividades relativas a la obtención de datos meteorológicos y de navegación, de logística del Programa Antártico Nacional, y de asistencia médica.

Operaciones: Expediciones y cooperación

(246) El COMNAP presentó el Documento de Información IP 64, *Advances to the COMNAP database* [Progresos en la base de datos del COMNAP]. En el documento se señaló que la base de datos entrega información completa sobre las instalaciones y buques de los programas antárticos nacionales. La base de datos apoya además una serie de productos del COMNAP, entre los que se incluyen el manual AFIM y el Catálogo de estaciones. Una interfaz de GIS disponible al público ofrece información de la base de datos a través del sitio web del COMNAP.

(247) Colombia presentó el Documento de Información IP 55, *Actividades y Desarrollo del Programa Antártico Colombiano - PAC*, en el que informó sobre sus expediciones a la Antártida durante el periodo 2014-2017. En el documento se informó que durante su última expedición, "Almirante Padilla", participaron 19 instituciones y 33 investigadores, y que se habían realizado 27 proyectos en los ámbitos científico, de operaciones, medioambiental, educacional y de cooperación internacional. Colombia entregó un reconocimiento al apoyo de sus actividades antárticas recibido de España, Chile, Argentina, Japón, Brasil, e Italia.

(248) Australia presentó el Documento de Información IP 63, *Benefits of Logistic collaboration in Antarctica in support of Antarctic Science programmes: Australia's experience in 2016-17* [Las ventajas de la colaboración logística en la Antártida en apoyo de los programas científicos antárticos: la experiencia de Australia durante el periodo 2016-2017]. En el documento se informó sobre la experiencia de Australia con respecto a la colaboración logística y a la cooperación en las operaciones llevada a cabo por las Partes con actividad en la Antártida Oriental durante la temporada 2016-2017. Australia se refirió a su estrecha colaboración con otros programas antárticos nacionales, y puso de relieve las diversas ventajas obtenidas de dicha colaboración, entre las que se incluyeron evitar la repetición de actividades, la reducción de los costos, y los beneficios relacionados con la puesta en común de información y experiencia.

(249) Chile presentó el Documento de Información IP 105, *Chile en la Antártica Meridional, Estación Polar Científica Conjunta "Glaciar Unión"*, en el que

se describieron cuatro campañas llevadas a cabo en la estación científica polar "Glaciar Unión" en las montañas Ellsworth, y se describieron la logística y la operación de la estación.

(250) Ecuador presentó el Documento de Información IP 130, *XXVII Reunión de Administradores de Programas Antárticos Latinoamericanos", 2016 (RAPAL)*, donde se informó sobre los resultados de la última reunión de RAPAL, sostenida en Guayaquil, Ecuador, en 2016. Ecuador señaló que la reunión había representado un excelente foro para la coordinación y el intercambio de asuntos científicos, comunicacionales, operacionales y de difusión, y que uno de sus principales objetivos es lograr una cooperación eficaz con el fin de optimizar los recursos.

(251) Perú presentó el Documento de Información IP 135, *Campaña Antártica ANTAR XXIV Verano austral 2016 - 2017*, en el que resumió las actividades llevadas a cabo por su XXIV expedición antártica. En el documento se afirmó que la expedición estuvo dirigida fundamentalmente a la investigación científica relacionada con estudios geoquímicos e hidrogeológicos y señaló que se había desarrollado un plan de mantenimiento integral para los próximos 10 años. Agradeció también a Chile por el apoyo brindado a esta expedición.

(252) Brasil presentó el Documento de Información IP 140, *Brazilian XXXV Antarctic Operation* [XXXV operación antártica brasileña], donde se informó sobre las actividades de ese país durante la temporada 2016-2017. En el documento se informó sobre los 25 proyectos de investigación científica realizados por Brasil durante la XXXV operación antártica brasileña, cuyas actividades se llevaron a cabo a bordo de buques con pabellón de Brasil, en diversos lugares para acampar, y en las estaciones de una serie de programas antárticos nacionales más, que incluyeron a Chile, Argentina, y Polonia, a los que Brasil extendió sus agradecimientos. Brasil hizo notar además que la operación fue testigo del retiro de una aeronave brasileña siniestrada que había sido abandonada en el aeródromo Teniente Rodolfo Marsh Martin en la isla Rey Jorge (isla 25 de Mayo) en noviembre de 2014.

Tema 14: Inspecciones realizadas en virtud del Tratado Antártico y del Protocolo sobre Protección del Medio Ambiente

(253) Los Países Bajos presentaron el Documento de Trabajo WP 40, *Informe del Grupo de Contacto Intersesional sobre las inspecciones realizadas en*

virtud del Artículo VII del Tratado Antártico y del Artículo 14 del Protocolo Ambiental, preparado en conjunto con la República de Corea y los Estados Unidos. En el documento se recordó que la XXXIX RCTA había acordado establecer un GCI para considerar la práctica de realizar inspecciones en virtud del Artículo VII del Tratado Antártico y el Artículo 14 del Protocolo Ambiental. Basándose en una serie de preguntas, el GCI analizó la práctica de las inspecciones y exploró las opciones para mejorar su eficaz organización. Este documento contenía las preguntas que constituyeron la base de los debates del GCI, resumió los puntos de vista expresados por los participantes y ofreció una serie de recomendaciones para su consideración por las Partes.

> *Recomendación A) Solicitar a la Secretaría del Tratado Antártico que establezca un sistema que permita la existencia de una base de datos completa sobre inspecciones, con información que pueda buscarse conforme a diversos criterios tales como estaciones, buques, fecha de la inspección, informes de inspección, y una lista de las estaciones que no han sido sometidos a inspección, además de información complementaria sobre apoyo logístico de las actividade científicas, instalaciones destinadas al turismo, SMH, ZAEA y ZAEP.*

(254) La Secretaría explicó las diversas funciones de la actual base de datos, la que contiene ya la mayor parte de la información solicitada, y expresó su acuerdo en proporcionar una lista de las estaciones que no han sido sometidas a inspección. Algunas de las Partes estimaron que un mapa interactivo, donde se señalen las instalaciones y se ofrezca información acerca de las inspecciones asociadas ayudaría a recabar la información previa a la realización de inspecciones. La Secretaría aceptó considerar las recomendaciones con respecto a proporcionar opciones de mapas y los costos asociados, y afirmó que actualizaría a las Partes durante la XLI RCTA.

> *Recomendación B) Invitar a las Partes Consultivas a que alienten a otras Partes Consultivas cuando estas planifiquen y realicen actividades de inspección a que consideren si una instalación se inspeccionó a menudo o rara vez durante los últimos años y a que consideren la inclusión, en futuras inspecciones, de las estaciones sin inspecciones.*

(255) La Reunión expresó su acuerdo en que deberían considerarse las estaciones que nunca han pasado por una inspección al momento de planificar actividades de inspección, si bien varias de las Partes fueron enfáticas en cuanto a que este no es el único factor determinante. La Reunión expresó

su acuerdo en que la consideración de una cantidad de inspecciones debería ser un factor más de entre un amplio abanico de factores.

> *Recomendación C) Analizar si sería conveniente invitar a las Partes a actualizar los formularios de la Lista de cotejo para la inspección para sus estaciones e instalaciones de forma anual, a fin de asegurar la disponibilidad de los datos más actualizados para los equipos de inspección, si bien las listas de cotejo tienen un objetivo principal distinto y no son obligatorias.*

(256) Algunas de las Partes señalaron que los datos contenidos en las listas de cotejo podrían, siendo realistas, cambiar a diario, por lo cual sería apropiado que las listas de cotejo se actualizaran cada temporada o de manera anual. Las Partes reiteraron que, si bien son convenientes para las inspecciones, las listas de cotejo no son obligatorias.

> *Recomendación D) Invitar a las Partes Consultivas a tener en consideración la conveniencia de que uno o más de los miembros del equipo de inspección hable el idioma del personal de la instalación a inspeccionar, o a que trabajen con un intérprete, a fin de asegurar la buena comunicación durante la inspección.*

(257) La Reunión manifestó su acuerdo en cuanto a la conveniencia de considerar el idioma de origen del personal de las instalaciones inspeccionadas al momento de planificar inspecciones y se refirió además a la conveniencia de incluir en el equipo de inspección a una persona que hable otro idioma del Tratado. Aunque esto sería conveniente, las Partes destacaron que tal requisito no debería ser obligatorio.

> *Recomendación E) Instar a las Partes Consultivas a incluir a las instalaciones turísticas en las inspecciones y a considerar si sería conveniente desarrollar una lista de cotejo específica para inspecciones de las actividades e instalaciones turísticas y de ONG.*

(258) En respuesta a consultas acerca de la necesidad de una lista de cotejo complementaria, se señaló que existen estas listas para las inspecciones de los operadores y buques nacionales, si bien no las hay para las instalaciones gubernamentales. Se agregó que pese a que las instalaciones destinadas al turismo son pocas en la Antártida, hasta la fecha no se había inspeccionado ninguna de estas. La Reunión alentó a las Partes a considerar en sus inspecciones las instalaciones destinadas al turismo, aunque agregó que no es necesario por el momento contar con una lista de cotejo específica para la inspección de instalaciones turísticas y de ONG.

> *Recomendación F) Instar a las Partes Consultivas a incluir otras instalaciones y sitios, tales como embarcaciones, aeronaves, SMH, ZAEA y ZAEP, en las inspecciones y analizar las opciones que debatió el GCI a fin de fomentar esta inclusión.*

(259) La Reunión refrendó esta recomendación y señaló que la inspección de este tipo de instalaciones y sitios ya se ha realizado con anterioridad.

> *Recomendación G) Analizar las diversas opciones que debatió el GCI para fomentar las inspecciones conjuntas y facilitar la participación de las Partes Consultivas que no puedan organizar inspecciones por sí mismas, a la vez que se reconoce que las inspecciones son un derecho del Tratado y que queda a discreción de cada una de las Partes Consultivas si desea realizar las inspecciones en conjunto o de forma independiente.*

(260) La Reunión puso de relieve los beneficios que ofrece la realización de inspecciones conjuntas tanto para la distribución equitativa de los costos como para el acceso a zonas remotas. Puso de relieve que, para obtener mejores resultados, la realización y planificación de esta actividad debería encontrar un buen equilibrio entre los equipos de inspección.

> *Recomendación H) Analizar la opción de que la RCTA designe observadores y realice inspecciones en virtud de los procedimientos que estipule la RCTA (Artículo 14(2)(b) del Protocolo).*

(261) La Reunión acogió de buen grado este recordatorio con respecto a que el Protocolo Ambiental permite la inspección realizada por Observadores de conformidad con el Artículo VII del Tratado Antártico.

> *Recomendación I) Analizar de qué forma desean responder las Partes a las conclusiones de los equipos de inspección.*

(262) Algunas de las Partes expresaron su opinión en cuanto a que se debería poner un mayor énfasis en la forma en que los operadores nacionales cuyas instalaciones se han inspeccionado realizan el seguimiento de las conclusiones de los equipos de inspección. Otras Partes hicieron notar que ya existe la práctica común de que ambas Partes, tanto la inspeccionada como la que realiza la inspección, se comuniquen y ofrezcan retroalimentación en el transcurso de un proceso de inspección. Se señaló también que las recomendaciones emanadas de las inspecciones tienen más bien el carácter de un asesoramiento y no son obligatorias, si bien son seriamente consideradas por todas las Partes. Se señaló además que en algunos casos los informes de inspección contienen

información inexacta, y que en dichos casos cualquier aclaración ofrecida por la Parte inspeccionada debería incluirse en todas las compilaciones de datos del sitio web de la Secretaría. Con el fin de facilitar la etapa de planificación de las inspecciones, se recomendó compilar la documentación relativa a las inspecciones anteriores para su fácil acceso en el sitio web de la Secretaría.

(263) Argentina presentó el Documento de Trabajo WP 43, *Recomendaciones generales de las inspecciones conjuntas realizadas por Argentina y Chile, en virtud del Artículo VII del Tratado Antártico y el Artículo 14 del Protocolo de Protección Ambiental*, preparado conjuntamente con Chile. Argentina también hizo referencia al Documento de Información IP 126, *Informe del Programa de inspecciones conjuntas realizadas por Argentina y Chile, en virtud del Artículo VII del Tratado Antártico y el Artículo 14 del Protocolo de Protección Ambiental*, preparado también en conjunto con Chile. El 20 de enero y el 24 de febrero de 2017, Observadores de Argentina y Chile llevaron a cabo la inspección de dos estaciones, Johann Gregor Mendel (de la República Checa) y Rothera (del Reino Unido), en la región de la Península Antártica. Como resultado de dichas inspecciones, y de anteriores experiencias de inspección, Argentina y Chile formularon una serie de recomendaciones centradas en la disponibilidad de información, infraestructura, asuntos médicos, científicos y medioambientales.

(264) Argentina agradeció a la República Checa y al Reino Unido por su cordial acogida y cooperación durante las inspecciones. Puso de relieve los beneficios de realizar inspecciones conjuntas y señaló que estas permitieron la colaboración directa entre los recursos logísticos de las distintas naciones. Además permitieron el acceso a estaciones más remotas, y por lo mismo, menos inspeccionadas. Argentina destacó la importancia de garantizar el equilibrio de los equipos de inspección conjuntos, tanto en términos de garantizar la experiencia y conocimientos multidisciplinarios como del equilibrio numérico entre los inspectores de los países participantes. Argentina señaló además la importancia de que se dé aviso sobre la designación de un observador por medio de los canales adecuados y que los mecanismos de notificación de la Secretaría del Tratado Antártico, según lo establece la Decisión 7 (2013), son apenas complementarios.

(265) Reiterando los comentarios de la Argentina, Chile agregó que esta inspección conjunta había sido el resultado de muchos años de preparación, y que incluyó una capacitación integral de los inspectores. Puso además de relieve que la organización de las inspecciones podría resultar compleja y costosa, pero que se había comprobado su valor en cuanto a experiencia de

aprendizaje, no solo para quienes reciben la inspección sino también para los programas antárticos nacionales que la realizan.

(266) El Comité convino en continuar con las consultas informales sobre inspecciones conjuntas durante el período entre sesiones.

(267) Australia presentó el Documento de Información IP 30, *Australian Antarctic Treaty and Environmental Protocol inspections: December 2016*, [Inspecciones realizadas por Australia en virtud del Tratado Antártico y el Protocolo Ambiental, diciembre de 2016] en el que resumió las inspecciones de la estación Amundsen-Scott del Polo Sur (Estados Unidos) y de la ZAEA n.° 5, (Estación Amundsen-Scott del Polo Sur, Polo Sur), por observadores australianos. Australia agradeció a los Estados Unidos por su favorable acogida y cooperación durante la inspección de ocho horas de duración, durante la cual se les ofreció acceso a todas las áreas, así como al personal y al material solicitados. Hizo notar el ambicioso programa científico que se lleva a cabo en la estación Amundsen-Scott, así como su sólida cultura de seguridad y de protección del medioambiente. Australia informó que la estación Amundsen-Scott del Polo Sur opera en cumplimiento de las disposiciones y objetivos del Protocolo y que la ZAEA n.° 5 se opera con eficacia y logra los objetivos de gestión por los que fue designada. Australia señaló además que, como parte de su inspección de la ZAEA, visitó el campamento de Antarctic Logistics and Expeditions (ALE) y que incluyó algunas observaciones sobre la visita en el párrafo 4.2.2.

(268) Australia ofreció sus reflexiones en cuanto a que las inspecciones se prestaron como una valiosa experiencia de aprendizaje para el Programa Antártico Nacional del equipo de inspección. Además de la inspección realizada a la estación Amundsen-Scott, el equipo de inspección de Australia visitó la estación McMurdo de los Estados Unidos, la estación franco-italiana Concordia y la Base Scott de Nueva Zelandia, todas las cuales permitieron a los observadores aprender los diversos enfoques aplicados por cada uno de estos operadores nacionales. Australia agradeció a estos países por su cordial hospitalidad y se refirió a las dificultades enfrentadas por ese país para encontrar los anteriores informes de inspección durante sus preparativos para la inspección.

(269) En relación con este tema del programa se presentaron también los siguientes documentos:

- Documento de Antecedentes BP 7, *Measures taken on the recommendations by Inspection team at Arctowski Polish Antarctic Station in 2016/2017* [Medidas adoptadas a raíz de las recomendaciones del equipo de inspección en la estación antártica Arctowski de Polonia en 2016-2017] (Polonia).

- Documento de Antecedentes BP 14, *Follow-up to the Recommendations of the Inspection Teams at the Eco-Nelson Facility* [Seguimiento de las recomendaciones derivadas de los equipos de inspección de la instalación Eco-Nelson] (República Checa).

Tema 15: Temas científicos, cooperación científica y facilitación

Cooperación y facilitación científicas

(270) Alemania presentó el Documento de Trabajo WP 39, *Proyecto Plataforma de hielo Filchner: cooperación científica y logística entre la República Federal de Alemania y el Reino Unido*, preparado de manera conjunta con el Reino Unido. Sobre la base de la Conferencia del SCAR de 2017, expuesta por el profesor Tim Naish, Alemania destacó que las plataformas de hielo están en riesgo y podrían contribuir considerablemente al aumento del nivel del mar. En el documento se resumieron las lecciones aprendidas en el proyecto Plataforma de hielo Filchner, cuyo objetivo es investigar la evolución en un futuro cercano de la capa de hielo antártica ante el calentamiento mundial. Tomando en cuenta la cooperación entre los dos coautores durante el proyecto, y en consideración a las recomendaciones anteriores en esta materia por parte de la RCTA, ambas Partes refrendaron una continuación y mejora de la cooperación científica y logística a nivel bilateral o multilateral entre las Partes del Tratado Antártico.

(271) Rumania presentó el Documento de Información IP 6, *Antarctic cooperation between Romania and Korea 2015-2017* [Cooperación antártica entre Rumania y Corea 2015-2017], en el cual se describe la cooperación científica entre Rumania y la República de Corea para estudiar las comunidades microbianas y los efectos y adaptaciones de los organismos en ambientes extremos. En el documento se destacó la importancia de esta investigación para las ciencias biológicas.

(272) Rumania presentó el Documento de Información IP 172, *Cooperation of Romania with Australia, China, India and Russian Federation within ASMA No. 6 Larsemann Hills, East Antarctica* [Cooperación de Rumania con Australia, China, India y la Federación de Rusia en la ZAEA N° 6 Colinas de Larsemann, Antártida Oriental]. En el documento se ofreció un informe abreviado sobre la reciente cooperación de Rumania con Australia, China, India y la Federación de Rusia en la zona de las colinas de Larsemann, en

la Antártida Oriental y se puso de relieve la disposición de Rumania de mantener la cooperación científica, logística y medioambiental con estas Partes en el Grupo de Gestión de la ZAEA N° 6, Colinas de Larsemann, Antártida Oriental.

(273) Rumania presentó el Documento de Información IP 173, *Cooperation of Romania with Argentina in Antarctica - Romanian RONARE 2017 Expedition in cooperation with Argentina* [Cooperación de Rumania con Argentina en la Antártida: expedición rumana RONARE 2017 en cooperación con la Argentina]. En el documento se resumieron los acontecimientos que llevaron al establecimiento de la Expedición rumana RONARE 2017, realizada en cooperación con Argentina. Rumania agradeció a Argentina por su respaldo.

(274) Estados Unidos presentó el Documento de Información IP 13, *U.K./U.S. Research Initiative on Thwaites: The Future of Thwaites Glacier and its Contribution to Sea-level Rise* [Iniciativa de investigación en Thwaites: el futuro del glaciar Thwaites y su contribución al aumento del nivel del mar], preparado de manera conjunta con el Reino Unido. Se informó en el documento sobre un programa científico conjunto de la Fundación nacional de ciencias y el Consejo de Investigación en Ciencias Biológicas y Medio Ambiente (NSF-NERC) con el propósito de mejorar considerablemente las proyecciones, tanto decadales como de largo plazo (uno o más siglos) sobre la pérdida de hielo y el aumento del nivel del mar originados en el glaciar Thwaites. Estados Unidos comentó que aún existe una gran incertidumbre en las proyecciones con respecto al aumento mundial del nivel del mar, y que disminuir esta incertidumbre es una prioridad internacional que se ha destacado en la "Búsqueda sistemática de horizontes científicos antárticos 2020" del SCAR, y algo que se trata en las academias nacionales de Ciencias, Ingeniería y Medicina. Estados Unidos acogió de buen grado una mayor colaboración internacional con otras Partes en esta área de investigación.

(275) España presentó el Documento de Información IP 21, *Absorbing Aerosols Monitoring Over Remote Regions* [Seguimiento de aerosoles absorbentes en regiones remotas], en el que describió un proyecto destinado a medir las concentraciones de carbono negro y otros aerosoles a diferentes longitudes de onda en las regiones remotas del planeta por medio de aeronaves ligeras. España informó que actualmente se están analizando en detalle los datos recopilados y se preparan varios artículos para presentar los resultados. También agradeció a diversas Partes por su respaldo durante el proyecto.

(276) Portugal presentó el Documento de Información IP 24, *Future Challenges in Southern Ocean Ecology Research: another outcome of the 1st SCAR Horizon Scan* [Futuros desafíos para la investigación ecológica del Océano Austral: nuevos resultados de la primera Búsqueda sistemática de horizontes científicos del SCAR], preparado en conjunto con Bélgica, Brasil, Francia, Alemania, los Países Bajos, el Reino Unido, los Estados Unidos y el SCAR. El documento informó sobre los primeros resultados de la Búsqueda Sistemática de Horizontes Científicos para la Antártida y el Océano Austral del SCAR, y se centró en ámbitos de investigación de gran interés relacionados específicamente con la vida y la ecología en el Océano Austral. Portugal destacó la conclusión de que la investigación ecológica del Océano Austral requiere el compromiso de largo plazo de las Partes para llevar a cabo investigación internacional e interdisciplinaria con el respaldo del desarrollo tecnológico, y que debe llevarse a cabo en cooperación con el COMNAP, el SCAR y la CCRVMA, según corresponda. Señaló además la relevancia de vincular la ciencia con las políticas, así como el valor de la educación y las actividades de difusión.

(277) Australia presentó el Documento de Información IP 26, *Australian Antarctic Science Program: Highlights of the 2016/17 season* [Programa científico australiano en la Antártida: aspectos destacados de la temporada 2016/2017], en el que resumió el programa científico realizado en virtud del Plan estratégico australiano para las investigaciones científicas en la Antártida 2011-2012 a 2020-2021, en cuatro temas científicos antárticos. El documento destacó el proyecto Exploración internacional colaborativa de la criósfera mediante elaboración aérea de perfiles (ICECAP II), el proyecto Enriquecimiento de carbono libre en el océano antártico (AntFOCE) y el exitoso transporte de kril vivo al acuario de investigación de kril de la División Antártica Australiana. Australia señaló también el valor que aportaron los colaboradores internacionales a estas iniciativas.

(278) Canadá presentó el Documento de Información IP 29, *Preliminary overview of Canadian Antarctic Research Contributions (1997-2016)* [Visión preliminar de las contribuciones de la investigación antártica canadiense (1997-2016)], que ofreció una visión general de las contribuciones de la amplia investigación canadiense realizada en la Antártida durante los últimos 20 años. Los resultados se basaron en un análisis preliminar de información bibliográfica. Canadá declaró que gran parte de la investigación se llevó a cabo en colaboración con investigadores de otras naciones del Tratado Antártico, e indicó que los investigadores canadienses habían realizado

contribuciones significativas a la investigación antártica en una variedad de temas.

(279) Colombia presentó el Documento de Información IP 57, *Actividades Verano Austral 2016 – 2017, Programa de Investigación en Mamíferos Marinos Antárticos: Con especial atención hacia Cetáceos Migratorios a aguas colombianas y Pinnípedos Antárticos*, donde se informó sobre un programa científico que tiene por objeto aumentar los conocimientos y la información científica acerca de los mamíferos marinos del continente antártico y su conexión con Sudamérica.

(280) Colombia presentó el Documento de Información IP 59, *Contribución de Colombia al conocimiento de la biodiversidad y los ecosistemas en algunas áreas de la Península Antártica y de la Tierra Reina Maud*. El documento informó sobre una variedad de proyectos científicos que llevó a cabo Colombia en conformidad con los objetivos del SCAR, orientados a contribuir a los conocimientos sobre la biodiversidad y los ecosistemas marinos y costeros en la Antártida.

(281) Malasia presentó el Documento de Información IP 65, *Malaysia's Activities and Achievements in Antarctic Research and Diplomacy* [Actividades y logros de Malasia en el campo de la investigación antártica y la diplomacia], en el cual informó sobre el progreso de sus actividades y logros en relación con la investigación y la diplomacia en la Antártida. En el documento se destacó que los científicos polares de Malasia siguen realizando investigación en la Antártida, y que participaron en colaboraciones con investigadores del Instituto British Antarctic Survey (BAS), el Instituto Coreano para la Investigación Polar (KOPRI) y el Instituto Antártico Argentino (IAA) durante el año recién pasado, y anunció que Malasia ratificó el Protocolo, que entró en vigor en ese país el 16 de septiembre de 2016.

(282) Japón presentó el Documento de Información IP 67, *Japan's Antarctic Outreach Activities* [Actividades de difusión antártica de Japón], en el que informó sobre un taller de difusión organizado por el Ministerio de Medioambiente de ese país en octubre de 2016 con objeto de instruir a los agentes de viajes establecidos en Tokio que ofrecen recorridos por la Antártida sobre sus responsabilidades y sobre las directrices para la protección medioambiental.

(283) China presentó el Documento de Información IP 82, *Summary of the major research achievements of Chinese Arctic and Antarctic Environment Comprehensive Investigation & Assessment Program for the past five years*

since its implementation [Resumen de los principales logros de investigación del Programa integral de investigación y evaluación del medioambiente ártico y antártico de China durante los últimos cinco años, desde su implementación]. En el documento se ofreció un resumen de los principales logros de investigación del Programa integral de investigación y evaluación del medioambiente ártico y antártico de China durante los últimos cinco años, desde su implementación en 2011. China señaló que esperaba con interés los futuros proyectos colaborativos entre China y otras Partes.

(284) Turquía presentó el Documento de Información IP 90, *The experience of having SCAR photo exhibition in Turkey as of a new SCAR member* [La experiencia de organizar en Turquía una muestra fotográfica del SCAR en calidad de nuevo miembro de esa organización], en el que proporcionó información sobre la muestra fotográfica del SCAR realizada en Turquía por el Ministerio de Relaciones Exteriores y el Centro de investigación polar de la Universidad Técnica de Estambul en 2016, y agradeció al SCAR, al COMNAP y al Sr. David Walton por su ayuda para llevar la muestra a Turquía. Anunció también que en agosto de 2016, ese país se convirtió en miembro asociado del SCAR.

(285) Turquía presentó el Documento de Información IP 92 *Turkey-Chile Scientific Collaboration in Antarctica* [Colaboración científica antártica entre Turquía y Chile]. En el documento se destacó la colaboración entre el Centro de Investigación Polar de la Universidad Técnica de Estambul y el Instituto Antártico Chileno. En el marco de la primera expedición antártica turca, se desarrolló un programa de cooperación entre el Instituto Antártico Chileno y el Centro de Investigación Polar de la Universidad Técnica de Estambul. Turquía indicó que este acuerdo podría haber sido interesante para las Partes no Consultivas que no cuentan con una estación, pero que se esfuerzan por llevar a cabo investigación permanente con objeto de obtener el carácter de Parte Consultiva.

(286) Turquía presentó el Documento de Información IP 93, *Turkey-Czech Republic Scientific Collaboration in Antarctica* [Colaboración científica de Turquía y la República Checa en la Antártida], que delineó el contexto de la primera expedición científica turca a la Antártida, realizada en colaboración con el Programa de Investigación Antártica de la República Checa. Turquía destacó que el apoyo, como el recibido por parte de la República Checa, es particularmente útil para las Partes que no tienen estaciones y desean realizar investigación en la Antártida.

(287) La Reunión agradeció a las Partes que presentaron documentos y señaló que compartir infraestructura era la opción ideal para que quienes no cuentan con una estación puedan llevar a cabo investigación en la región. La Reunión luego destacó la importancia y los muchos ejemplos de la cooperación internacional en las actividades científicas.

(288) Chile presentó el Documento de Información IP 95, *Inauguración del Centro de cooperación antártica Chile-Corea*, preparado en conjunto con la República de Corea. El documento presentó parte de las actividades realizadas durante el primer mes de funcionamiento del "Centro de cooperación antártica Chile-Corea" en Punta Arenas. Hizo notar la contribución del Centro en el desarrollo de proyectos de cooperación y en mejorar la movilidad de los expertos entre ambos países. Sugirió también que esta colaboración bilateral es un ejemplo de la manera en que se pueden mejorar los vínculos entre los programas nacionales fuera de los límites antárticos.

(289) Chile presentó además el Documento de Información IP 97, *Programa de Publicaciones Antárticas del INACH*, que proporcionó un resumen del Programa de Publicaciones Antárticas del Instituto Antártico Chileno con objeto de informar a la comunidad antártica internacional. El documento mencionó al Boletín Antártico Chileno, de publicación semestral, la revista Iliaia - Avances de la ciencia antártica en Chile, y la publicación "Pasaporte Antártica".

(290) Belarús presentó el Documento de Información IP 98, *Vehículo subacuático no tripulado operado remotamente: experiencia de uso en la expedición bielorrusa antártica en 2016-2017*. En el documento se describió el uso de un vehículo submarino portátil y teledirigido en la Antártida con el fin de investigar la flora y fauna marinas y de agua dulce durante la expedición antártica bielorrusa de 2016-2017. Comentó que la expedición proporcionó una excelente experiencia práctica en el uso de esta tecnología, que es muy versátil, ágil y compacta. Belarús mencionó que prevé compartir las experiencias de esta expedición en las próximas reuniones del SCAR y del COMNAP.

(291) Finlandia presentó el Documento de Información IP 120, *Finland´s international collaboration in the Antarctic field work with different stations and other actors* [Colaboración internacional de Finlandia en el trabajo de campo antártico con distintas estaciones y otros participantes]. En el documento se informó a las Partes que la estación de investigación Aboa de Finlandia ha servido desde 1988 como el centro científico finlandés en la

Antártida, y que ha respaldado proyectos internacionales de diversos países. Se informó que la colaboración internacional se optimizaría durante el Año de la predicción polar, desde el invierno austral de 2017 hasta el invierno austral de 2019. Finlandia agradeció a sus socios de investigación por su excelente cooperación.

(292) Finlandia presentó también el Documento de Información IP 121, *Status Report 2017: Ongoing and Recently Ended Antarctic Research Funded by the Academy of Finland* [Informe de estado 2017: investigación antártica en curso y finalizada recientemente, financiada por la Academia de Finlandia], en el cual se identificó a la Academia de Finlandia como el principal financista de los proyectos de investigación finlandeses en la Antártida. Se señaló que, de acuerdo con la Estrategia de Investigación Científica de Finlandia (2014), el propósito de su programa antártico es concentrarse en la investigación interactiva, multidisciplinaria y de alto impacto para promover la renovación y regeneración de la ciencia.

(293) Perú presentó el Documento de Información IP 134, *Actividades del Programa Nacional Antártico de Perú Período 2016-2017*, que informó sobre las principales actividades antárticas del Programa Nacional Antártico del Perú, que incluyeron actividades de difusión, participación en foros del Sistema del Tratado Antártico, capacitación de jóvenes científicos y cooperación internacional. Perú agradeció a las instituciones que le brindaron ayuda en estas actividades de capacitación. También mencionó que había suscrito un Memorando de Entendimiento con Colombia y Polonia sobre cooperación científica y logística en la Antártida.

(294) El COMNAP presentó el Documento de Información IP 136, *COMNAP Antarctic Station Catalogue Project* [Proyecto Catálogo de estaciones antárticas del COMNAP], que se relaciona directamente con la base de datos del COMNAP (Documento de Información IP 64) y respalda el objetivo de intercambio de información y colaboración internacional. El proyecto está en marcha y la información futura para el catálogo se modificará automáticamente en línea en el SIG del COMNAP a medida que los programas antárticos nacionales actualicen su información en la base de datos. El COMNAP agradeció los comentarios de la RCTA sobre otros campos de datos que podría convenir incluir en futuras revisiones del SIG o de la base de datos.

(295) Bulgaria presentó el Documento de Información IP 138, *Polar Scientific and Outreach Cooperation Between Bulgaria and Turkey* [Cooperación polar en el ámbito científico y de difusión entre Bulgaria y Turquía], preparado

en conjunto con Turquía. El documento informó a la Reunión sobre un Memorando de Entendimiento entre el Instituto Antártico de Bulgaria y el Centro de Investigación Polar de la Universidad Técnica de Estambul, Turquía, a través de la cual se acordó un intercambio de científicos entre ambos programas. Investigadores de ambos países se visitaron y participaron en los eventos de la Asociación de Jóvenes Científicos Polares (APECS).

(296) Perú presentó el Documento de Información IP 155, *Creando espacios de colaboración: Reunión de Administradores de Programas Antárticos Latinoamericanos*, preparado de manera conjunta con Argentina, Brasil, Chile, Ecuador y Uruguay. El documento informó que los coautores participan anualmente en la Reunión de Administradores de Programas Antárticos Latinoamericanos (RAPAL), que constituye el foro para la coordinación en Latinoamérica de los temas científicos, logísticos y medioambientales relacionados con la Antártida. Perú también señaló que hasta la fecha se han llevado a cabo 27 RAPAL, lo que ha facilitado la coordinación y cooperación entre los países en el desarrollo de operaciones en la Antártida. Los resultados de las reuniones incluyeron un manual de prevención de accidentes en la Antártida, un manual de primeros auxilios (Recomendación XXI-12) y un manual de pautas para la protección del medioambiente antártico (Recomendación XXIII-2).

(297) Kazajstán presentó el Documento de Información IP 170, *The Kazakh Geographical Society* [La Sociedad Geográfica Kazaja], en referencia a las tres expediciones antárticas y árticas realizadas por la Sociedad Geográfica Kazaja desde 2011, en el que señaló que la Sociedad Geográfica Kazaja representaba por segunda vez a Kazajstán en la RCTA. El documento informó que, en conjunto con organizaciones científicas, educativas y otras, la Sociedad Geográfica Kazaja investiga la posibilidad de establecer en la Antártida una estación científica automática.

(298) En relación con este tema del programa se presentaron también los siguientes documentos:

- Documento de Información IP 18, *Participación Venezolana en la Antártida 2017* (Venezuela). El documento reseñó la segunda etapa del proyecto bilateral "Estudio de la reflectancia espectral en Península Fíldes, Isla Rey Jorge, Antártida marina", con el Instituto Antártico Chileno (INACH), la Universidad de Santiago de Chile (USACH) y el Instituto Venezolano de Investigaciones Científicas (IVIC). Venezuela agradeció a Chile por su colaboración y respaldo durante este proyecto.

- Documento de Información IP 62, *IV Expedición Científica de Colombia a la Antártica Verano Austral 2017-2018 "Almirante Tono"* (Colombia). En este documento se informó sobre una expedición antártica prevista para la temporada 2017-2018, sus objetivos científicos y la cooperación internacional que involucra.

(299) En relación con este tema del programa se presentaron también los siguientes documentos:

- Documento de Información IP 174, *Report from Asian Forum for Polar Sciences to the ATCM XL* [Informe a la XL RCTA sobre el Foro Asiático de Ciencias Polares] (China).

- Documento de Antecedentes BP 2, *Scientific and Science-related Cooperation with the Consultative Parties and the Wider Antarctic Community* [Cooperación científica y en asuntos relativos a la ciencia con las Partes Consultivas y la comunidad antártica más amplia] (República de Corea).

- Documento de Antecedentes BP 6, *South African National Antarctic Program (SANAP): Science Highlights 2016/7* [Programa Antártico Nacional de Sudáfrica (SANAP): puntos científicos destacados 2016-2017] (Sudáfrica).

- Documento de Antecedentes BP 11, *Monitoring of Antarctic flora – new Ukrainian-Turkish cooperation, a key for understanding biodiversity in the Argentine Islands, West Antarctic*a [Observación de la flora antártica: nueva cooperación de Ucrania y Turquía, una clave para comprender la biodiversidad en las islas Argentine en la Antártida Occidental] (Ucrania y Turquía).

- Documento de Antecedentes BP 12, *Sightings of cetaceans during the First Joint Ukrainian-Turkish Antarctic Scientific Expedition 2016* [Avistamiento de cetáceos durante la primera expedición científica conjunta de Ucrania y Turquía en la Antártida 2016] (Ucrania y Turquía).

- Documento de Antecedentes BP 15, *Incidencia de factores bióticos y abióticos en la composición y abundancia de la comunidad fito planctónica y las migraciones zoo planctónicas en la Antártida, las islas Galápagos y el Ecuador continental* (Ecuador).

- Documento de Antecedentes BP 16, *Estudio de la dinámica poblacional y adaptación al cambio climático de microorganismos acuáticos de los cuerpos de agua dulce en la Isla Dee, Islas Shetland del Sur* (Ecuador).

- Documento de Antecedentes BP 17, *Estudio comparativo de la diversidad liquénica antártica versus andina con fines de bioprospección y biomonitoreo* (Ecuador).

- Documento de Antecedentes BP 18, *Inventario y caracterización preliminar de la biodiversidad de moluscos marinos en transeptos litorales de la estación antártica ecuatoriana Pedro Vicente Maldonado* (Ecuador).

- Documento de Antecedentes BP 19, *Tratamiento de lodos de la planta de aguas residuales de la Estación Científica Pedro Vicente Maldonado (2016-2017)* (Ecuador).

- Documento de Antecedentes BP 21, *The Polish Programme on Polar Research and Strategy of Polish Polar Research – concept for years 2017-2027* [El programa polaco de investigación polar y estrategia de la investigación polar de Polonia: concepto para los años 2017-2027] (Polonia).

Expediciones

(300) Colombia presentó el Documento de Información IP 58, *Expediciones Científicas de Colombia a la Antártida* y el Documento de Información IP 62, *IV Expedición Científica de Colombia a la Antártica Verano Austral 2017-2018 "Almirante Tono"*. Estos documentos ilustraron los continuos esfuerzos de Colombia en el ámbito de la protección medioambiental y la investigación científica en la Antártida. Colombia destacó que su cuarta expedición antártica tendría lugar a partir de noviembre de 2017.

(301) Japón presentó el Documento de Información IP 85, *Japan's Antarctic Research Highlights 2016–17* [Puntos destacados de la investigación antártica de Japón durante el periodo 2016-2017]. En el documento se describieron las diversas actividades de investigación realizadas por la Expedición Japonesa de Investigación Antártica (JARE) en la zona de la Estación Syowa, entre ellas: un radar atmosférico de gran escala en la Estación Syowa (PANSY) que lleva a cabo el segundo Estudio del acoplamiento interhemisférico por medio de observaciones y modelamiento, ICSOM2, para mejorar el pronóstico del cambio climático en el futuro; observaciones completas sobre el transporte de aerosol por medio de UAV; y un estudio geológico conjunto en la Antártida Oriental que invita a geólogos de Indonesia, Mongolia y Tailandia, bajo la tutela del Foro Asiático de Ciencias Polares, a reconstruir la historia geológica de la Antártida.

(302) Turquía presentó el Documento de Información IP 91, *Turkish Antarctic Expedition 2016 - 2017 (TAE - I) Experiences* [Experiencias de la expedición antártica de Turquía 2016-2017 (TAE - I)], donde describió la primera expedición antártica turca, nacional e independiente, que tuvo lugar entre el 24

de febrero y el 4 de abril de 2017. La expedición incluyó a nueve científicos provenientes de cuatro universidades de Turquía. En el documento se indicó que los investigadores se centraron en cuatro campos científicos: ciencias físicas, ciencias biológicas, geociencias, y ciencias humanas y sociales.

(303) Ecuador presentó el Documento de Información IP 111, *XXI Expedición Científica Ecuatoriana a la Antártida (2016-2017)*, en el que describió diversos proyectos relacionados con el desarrollo de la estación antártica de Ecuador "Pedro Vicente Maldonado". Entre ellos se encuentran tres programas logísticos, además de varias investigaciones científicas centradas en el clima y las tecnologías aplicadas. Ecuador agradeció a España y a Chile por su apoyo en estos esfuerzos.

Clima

(304) El SCAR presentó el Documento de Información IP 68, *Update on activities of the Southern Ocean Observing System (SOOS)* [Actualización sobre las actividades del Sistema de Observación del Océano Austral (SOOS)], en representación del SOOS. En el documento se recordó a las Partes que el SOOS es una iniciativa conjunta de SCAR y el Comité Científico de Investigaciones Oceánicas (SCOR), creada en 2011 con la misión de facilitar la recopilación y entrega de observaciones fundamentales sobre las dinámicas y cambios en los sistemas del Océano Austral. El SCAR puso de relieve que el SOOS está financiado principalmente por la asociación Antarctic Gateway Partnership del Consejo de investigación de Australia, y que dicho financiamiento finalizaría a mediados de 2018. También informó sobre el desarrollo de un Plan quinquenal de actividades del SOOS, cuyo proyecto está disponible a solicitud, en el que se articulan los recursos necesarios para la entrega del Plan quinquenal de implementación (*http://soos.aq/activities/implementation*). Se alienta a las Partes interesadas a contribuir a esta iniciativa internacional.

(305) La OMM destacó la importancia del trabajo realizado por el SOOS, señalando que está respaldado por los proyectos Climate Variability and Predictability (CLIVAR) y Climate and Cryosphere (CliC) del Programa Mundial de Investigaciones Climáticas (PMIC). La OMM agradeció a Australia y a Suecia por su constante apoyo financiero, y señaló que el financiamiento para esta iniciativa solo está garantizado hasta mediados de 2018.

(306) La OMM presentó el Documento de Información IP 113, *The Global Cryosphere Watch and CryoNet* [Vigilancia de la Criósfera Global y

CryoNet], en el cual indicó que la Vigilancia de la Criósfera Global (VCG) está directamente relacionada con las prioridades 9 y 10 del Plan de trabajo estratégico plurianual de la RCTA. La OMM se refirió al inicio de la implementación de la VCG en 2015 para abordar la demanda de información fidedigna sobre el estado anterior, actual y previsto de la criósfera mundial. Destacó que, una vez que estuviera completamente funcional, la VCG proporcionaría un amplio acceso a información sobre la criósfera, que serviría, por ejemplo, para respaldar el diseño de infraestructura en climas fríos, optimizar la administración y protección de los ecosistemas terrestres, costeros y marinos, y para comprender mejor los factores medioambientales que afectan la salud de los seres humanos.

(307) La OMM señaló que está trabajando con sus socios para desarrollar la red de observación de la VCG, que incluye su núcleo CryoNet. Alentó a las Partes y a otras organizaciones a contribuir a la VCG considerando si alguna de las estaciones de observación que administran y operan en la Antártida podría proponerse como un sitio o una estación de CryoNet, e informando a la VCG si se encuentran en conocimiento de fuentes existentes de datos criosféricos para la Antártida que puedan contribuir a la VCG y puedan detectarse mediante el Portal de Datos de la VCG.

(308) La OMM presentó el Documento de Información IP 114, *The Polar Space Task Group: Coordinating Space Data in the Antarctic Region* [Grupo de tareas del espacio polar: coordinación de los datos sobre el espacio en la región antártica], en el que mencionó que el propósito del Grupo de Tareas del Espacio Polar (GTEP) es ofrecer coordinación entre agencias espaciales para facilitar la adquisición y distribución de conjuntos de datos satelitales fundamentales, y desarrollar, o contribuir en el desarrollo, de los productos específicos derivados para la investigación científica y aplicaciones en el ámbito criosférico, polar y de alta montaña. Mencionó varios productos satelitales antárticos, como aquellos relacionados con capas de hielo, hielo marino y la atmósfera.

(309) La OMM presentó el Documento de Información IP 116, *Southern Hemisphere Key Activities and Special Observing Periods during the Year of Polar Prediction* [Actividades claves del hemisferio sur y periodos de observación especiales durante el año de la predicción polar]. En el documento se resumieron las actividades claves del Año de la predicción polar (YOPP, por sus siglas en inglés), las que aspiraron a mejorar las capacidades de predicción medioambiental para las regiones polares y más allá. La OMM mencionó que entre las actividades claves del YOPP se incluyen: los períodos de observación

intensiva dedicados a mediciones de rutina y a la investigación de fenómenos físicos; el desarrollo y perfeccionamiento de modelos de pronóstico numéricos; y la verificación y optimización de los servicios de pronóstico. Informó que el YOPP implementará Periodos especiales de observación (SOP, por sus siglas en inglés), y que el SOP del Océano Austral se prevé entre el 16 de noviembre de 2018 y el 15 de febrero de 2019.

(310) La OMM presentó el Documento de Información IP 117, *The Antarctic Observing Network (AntON) to facilitate weather and climate información: an update* [La Red de Observación Antártica (AntON) para ayudar a obtener información meteorológica y climatológica: una actualización], preparado de manera conjunta con el SCAR. En este documento se informó sobre la Red de Observación Antártica (AntON), una red de observación meteorológica en superficie y en altitud operada por la OMM en asociación con el SCAR, que aporta datos para la predicción meteorológica numérica, el clima y otras aplicaciones criosféricas en la Antártida. Aun cuando AntON ofrece visibilidad a sus estaciones de observación y con respecto a qué observaciones se realizan, la OMM señaló que de la organización depende tomar conocimiento sobre nuevas instalaciones o de sitios que ya no están en funcionamiento. Los coautores alentaron a las Partes para que notifiquen a AntON *(AntON@wmo.int)* si se informan de algún cambio en las estaciones o plataformas en la región antártica donde se recopilan datos meteorológicos (y también relacionados con la profundidad de la nieve, por ejemplo).

(311) Noruega presentó el Documento de Información IP 154, *MADICE – Joint Initiative of Scientific Programme at CDML by India and Norway* [MADICE: Iniciativa conjunta del programa científico de India y Noruega en la región central de la Tierra de la Reina Maud], preparado en conjunto con India. En este documento se ofreció información sobre el proyecto conjunto de India y Noruega, "Dinámica del balance de masa y clima en la costa central de la Tierra de la Reina Maud, Antártida Oriental" (proyecto MADICE, Mass Balance Dynamics and Climate of Central Dronning Maud Land [CDML]). MADICE alentó el trabajo colaborativo para investigar la dinámica del hielo, el balance de masa actual, la evaluación milenaria de la región costera central de la Tierra de la Reina Maud y los cambios pasados en la dinámica atmosférica y el hielo marino en la región por medio de teledetección satelital, medición geofísica y testigos de hielo. Noruega informó que el programa funcionaría durante cuatro años más, desde 2016 hasta 2020, con dos temporadas de trabajo conjunto en terreno para los veranos australes de 2016-2017 y 2017-2018.

Tema 15a: Futuros desafíos científicos en la Antártida

(312) El Reino Unido presentó el Documento de Trabajo WP 1, *Futuros desafíos científicos en la Antártida: perspectiva del Reino Unido*, y señaló sus dos objetivos principales: motivar a todas las Partes a presentar información sobre sus prioridades científicas en la Antártida durante los próximos años a fin de permitirles identificar sinergias y nuevas oportunidades de trabajo colaborativo y cooperación logística; y, por otra parte, alentar a la RCTA a reflexionar sobre el momento y la forma en que recibe y solicita asesoramiento científico. También comentó la posibilidad de que la RCTA considere si resulta conveniente identificar algunas prioridades claves en los próximos años, para las cuales sería de ayuda contar con asesoramiento científico específico, quizás a partir del Plan de trabajo estratégico plurianual.

(313) La Reunión agradeció al Reino Unido por su documento y reafirmó la importancia de la cooperación y colaboración científicas entre las Partes del Tratado. Varias de las Partes informaron que sus programas antárticos nacionales han desarrollado planes científicos estratégicos para su trabajo de investigación en la Antártida, o estaban en proceso de hacerlo. Algunas de las Partes destacaron que existen antecedentes en el STA con respecto a intercambiar información sobre los planes y prioridades científicos en la Antártida, lo que en el pasado ha impulsado la sinergia y la exitosa colaboración. Agregó que las posibilidades de cooperación suelen evidenciarse cuando las Partes son capaces de identificar las redundancias y lagunas entre los programas científicos de cada uno. Hubo un acuerdo general respecto a que este tipo de intercambio de información sobre prioridades científicas en la Antártida, y a que la colaboración en programas científicos, debe continuar en el futuro.

(314) En relación con la forma en que la RCTA recibe y solicita asesoramiento científico, algunas de las Partes expresaron su opinión en cuanto a que el SCAR ha demostrado constantemente su capacidad de entregar al CPA y a la RCTA un contundente asesoramiento científico basado en evidencia. Estas Partes consideraron que la RCTA debe tener cuidado de evitar las redundancias con el trabajo del SCAR. En respuesta a estas inquietudes, el Reino Unido aclaró que su intención no es repetir o interrumpir los procesos actuales, sino más bien motivar a que la RCTA considere si estaba siendo suficientemente clara acerca de sus necesidades científicas, y si estaba siendo lo más abierta posible para recibir contribuciones de la ciencia. También señaló que esta reflexión sobre las prioridades científicas de la RCTA

fomentaría sinergias no solo entre las Partes, sino también entre la RCTA y el SCAR, y entre la RCTA y organismos externos.

(315) El SCAR informó que se encuentra en proceso de desarrollar nuevos programas de investigación científica y que en este proceso las Partes tendrían la oportunidad, a través de sus organismos adherentes de alcance nacional, de influir en la ciencia pertinente para el desarrollo de políticas que desean ver en sus programas.

(316) El COMNAP recordó a la Reunión sobre su Grupo de Expertos Científicos, que tiene la tarea de definir el alcance de los programas científicos antárticos nacionales y del SCAR para identificar áreas de apoyo logístico que pudieran facilitarse de manera conjunta. Para facilitar el análisis de la RCTA sobre este tema, el COMNAP alentó a la RCTA a proporcionar sus comentarios en cuanto a la información que podría ser necesaria para facilitar los debates sobre futuros desafíos científicos.

(317) La CCRVMA informó que en un simposio de dos días de duración, realizado durante la Reunión del SC-CAMLR en octubre de 2016, se había considerado la manera en que el SC-CAMLR podía dar prioridad a su investigación a fin de proporcionar asesoramiento a la Comisión de la CCRVMA. Señaló que durante el simposio se elaboró un plan de trabajo quinquenal claro para el SC-CAMLR y sus grupos de trabajo asociados. La CCRVMA instó a la RCTA a entregar sus comentarios en cuanto a la información que debería solicitarse al Grupo de Expertos Científicos con el fin de facilitar el debate sobre los futuros desafíos científicos.

(318) El SCAR presentó el Documento de Trabajo WP 4, *Futuros desafíos científicos en la Antártida*, que resumió el Plan Estratégico del SCAR para el periodo 2017-2022 e identificó los futuros desafíos claves de investigación. El SCAR motivó a las Partes a: basarse en la considerable eficacia del SCAR para identificar prioridades científicas emergentes; desarrollar, facilitar y coordinar tareas internacionales de investigación relativas a la Antártida y al Océano Austral; posibilitar investigaciones interdisciplinarias de complejidad; gestionar los resultados de investigaciones y plasmarlos en evidencia compatible con las políticas; aumentar la capacidad de investigación; profundizar la conciencia acerca del valor de las investigaciones dentro, desde, y acerca de la Antártida y el Océano Austral; y facilitar las interacciones con otros acuerdos científicos internacionales. El SCAR también alentó a las Partes a continuar reconociendo el valor del SCAR y su papel como asesor científico en el marco del Sistema del Tratado Antártico, por ejemplo, a través del estímulo a científicos y a organismos

adherentes de alcance nacional para que refuercen su apoyo y participación en las actividades del SCAR.

(319) El COMNAP presentó el Documento de Trabajo WP 15, *Proyecto de Búsqueda Sistemática de los Horizontes Científicos Antárticos del SCAR y Proyecto Desafíos de la Hoja de Ruta Antártica del COMNAP*, preparado en conjunto con el SCAR. La Búsqueda Sistemática de Horizontes Científicos Antárticos y del Océano Austral del SCAR identifica las 80 preguntas científicas de mayor prioridad que los investigadores aspiran a responder. A esto le siguió el proyecto Desafíos de la Hoja de Ruta Antártica (ARC) del COMNAP, que constituyó un esfuerzo comunitario destinado a determinar los pasos necesarios para responder esas 80 preguntas cruciales. El proyecto ARC informa sobre los requisitos en materia de tecnología, acceso, infraestructura, logística, costos y niveles de colaboración internacional.

(320) El COMNAP y el SCAR recomendaron que la RCTA: utilice los resultados de estos proyectos como la base para sus deliberaciones acerca de los Futuros desafíos científicos en la Antártida; utilice esos resultados para demostrar y comunicar la importancia mundial de la investigación antártica, así como su apoyo a las instancias decisorias y al público; y considere que el éxito dependerá de la inversión nacional en investigación científica y de las tecnologías de apoyo a la ciencia, además de la disponibilidad de logística e infraestructura.

(321) Las Partes agradecieron al COMNAP y al SCAR por su importante trabajo en la identificación de los desafíos claves de investigación comunes a todas las Partes, así como la consolidación de los resultados de investigación relevantes para brindar un asesoramiento sólido a la formulación de políticas. Algunas Partes indicaron que las diferencias en la organización y financiamiento de los programas antárticos nacionales podrían dificultar la coordinación de las iniciativas de investigación. Otro comentario se refirió a que la RCTA debe comunicar de manera clara las prioridades comunes de investigación, tanto a la comunidad de investigación que está activa en la Antártida como a los gobiernos nacionales que financian la investigación antártica.

(322) Australia presentó el Documento de Trabajo WP 30, *Cooperación internacional para promover los objetivos compartidos en materia de ciencia antártica*, y recordó la prioridad del plan de trabajo estratégico plurianual de "compartir y debatir prioridades científicas para identificar e ir en pos de oportunidades de colaborar y construir capacidades en el campo científico, sobre todo en lo relativo al cambio climático". Australia comentó que para satisfacer esta prioridad sería necesario un mayor compromiso de las Partes. También señaló

que la inclusión de un punto específico en el programa sobre los Futuros desafíos científicos en la Antártida representa una valiosa oportunidad para los debates específicos sobre estos asuntos durante la XL RCTA. Australia sugirió que las Partes consideren trabajar durante el período intersesional a fin de reflexionar acerca de los debates entablados en la XL RCTA y elaborar un documento que informe las deliberaciones en la XLI RCTA.

(323) Las Partes agradecieron a Australia por la propuesta concreta sobre el debate. Tras hacer referencia al desafío más amplio de mantener una interfaz efectiva entre la ciencia y las políticas, algunas Partes comentaron el trabajo realizado por el SCAR y el COMNAP en la identificación de desafíos claves de investigación, y declararon que depende de la RCTA el desprender las prioridades relativas a políticas basándose en este trabajo.

(324) Varias de las Partes destacaron la importancia de continuar debatiendo sobre la cooperación y las prioridades científicas, y agregaron que los debates deben enfocarse en identificar áreas comunes de interés científico. Señalaron que dichos debates deben facilitar una posible colaboración futura y garantizar que la RCTA se mantenga informada sobre las prioridades científicas comunes.

(325) La Reunión aceptó con agrado el ofrecimiento de Australia de liderar un grupo intersesional informal para analizar el tema de los futuros desafíos científicos en la Antártida. Diversas Partes reconocieron el valor del trabajo realizado por el SCAR y el COMNAP, y destacaron la importancia de encontrar las mejores maneras de llevar la ciencia al Foro de la RCTA, en lugar de duplicar los procesos. La Reunión acordó incluir los Futuros desafíos científicos en la Antártida en el Tema 15 para las próximas RCTA, y modificar el nombre del tema a "Asuntos científicos, futuros desafíos científicos, cooperación científica y asesoramiento".

(326) La OMM confirmó que participarán con agrado en los futuros debates científicos.

(327) En reconocimiento al valor de la conferencia científica del SCAR para abordar los desafíos científicos, las Partes respaldaron una propuesta para adelantar su programación, quedando esta en la sesión plenaria de la RCTA en lugar de la jornada de la tarde. El SCAR confirmó que agradecerá las sugerencias sobre el tema de la conferencia, las que serán consideradas por su Comité Ejecutivo.

(328) Finlandia presentó el Documento de Información IP 122, *The Future Challenges of Antarctic Research – The Finnish Perspective* [Desafíos

103

futuros de la investigación antártica: la perspectiva finlandesa], en el que presentó las prioridades y futuras preguntas científicas claves de la investigación antártica finlandesa, y destacó varias preguntas claves de investigación relacionadas con: la capa de hielo antártica, plataformas de hielo y el aumento del nivel del mar; meteorología, oceanografía y hielo marino; parámetros de forzamiento climático, composición de la atmósfera e interacciones atmósfera-criósfera-océano; biodiversidad; dinámica del manto terrestre, grandes erupciones de magma y separación de los continentes; y actividades humanas en la Antártida. Finlandia señaló que la investigación antártica requiere esfuerzos internacionales bien coordinados para las observaciones *in situ*, análisis de datos nuevos y existentes, y experimentos donde se aplique una variedad de modelos.

(329) El SCAR presentó el Documento de Información IP 161, *¿Qué significa el Acuerdo Climático de París de las Naciones Unidas para la Antártida?* Los temas claves identificados en este documento y en el Documento de Antecedentes BP 20 son: la relación existente entre la Convención Marco de las Naciones Unidas sobre Cambio Climático (CMNUCC) y el Sistema del Tratado Antártico, sus acuerdos y el SCAR; las consecuencias para la Antártida y el océano Austral de un calentamiento global de 1,5 °C, 2 °C y más de 2 °C sobre la base de los últimos avances científicos internacionales; y por último el escaso entendimiento de la contribución de la pérdida de hielo antártico al futuro aumento del nivel del mar, un factor posiblemente subestimado, que constituye una de las más grandes incertidumbres en la ciencia climática relevante al desarrollo de políticas. El SCAR hizo notar además la importancia de comprender los efectos causados y evitados a partir del logro del objetivo del Acuerdo Climático de París, y lo señaló como un futuro desafío científico clave identificado por el SCAR y el COMNAP.

(330) La Federación de Rusia presentó el Documento de Información IP 141, *Russian-Swiss Antarctic Circumnavigation Expedition 2016–2017* [Expedición de circunnavegación antártica ruso-suiza 2016–2017], que describió la expedición de circunnavegación antártica llevada a cabo en el periodo de 2016-2017, organizada a través del Instituto Polar Suizo. El documento indicó que la expedición demostró el papel crucial de la cooperación científica y logística en el estudio de la zona antártica y subantártica. Señaló que muchos científicos de distintos países tuvieron la oportunidad de realizar sus estudios fuera de las regiones tradicionales de actividad de los programas antárticos nacionales. Destacó también que la expedición había contribuido a aumentar los conocimientos científicos sobre las islas subantárticas.

(331) La Federación de Rusia presentó el Documento de Información IP 142, *To question on the project of the international scientific drifting station "Weddell-2"* [Preguntas sobre el proyecto de la estación científica internacional de banquisa "Weddell-2"]. El documento destacó que han transcurrido 25 años desde la inauguración de la estación científica de banquisa ruso-estadounidense en el sector sudoeste del mar de Weddell. Informó a la Reunión sobre los logros científicos de la estación de banquisa "Weddell-1", e indicó que, en febrero de 2017, durante una reunión en San Petersburgo, los participantes habían considerado una propuesta para repetir el experimento. La Federación de Rusia invitó a todas las Partes interesadas a conformar un comité organizador.

(332) En relación con este tema se presentó también el siguiente documento:

- Documento de Antecedentes BP 20, *The SCAR Lecture: What does the United Nations Paris Climate Agreement mean for Antarctica?* [Conferencia del SCAR: ¿Qué significa el Acuerdo Climático de París de las Naciones Unidas para la Antártida?] (SCAR).

Tema 16: Implicaciones del cambio climático para la gestión de la zona del Tratado Antártico

(333) El Reino Unido presentó el Documento de Información IP 71, *Agreement by CCAMLR to establish time-limited Special Areas for Scientific Study in newly exposed marine areas following ice shelf retreat or collapse in the Antarctic Peninsula región* [Acuerdo de la CCRVMA para establecer, por tiempo limitado, áreas especiales para el estudio científico en áreas marinas expuestas recientemente luego del retroceso o derrumbe de barreras de hielo en la península antártica], preparado en conjunto con Alemania, Bélgica, España, Finlandia, Francia, Italia, Países Bajos, Polonia y Suecia. El documento describió la Medida de Conservación CM 24-04 de la CCRVMA, que proporciona un mecanismo para la designación de áreas especiales para el estudio científico, y las medidas de gestión que podrían tener aplicación en dichas áreas. El documento señaló además que la RETA sobre cambio climático de 2010 recomendó que "el CPA analice los medios a través de los cuales se puede brindar protección provisional automática a las nuevas áreas expuestas, tales como las áreas marinas expuestas debido al colapso de las plataformas de hielo" (Recomendación 10). Los proponentes conjuntos del documento invitaron a la RCTA a considerar la Medida de Conservación CM 24-04 de la CCRVMA, según lo que se resume en el documento, como una positiva contribución hacia el cumplimiento de esta recomendación.

(334) El SCAR presentó el Documento de Información IP 80 rev. 1, *Antarctic Climate Change and the Environment– 2017 Update* [Cambio climático y medioambiente antártico: actualización 2017]. El SCAR puso de relieve el nuevo formato de este informe, diseñado para su fácil comprensión para un público más general. Además, el SCAR publica una actualización anual del Informe sobre el cambio climático y el medioambiente antártico en el que presenta las perspectivas de los últimos avances científicos más que un informe sintético, en el que se examinan los cambios en el ambiente físico de la Antártida así como los cambios en su ambiente biológico. El SCAR puso de relieve algunos estudios que muestran evidencia de lo siguiente: el Océano Austral se está calentando a una velocidad mucho mayor y a mayores profundidades que en otros lugares del mundo; la invasión de especies no autóctonas en el ámbito marino; y la disminución de los pingüinos de Adelia reproductores, que se asocia a la disminución del hielo marino.

(335) El Reino Unido agradeció al SCAR por seguir proporcionando una actualización anual sobre el cambio climático en la Antártida y el medioambiente. Señalando que los impactos del cambio climático en la Antártida, en particular el colapso y retroceso de la plataforma de hielo, tienen importancia mundial, el Reino Unido alentó al SCAR a continuar ofreciendo estas actualizaciones en un formato similar al formato claro y comprensible del Documento de Información IP 80 rev. 1.

(336) La OMM presentó el Documento de Información IP 118, *Progress Update on WMO Polar Regional Climate Centres* [Actualización de los avances en los Centros Meteorológicos Polares Regionales de la OMM]. En referencia a la exitosa evolución en el Ártico, la OMM informó a la Reunión que está tomando las medidas para desarrollar una red de Centros Meteorológicos Polares Regionales de la Antártida destinada a proporcionar centros de excelencia capaces de generar productos climatológicos regionales, incluido el seguimiento y los pronósticos climatológicos, en apoyo de las actividades regionales y nacionales relativas al clima. El documento puso de relieve que abordar las necesidades de los programas antárticos nacionales en cuanto a información climatológica de rutina, objetiva y autorizada es una meta importante para apoyar las decisiones eficaces y para mitigar el riesgo para las personas y para el medioambiente. El documento señaló la relevancia que tiene para el Plan de trabajo estratégico plurianual de la RCTA esta iniciativa de la OMM, en particular con respecto a las prioridades 9 y 10. Alentó a las Partes Consultivas y no Consultivas de la RCTA a ayudar a la OMM a comunicarse con sus servicios meteorológicos nacionales y con los programas antárticos nacionales, e invitó a los Observadores, Expertos y

otras Partes interesadas a participar en el taller sobre definición de alcance de 2018 sobre la red de centros meteorológicos polares regionales antárticos (APRCC, por sus siglas en inglés) que prevé organizar, y a ofrecer su orientación y comentarios para aclarar los requisitos y prioridades de los usuarios.

(337) La ASOC presentó el Documento de Información IP 147, *Climate Change Report Card* [Tarjeta informativa del cambio climático], en el que entregó una actualización sobre las conclusiones y titulares de prensa sobre la investigación climatológica antártica. La ASOC señaló que el documento ya había sido debatido en detalle por el CPA. En síntesis, recomendó que las Partes y órganos asociados, incluido el SCAR y la OMM continúen: su desarrollo de un mecanismo para que la RCTA ofrezca información climatológica sobre la Antártida a un público más general; desarrollen planes de gestión cautelares o de respuesta rápida para enfrentar los eventos climáticos repentinos; y establezcan zonas protegidas que puedan usarse como zonas de referencia para atribuir cambios al cambio climático sin la interferencia, o con interferencia mínima, de las actividades locales y regionales.

(338) La Secretaría presentó el Documento de la Secretaría SP 8, *Medidas tomadas por el CPA y la RCTA sobre las Recomendaciones de la RETA sobre las implicaciones del cambio climático* (STA), y solicitó en este Documento de la Secretaría orientaciones sobre futuros preparativos. La Secretaría recordó a la Reunión que desde 2011 actualizaba a la RCTA y al CPA sobre el estado de las recomendaciones producidas por la RETA de 2010 sobre cambio climático. Llamó la atención de las Partes hacia la incorporación por parte del CPA de las recomendaciones dentro de su competencia en su Programa de trabajo de respuesta al cambio climático. Hizo notar que si bien las recomendaciones 4 a 6 no se encuentran bajo la esfera de influencia del CPA, sugirió que había poco material a analizar. La Secretaría afirmó que, en su opinión, la Recomendación 4 se ha cumplido.

(339) La Reunión agradeció a la Secretaría por su documento y recomendó a la Reunión que acepte el trabajo del CPA y le permita seguir desarrollándolo.

(340) Los siguientes documentos se consideraron como presentados en este tema del programa:

- Documento de Información IP 152 rev. 1, *Tracking Antarctica - A WWF report on the state of Antarctica and the Southern Ocean* [Seguimiento de la Antártida: informe del WWF sobre el estado de la Antártida y el Océano Austral] (ASOC).

Tema 17: Turismo y actividades no gubernamentales en la zona del Tratado Antártico

Revisión de las políticas sobre turismo

(341) La Secretaría presentó el Documento de Secretaría SP 9, *Actualización del estado presente de las recomendaciones del Estudio sobre turismo del CPA (2012)*. Tomando en cuenta una solicitud de la XXXIX RCTA a la Secretaría (Informe Final de la XXXIX RCTA, párrafo 245), se analizó en el documento el estado de las ocho recomendaciones propuestas por el Estudio sobre turismo del CPA (XV Reunión del CPA, 2012), y puso de relieve aquellos asuntos que siguen pendientes de consideración. Señaló que la mayoría de las recomendaciones se encuentran a la espera de acciones adicionales de las Partes o del CPA.

(342) En relación con las recomendaciones para establecer una base de datos sobre actividades turísticas administrada por la RCTA (Recomendaciones 1 y 2), la Secretaría señaló que si bien el SEII proporciona la mayor parte de la funcionalidad que se espera de una base de datos sobre la actividad del turismo, esta no incluye un repositorio centralizado de los sitios visitados.

(343) Tras una solicitud formulada por Nueva Zelandia en cuanto a entregar más detalles sobre los pasos técnicos para desarrollar e implementar una base de datos centralizada sobre turismo, la Secretaría demostró a las Partes que si bien existe cierta información disponible a través del sitio web de la Secretaría del Tratado Antártico, esta información tiene deficiencias y tampoco está disponible un registro histórico de las visitas a los sitios.

(344) La IAATO informó sobre su propia experiencia en el desarrollo de una base de datos electrónica sobre las actividades de sus miembros y señaló que tiene especificada una nomenclatura para la toponimia y un método para utilizar los menús desplegables con objeto de mantener la coherencia. Se refirió también a su compromiso de informar a la Reunión sobre toda actualización de sus sistemas que pueda ser de ayuda para informar el trabajo de la Secretaría.

(345) Argentina se refirió a la conveniencia para las Partes de contar con información más detallada sobre las actividades turísticas. Señaló que si la Reunión alcanza un acuerdo con respecto a la necesidad de una base de datos centralizada sobre turismo, se requeriría dar mayor consideración acerca de qué tan exacta debería ser la información que contenga. Puso de relieve que, si fuera el caso, deberían normalizarse las coordenadas y la toponimia, y debería incluirse la información acerca de la disponibilidad de directrices para sitios. Mencionó que también debería contemplarse el asunto de los diferentes idiomas.

(346) El Reino Unido señaló que la IAATO cuenta con una muy completa base de datos, la que cubre todas las actividades de sus miembros. Si bien esta no incluye a los operadores que no son miembros de la IAATO, como tampoco información acerca de las visitas a los sitios que realizan los operadores antárticos nacionales, sí incluye abundante información correspondiente a años anteriores, la que arroja muy buenos indicadores acerca de la actividad general relativa a las visitas a la Antártida, incluidas las visitas a sitios específicos. Aunque sería conveniente contar con una completa base de datos de la STA, queda claro que su elaboración resultaría compleja y costosa, y el Reino Unido sugirió que ya hay suficiente información disponible, sobre la cual se puede avanzar con respecto a un abanico de asuntos relativos al turismo.

(347) La Reunión no alcanzó un consenso en cuanto a las medidas que debería tomar la Secretaría en relación con un repositorio centralizado de información sobre sitios destinados al turismo y actividades que se llevan a cabo en estos, y expresó su acuerdo en que las Partes deberían reflexionar en torno a este asunto durante el siguiente periodo intersesional, y prepararse para tratarlo durante la XLI RCTA.

(348) Nueva Zelandia presentó el Documento de Trabajo WP 31, *Un enfoque estratégico para el turismo gestionado de manera responsable con el medioambiente*. Nueva Zelandia recordó que la XXXIX RCTA aceptó comenzar el trabajo de desarrollo de una perspectiva común hacia el turismo turismo antártico (XXXIX RCTA, Documento de Trabajo WP 28). Hizo notar que el Documento de Trabajo WP 31 establece el marco general que amplía el trabajo previo de la RCTA sobre turismo, lo que incluye el marco proporcionado por la Resolución 7 (2009), Principios generales del turismo antártico, para presentar un enfoque estratégico centrado en la gestión activa y eficaz de las actividades turísticas de las Partes. Señaló que si bien la Resolución 7 (2009) sigue siendo relevante y representa los valores comunes acordados por la RCTA con respecto al turismo, Nueva Zelandia recalcó que un enfoque estratégico para un turismo gestionado de manera responsable en lo medioambiental requiere que dichos principios sean más funcionales.

(349) Nueva Zelandia hizo notar que un enfoque estratégico para un turismo gestionado de manera responsable en lo medioambiental debería apoyarse y guiarse por un completo seguimiento y una buena gestión de datos útiles y normalizados que se puedan compartir fácilmente entre las Partes. Puso de relieve que un enfoque estratégico debe ser ágil y tener capacidad de reacción, deben revisarse periódicamente e implementarse las actuales Medidas y recomendaciones y desarrollarse nuevas Medidas en respuesta a los datos

de seguimiento del medioambiente o a los análisis de los operadores que emanan de los informes posteriores a las visitas. Nueva Zelandia confirmó que el turismo antártico debería estar normado por las Partes del Tratado Antártico. Señaló además que la experiencia colectiva de los operadores turísticos sería beneficiosa como perspectiva operativa para el desarrollo de nuevas medidas y resoluciones. El Documento de Trabajo WP 31 contenía dos recomendaciones: que la RCTA apruebe el enfoque estratégico propuesto, y que complete el Plan de trabajo estratégico plurianual para la puesta en práctica del enfoque estratégico a partir de la XLI RCTA.

(350) La Reunión agradeció el documento presentado por Nueva Zelandia y reiteró su compromiso hacia un enfoque estratégico de la gestión del turismo. En relación con la implementación de los Principios generales del Turismo antártico propuesta, las Partes intercambiaron una variedad de puntos de vista.

(351) Argentina señaló que, puesto que el turismo no ha tenido un aumento notable durante la última década, considera que el trabajo de desarrollo de un enfoque común hacia la gestión del turismo no es algo que tenga urgencia. Otras Partes recalcaron que la gestión del turismo necesita consideración urgente.

(352) China destacó la importancia de tratar el asunto del turismo en el marco del Sistema del Tratado Antártico, y fue enfática en cuanto a que las acciones emprendidas en esa dirección deberían basarse en datos contundentes y en la evaluación científica.

(353) Varias de las Partes manifestaron su preferencia por una "visión" estratégica más que hacia un "enfoque" estratégico, ya que esto podría arrojar más claridad en cuanto a hacia dónde están orientadas las Partes y cuál podría ser el resultado final. Otras Partes mostraron su opción por un enfoque estratégico, considerando que en los Principios generales de 2009 se había articulado una visión estratégica. Varias de las Partes recalcaron la importancia de considerar el turismo como una actividad dinámica y en permanente cambio, y destacaron la necesidad de una respuesta igualmente dinámica y eficaz por parte de la RCTA.

(354) Algunas de las Partes se refirieron a la importancia específica de desarrollar un enfoque estratégico sobre el asunto del seguimiento y la gestión de datos del turismo antártico. Canadá hizo notar que en su proceso nacional de expedición de permisos exige un compromiso de los postulantes con respecto a realizar el seguimiento de sus actividades y de proporcionar informes posteriores a la visita, aunque indicó que un enfoque normalizado

hacia el seguimiento podría mejorar la funcionalidad y las posibilidades de compartir los datos. Algunas de las Partes expresaron su acuerdo en la conveniencia de un intercambio de información más amplio acerca de los actuales permisos para el turismo y las organizaciones no gubernamentales al interior de sus jurisdicciones nacionales.

(355) El Reino Unido sugirió que tal vez el SCAR pueda encontrarse en condiciones de prestar su ayuda en el trabajo adicional en relación con el seguimiento y recopilación sistemática de datos de los sitios visitados.

(356) El SCAR informó a la Reunión que, junto con la IAATO, había comenzado un proyecto de dos años de duración para la elaboración de un Plan sistemático de conservación (SCP, por sus siglas en inglés) para la Península Antártica, con el propósito específico de la gestión de la sustentabilidad del turismo antártico en el largo plazo (esto se describe en el Documento de Información IP 166). El SCAR explicó que el enfoque del SCP tiene la capacidad de mostrar cuáles serían los mejores sitios para la realización de las distintas actividades a fin de llegar a una solución óptima que equilibre los distintos intereses de los participantes. El SCAR señaló además que existe actualmente abundante información y tecnología que pueden aprovecharse en el desarrollo del SCP, como por ejemplo, los datos recopilados por medio de teledetección.

(357) La Federación de Rusia expresó sus inquietudes con respecto a que muchas de las Medidas con relevancia para las actividades turísticas y no gubernamentales que se aprueban durante las RCTA aún no están vigentes y recalcó la necesidad de un enfoque homogéneo de las Partes hacia los asuntos relativos a estas actividades. Destacó además la necesidad de una puesta en común de la información relativa a las actividades no autorizadas que se realizan en la Antártida.

(358) Otros asuntos formulados por las Partes incluyeron los siguientes: la necesidad de considerar la diversificación de las actividades turísticas; la necesidad de considerar una normativa complementaria en relación con las instalaciones permanentes destinadas al turismo; la importancia de mantener un diálogo con la IAATO y con la industria; y la importancia de garantizar que el turismo en la Antártida se realice de manera segura y responsable hacia el medioambiente. Varias de las Partes consideraron que la Reunión debería evaluar el progreso de los Principios generales antes de la revisión de la Recomendación 7 (2009).

(359) La ASOC agradeció a Nueva Zelandia por su documento y señaló que había seguido con gran interés el asunto del turismo antártico durante muchos

años, en los que esta industria ha cambiado de manera sustancial. La ASOC puso de relieve la naturaleza dinámica del turismo antártico y recalcó su opinión de que llegó el momento en que las Partes deben adoptar medidas más enérgicas sobre la materia, y que en el Documento de Trabajo WP 31 se proporciona un camino a seguir. En este sentido, la ASOC reiteró su opinión de que las Partes deben emprender una revisión del "espectro completo" del turismo antártico, que incluya tanto a los operadores y modalidades pertenecientes a la IAATO como a los que no son miembros de la organización, tales como el turismo terrestre y el turismo combinado por aire y mar y el turismo marítimo. La ASOC concluyó enfatizando su opinión en cuanto a la importancia de que la evolución del turismo en la Antártida no se produzca al margen del radar colectivo de las Partes.

(360) La IAATO agradeció a Nueva Zelandia por su documento y alentó a las Partes a seguir trabajando en el desarrollo de un enfoque estratégico hacia el turismo antártico. La IAATO puso de relieve la Medida 15 (2009) y la Resolución 7 (2009) como un importante y positivo avance que ha ayudado a contextualizar la evolución en este campo y a desarrollar material de orientación para los operadores turísticos. Destacó la importancia de la colaboración constante, en particular teniendo en cuenta el carácter de las Partes en su papel de autoridades competentes para la expedición de permisos para las actividades turísticas en la zona del Tratado Antártico. Señalando que como un grupo de la industria tiene la capacidad de reaccionar rápidamente ante los desafíos, la IAATO entregó una reflexión en cuanto a que la pena máxima que aplica a los infractores es la expulsión de la asociación. Consideró que las Partes y la RCTA tienen un importante papel en proporcionar un robusto marco jurídico para garantizar que el turismo en la Antártida siga siendo seguro y responsable hacia el medioambiente. La IAATO agradeció a las Partes por su cooperación constante y se comprometió a seguir trabajando con la Reunión.

(361) Tomando en cuenta estas reflexiones, Nueva Zelandia, en consulta con diversas Partes, propuso avanzar en los Principios generales del turismo antártico (2009) y ponerlos en práctica y operativos a través de seis vías de acción:

- Garantizar que las actividades turísticas se mantengan regidas por el Sistema del Tratado Antártico.
- Implementar un enfoque coherente hacia la gestión de las actividades turísticas, que utilice los mejores recursos científicos disponibles, se base en el entendimiento común de que estas actividades deberían tener como mucho un impacto mínimo o transitorio, y tome en consideración el enfoque cautelar.

- Mantenerse informados con respecto al impacto ambiental de las actividades turísticas en la Antártida a través de la vigilancia sistemática del ecosistema y la recopilación de datos, lo que incluye la puesta en común de información proveniente de las EIA.

- Garantizar que la RCTA adopte un enfoque sistemático, proactivo y cautelar hacia la evaluación y gestión de los sitios utilizados por los visitantes, y que aplique las herramientas de gestión adecuadas.

- Trabajar junto a la industria del turismo en la identificación y resolución de los problemas ocasionados por las actividades turísticas.

- Implementar y mantener de manera oportuna todos los instrumentos relativos a las actividades turísticas.

(362) La Reunión agradeció Nueva Zelandia por sus apreciados esfuerzos. Algunas de las Partes hicieron notar sus inquietudes en cuanto a que los seis elementos identificados planteaban una serie de asuntos más, los que imponían una mayor reflexión y debate antes de poder ser refrendados por la RCTA. La Reunión acogió de buen grado el debate más profundo sobre los mecanismos para hacer efectivos los Principios generales del turismo antártico (2009) durante la XLI RCTA.

(363) La Federación de Rusia presentó el Documento de Trabajo WP 22, *Actividad no gubernamental en la Antártida: situación actual y necesidad de regulación legal*, en el que describió sus actuales problemas con respecto a la actividad no gubernamental en la Antártida, y la necesidad de normarla. Al tiempo que señaló que desde hace varios años las organizaciones no gubernamentales han cooperado con éxito con las Partes en la zona del Tratado Antártico, documentó los desafíos que podrían surgir en caso de que el organizador de la actividad fuera un grupo internacional cuyo domicilio legal no es claro, o cuando las actividades no gubernamentales implican la participación u operación de estaciones. El documento recordó a las Partes que la propiedad privada es susceptible de venderse, arrendarse, heredarse o hipotecarse, y que el propietario legal tiene la libertad de usar dicha propiedad en pos de objetivos contrarios al papel de la Antártida en la comunidad mundial. Al poner de relieve el más fácil acceso a la Antártida, y el surgimiento de nuevos tipos de actividad, y de actividades no tradicionales, la Federación de Rusia indicó que el aumento del riesgo asociado a la actividad no gubernamental presenta un nuevo desafío al Sistema del Tratado Antártico.

(364) La Federación de Rusia recalcó el evento artístico llamado "Bienal de la Antártida" de marzo de 2017, actividad que dicho país se había rehusado a permitir y que se llevó a cabo de igual manera valiéndose del permiso

para actividades turísticas que se había expedido para el barco. Informó además de la instalación de una estación antártica utilizando fondos privados. La Federación de Rusia propuso que la RCTA establezca un GCI permanente, organizado en el foro de la RCTA, donde los participantes puedan intercambiar opiniones, analizar la evolución de la actividad no gubernamental en la Antártida y formular propuestas prácticas para su consideración en la RCTA.

(365) Varias de las Partes acogieron de buen grado la identificación de problemas asociados a la participación de un socio privado en el establecimiento de una estación. Las Partes hicieron notar la naturaleza dinámica de la actividad no gubernamental en la Antártida, observaron el aumento en la cantidad y variedad de actividades, y señalaron que una regulación eficaz debería tener capacidad de respuesta ante estos nuevos desarrollos. Señalaron además que la importancia de la seguridad es una preocupación primordial. La ASOC expresó su opinión en cuanto a que estos desarrollos deberían contemplarse en la gestión estratégica del turismo.

(366) La Reunión agradeció a la Federación de Rusia por su provechosa presentación y expresó su acuerdo en seguir debatiendo este asunto en el actual subforo de autoridades competentes.

(367) La Federación de Rusia presentó el Documento de Trabajo WP 23, *Nuevos retos para el Sistema del Tratado Antártico respecto a la navegación de yates en la Antártida*. La Federación de Rusia se refirió tanto a la dificultad como al interés en normar la navegación de yates hacia la Antártida. Como ejemplo, se refirió al yate con vela de bandera rusa *Peter I,* que realizó repetidos viajes a la Antártida durante la temporada 2016-2017. Agradeció a Chile por interceptar a este yate y por informar a Rusia de su avistamiento en la Antártida sin portar documentos de autorización. Señaló que la CCRVMA cuenta con una "lista negra" de buques INN (buques ilegales, no declarados y no reglamentados), y propuso que las Partes establezcan una lista similar para los yates que naveguen hacia la Antártida sin la autorización correspondiente.

(368) Varias de las Partes reiteraron la importancia de un eficaz intercambio de información. Señalaron que dicho intercambio debe transmitirse por medio del SEII, el subforo de autoridades competentes o por medio de canales diplomáticos. Señalaron que el Estado rector del puerto y el Estado del pabellón tienen distintas responsabilidades, pero que es necesario mantener informados a ambos. Además pusieron de relieve la importancia de informar en forma oportuna sobre los avistamientos de embarcaciones no autorizadas a fin de permitir que se apliquen las medidas de ejecución.

(369) Aunque las Partes y la IAATO señalaron la importancia del cumplimiento, algunas de las Partes consideraron la posibilidad de que surjan problemas de caracter legal con la implementación de una "lista negra".

(370) Sudáfrica informó a la Reunión que durante la temporada estival antártica 2016-2017 debió enfrentar a un famoso turista de aventura sudafricano, quien se negó a seguir el debido proceso, ignoró su recomendación y decidió completar su travesía en solitario no autorizada hacia la Antártida. Sudáfrica informó además a la Reunión que a raíz de esto, había mencionado la expedición en el SEII en su informe de pretemporada 2016-2017 como una actividad a la que se había denegado la autorización. Señaló también que esta misma persona había realizado una expedición anterior en 2008, ingresando a una ZAEP y a un SMH sin contar con autorización previa. Esta persona había confirmado además que no solicitaría la ayuda de ningún Programa Antártico Nacional, pero finalmente necesitó ayuda para volver a su yate luego de que la embarcación no pudiera atravesar el hielo a la deriva para ir a buscarlo. Sudáfrica, asimismo, dio aviso a la Reunión acerca de una segunda expedición aérea prevista y no autorizada a la Antártida, cuya realización había logrado desincentivar debido a que el operador no cumplió con los requisitos para la consideración de apoyo. Luego de estas últimas experiencias, Sudáfrica pone en duda si basta con una simple mención de una actividad como no autorizada dentro del SEII, por lo que apoyó la propuesta de la Federación de Rusia con respecto de un sistema de listas negras.

(371) Argentina señaló que, si bien alienta el intercambio constante de información sobre embarcaciones no autorizadas entre las autoridades competentes, el hecho de que dicha información se proporcione al Estado rector del puerto no exime la responsabilidad del Estado del pabellón. Argentina recordó que el Estado rector del puerto no tiene la autoridad que se necesita para evitar la salida de una embarcación extranjera hacia la Antártida si esta embarcación cumple con la legislación internacional. Indicó además que no veía con claridad las consecuencias que podrían recaer sobre una embarcación si esta es incluida en una "lista negra" del tipo que se sugiere en el Documento de Trabajo WP 23. Argentina alentó a las Partes a continuar su intercambio de información sobre esta materia, tanto en su SEII como en el subforo de autoridades competentes o a través de canales diplomáticos.

(372) Francia reflexionó sobre sus propias experiencias con una expedición antártica no autorizada en rumbo a la estación Concordia y que finalizó en la estación Dumont D'Urville. Francia declaró que no se le informó oficialmente acerca de la expedición en ninguna de sus etapas, y puso

de relieve el potencial de riesgo para la seguridad que representan estas actividades no autorizadas. Señaló además que en este caso no hubo consecuencias legales. Francia concluyó que todos los países deberían tener a su disposición las herramientas para reaccionar y responder a estas situaciones a través de sus legislaciones nacionales.

(373) La IAATO reiteró que las actividades no autorizadas son una gran preocupación para la asociación. Explicó que la asociación decidió aceptar como miembro al operador del yate *"Peter I"* , pero que dicha membresía está supeditada a la autorización de la Federación de Rusia de los viajes a la Antártida que realice con posterioridad. La IAATO fue enfática con respecto a que esta decisión surgió de la probabilidad de que el operador regrese a la Antártida, y que tiene el potencial de convertirse en un firme defensor del Sistema del Tratado Antártico y de cumplir con los requisitos de la Federación de Rusia en el futuro. Además, la IAATO reiteró su interés en trabajar con cualquier operador que anteriormente haya realizado en la Antártida actividades relativas al turismo que no se hayan autorizado para garantizar su reforma y la adquisición de los documentos de autorización correspondientes.

(374) La Reunión agradeció a la Federación de Rusia por su presentación del Documento de Trabajo WP 23. Observó que surgen situaciones jurídicamente complejas cuando el operador de un buque puede tener su sede en un país y su embarcación viaja con pabellón de otro país. Las Partes expresaron su interés en desarrollar una "lista negra" de embarcaciones una vez que las implicaciones legales se hayan debatido y posiblemente resuelto. Señalando que ambos Documentos de Trabajo, WP 22 y WP 23, plantean asuntos relativos a la responsabilidad, la seguridad, la cooperación, reglamentación, y responsabilidades de gestión medioambiental, varias Partes expresaron su interés en trabajar en conjunto para continuar el debate de estos asuntos durante el periodo intersesional, y la Reunión estuvo de acuerdo en que el método apropiado sería a través del subforo de autoridades competentes.

(375) Nueva Zelandia presentó el Documento de Trabajo WP 33, *Actualización de la Resolución 4 (2004) sobre planes de contingencia, seguros y otros asuntos relacionados con el turismo y otras actividades no gubernamentales para su armonización con el Código Polar de la OMI* preparado en conjunto con Francia y Noruega. Nueva Zelandia recordó que la Medida 4 (2004) *Seguros y planes de contingencia para el turismo y las actividades no gubernamentales en la zona del Tratado Antártico* se aprobó en respuesta a las inquietudes relativas al posible impacto de las actividades turísticas

y no gubernamentales sobre los programas nacionales y la seguridad de aquellos que participan en operaciones de SAR. Recordó que la Resolución 4 (2004) se aprobó para promover los objetivos de la Medida 4 (2004) hasta que la Medida entre en vigor. Señaló que el Código Polar entró en vigor el 1 de enero de 2017. Nueva Zelandia puso de relieve el requisito del Código Polar de llevar a cabo una evaluación del buque y de su equipo, teniendo en cuenta el rango anticipado de operación y las condiciones medioambientales, los riesgos específicos mencionados en la introducción del Código Polar, y todos los demás riesgos identificados, y que en esta evaluación se basa un Manual de operaciones en Aguas Polares (PWOM, por sus siglas en inglés) que los buques deben llevar a bordo. En el documento se propuso que la Resolución 4 (2004) se reemplace por una nueva resolución actualizada que haga notar la entrada en vigor del Código Polar y permita que los operadores de turismo marítimo proporcionen u operen basados en el contenido de su PWOM a fin de cumplir sus responsabilidades en virtud de la nueva resolución. Nueva Zelandia explicó que el propósito de su propuesta es hacer más sencillo para los operadores el proceso de documentación, y no el de proporcionar a las Partes la oportunidad de cuestionar las aprobaciones del PWOM emitidas por otra Parte. Los coautores del documento recomendaron que la Reunión: haga notar la entrada en vigor del Código Polar; apruebe una nueva Resolución que actualice y reemplace la Resolución 4 (2004); y aliente a las Partes Consultivas que no hayan aprobado la Medida 4 (2004) a hacerlo como un asunto prioritario.

(376) La IAATO agradeció a Nueva Zelandia por aclarar que los operadores de buques pueden proporcionar solamente las secciones relevantes de sus PWOM, ya que es probable que gran parte de esta información se incluya en el más amplio Sistema de gestión de la seguridad requerido en virtud del Código internacional de gestión de la seguridad de la OMI (Código IGS), que incluye información delicada y estrictamente confidencial. La IAATO señaló además la importancia de garantizar que quedara explícito que no se exigiría a los operadores la rectificación de ninguna sección de su PWOM como parte de su obtención de autorización para viajar a la Antártida, ya que el PWOM es un componente crucial de la evaluación de un buque por el Estado del pabellón y las sociedades de clasificación para obtener su Certificado para buque polar en virtud del Código Polar de la OMI.

(377) La Reunión agradeció Nueva Zelandia, Noruega, y a Francia por el documento y aceptó aprobar la Resolución 6 (2017), *Orientaciones sobre Planes de Contingencia, Seguros y otros asuntos relacionados con el Turismo y otras Actividades no Gubernamentales en la Zona del Tratado Antártico.*

(378) Francia presentó el Documento de Información IP 124 rev. 1, *Action taken following unauthorized presence of a French yacht in the Treaty Area during the 2015/2016 season* [Medidas tomadas tras la presencia no autorizada de un yate francés en la zona del Tratado durante la temporada 2015-2016], en el que se actualizó a la Reunión sobre los procedimientos administrativos y judiciales originados por la presencia no autorizada de un yate con pabellón de Francia en aguas antárticas durante la temporada 2015-2016. Francia agradeció a las Partes por su aviso sobre la presencia no autorizada del yate en la Antártida, lo que le permitió recopilar información y aplicar multas. Francia señaló que en una decisión tomada el 23 de septiembre de 2016, el Prefecto, Administrador superior de las Tierras Australes y Antárticas Francesas emitió una advertencia al líder de la expedición "Ch'timagine III", y que se prohibió al yate el ingreso en aguas antárticas durante un periodo de cinco años (es decir, hasta el 22 de septiembre de 2021). Francia reiteró su intención de sancionar, en la medida de lo posible y pertinente, a los infractores de las disposiciones del Código Ambiental francés con aplicación al continente antártico.

(379) La Reunión agradeció el informe presentado por Francia y expresó que en este caso el oportuno intercambio de información había permitido a Francia iniciar las acciones legales.

(380) La ASOC presentó el Documento de Información IP 150, *Options for Visitor Management in the Antarctic* [Opciones para la gestión de los visitantes en la Antártida]. En el documento se exploraron las opciones de gestión de los visitantes a la Antártida. La ASOC señaló que si bien la RCTA ha mantenido amplios debates sobre el turismo durante los últimos años, se han tomado menos decisiones acerca de la gestión de las actividades. Se sugirió que una manera de tratar los aspectos relativos a esta materia es a través del establecimiento de un sistema de gestión de los visitantes. La ASOC puso de relieve que es de responsabilidad de las Partes del Tratado Antártico el generar normas vinculantes para el turismo a fin de preservar el medioambiente, y que esto tiene particular relevancia en el contexto del cambio climático. Señaló que varias de las Partes han desarrollado con éxito marcos de gestión de visitantes a nivel nacional y sugirió que estos programas, que tienen una serie de enfoques en común, pueden informar el desarrollo de un marco de gestión de los visitantes a la Antártida. La ASOC señaló que el documento ofreció una línea temporal de muestra de diez años para el desarrollo de dicho marco, el que se centraría en el desarrollo de objetivos estratégicos para la gestión del turismo.

(381) Australia agradeció a la ASOC por su documento y se refirió a la conveniencia de considerar los ejemplos y lecciones de la gestión del turismo en otros lugares con turismo en zonas naturales. Consideró que aun cuando la Antártida es un lugar singular, la RCTA puede aprender de los regímenes de gestión de visitantes que hayan resultado exitosos en otras zonas naturales.

(382) La IAATO presentó el Documento de Información IP 167, *New IAATO Guidelines for Manned Submersibles and Remote Operated Vehicle Activitie*s [Nuevas directrices de la IAATO sobre actividades de vehículos submarinos y operados remotamente]. El documento presentó las nuevas directrices de la IAATO sobre la actividad de vehículos submarinos y operados remotamente. En el documento se señaló que hasta ahora los vehículos submarinos habían sido usados por un número reducido de operadores. Con los recientes progresos en tecnología de vehículos submarinos, la IAATO adelantó que es posible una mayor actividad de estos vehículos en el futuro. Señaló además que las directrices se desarrollaron con la motivación de algunas de las Partes del Tratado Antártico y que la IAATO se encuentra en condiciones de colaborar en el desarrollo de prácticas recomendables para todas las nuevas actividades.

(383) El Reino Unido indicó que había alentado a la IAATO para que desarrolle una serie de directrices para sus actividades. El Reino Unido agradeció a la IAATO por la presentación de estas nuevas directrices sobre vehículos submarinos y operados remotamente, las que se agregaron al conjunto de directrices ya desarrolladas. El Reino Unido consideró que estas directrices para la industria, desarrolladas por expertos, son muy convenientes para promover las coherencia y para ayudar a las autoridades competentes a considerar las prácticas recomendables para una serie de actividades turísticas.

Autoridades competentes

(384) Noruega presentó el Documento de Información IP 66, *Blue Ice Runway by Romnæsfjellet* [Pista de aterrizaje en el hielo azul en Romnæsfjellet], preparado en conjunto con Bélgica. Noruega señaló que el Documento de Información IP 66 se redactó en respuesta a la solicitud de la XXXIX RCTA de "realizar nuevas consultas acerca del desarrollo de la pista de aterrizaje en el hielo azul e informar a la XL RCTA" (Informe Final de la XXXIX RCTA, párrafo 282). Noruega informó que, junto a Bélgica, realizó consultas con las Partes implicadas y operadores no gubernamentales y determinó lo

siguiente: Antarctic Logistics Centre International (ALCI) es el operador a cargo de la construcción y operación de esta pista de aterrizaje; no hay infraestructura construida en la pista de aterrizaje en la actualidad; hay presentes contenedores, vehículos de obras, material de construcción y otros equipos en las cercanías de la pista de aterrizaje. Hubo planes concretos de establecer infraestructura antes de que se presentara una EIA a una autoridad competente, pero dicho trabajo se suspendió. Explicó además que se presentaron dos documentos de EIA separados, uno sobre la actividad aérea, que se presentó y obtuvo la aprobación previa de la Federación de Rusia, y un segundo documento sobre la construcción y operación de la pista de aterrizaje, cuya reciente aprobación informó la Federación de Rusia a la Reunión. Noruega recalcó que el establecimiento de la pista de aterrizaje en sí no es necesariamente un problema, sino el que los trabajos hayan comenzado antes de la preparación y aprobación de una EIA. Noruega recalcó la importancia de la claridad, la transparencia, y de respetar los procedimientos establecidos, en particular en proyectos que involucran a varias Partes y entidades privadas.

(385) La Federación de Rusia confirmó que, tras engorrosos procesos burocráticos, había emitido recientemente un permiso nacional para la construcción de la pista de aterrizaje en el hielo azul y sus actividades de operación. La Federación de Rusia recalcó que es la responsable de los vuelos en DROMLAN, y que debido a eso está muy interesada en establecer en la zona una pista de aterrizaje de respaldo. Informó que realizará un estrecho seguimiento del trabajo y de las operaciones de la pista de aterrizaje, y que de surgir alguna evidencia de irregularidades, se revocará el permiso y notificará a las Partes del Tratado Antártico. La Federación de Rusia declaró que no ha llevado a cabo ningún trabajo preparatorio para la pista de aterrizaje y que no ha despachado equipos para su construcción.

(386) Bélgica informó a la Reunión que su contribución al Documento de Información IP 66 consistió, entre otros, en la observación de los vehículos y equipos dispuestos en la pista de aterrizaje desde un estudio aéreo que formó parte de la inspección realizada por Holanda y Bélgica de las estaciones Princesa Isabel y Romnoes. Bélgica informó también que debido a su cercanía con la estación, es probable que las operaciones y actividades científicas de la estación resulten afectadas por la construcción y operación de la nueva pista de aterrizaje. Bélgica enfatizó que habría preferido que las autoridades rusas hubieran consultado con las autoridades belgas durante la planificación y revisión medioambiental del proyecto. Bélgica expresó sus esperanzas de que la Federación de Rusia ponga a su disposición los

documentos de EIA a través de la base de datos sobre EIA. Asimismo, puso de relieve la conveniencia de realizar actividad de seguimiento constante en las cercanías de las estaciones a fin de detectar los impactos causados por la actividad humana, por lo que ofreció cooperar con la Federación de Rusia en este seguimiento, y acogió de buen grado el compromiso de la Federación de Rusia de realizar el seguimiento de las actividades en las cercanías de la pista de aterrizaje.

(387) Francia acogió favorablemente el trabajo de los coautores de determinar la identidad del operador y la confirmación en cuanto a la existencia de procedimientos para el futuro funcionamiento de la pista de aterrizaje. Francia expresó su sorpresa en cuanto a que esta actividad se hubiera iniciado antes de completar una evaluación de impacto ambiental. Francia solicitó además, si fuera posible, que se le entregue un informe de inspección llevado a cabo por Bélgica y los Países Bajos durante la próxima RCTA.

(388) En respuesta a una consulta del Reino Unido, Rusia confirmó que el permiso emitido recientemente por ese país cubría la construcción y operación de la pista de aterrizaje con el único fin de servir como pista de aterrizaje de respaldo para el uso del Programa Antártico Nacional DROMLAN. Explicó, además, que si un operador se dispone a usar la pista de aterrizaje para realizar un vuelo no gubernamental, la Federación de Rusia revocaría los permisos de dicho operador.

(389) Noruega señaló que este proyecto de pista de aterrizaje no se ha debatido ni aprobado de manera formal por DROMLAN.

(390) La Reunión agradeció a Noruega y a Bélgica por la presentación de este documento en el que se trató un tema delicado y complejo. La Reunión señaló que es necesario llevar a cabo el proceso de EIA antes del comienzo de los proyectos, en conformidad con el Protocolo Ambiental, y que debe existir una buena comunicación entre las partes interesadas durante el proceso de revisión. La Reunión señaló además que dicha comunicación es particularmente importante cuando están involucradas varias Partes y entidades privadas, o cuando es posible que estas resulten afectadas por la revisión de la actividad que se realiza.

(391) En términos generales, se hizo notar que el subforo de autoridades competentes establecido el año anterior es el espacio adecuado para continuar el debate sobre los asuntos relativos a las autoridades competentes. En este subforo se produjo un intercambio sobre los aspectos técnicos. La Secretaría agradecería los aportes de los miembros que puedan resultar de ayuda.

(392) La Reunión expresó su acuerdo en encomendar a la Secretaría la creación de una lista de correos para el debate sobre las autoridades nacionales competentes, con la misma funcionalidad que la que utiliza actualmente el CPA, la que permitiría a los contactos designados informar de inmediato a los demás participantes sobre las publicaciones en el foro y sobre cualquier otra actividad relevante.

Tendencias y patrones

(393) El Reino Unido presentó el Documento de Información WP 19, *Recopilación de datos y elaboración de informes sobre la actividad de yates en la Antártida en 2016/2017*, el que se preparó en conjunto con Argentina, Chile y la IAATO. El informe consolidó la información aportada por Argentina, Chile, la IAATO y el Reino Unido, que dió cuenta de los yates ya sea avistados en la Antártida o que indicaron su intención de viajar hacia la Antártida durante la temporada 2016-2017. Señaló que durante la temporada 2016-2017, se avistaron 33 yates que, o bien se encontraban en la Antártida, o bien se informó que tenían la intención de viajar hasta allí. Esta cantidad representó una leve disminución con respecto a los 41 yates notificados durante 2015-2016. El informe puso de relieve que la mitad de estos eran miembros de la IAATO; 13 no lo eran pero contaban con la autorización de una Parte para navegar hacia la Antártida; y que se avistaron cinco embarcaciones no autorizadas. El Reino Unido destacó las actividades de difusión emprendidas por la IAATO, y señaló que estas comprobaron su positivo aporte en crear conciencia en torno a los requisitos para la obtención de permisos. Recalcó además la importancia de la puesta en común de información, en particular entre las autoridades competentes, y alentó a las Partes a compartir información acerca de los yates autorizados por medio del servicio de Información de pretemporada del SEII y de los informes posteriores a las visitas, de conformidad con la Resolución 5 (2005).

(394) La Reunión agradeció a los proponentes conjuntos por su trabajo de proporcionar un informe acerca de la actividad de yates, y se refirió a este punto como un importante ejemplo de colaboración y puesta en común de información entre las Partes. Hizo notar la necesidad de una mejor comprensión de la actual situación asociada a los yates en la región antártica, y agradeció el enfoque común que se adoptó en el documento.

(395) En el caso de las llegadas a la Antártida de yates no identificados y sin verificar, Australia agradeció a los coautores por llamar la atención sobre este asunto y señaló que está realizando actualmente una investigación al

respecto. Los Países Bajos informaron que, según tenía entendido, otra Parte había autorizado al yate *"Geluk"* durante la temporada anterior, pero que el operador de la embarcación había solicitado la autorización de los Países Bajos para la temporada 2017-2018, y que estaba en comunicaciones con Alemania en relación con la nave *"Sarah Vorwerk"*. Los Países Bajos anunciaron que se encuentran en el proceso de rectificación de su propia legislación con el fin de garantizar que los ciudadanos holandeses que organizan actividades en la Antártida desde otro país caerían dentro de la definición de "organizadores", y que había codificado algunos de los estatutos de la IAATO relativos a las condiciones de expedición de permisos para garantizar que las mismas normas jurídicamente vinculantes tuvieran aplicación tanto para los miembros de la IAATO como para los que no lo son.

(396) La IAATO agradeció los informes en cuanto a que las Partes están tomando medidas de seguimiento a la actividad no autorizada de yates en la Antártida. Señaló que se están empleando diversos métodos tanto para garantizar que se apliquen las medidas correspondientes como para alentar a los operadores de yates a respetar los procedimientos de autorización correspondientes en sus posibles viajes futuros.

(397) La Reunión recordó la propuesta formulada por la Federación de Rusia de implementar una lista negra de participantes no gubernamentales (Documento de Trabajo WP 23) y observó que si bien sería difícil de implementar, es importante considerar las medidas que podrían tomar los Estados distintos de los Estados del pabellón para evitar los viajes no autorizados hacia la Antártida. La Reunión confirmó la necesidad de seguir trabajando en conjunto para tratar estos complejos asuntos a través del subforo de autoridades competentes y durante la XLI RCTA.

(398) Argentina presentó el Documento de Información IP 137, *Informe sobre flujos de visitantes y de buques de turismo antártico que operaron en el puerto de Ushuaia durante la temporada 2016/2017*. En el documento se informó sobre los flujos de pasajeros y de buques que visitaron la Antártida durante la temporada estival austral 2016-2017 desde el puerto de Ushuaia. Señaló que estos datos se recopilan de manera anual desde la temporada 2008-2009, y que el conjunto de datos incluye información acerca de la cantidad de embarcaciones que salen desde Ushuaia; la cantidad de viajes que realiza cada embarcación; la cantidad de pasajeros y tripulación; las nacionalidades de quienes se hallan a bordo; y los desplazamientos de las embarcaciones. Informó que la cantidad de pasajeros que visitaron la

Antártida saliendo de Ushuaia alcanzó la cifra de 40 349 en la temporada estival austral de 2016-2017, lo que representa un aumento del 3,86 % con respecto a la temporada anterior. Argentina destacó que dicha información es un complemento para los datos recopilados por otras naciones y por organizaciones tales como la IAATO.

(399) La IAATO indicó que solamente puede informar sobre las actividades de sus miembros, y que los datos recopilados por las autoridades portuarias han ayudado a crear un panorama general de las actividades turísticas en la región antártica. La IAATO reconoció luego el trabajo realizado por Argentina y agradeció los esfuerzos depositados en la recopilación y confrontación de dichos datos.

(400) La Reunión agradeció a Argentina por este trabajo y por la recopilación continua de información relativa a los flujos del turismo y las operaciones de cruceros en Ushuaia.

(401) Argentina presentó el Documento de Información IP 160, *El turismo marítimo antártico a través de Ushuaia desde sus inicios en 1958 hasta la actualidad*, en el que proporcionó un resumen de los desplazamientos marítimos desde Ushuaia desde el primer viaje turístico, que se realizó en 1958, hasta la temporada 2016-2017. Argentina hizo notar que la industria del turismo había necesitado 30 años para consolidarse en la Antártida, pero que esta industria ha tenido particular importancia para Ushuaia desde comienzos de los años 1990.

(402) La Reunión agradeció Argentina por estos antecedentes sobre el surgimiento de la industria del turismo en la Antártida, y por las perspectivas entregadas sobre el flujo de turistas en Ushuaia.

(403) La IAATO presentó el Documento de Información IP 163 rev. 1, *IAATO Overview of Antarctic Tourism: 2016-17 Season and Preliminary Estimates for 2017-18* [Panorama de la IAATO sobre el turismo antártico: temporada antártica 2016-2017 y cálculos preliminares para la temporada 2017-2018], en el que se entregó un panorama de la temporada antártica 2016-2017 y los cálculos estimados para el turismo antártico durante la temporada 2017-2018. El documento destacó que las cifras preliminares para la temporada 2016-2017 (44 367 personas) fue levemente más alto (unos 500 visitantes) que en el pronóstico entregado en el Documento de Información IP 112, *IAATO Overview of Antarctic Tourism 2015-16 and Preliminary Estimates for 2016-17 Season* [IAATO, Panorama del turismo antártico: temporada 2015-2016 y cálculos preliminares para 2016-2017] de la XXXIX RCTA,

lo que representó un incremento del 15 % en la cantidad de visitantes. La IAATO señaló que las tres nacionalidades principales de los visitantes eran norteamericana, china y australiana, respectivamente. La IAATO llamó la atención de la Reunión hacia el Apéndice 3, e informó que los cálculos estimados para la temporada 2017-2018 indicaban que las cifras de pasajeros seguiría en aumento llegando a aproximadamente 46 385 personas, superando a la anterior temporada más alta. Reiteró que en el sitio web de la IAATO se puede encontrar un amplio abanico de datos disponibles.

(404) La Reunión agradeció a la IAATO por sus aportes anuales que describen las actividades turísticas en la región antártica. Reconoció que estos datos permiten que las Partes del Tratado Antártico se hagan una idea de la situación del turismo.

(405) Varias de las Partes señalaron la importancia del papel de la industria en comprender el turismo antártico, y destacaron la gran cantidad de datos que existen en relación con el turismo antártico. Las Partes hicieron notar que estos datos provienen de una amplia variedad de fuentes y una serie de formatos. En específico, identificaron que desde 2010 se ha presentado de manera sistemática la información correspondiente a los yates; que los datos relativos a turistas que salen desde Ushuaia ha estado disponible desde 2008; y que la continuidad de los datos presentados por la IAATO es un valioso recurso.

(406) Argentina sugirió que ya se encuentra disponible un extenso conjunto de información, y que las Partes pueden hacer el mejor uso de esta. Otras Partes sugirieron que consultar los datos actuales a la luz de interrogantes específicas sería suficiente para ayudar a las Partes a avanzar hacia soluciones de gestión.

(407) Varias de las Partes sugirieron que en una futura reunión se presentara antes la reseña general de la IAATO a fin de disponer el escenario para el futuro debate del asunto del turismo. Pusieron de relieve el valor de los datos brutos sobre turismo antártico disponibles en el sitio web de la IAATO y la importancia estratégica de considerar la gestión de zonas como prioridad, ya que la cantidad de visitantes aumenta.

(408) La ASOC agradeció a la IAATO por el Documento de Información IP 163 y expresó sus agradecimientos por la información proporcionada por la IAATO en el transcurso del tiempo, y señaló que esta información destaca la tendencia hacia el aumento del turismo y la importancia de adoptar un enfoque estratégico hacia la gestión del turismo, un tema que ha estado en debate durante varios años.

(409) En respuesta a una consulta en relación con la causa del aumento de la cantidad de turistas que visitan la Antarctica, la IAATO explicó que existen dos razones fundamentales. La primera se vincula con el aumento de los viajes por aire y por mar a la Antártida y la confianza cada vez mayor de los operadores turísticos en estos como un estilo confiable para la operación turística. La segunda razón tiene que ver con el aumento del tamaño y capacidad de los buques de turismo que navegan hacia la Antártida desde la temporada de 2007-2008. La IAATO consideró que realizar un pronóstico de las futuras tendencias es un asunto complejo, pero que cree que no es probable que se mantenga la tasa de aumento de los viajes por aire y por mar dadas las restricciones en los puntos de acceso, las impredecibles condiciones climáticas y la limitada capacidad de la pista de aterrizaje de grava de la estación Frei de Chile para recibir a aeronaves de mayor tamaño.

(410) La IAATO agradeció a Chile por permitir la estadía de su gerente de operaciones en la estación Frei para observar y facilitar las operaciones aéreas y marítimas. La IAATO comentó además que los límites impuestos al tamaño de las embarcaciones aprobados por la RCTA en la Medida 15 (2009) parece influir sobre el mercado turístico hacia la Antártida, y sobre el tamaño de los nuevos buques que se están construyendo para la flota de embarcaciones de turismo. La IAATO considera que esto es una señal de que los enfoques estratégicos hacia el turismo funcionan.

(411) En respuesta a consultas relativas a la forma en que se está gestionando el aumento del turismo, la IAATO destacó su colaboración con el SCAR (Documento de Información IP 166), la que se propone centrar específicamente en la gestión de sitios a fin de garantizar que el turismo antártico esté sujeto a las mejores soluciones de gestión, su impacto siga siendo menor que mínimo o transitorio, y que no entre en conflicto con otras actividades que se llevan a cabo en la Antártida. La IAATO mencionó también que hay otros programas e iniciativas que apuntan a apoyar estos esfuerzos, los que incluyen la capacitación y acreditación del personal de campo, y el fortalecimiento de sus programas de etiquetado y seguimiento de la vida silvestre. La IAATO alentó también a las Partes para que asistan a sus reuniones anuales, y señaló que estas reuniones ofrecen una valiosa oportunidad de intercambio e interacción entre los miembros de la IAATO y las Partes del Tratado.

Sitios

(412) Japón presentó el Documento de Información IP 67, *Japan's Antarctic Outreach Activities* [Actividades de difusión sobre la Antártida de Japón],

en el que informó sobre un taller destinado a las agencias de viajes hacia la Antártida que se llevó a cabo el 31 de octubre de 2016, en el que se explicaron las responsabilidades al visitar la Antártida y entregaron orientaciones para la protección del medioambiente. En el documento se señaló que el taller utilizó las actuales orientaciones aprobadas por la RCTA o publicadas por la IAATO para describir las precauciones que deben tomarse al visitar la Antártida y cuando se participa en desembarcos y avistamientos de la vida silvestre. Japón informó a la Reunión que había solicitado que los agentes de viajes divulguen entre sus clientes la información presentada. Japón informó que anualmente la Antártida es visitada por unos 700 turistas japoneses. Alentó a las Partes interesadas a visitar el sitio web del Ministerio del Medioambiente japonés para informarse acerca de los resultados de este taller.

(413) La Reunión agradeció a Japón por compartir sus experiencias y puso de relieve la importancia de mantener informado al público general acerca de la RCTA y de su trabajo.

(414) Argentina presentó el Documento de Información IP 131, *Áreas de interés turístico en la región de la Península Antártica e Islas Orcadas del Sur. Temporada 2016/2017*, en el cual se informó sobre la distribución de las visitas de turistas en la Península Antártica y en la región de las islas Orcadas del Sur de acuerdo con los viajes realizados por buques que operaron a través de puerto de Ushuaia durante la temporada estival 2016-2017. Argentina informó que durante la temporada estival 2016-2017 se realizó un total de 225 viajes a la Península Antártica y a la región de las islas Orcadas del Sur a través del puerto de Ushuaia. Los viajes se realizaron a bordo de 33 embarcaciones. De un total de 77 sitios para visitantes distribuidos en 8 zonas, 30 contaron con Directrices de Sitios para Visitantes, los que correspondieron a los sitios visitados con mayor frecuencia, en tanto 4 estaciones contaban con orientaciones internas que normaban las visitas.

(415) La Reunión agradeció a Argentina por su detallado desglose de las zonas visitadas.

(416) El SCAR presentó el Documento de Información IP 166, *Systematic Conservation Plan for the Antarctic Peninsula* [Plan sistemático de conservación para la Península Antártica], preparado en conjunto con la IAATO. En el documento se informó sobre el último acuerdo entre el SCAR y la IAATO para llevar a cabo una iniciativa colaborativa de desarrollo de un Plan Sistemático de la Conservación (SCP, por sus siglas en inglés) para la Península Antártica. El plan proporcionará evidencias para informar sobre

127

posibles problemas en la gestión de sitios de desembarco, en consonancia con la declaración de misión de la IAATO. El SCP incluiría lo siguiente: datos de referencia acerca de las características que deben conservarse; consideración del grado hasta el cual los objetivos de conservación se cumplen en el marco del actual régimen de gestión; el desarrollo de distintos escenarios mediante el establecimiento de objetivos de conservación específicos; y la relación con diversos participantes para poner a prueba los resultados utilizando distintos criterios de metas. El SCAR puso de relieve que el SCP permitiría la inclusión de diversas opiniones de expertos en la toma de decisiones acerca de la gestión de sitios de desembarco, y alentó a las Partes interesadas a comunicarse con la IAATO en relación con el desarrollo posterior de este plan.

(417) La Reunión agradeció al SCAR y a la IAATO por la iniciativa, y varias Partes y la ASOC expresaron su interés en contribuir al SCP. Los Países Bajos alentaron a la IAATO y al SCAR a tomar nota del principio cautelar en el posterior desarrollo de este plan y expresaron su punto de vista en cuanto a que, al aplicarse el SCP a la Antártida, debería respetarse la supremacía de la protección del medioambiente antártico tal como se refleja en el Protocolo y demás instrumentos del STA.

(418) En relación con este tema del programa se presentó también el siguiente documento:

- Documento de Información IP 164, *Report on IAATO Operador Use of Antarctic Peninsula Landing Sites and ATCM Visitor Site Guidelines, 2016-17 season* [Informe sobre el Uso de los Operadores de la IAATO de los Sitios de Aterrizaje la Península Antártica y Directrices de Sitios para Visitantes de la RCTA, temporada 2016-2017] En el documento se presentaron datos estadísticos de los informes posteriores a las visitas de la recién concluida temporada 2016-2017, y una reseña general de los patrones del turismo en la región de la Península Antártica.

Tema 18: Nombramiento del Secretario Ejecutivo

(419) El Presidente de la RCTA anunció que, de conformidad con los procedimientos acordados, El Sr. Albert Lluberas de Uruguay fue elegido como nuevo Secretario Ejecutivo del Tratado Antártico, y que asumirá sus labores a partir del 1 de septiembre de 2017. La Reunión aprobó la Decisión 6 (2017) *Nombramiento del Secretario Ejecutivo.*

(420) La Reunión encomendó al Presidente que se comunique por escrito con el Gobierno de la Argentina a este respecto, de conformidad con el Artículo 21 del Acuerdo de Sede para la Secretaría. Se adjunta a la Decisión 6 (2017) una copia de la carta.

(421) La Reunión felicitó al Sr. Lluberas por su nombramiento. La Reunión agradeció también al Dr. Reinke por sus ocho años de servicio.

Tema 19: Preparativos para la XLI Reunión

a. Fecha y lugar

(422) La Reunión agradeció la amable invitación extendida por el gobierno de Ecuador de organizar la XLI RCTA en Quito, teniendo como fecha tentativa junio de 2018.

(423) La Reunión hizo notar la información del SCAR y del COMNAP en relación con la confirmación de las fechas de sus reuniones (11 al 27 de junio de 2018).

(424) A los fines de planificación futura, la Reunión tomó nota del siguiente cronograma posible para las próximas RCTA:

* 2019 República Checa.
* 2020 Finlandia.

b. Invitación a las organizaciones internacionales y no gubernamentales

(425) De acuerdo con la práctica establecida, la Reunión acordó que se debería invitar a las siguientes organizaciones que tienen interés científico o técnico en la Antártida a que envíen expertos para asistir a la XLI RCTA: Secretaría del ACAP, ASOC, IPCC, IAATO, la Organización de Aviación Civil Internacional (OACI), OHI, OMI, COI, FIDAC, IGP&I Clubs, la Unión Internacional para la Conservación de la Naturaleza (UICN), PNUMA, CMNUCC, OMM y la Organización Mundial del Turismo (OMT).

c. Preparación del Programa para la XLI RCTA

(426) La Reunión aprobó el Programa Preliminar para la XLI RCTA (véase el Apéndice 1).

d. Organización de la XLI RCTA

(427) De acuerdo con la Regla II de las Reglas de Procedimiento, la Reunión decidió proponer para la XLI RCTA a los mismos Grupos de Trabajo de esta Reunión. La Reunión acordó designar a la Sra. Therese Johansen, de Noruega, como Presidente del Grupo de Trabajo 1 durante 2018. Acordó también designar a la Profesora Dame Jane Francis, del Reino Unido, y al Sr. Máximo Gowland, de Argentina, como copresidentes del Grupo de trabajo 2 durante 2018.

e. Conferencia del SCAR

(428) Teniendo en cuenta la valiosa serie de conferencias entregadas por el SCAR en diversas RCTA anteriores, la Reunión decidió invitar al SCAR a dar otra conferencia sobre los asuntos científicos relevantes para la XLI RCTA.

Tema 20: Otros asuntos

(429) En relación con las directrices sobre el procedimiento a seguir con respecto al carácter de Parte Consultiva (Decisión 2, 2017), Venezuela indicó que seguirá debidamente dichas directrices y presentará la documentación necesaria.

(430) Argentina se refirió a un evento que se realizó de forma paralela a la RCTA en relación con la promoción de la Expedición de circunnavegación antártica del Instituto Polar Suizo. Afirmó que todos los eventos que se realizan durante la RCTA o en torno a esta deben prestar la adecuada atención a todos los temas delicados que puedan enfrentar las Partes Consultivas. Además, Argentina declaró que el personal de la Secretaría del Tratado Antártico debería tener especial cuidado con respecto a su participación en tales eventos. A este respecto, Argentina señaló que aunque se puso en contacto en privado con el representante de Suiza para evitar susceptibilidades, los folletos y página web utilizados por el Instituto Polar Suizo contenían referencias erróneas sobre el territorio de la República de la Argentina. En concreto, en relación con la condición jurídica territorial de las islas Georgias del Sur y Sandwich del Sur. Argentina rechaza la representación de estas islas como una entidad separada del territorio nacional argentino. Las islas Malvinas (Falkland Islands), islas Georgias del Sur e islas Sandwich del Sur, así como los espacios marítimos circundantes, son parte integrante del territorio nacional argentino. Están bajo ocupación británica ilegal y son objeto de una disputa sobre soberanía

entre la República Argentina y el Reino Unido reconocida por las Naciones Unidas, la Organización de Estados Americanos y varias organizaciones y foros internacionales más. La República Argentina reafirma una vez más su soberanía sobre las islas Malvinas (Falkland Islands), islas Georgias del Sur e islas Sandwich del Sur y los espacios marítimos circundantes.

(431) En respuesta, el Reino Unido manifestó que no tiene duda alguna respecto de su soberanía sobre las islas Falkand (islas Malvinas), islas Georgias del Sur e islas Sandwich del Sur y zonas marítimas circundantes, como es de conocimiento de todos los delegados.

(432) Argentina rechazó la intervención del Reino Unido.

Tema 21: Aprobación del Informe Final

(433) La Reunión aprobó el Informe Final de la Cuadragésima Reunión Consultiva del Tratado Antártico. El Presidente de la Reunión, el Sr. Liu Zhenmin, pronunció las palabras de cierre.

Tema 22: Clausura de la Reunión

(434) La Reunión se clausuró el jueves 1 de junio a las 13:31.

2. Informe de la XX Reunión del CPA

Índice

Informe de la Vigésima Reunión del Comité para la Protección del Medio Ambiente (CPA XX)

Pekín, China, 22 al 26 de mayo de 2017

(1) De conformidad con el Artículo 11 del Protocolo al Tratado Antártico sobre Protección del Medio Ambiente, los Representantes de las Partes del Protocolo (Alemania, Argentina, Australia, Belarús, Bélgica, Brasil, Bulgaria, Canadá, Chile, China, Ecuador, España, los Estados Unidos, la Federación de Rusia, Finlandia, Francia, Italia, Japón, Malasia, Mónaco, Noruega, Nueva Zelandia, Países Bajos, Perú, Polonia, Portugal, el Reino Unido, República Checa, República de Corea, Rumania, Sudáfrica, Suecia, Ucrania, Uruguay, y Venezuela), se reunieron en Pekín, China, entre el 22 y el 26 de mayo de 2017, con el propósito de proporcionar asesoramiento y formular recomendaciones a las Partes en relación con la implementación del Protocolo.

(2) De conformidad con la Regla 4 de las Reglas de Procedimiento del CPA, asistieron también a la Reunión los siguientes Observadores:

- Partes Contratantes del Tratado Antártico que no son parte del Protocolo: Colombia, Suiza, Turquía, y la Republica de Eslovaquia;

- el Comité Científico de Investigación Antártica (SCAR), el Comité Científico de la Convención sobre la Conservación de los Recursos Marinos Vivos (SC-CAMLR), y el Consejo de Administradores de programas antárticos nacionales (COMNAP); y

- organizaciones científicas, medioambientales y técnicas: la Coalición Antártica y del Océano Austral (ASOC), la Asociación Internacional de Operadores Turísticos Antárticos (IAATO), y la Organización Meteorológica Mundial (OMM).

Tema 1: Apertura de la Reunión

(3) El Presidente del CPA, Sr. Ewan McIvor (Australia), declaró abierta la Reunión el lunes 22 de mayo de 2017 y agradeció a China por organizar la Reunión en la ciudad de Pekín y por ser el país anfitrión.

(4)   El Presidente recordó el vigésimo quinto aniversario de la aprobación del Protocolo, celebrada el 4 de octubre de 2016, y señaló que en esa fecha se había presentado al público la publicación asociada, refrendada durante la XIX Reunión del CPA, *25 Years of the Protocol on Environmental Protection to the Antarctic Treaty* [25 años del Protocolo al Tratado Antártico sobre Protección del Medio Ambiente]. Señaló además que muchas Partes y organizaciones habían celebrado y promovido ese importante hito a través de iniciativas internacionales de protección de la Antártida.

(5)   Al poner de relieve que este año se celebra la vigésima Reunión del CPA, el Presidente hizo notar que el Comité continuaría desempeñando su importante función de apoyar a las Partes, las que habían confirmado su "compromiso firme e incondicional con los objetivos y propósitos del Tratado Antártico y su Protocolo Ambiental" en la Declaración de Santiago sobre el vigésimo quinto aniversario de la firma del Protocolo al Tratado Antártico sobre Protección del Medio Ambiente.

(6)   El Presidente reconoció el trabajo de muchos representantes anteriores y actuales de los Miembros del CPA y de los Observadores. En nombre del Comité, el Presidente entregó algunos premios como reconocimiento especial a los colegas que asistieron a la vigésima Reunión del CPA y que han mantenido una estrecha relación con el Comité desde su primera Reunión en Tromsø, Noruega, en 1998: José María Acero (Secretaría, Argentina); Neil Gilbert (Nueva Zelandia, Reino Unido); Valerii Lukin (Federación de Rusia); Birgit Njåstad (Noruega); Christo Pimpirev (Bugaria); Ricardo Roura (ASOC); David Walton (Secretaría, SCAR) y Victoria Wheatley (Estados Unidos, IAATO).

(7)   El Comité sumó sus agradecimientos y felicitaciones a los del Presidente destinados a aquellos colegas que han ofrecido sus esfuerzos durante tanto tiempo, así como a otros representantes anteriores y actuales por su contribución al trabajo realizado por este.

(8)   En nombre del Comité, el Presidente dio la bienvenida a Malasia como nuevo Miembro tras la entrada en vigor del Protocolo, el 16 de septiembre de 2016, en ese país. El Presidente señaló que el CPA se componía ahora de 38 Miembros.

(9)   El Presidente se refirió también al anuncio contenido en el Informe del Depositario en cuanto a que el Protocolo entraría en vigor el 1 de junio de 2017 para Suiza, y al anuncio de Turquía contenido en el Documento de Información IP 94, *Ratification of Protocol on Environmental Protection to the Antarctic Treaty by Turkey* [Ratificación del Protocolo al Tratado

Antártico sobre la Protección del Medio Ambiente por Turquía], en cuanto a la ratificación del Protocolo por parte de dicho país.

(10) El Comité se unió al Presidente en la bienvenida ofrecida a Malasia como un nuevo Miembro, y expresó su deseo de acoger como Miembros a Suiza y a Turquía en un futuro cercano.

(11) El Presidente ofreció un resumen del trabajo realizado durante el periodo intersesional [Documento de Información IP 157, *Committee for Environmental Protection (CEP): Summary of Activities during the 2016/17 intersessional period* [Comité para la Protección del Medio Ambiente (CPA): Resumen de las actividades realizadas durante el periodo intersesional 2016-2017], señaló el excelente progreso obtenido con respecto a las acciones emanadas de la XIX Reunión del CPA y agradeció a todos los Miembros y Observadores que participaron en este importante conjunto de trabajos.

Tema 2: Aprobación del programa

(12) El Comité aprobó el siguiente programa y confirmó la asignación de 30 Documentos de Trabajo (WP), 67 Documentos de Información (IP), 5 Documentos de la Secretaría (SP) y 6 Documentos de Antecedentes (BP) a los siguientes temas del programa:

1. Apertura de la Reunión

2. Aprobación del Programa

3. Deliberaciones estratégicas sobre el trabajo futuro del CPA

4. Funcionamiento del CPA

5. Cooperación con otras organizaciones

6. Reparación y remediación del daño al medioambiente

7. Implicaciones del cambio climático para el medioambiente

   a. Enfoque estratégico

   b. Implementación y examen del Programa de Trabajo de Respuesta para el Cambio Climático

8. Evaluación del Impacto Ambiental (EIA)

   a. Proyectos de Evaluación Medioambiental Global

   b. Otros asuntos relacionados con la Evaluación del Impacto Ambiental

9. Protección de Zonas y Planes de Gestión

    a. Planes de Gestión

    b. Sitios y Monumentos Históricos

    c. Directrices para sitios

    d. Protección y gestión del espacio marino

    e. Otros asuntos relacionados con el Anexo V

10. Conservación de la flora y fauna antárticas

    a. Cuarentena y especies no autóctonas

    b. Especies especialmente protegidas

    c. Otros asuntos relacionados con el Anexo II

11. Vigilancia ambiental e informes sobre el estado del medio ambiente

12. Informes sobre inspecciones

13. Asuntos generales

14. Elección de autoridades

15. Preparativos para la próxima Reunión

16. Aprobación del Informe

17. Clausura de la Reunión

Tema 3: Deliberaciones estratégicas sobre el trabajo futuro del CPA

(13) No se presentaron documentos de trabajo en relación con este tema del programa.

Plan de Trabajo Quinquenal del CPA

(14) El Comité consideró brevemente el Plan de Trabajo Quinquenal aprobado en la XIX Reunión del CPA (Documento de Secretaría SP 2) al término de cada tema del programa.

(15) El Comité revisó y actualizó su Plan de Trabajo Quinquenal (Apéndice 1). Los cambios más importantes reflejaron las acciones convenidas durante la Reunión, a saber: el establecimiento propuesto de un Grupo Subsidiario sobre respuesta al Cambio Climático; grupos de contacto intersesional (GCI) sobre la revisión del Manual sobre limpieza de la Antártida y el desarrollo de

orientaciones sobre los aspectos medioambientales de los Vehículos Aéreos no Tripulados (UAV por sus siglas en inglés) y Sistemas de Aeronaves Dirigidas por Control Remoto (RPAS, por sus siglas en inglés), además del futuro trabajo sobre los asuntos relacionados con la Evaluación de Impacto Ambiental (EIA).

Tema 4: Funcionamiento del CPA

(16) Nueva Zelandia presentó el Documento de Trabajo WP 25, *Portal de Medioambientes Antárticos*, preparado en conjunto con Australia, Japón, Noruega, Estados Unidos y el SCAR, al que se hace referencia en el Documento de Información IP 14, *Antarctic Environments Portal: Content Management Plan* [Portal de Medioambientes Antárticos: Plan de Gestión de Contenidos]. En el Documento de Trabajo WP 25 se entregó una actualización sobre el funcionamiento del Portal de Medioambientes Antárticos y destacó los avances obtenidos desde la XIX Reunión del CPA. Nueva Zelandia señaló en particular los recientes progresos obtenidos en el funcionamiento y la gestión a largo plazo del Portal, lo que incluye el acuerdo alcanzado en la Reunión de delegados del SCAR de 2016, que propuso la Secretaría del SCAR de explorar las opciones neutrales en términos de costos para que el SCAR se encargue del funcionamiento operativo del Portal después de 2018. Se preparó un Plan de Gestión de Contenidos para el Portal (Documento de Información IP 14) con el fin de proporcionar un enfoque estructurado al desarrollo de contenidos y de facilitar el diálogo con el CPA en relación con los temas para publicar. Los coautores recomendaron que el Comité considere las oportunidades de apoyar la futura gestión del Portal por parte del SCAR, y que revise y ofrezca sus comentarios y sugerencias sobre el Plan de Gestión de Contenidos.

(17) El Comité expresó su apoyo continuo al Portal como fuente importante de información científica actualizada e integral para el trabajo del CPA, y agradeció a los coautores de los documentos por sus esfuerzos constantes en la gestión y desarrollo del Portal.

(18) El Comité apoyó en principio la decisión tomada por el SCAR de asumir la gestión del Portal después de 2018 y accedió a considerar más posibilidades de apoyo a la gestión del Portal por parte del SCAR.

(19) El Comité agradeció la contribución de Francia por la traducción al francés del contenido del Portal como un ejemplo concreto de apoyo, además de la oferta realizada por los Países Bajos durante la Reunión de brindar en

el futuro apoyo financiero al Portal. El Comité instó a los Miembros a considerar más oportunidades de apoyo a la gestión del Portal y a consultar al SCAR sobre estas materias.

(20) El Comité expresó su apoyo general al Plan de Gestión de Contenidos y recordó que los objetivos del Portal eran garantizar que todo el contenido presentado por medio de este sea neutro, objetivo, basado en ciencia revisada por expertos y relevante a las prioridades identificadas por el Comité. En este sentido, el Comité hizo notar la importante función del Comité Editorial del Portal. El Comité agradeció también la recomendación formulada por el SCAR de, además de participar a través de una estrecha colaboración en el desarrollo de contenidos del Portal, seguir proporcionando asesoramiento científico al CPA por medio de documentos presentados durante las reuniones anuales.

(21) El Comité reconoció la importancia de mantener actualizado el contenido del Portal a través de revisiones y modificaciones, según sea necesario, e indicó que entre las disposiciones editoriales para el Portal se incluyen revisiones y actualizaciones periódicas del contenido actual, expresó que se acogerían favorablemente las oportunidades posteriores de considerar el Plan de Gestión de Contenidos en las futuras reuniones del CPA. En relación con los asuntos identificados en el actual Plan de Gestión de Contenidos, algunos Miembros indicaron su intención de alentar a sus científicos para que participen en la preparación de resúmenes, y sugirieron que los plásticos y la acidificación de los océanos son dos asuntos que revisten particular interés.

(22) El Presidente del CPA presentó el Documento de Trabajo WP 34, *Apoyo al trabajo del Comité para la Protección del Medio Ambiente (CPA): un documento del Presidente del CPA*. Junto con la Vigésima Reunión del CPA, el documento se propone iniciar un debate entre los Miembros acerca de las maneras de garantizar de que el Comité se mantenga en buena posición para apoyar los esfuerzos de las Partes de proteger el medioambiente antártico en su integridad. En el documento se indicó que el CPA, con el curso de los años, ha desarrollado de manera constante formas de mejorar su eficacia, y además destacó la importancia cada vez mayor del trabajo del CPA ante los desafíos medioambientales nuevos, actuales y emergentes que enfrenta la Antártida. Ante estos objetivos y tendencias, el Presidente del CPA invitó a los Miembros a considerar: si una lista de las "necesidades científicas" del CPA (como la que se presentó en el Documento adjunto A al Documento de Trabajo WP 34) podría ayudar a apoyar a la ciencia y fomentar una mejor forma de abordar y comprender los desafíos medioambientales que enfrenta

la Antártida, y si el acceso a un financiamiento razonable podría ayudar al Comité a entregar a la RCTA un mejor y más oportuno asesoramiento y recomendaciones sobre los asuntos prioritarios.

(23) Agradeciendo el documento del Presidente del CPA, el Comité expresó su acuerdo en la importancia de considerar formas de garantizar que el CPA se mantenga en buena posición para proporcionar a las Partes asesoramiento y recomendaciones de alta calidad. En relación con el primer asunto formulado en el Documento de Trabajo WP 34, los Miembros reconocieron lo importante que es para el Comité que su trabajo esté vinculado estrechamente con la ciencia. Se acordó que la lista de necesidades científicas del CPA ayudaría a promover y apoyar a la ciencia para comprender y abordar de mejor manera los desafíos medioambientales que enfrenta la Antártida, apoyar la colaboración y priorización de la ciencia, y ayudar a garantizar que el CPA reciba contribuciones científicas relevantes. El Comité aceptó también que esta lista podría ser conveniente para destacar las necesidades de la RCTA en cuanto a vigilancia o investigación sobre el medioambiente, en el cumplimiento de su función en virtud del Artículo 12(k) del Protocolo, e informar a las Partes sobre los debates en curso sobre las prioridades científicas de la Antártida. Se indicó que se podría dar mayor consideración a la presentación de una lista en el formato adecuado para informar los debates de la RCTA y que se mantenga actualizada por medio de una revisión anual. Algunos Miembros señalaron que ya usan la lista presentada en el Documento de Trabajo WP 34 en sus debates sobre sus prioridades científicas nacionales en la Antártida. El SCAR y la OMM mencionaron sus esfuerzos continuos por realizar y apoyar investigaciones relevantes a las necesidades científicas del CPA. El SCAR indicó que tomaría en cuenta los debates del Comité al momento de planificar sus futuros programas científicos.

(24) El Comité expresó su acuerdo en revisar la lista de necesidades científicas contenida en el Documento de Trabajo WP 34 durante la XXI Reunión del CPA, antes de remitirla a la RCTA. Aceptó que en la revisión se podrían considerar las oportunidades de identificar necesidades científicas nuevas y emergentes, de vincular la lista al Plan de Trabajo Quinquenal del CPA, y de explorar los posibles vínculos con el Plan de Gestión de Contenidos del Portal de Medioambientes.

(25) El Comité también reconoció la necesidad de incorporar mecanismos adicionales para ayudar al CPA a abordar su cada vez mayor carga de trabajo, y estuvo de acuerdo en que su trabajo podría fortalecerse con el acceso a un apoyo financiero razonable, especialmente en las áreas donde puede mejorar

o agilizar su entrega de asesoramiento a la RCTA. Sin embargo, indicó que sería necesario considerar en mayor profundidad los posibles mecanismos para la obtención y uso de dicho financiamiento, y considerar que el origen de dichos fondos garantice que el Comité mantenga su independencia. Durante el debate, los Miembros sugirieron considerar además la posibilidad de obtener apoyo concreto y la posibilidad de establecer fondos especiales, como los que se utilizan por el SC-CAMLR. Aunque los Miembros señalaron la importancia de considerar formas complementarias de involucrar a expertos en el trabajo del CPA, surgió un reparo sobre si sería apropiado para la función del Comité apoyar un programa de becas.

(26) El Comité agradeció la oferta del Presidente de continuar el trabajo durante el periodo intersesional, en consulta con la Secretaría y los Miembros interesados, en cuanto a seguir desarrollando el concepto de un mecanismo para que el CPA obtenga un financiamiento razonable en respaldo de su trabajo. El Comité espera con interés la continuación de los debates sobre esta materia durante la XXI Reunión del CPA.

Asesoramiento del CPA a la RCTA sobre el apoyo al trabajo del CPA

(27) El Comité consideró algunas formas de garantizar que el CPA pueda mantener su posición de apoyo para proporcionar asesoramiento y recomendaciones de alta calidad a las Partes y acordó notificar a la RCTA lo siguiente:

- Expresó su acuerdo en que una lista de necesidades científicas ayudaría a fomentar y apoyar la ciencia, a fin de comprender y abordar de mejor manera los desafíos medioambientales que enfrenta la Antártida, lo que sería útil para su trabajo además de los debates de la RCTA sobre prioridades científicas antárticas. Al respecto, el Comité revisará la lista de necesidades científicas que contiene el Documento de Trabajo WP 34 durante la XXI Reunión del CPA.

- Reconoció la necesidad de implementar mecanismos complementarios para ayudar al CPA a abordar su carga de trabajo en aumento y acordó que su trabajo se podría fortalecer si se le otorgara acceso a un apoyo financiero razonable. Al respecto, el Comité aceptó la oferta del Presidente del CPA de profundizar el trabajo durante el periodo intersesional, en consulta con la Secretaría y los Miembros interesados, a fin de considerar las opciones para obtener y administrar el posible financiamiento del CPA.

(28)   Turquía presentó el Documento de Información IP 94, *Ratification of Protocol on Environmental Protection to the Antarctic Treaty by Turkey* [Ratificación del Protocolo al Tratado Antártico sobre Protección del Medio Ambiente de Turquía], para informar al Comité sobre la inminente ratificación del Protocolo Ambiental en 2017 por parte de ese país. Durante la Reunión, Turquía informó al Comité sobre la culminación de su proceso de ratificación del Protocolo y de sus seis Anexos el 24 de mayo de 2017. El Protocolo y sus seis Anexos se publicaron en el número 30075 del Boletín Oficial del Estado de Turquía y se integró a la legislación turca. Turquía hizo notar su deseo de pasar a ser pronto un miembro pleno del SCAR, y su interés en cooperar con otras de las Partes.

(29)   El Comité agradeció la información presentada por Turquía sobre su adhesión al Protocolo Ambiental y en cuanto a que la ratificación finalizará pronto. El Comité espera con interés dar la bienvenida a Turquía como miembro del Comité.

Tema 5: Cooperación con otras organizaciones

(30)   El COMNAP presentó el Documento de Información IP 9, *Informe anual de 2016/2017 del Consejo de Administradores de los programas antárticos nacionales (COMNAP)* y enfatizó varios puntos destacados del período a partir la XIX Reunión del CPA, entre los cuales incluyó la revisión de su Manual del Operador de Sistemas Aéreos no Tripulados en la Antártida (UAS) (Documento de Información IP 77), una revisión de la base de datos del COMNAP y el progreso de la actualización del Catálogo de Estaciones del COMNAP. El COMNAP recordó a los Miembros sobre su Beca de investigación antártica para investigadores, técnicos e ingenieros al comienzo de su carrera profesional e instó a los Miembros a publicitar la Beca para posibles candidatos.

(31)   El SCAR presentó el Documento de Información IP 35, *Informe anual correspondiente al periodo 2016/2017 del Comité Científico de Investigación Antártica para la XL Reunión Consultiva del Tratado Antártico*, en el cual proporcionó una sinopsis de los resultados y las actividades fundamentales del SCAR para el período, incluidas las de sus tres grupos científicos y seis programas de investigación. En el documento se puso de relieve que, desde 2016, el SCAR había integrado a Austria, Colombia, Tailandia y Turquía como nuevos miembros asociados. El SCAR también hizo notar el nuevo formato de su Informe Anual, orientado a hacer el informe más accesible para un público general.

(32) El Reino Unido presentó el Documento de Información IP 50, *Report by the CEP Observer to the XXXIV SCAR Delegates Meeting* [Informe del Observador del CPA para la XXXIV Reunión de delegados del SCAR], en el cual se destacan aspectos de la XXXIV Reunión de delegados del SCAR de importancia especial para el trabajo del CPA, entre ellos, el constante compromiso del SCAR para desempeñar una función activa en apoyo del Portal de Medioambientes Antárticos, y para proporcionar actualizaciones a los informes de cambio climático y medioambiente de la Antártida. También se destacó que el SCAR continuaría proporcionando informes y actualizaciones sobre temas pertinentes al trabajo del CPA.

(33) El Comité agradeció al COMNAP, al SCAR y al Reino Unido por sus informes y felicitó, además, al Prof. Steven Chown por su elección como Presidente del SCAR y entregó un reconocimiento al Prof. Jerónimo López-Martínez por sus logros durante su presidencia del SCAR.

(34) La CCRVMA presentó el Documento de Información IP 53, *Report by the SC-CAMLR Observer to the Twentieth Meeting of the Committee for Environmental Protection* [Informe del observador del SC-CAMLR ante la Vigésima Reunión del Comité para la Protección del Medio Ambiente]. En el documento se informó sobre cinco asuntos de interés común para el CPA y el Comité Científico de la Convención sobre la Conservación de los Recursos Marinos Vivos (SC-CAMLR): cambio climático y medioambiente marino de la Antártida; biodiversidad y especies no autóctonas en el medio ambiente marino de la Antártida; especies antárticas que requieren protección especial; gestión de espacios marinos y zonas protegidas; y vigilancia del ecosistema y del medio ambiente. Informó además que el SC-CAMLR y sus grupos de trabajo consideraron el informe del Taller conjunto del CPA y el SC-CAMLR de 2016 sobre cambio climático y vigilancia, y que refrendaron las recomendaciones contenidas en el informe de dicho taller.

(35) La CCRVMA informó también que el 13 y 14 de octubre de 2016 se llevó a cabo un Simposio del Comité Científico durante el cual el SC-CAMLR acordó que era necesario un plan de trabajo con objetivos de corto, mediano y largo plazo, y que el Plan de Trabajo Quinquenal del CPA conformaría una útil plantilla para su desarrollo. Además, el SC-CAMLR informó sobre la necesidad de un compromiso más amplio con la comunidad científica internacional, y que considera la realización de talleres conjuntos y la integración de prioridades de mediano a largo plazo con organizaciones como el Comité Científico sobre Investigación Oceánica y el SCAR. La CCRVMA puso también de relieve el acuerdo de establecer un Área Marina Protegida

(AMP) en la Región del Mar de Ross en la Medida de Conservación 91-05 y la realización de un taller de tres días de duración sobre el Plan de Investigación y Vigilancia de la AMP de la Región del Mar de Ross a fines de abril de 2017 en Italia.

(36) El Comité agradeció al observador del SC-CAMLR por el informe y recibió de buen grado la refrendación por parte del Comité Científico de las recomendaciones surgidas a partir del Taller conjunto del CPA y el SC-CAMLR de 2016. El Comité espera con interés la futura participación con el SC-CAMLR, tanto en esta como en otras áreas de interés común, a fin de garantizar un enfoque coordinado de las prioridades comunes.

(37) El Presidente del CPA recordó que, durante la XIX Reunión del CPA, el Comité había refrendado las recomendaciones surgidas a partir del Taller conjunto del CPA y el SC-CAMLR sobre cambio climático y vigilancia, que se realizó en Punta Arenas, Chile, en mayo de 2016, y que había reconocido la importancia de vigilar el progreso de la implementación de estas recomendaciones. También informó que la XL RCTA consideraría los resultados del taller conjunto, e invitó al Comité a considerar la entrega a la RCTA de asesoramiento actualizado a este respecto.

Asesoramiento del CPA a la RCTA sobre los resultados del taller conjunto del CPA y el SC-CAMLR de 2016 sobre cambio climático y vigilancia

(38) El Comité recordó su asesoramiento a la XXXIX RCTA, en el cual refrendó las recomendaciones que surgieron a partir del Taller conjunto del CPA y el SC-CAMLR sobre cambio climático y vigilancia, que se realizó en Punta Arenas, Chile, en mayo de 2016, y que reconoció la importancia de vigilar los progresos en la implementación de estas recomendaciones. Luego de señalar que el Plan de Trabajo Estratégico Plurianual de la RCTA incluyó una medida para que la XL RCTA considere los resultados del taller conjunto, el Comité acordó informar a la RCTA sobre lo siguiente:

- el SC-CAMLR había aceptado también el informe del taller y refrendado las recomendaciones emanadas de este;

- las acciones del CPA para promover las recomendaciones del taller se abordaron ampliamente en conjunto con su trabajo en curso de implementar el Programa de Trabajo de Respuesta al Cambio Climático; y

- con respecto a la Recomendación 16 del taller, se acordó actualizar su Plan de Trabajo Quinquenal, a fin de incluir las medidas sobre la planificación de un posterior taller conjunto, incluida una revisión de la implementación de las recomendaciones del taller de 2016.

(39) La OMM presentó los Documentos de información IP 112, *Informe anual de la OMM de 2016/2017* e IP 116 *Southern Hemisphere Key Activities and Special Observing Periods during the Year of Polar Prediction* [Actividades clave del hemisferio sur y periodos de observación especiales durante el año de la predicción polar]. En los documentos se puso de relieve una serie de iniciativas de la OMM que podrían ser de interés para el CPA y, en especial, proporcionaron una actualización del Año de la predicción polar (YOPP, por sus siglas en inglés) y el desarrollo programado para la red del Centro Meteorológico Polar Regional (PRCC, por sus siglas en inglés) de la Antártida. El Periodo de observación especial del YOPP en la Antártida se había previsto entre el 16 de noviembre de 2018 y el 15 de febrero de 2019, y serviría de referente para mejorar las observaciones de rutina, con el fin de cerrar las brechas en el sistema de observación durante periodos prolongados. El éxito del YOPP dependería del entusiasmo y respaldo de las Partes.

(40) El Comité agradeció a la OMM, reiteró su expresión de apoyo para el Año de la predicción polar y quedó a la espera de los próximos informes de la organización sobre las implicancias del cambio climático para el medioambiente antártico.

Nominación de los Representantes del CPA ante otras organizaciones.

(41) El Comité designó a las siguientes personas:

- Dr. Yves Frenot (Francia) como representante del CPA en la XXIX Reunión General Anual del COMNAP, a realizarse en Brno, República Checa, entre el 29 de julio y el 2 de agosto de 2017; y

- Dra. Polly Penhale (Estados Unidos), como representante del CPA ante la XXXVI Reunión del SC-CAMLR, a realizarse en Hobart, Australia, entre el 16 y el 20 de octubre de 2017.

Tema 6: Reparación y remediación del daño al medioambiente

(42) Australia presentó el Documento de Trabajo WP 28, *Revisión del Manual sobre limpieza en la Antártida*, preparado en conjunto con el Reino Unido. En conformidad con una acción identificada en el Plan de Trabajo Quinquenal del CPA, los coautores propusieron el establecimiento de un GCI a cargo de

la revisión y modificación del Manual sobre limpieza de la Antártida. Esto proporcionaría una oportunidad para considerar el tema de manera colectiva y sistemática.

(43) El Comité agradeció a Australia y al Reino Unido por su documento y expresó su acuerdo en la importancia de mantener actualizado el Manual sobre limpieza de la Antártida a fin de que refleje el estado actual de los conocimientos.

(44) El Comité acordó el establecimiento de un GCI a cargo de examinar el Manual sobre limpieza de la Antártida con los siguientes Términos de Referencia (TdR):

1. recopilar información sobre la evolución y los progresos obtenidos con respecto a los asuntos relevantes a la limpieza de anteriores sitios de eliminación de residuos, sitios de trabajo abandonados, y sitios contaminados;

2. revisar el Manual sobre limpieza de la Antártida anexo a la Resolución 2 (2013), conforme a su actualización de 2014, y sugerir modificaciones y orientaciones adicionales; e

3. informar durante la XXI Reunión del CPA.

(45) El Comité agradeció el ofrecimiento del Dr. Phillip Tracey (Australia) de actuar como coordinador.

(46) El Comité además recibió de buen grado los otros documentos incluidos en este tema del programa, los cuales informaban sobre acciones realizadas por las Partes en referencia a sus obligaciones de limpieza en conformidad con el Anexo III al Protocolo y también con los principios rectores fundamentales del Manual sobre limpieza de la Antártida. El Comité señaló que estos documentos, así como otros documentos relacionados con reuniones anteriores, serían referencias útiles para los debates del GCI.

(47) La República de Belarús presentó el Documento de Información IP 3, *Experiencia de disminución de las fuentes de formación de residuos en la Expedición Antártica Bielorrusa*. Belarús describió las medidas que tomó para mejorar el manejo de combustible en su nueva estación, en conformidad con el Anexo III al Protocolo, incluida la instalación de un tanque de combustible con doble pared para evitar el uso de tambores de 200 litros. Belarús agradeció a la Federación de Rusia por su ayuda técnica, así como al COMNAP, y puso de relieve la importancia de las redes internacionales para los países y expediciones de menor tamaño.

(48) Italia presentó el Documento de Información IP 74, *Clean-up and removal of Italy installations at Sitry airfield camp along the avio-route MZS-DDU, Antarctica* [Limpieza y eliminación de las instalaciones italianas en el campamento del aeródromo Sitry en la ruta aérea de MZS-DDU, Antártida], en el cual describió las operaciones de desmantelamiento del campamento del aeródromo Sitry, un punto de aterrizaje entre la estación italiana Mario Zucchelli y la estación francesa Dumont D'Urville. Italia informó que se dejaron enterrados en el lugar once tambores y una tienda Weatherhaven debido a que el impacto medioambiental de un viaje con el único fin de su retiro sería mayor y no se tenía prevista una operación específica para su recuperación. No se espera una fuga significativa desde los tambores de combustible enterrados, dado que se utilizaron tambores de alta calidad. Si en el futuro fuera necesario ir cerca del sitio debido a alguna actividad, se completará el trabajo.

(49) En relación con este tema del programa se presentaron también los siguientes documentos:

- Documento de Información IP 48, *Clean-up of Scientific Equipment and Infrastructure from Mt. Erebus, Ross Island, Antarctica* [Limpieza de equipo e infraestructura científicos de monte Erebus, isla Ross, Antártida] (Estados Unidos).

- Documento de Información IP 49, *Report on Clean-up at Metchnikoff Point, Brabant Island* [Informe sobre la limpieza en punta Metchnikoff, isla Brabante] (Reino Unido).

- Documento de Información IP 108, *Gestión de los desechos sólidos generados en la Estación Maldonado - XXI Campaña Antártica (2016-2017)* (Ecuador).

Tema 7: Implicaciones del cambio climático para el medioambiente

7a) Enfoque estratégico

(50) En referencia al Documento de Trabajo WP 13, *La Antártida y el Plan Estratégico para la Diversidad Biológica 2011-2020*, Japón hizo notar al Comité que el 22 de mayo es el Día internacional de la diversidad biológica.

(51) El SCAR presentó el Documento de Información IP 80 rev. 1, *Antarctic Climate Change and the Environment – 2017 Update* [Cambio climático y medioambiente en la Antártida, actualización 2017], correspondiente a

una actualización del informe sobre cambio climático y medioambiente en la Antártida publicado inicialmente en 2009 y actualizado en 2013. En el documento se examinaron en detalle los avances científicos recientes para comprender el cambio climático en el continente antártico y el Océano Austral, así como los impactos asociados en la biota terrestre y marina. Entre los puntos destacados de la investigación se encuentran: una reducción del hielo marino alrededor de la Península Antártica Occidental, indicadores de una mejora del agujero en la capa de ozono, el calentamiento de los océanos que rodean la Antártida, el traslado hacia el sur de una estrella de mar boreal que constituía una invasión posiblemente de alto riesgo en las regiones antártica y subantártica, y los rápidos cambios en el hielo y sus impactos asociados en las poblaciones de pingüinos de Adelia. En el documento se indicó la importancia de llevar a cabo más investigación específica sobre las especies a fin de determinar claramente las respuestas del ecosistema al cambio climático.

(52) El Comité agradeció al SCAR por continuar proporcionando actualizaciones anuales de su Informe sobre el Cambio Climático y el Medioambiente Antártico y reconoció el considerable trabajo de preparar el Documento de Información IP 80 rev. 1. El Comité expresó su firme respaldo a la decisión del SCAR de presentar el informe en un formato al que pueda acceder una mayor cantidad de público, y destacó que la información resumida que se presentó en el Documento de Información IP 80 rev. 1 podría servir para informar la preparación y revisión de contenido en el Portal de medioambientes. El Comité reiteró la importancia de la investigación científica, como se detalla en este documento, para su trabajo de comprender y abordar las implicancias medioambientales del cambio climático. El Comité aceptó de buen grado la sugerencia de que la OMM coopere con el SCAR en las futuras actualizaciones del informe.

(53) La OMM presentó el Documento de Información IP 115, *The Polar Climate Predictability Initiative of the World Climate Research Programme* [La iniciativa de predictibilidad del clima polar del Programa Mundial de Investigaciones Climáticas]. En el documento se informó sobre el trabajo de la Iniciativa de predictibilidad del clima polar (PCPI, por sus siglas en inglés) y sus seis temas principales, cada uno relacionado con un diferente aspecto de la predictibilidad polar. La PCPI se centra en encontrar elementos del sistema climático que contribuyen a la predictibilidad, y cómo esos procesos podrían mejorarse mediante modelos. El objetivo de la PCPI es progresar en la comprensión de las fuentes de predictibilidad del clima polar en escalas de tiempo que pueden ser desde estacionales hasta abarcar varias décadas.

La OMM señaló que su trabajo era relevante para el Programa de trabajo de respuesta al cambio climático (CCRWP), y que también se vinculaba al IPCC y al Programa de Investigación Científica AntClim21 del SCAR.

(54) La OMM también presentó el Documento de Información IP 119, *Regional climate downscaling through the Antarctic-CORDEX project* [Redimensionamiento del clima regional a través del proyecto CORDEX antártico]. En el documento se abordó el trabajo del Experimento de redimensionamiento coordinado antártico (CORDEX, por sus siglas en inglés) para desarrollar un redimensionamiento del clima regional de la Antártida destinado a proporcionar una descripción precisa de los fenómenos climáticos y su variabilidad y cambios a escala regional a local. La OMM señaló que había actualmente 10 grupos provenientes de 7 países que participan en el CORDEX, y alentó la participación de todos los Miembros interesados.

(55) La OMM presentó el Documento de Información IP 118, *Progress Update on WMO Polar Regional Climate Centres* [Actualización de los avances en los Centros Meteorológicos Polares Regionales de la OMM]. La OMM llevaba a cabo pasos para desarrollar una red antártica de PRCC que generaría operacionalmente productos climáticos regionales, entre los que se encuentran la vigilancia y la predicción del clima en apoyo de las actividades regionales nacionales relacionadas con el clima. Un objetivo importante era abordar las necesidades de los programas antárticos nacionales. La OMM organizará un taller de definición de alcance antártico en 2018 para explorar los objetivos comunes a nivel técnico y aumentar la comprensión acerca de la necesidad, y la forma y función idóneas, de un Centro meteorológico regional antártico, y que extendería una invitación al CPA y a otras organizaciones interesadas. La OMM invitó a Miembros, expertos y observadores a respaldar la iniciativa y a ayudar a que la OMM se conecte con sus servicios meteorológicos y programas antárticos nacionales.

(56) El Comité reconoció la gran variedad de actividades climáticas llevadas a cabo por la OMM en la región antártica, muchas de las cuales probablemente eran relevantes para el trabajo del Comité sobre los asuntos relativos al cambio climático. El Comité invitó a los Miembros y Observadores interesados a participar junto a la OMM en apoyo de las diferentes iniciativas.

(57) La Coalición Antártica y del Océano Austral, ASOC, presentó su Documento de Información IP 147, *Climate Change Report Card* [Tarjeta informativa del cambio climático]. La ASOC indicó que preparaba anualmente una tarjeta informativa del cambio climático para resumir eventos y hallazgos claves

relacionados con el cambio del clima antártico. La ASOC recomendó que la RCTA y el CPA y sus miembros:

- inviertan en una vigilancia eficaz de la región antártica para comprender la totalidad de los patrones y anomalías del sistema climático de la Tierra;

- inviertan en vigilancia ecológica, que es imperativa para comprender las respuestas que tienen las especies y los ecosistemas ante los cambios medioambientales, además de los impactos humanos inmediatos y difusos;

- desarrollen un mecanismo para que la RCTA pueda entregar información sobre el clima de la Antártida al público general;

- desarrollen los planes de gestión precautorios o de respuesta rápida implementados para abordar eventos repentinos relacionados con el clima. Por ejemplo, la CCRVMA acordó recientemente la Medida de conservación (MC) 24-04, *Establishing time-limited Special Areas for Scientific Study in newly exposed marine areas following ice-shelf retreat or collapse* [Designación de zonas especiales de duración limitada para la realización de estudios científicos en las áreas marinas recientemente expuestas por el retroceso o derrumbe de las plataformas de hielo]. La RCTA podría desear considerar medidas similares para áreas costeras o terrestres recientemente expuestas por el retroceso o el derrumbe de las plataformas de hielo;

- designen áreas protegidas que pueden usarse como áreas de referencia para atribuir cambios al cambio climático con una interferencia mínima o nula de las actividades locales y regionales.

(58) El Comité acogió con beneplácito el Documento de Información IP 147 y señaló que la ASOC debería considerar la sugerencia del Reino Unido de identificar los posibles vínculos con el CCRWP en futuros informes de actualización. El Comité también señaló que algunas recomendaciones formuladas en el Documento de Información IP 147 estaban relacionadas con el trabajo en curso del CPA para implementar el CCRWP.

(59) La ASOC presentó también el Documento de Información IP 152 rev. 1, *Tracking Antarctica - A WWF report on the state of Antarctica and the Southern Ocean* [Seguimiento de la Antártida: informe del WWF sobre el estado de la Antártida y el Océano Austral]. La ASOC señaló que el informe ofrece una actualización científica sobre el estado de la Antártida y el Océano Austral. El informe se lanzó en octubre de 2016. La ASOC destacó que

una de las conclusiones fundamentales del informe fue que el aumento de las actividades humanas aumentaría los efectos del cambio climático y la vulnerabilidad de los ecosistemas, mamíferos, peces y aves de la Antártida. Además, la ASOC señaló que el informe identificó las maneras de responder ante estos desafíos basándose en las evidencias científicas más recientes. La ASOC informó al Comité que el informe se actualizaría cada dos años.

(60) El Comité hizo notar que este informe era una motivación para su trabajo en curso sobre el cambio climático, incluido el CCRWP. El Comité agradeció a la ASOC y al WWF, su organización miembro, por el documento.

(61) Australia presentó el Documento de Información IP 84, *Climate change impacts on Antarctic ice-free areas* [Los impactos del cambio climático en las zonas sin hielo de la Antártida]. En el documento se resumió una próxima publicación en *Nature*, que cuantifica los posibles impactos del cambio climático sobre las zonas libres de hielo de la Antártida, hogar de más de un 99 % de su biodiversidad terrestre. En el documento se señaló de que dicha publicación explora las posibles implicaciones de los cambios físicos para la biodiversidad terrestre de la Antártida, que podrían incluir una mayor competencia y la propagación de especies invasivas. Las conclusiones de la publicación eran directamente relevantes para el trabajo del CPA en varios de sus asuntos prioritarios, en especial los relativos a los esfuerzos destinados a prepararse para los impactos medioambientales de un clima cambiante y el desarrollo de resiliencia frente a ellos.

(62) El Comité reconoció que los documentos presentados de conformidad con este tema del programa abordaban las áreas prioritarias del CCRWP, y que podrían constituir útiles referencias mientras el Comité analiza maneras de aprovechar los mejores recursos científicos disponibles para comprender y abordar las implicancias del cambio climático sobre el medioambiente.

(63) La Federación de Rusia recordó que durante la XIX Reunión del CPA analizó las condiciones cambiantes del hielo marino en la Antártida. Indicó que hasta la temporada estival 2015-2016, la extensión del hielo marino había aumentado en la Antártida, pero que durante la temporada 2016-2017 se había registrado un mínimo en el nivel del hielo marino. Además, destacó la importancia de prestar atención a todos los factores que influyen en la singular dinámica del hielo marino en la Antártida a fines de evitar las conclusiones incorrectas.

(64) La OMM observó que la extensión del hielo marino alrededor de la Antártida, en promedio, que tuvo un aumento relativamente pequeño hasta años

recientes, es algo que está bien documentado, en tanto que, en contraste, la extensión de hielo en el Ártico habían disminuido de manera constante. La OMM explicó que, a medida que el agujero de la capa de ozono comienza a repararse, se espera que siga disminuyendo la extensión de hielo marino en la Antártida, aunque quedan grandes incertidumbres.

(65) El SCAR señaló que la actualización sobre el Cambio climático antártico de 2017 (Documento de Información IP 80 rev. 1) aborda los cambios en el hielo marino de la Antártida, tanto en el texto como en la Figura 1. El SCAR fue enfático en señalar que la serie de tiempo de la Figura 1 no es suficiente para realizar predicciones futuras.

(66) En relación con este tema del programa se presentaron también los siguientes documentos:

- Documento de Información IP 13 U.K./U.S., *Research Initiative on Thwaites: The Future of Thwaites Glacier and its Contribution to Sea-level Rise* [Iniciativa del Reino Unido y de los Estados Unidos de investigación en Thwaites: el futuro del glaciar Thwaites y su contribución al aumento del nivel del mar] (Estados Unidos, Reino Unido).

- Documento de Información IP 52, *Integrating Climate and Ecosystem Dynamics in the Southern Ocean (ICED) programme* [Programa de Integración del Clima y la Dinámica del Ecosistema en el Océano Austral] (Reino Unido).

- Documento de Secretaría SP 8, *Medidas tomadas por el CPA y la RCTA sobre las Recomendaciones de la RETA sobre las implicaciones del cambio climático* (STA).

7b) Implementación y examen del Programa de trabajo de respuesta al cambio climático

(67) Nueva Zelandia presentó el Documento de Trabajo WP 2, *Debates informales intersesionales: Implementación del Programa de trabajo de respuesta al cambio climático*. Señalando que la implementación del CCRWP era algo alentado por todas las Partes como un asunto prioritario por medio de la Resolución 4 (2015), y que los debates del CPA hasta la fecha no habían determinado la forma de implementar el programa, el documento contenía cinco recomendaciones. Entre estas se incluye que el CPA considere las opciones para establecer un Grupo subsidiario a cargo de revisar y gestionar el CCRWP, y que dicho grupo desarrolle mecanismos que apoyen

la participación y el manejo eficaz del trabajo, lo que incluye el apoyo de la Secretaría en la traducción de los textos clave y el apoyo técnico para coordinar y comunicar las actualizaciones. Nueva Zelandia también señaló que el grupo proporcionaría asesoramiento al CPA sobre las acciones a tomar, que se necesitarían métodos de trabajo innovadores para apoyar una amplia participación y que se requiere más trabajo para realizar una actualización del CCRWP con el fin de apoyar la comunicación clara del CCRWP a los Miembros, Observadores, Expertos y a la RCTA.

(68) El SCAR presentó el Documento de Información IP 69, *Mapping SCAR affiliated research to the CEPs Climate Change Response Work Programme (CCRWP)* [Conexiones de la investigación del SCAR afiliada al Programa de Trabajo de Respuesta al Cambio Climático (CCRWP) del CPA], preparado en el período intersesional 2016-2017 como respuesta a la solicitud del Comité durante la XIX Reunión del CPA. En el documento se indica que, ya que la investigación afiliada con el SCAR cubría todos los asuntos claves del CCRWP, y que era realmente interdisciplinaria ya que incluye las ciencias sociales, biológicas y físicas, los grupos del SCAR están bien posicionados para contribuir al CCRWP. El SCAR indicó que la comunicación clara y oportuna de las prioridades y objetivos del CCRWP entre el CPA y el SCAR potenciarán la probabilidad de posibles contribuciones del SCAR al CCRWP.

(69) El Comité agradeció a Nueva Zelandia por liderar los debates intersesionales sobre la implementación del CCRWP y por la preparación del informe en el Documento de Trabajo WP 2. El Comité entregó un reconocimiento hacia todos los Miembros y Observadores que participaron activamente en los debates, y expresó su apoyo a las recomendaciones contenidas en el documento.

(70) Con relación a los mecanismos operativos, se sugirió que el Grupo Subsidiario podría utilizar el Foro de debates del CPA, lo que facilitaría el enfoque transparente e inclusivo que se busca para gestionar el trabajo intersesional relacionado. También se sugirió que la mejora del formato del CCRWP en sí podría ayudar a mejorar la comunicación eficaz entre las partes interesadas y la RCTA. Se señaló que además del trabajo que se puede realizar dentro de un Grupo Subsidiario, sería importante que el Comité siga asignando tiempo (e incluso un taller) a la consideración del CCRWP durante las futuras reuniones, a fin de facilitar la participación amplia de los Miembros.

(71) El Comité expresó su acuerdo en que los textos fundamentales, por ejemplo, los textos destinados al debate o a proyectos de actualización anuales del CCRWP deberían traducirse caso a caso. Señalando que el Grupo Subsidiario

opera por lo general de manera remota, el Comité consideró que la traducción de los textos fundamentales cumpliría con los requisitos contenidos en la Regla 21.

(72) El Comité expresó su acuerdo en cuanto a que, dependiendo de la aprobación de la RCTA en virtud de la Regla 10 de las Reglas de Procedimiento del CPA, se podría establecer un Grupo Subsidiario de respuesta al cambio climático (GSRCC), de conformidad con el marco presentado en el Apéndice 2.

(73) El Comité acordó designar a la Sra. Birgit Njåstad (Noruega) como coordinadora del GSRCC.

(74) La XX Reunión del CPA encomendó al GSRCC la tarea de desarrollar mecanismos operativos durante el periodo intersesional 2017-2018, además de lo acordado en los TdR, a fin de apoyar una buena participación y el manejo eficaz del trabajo, incluso por medio del apoyo de la Secretaría en la traducción de los textos fundamentales, el soporte técnico de la coordinación y la comunicación de las actualizaciones.

(75) La XX Reunión del CPA indicó que el GSRCC podría, en el futuro:

- Considerar formas innovadoras de operar que impliquen la participación de un grupo amplio de miembros, incluso, por ejemplo, con la facilitación de sesiones dedicadas o talleres, según sea necesario.

- Abordar las recomendaciones 18 (sobre considerar un enfoque más regional a la aplicación de herramientas de gestión, ambientales, además del enfoque de todo el continente) y 29 (sobre permanecer alerta al desarrollo de herramientas de conservación relacionadas con el cambio climático en otros lugares del mundo que puedan tener aplicación en el contexto antártico [por ej., planes de adaptación al cambio climático, herramientas de evaluación de riesgo y mecanismos de traslado asistido de especies en peligro]) de la Reunión de Expertos del Tratado Antártico (RETA) de 2010 sobre el cambio climático.

(76) El Comité puso énfasis en la importancia de garantizar la participación amplia de los Miembros del CPA en el trabajo del Grupo Subsidiario.

(77) El Comité expresó su aprecio por los importantes esfuerzos realizados por el SCAR para proporcionar un informe completo sobre la mayor parte del trabajo afiliado con el SCAR relacionado con el CCRWP. El Comité reconoció los puntos que se presentaron en el Documento de Información IP 69 y señaló que la investigación afiliada con el SCAR cubrió todos los asuntos relacionados con el CCRWP. El Comité también se refirió al desafío

de entregar los resultados de las diferentes iniciativas en curso del SCAR en el marco del CCRWP, pasando de una visión general del trabajo a apreciar la forma en que los resultados del trabajo proporcionarían respuestas a las tareas del CCRWP. El Comité expresó su acuerdo en que sigue siendo importante una comunicación eficaz entre el CPA y el SCAR con relación a la implementación del CCRWP.

(78) El Comité aceptó la oferta de la OMM de presentar un documento similar ante la XXI Reunión del CPA, donde defina sus propias actividades con respecto a los asuntos y necesidades identificados en el CCRWP.

Asesoramiento del CPA a la RCTA sobre la implementación de un Programa de Trabajo de Respuesta para el Cambio Climático

(79) Señalando la solicitud de la RCTA contenida en la Resolución 4 (2015), de recibir actualizaciones anuales de parte del CPA sobre la implementación del Programa de Trabajo de Respuesta para el Cambio Climático, el Comité solicitó a la RCTA lo siguiente:

- Aprobar el establecimiento de un Grupo Subsidiario sobre respuesta al cambio climático (GSRCC), de conformidad con la Regla 10 de las Reglas de Procedimiento del CPA, para apoyar la implementación del CCRWP, según se detalla en el Apéndice 2.

- Solicitar a la Secretaría su apoyo en la traducción de textos clave y el apoyo técnico para coordinar y comunicar las actualizaciones a fin de dar respaldo a una buena participación y una gestión eficaz del trabajo.

- Tomar en cuenta su aceptación de un informe integral del SCAR sobre el trabajo de sus grupos subsidiarios y afiliados, relevantes a los asuntos y necesidades identificados en el CCRWP, lo que indicó claramente que la posición de los grupos del SCAR es adecuada para realizar aportes.

- Considerar también su aceptación de una oferta de la OMM de proporcionar un informe a la XXI Reunión del CPA sobre sus actividades pertinentes al CCRWP.

(80) El Presidente del CPA se refirió al Documento de Secretaría SP 8, *Medidas tomadas por el CPA y la RCTA sobre las Recomendaciones de la RETA sobre las implicaciones del cambio climático*. El Comité señaló que las Recomendaciones de la 18 a la 30 se relacionaban con el trabajo del CPA y que todas estas, excepto las Recomendaciones 18 (sobre considerar un enfoque más regional a la aplicación de herramientas de gestión) y 29

(sobre permanecer alerta al desarrollo de herramientas de conservación relacionadas con el cambio climático en otros lugares del mundo) habían sido incorporadas en el CCRWP. Por lo tanto, el Comité acordó que abordar las Recomendaciones 18 y 29 se registraría como trabajo a futuro del Grupo Subsidiario sobre respuesta al cambio climático, y que el CPA no requeriría actualizaciones posteriores de parte de la Secretaría. El Comité señaló que era posible que la RCTA aún deseara recibir actualizaciones sobre el progreso en cuanto a las Recomendaciones, en especial sobre las Recomendaciones 1 a la 17.

(81)   El Reino Unido presentó el Documento de Información IP 71, *Agreement by CCAMLR to establish time-limited Special Areas for Scientific Study in newly exposed marine areas following ice shelf retreat or collapse in the Antarctic Peninsula region* [Acuerdo de la CCRVMA para establecer áreas especiales para el estudio científico, por tiempo limitado, en áreas marinas expuestas recientemente luego del retroceso o derrumbe de barreras de hielo en la Península Antártica], preparado en conjunto con Alemania, Bélgica, España, Finlandia, Francia, Italia, Países Bajos, Polonia y Suecia. En este, se describen los mecanismos para la asignación de Zonas Especiales para el Estudio Científico en virtud de la Medida de Conservación 24-04 de la CCRVMA y la medidas de gestión que correspondan, de manera coherente con la Recomendación 26 de la Reunión de Expertos del Tratado Antártico (RETA) sobre el cambio climático (2010).

(82)   El comité acogió la MC 24-04 de la CCRVMA como un aporte positivo para la entrega de la Recomendación 26 de la RETA de 2010.

Tema 8: Evaluación del Impacto Ambiental (EIA)

8a) Proyectos de evaluación medioambiental global

(83)   No se presentaron documentos de trabajo en relación con este tema del programa.

8b) Otros temas relacionados con la Evaluación de Impacto Ambiental

(84)   El Reino Unido presentó el Documento de Trabajo WP 41, *Evaluación de Impacto Ambiental: actualización de los debates sobre políticas generales*, preparado en conjunto con Australia, Bélgica, Noruega y Nueva Zelandia. En el documento se señaló que en los debates informales intersesionales se examinaron los asuntos relativos a políticas generales sobre la evaluación

del impacto ambiental (EIA) identificados durante el GCI que se coordinó durante los periodos intersesionales 2014-2015 y 2015-2016, para revisar los *Lineamientos para la Evaluación de Impacto Ambiental en la Antártida*. El Reino Unido señaló que el documento no era un intento de resumir los debates, sino más bien de sintetizar y adelantar los puntos sobresalientes y las áreas de acuerdo general. Los asuntos que se presentaron en el documento se dividieron en tres categorías, en virtud de la facilidad con la que podrían abordarse. En el documento se presentaron al CPA seis recomendaciones relacionadas con lo siguiente: los Términos de Referencia para los debates intersesionales que examinan las CEE; el establecimiento de un repositorio centralizado para las orientaciones prácticas y recursos para las EIA, además de los Lineamientos para EIA; la eficacia de la Resolución 1 (2005); las metodologías normalizadas para levantamientos medioambientales de referencia; la inclusión de otras tareas relacionadas con las EIA en el Plan de Trabajo Quinquenal del CPA; y la solicitud de orientación de la RCTA sobre las prioridades relativas a las EIA.

(85) El Comité agradeció al Reino Unido y a los coautores por su trabajo en la preparación del documento, recalcó su importancia, además de expresar su apoyo generalizado hacia las recomendaciones. Además, varios de los Miembros y la ASOC manifestaron su interés en participar en debates posteriores sobre el tema.

(86) El Comité expresó su acuerdo en actualizar los *Procedimientos para la consideración por el CPA de proyectos de CEE en el período entre sesiones* (Apéndice 3), a fin de que incluyan los siguientes TdR normalizados:

- Si la CEE: i) identifica todos los impactos ambientales que resultarán de la actividad propuesta; y ii) sugiere métodos de mitigación adecuados (reducir o evitar) para dichos impactos.

(87) El Comité también acordó incluir las siguientes acciones en el Plan de Trabajo Quinquenal del CPA:

- Los miembros y los observadores trabajan para profundizar y coordinar la información que ayudará a desarrollar orientaciones para identificar y evaluar el efecto acumulativo.

- Solicitar al SCAR que proporcione orientaciones sobre la manera de llevar a cabo un relevamiento de las condiciones medioambientales de referencia, y considerar su asesoramiento en su debido momento.

- Alentar a los Miembros para que ofrezcan sus comentarios sobre la utilidad del conjunto revisado de *Lineamientos para la Evaluación de Impacto Ambiental en la Antártida* en la preparación de EIA.

- Considerar los posibles cambios necesarios para que la base de datos sobre EIA mejore su utilidad con miras a presentar propuestas a la Secretaría.

(88) Con respecto al segundo punto, el SCAR hizo notar su voluntad de apoyar al CPA al proporcionar esta orientación, sin embargo, advirtió que la envergadura del asesoramiento que se proporcione dependerá de los recursos disponibles para el apoyo de este trabajo.

(89) El Comité manifestó su acuerdo con respecto a las ventajas de contar con una recopilación del material de apoyo de aplicación general para ayudar en la preparación de EIA y para usar junto con los lineamientos sobre EIA revisados. Debido a que no se alcanzó el consenso en cuanto al modo en que se debe presentar este material (ya sea como un repositorio de información centralizado, un anexo a los lineamientos para EIA revisados o como un manual para EIA), no se agregaron acciones a este respecto en el Plan de Trabajo Quinquenal del CPA. El Comité instó a los Miembros a compartir sus experiencias y recursos, e hizo hincapié en que la presentación del material podría considerarse en el futuro, una vez que se recopile material suficiente.

(90) El Comité estuvo de acuerdo en que la Resolución 1 (2005) seguía estando actualizada y proporcionaba información muy útil.

Asesoramiento del CPA a la RCTA sobre los asuntos relativos a políticas asociadas al proceso de la Evaluación del Impacto Ambiental

(91) El Comité consideró un informe sobre los debates intersesionales acerca de los asuntos relativos a políticas generales relacionadas con las disposiciones para EIA del Anexo I, conforme a lo identificado por el GCI coordinado durante los periodos intersesionales 2014-2015 y 2015-2016 para la revisión de los *Lineamientos para la Evaluación del Impacto Ambiental en la Antártida,* y acordó asesorar a la RCTA sobre lo siguiente:

- Recomendó que todas las Partes proporcionen la información solicitada en la Resolución 1 (2005) de una manera adecuada y oportuna.

- Solicitó el asesoramiento de la RCTA sobre el alcance que debía dar el CPA a su trabajo sobre:

- La creación de un método adecuado y efectivo dentro del sistema del Tratado Antártico para evitar la implementación de proyectos que dañen el medioambiente.

- Una posible aplicación en la Antártida de procesos de clasificación y definición que se suelen aplicar en otras partes del mundo como parte del proceso de EIA de proyectos de gran envergadura.

- Procesos para la revisión independiente y periódica de las actividades a nivel de la CEE (incluida la evaluación del cumplimiento con cualquier condición para la expedición de permisos exigida por la autoridad competente).

(92) Belarús presentó el Documento de Información IP 5, *Towards establishing of values of critical loads and thresholds for the Antarctic environment* [Hacia el establecimiento de valores de carga crítica y umbrales para el medioambiente antártico], en el cual se indicaba que, pese a que los singulares ecosistemas de la zona antártica son especialmente sensibles al impacto antropogénico, los términos "carga", "límite", "umbral" y otros términos similares habían aparecido con escasa frecuencia en los documentos del CPA. Belarús destacó que los datos de los programas de investigación científica del SCAR, tales como Estado del ecosistema antártico (AntEco) y Umbrales Antárticos: adaptación y resiliencia del ecosistema (AnT-ERA), habían ayudado a definir los umbrales. Belarús sugirió que el CPA podría considerar agregar la tarea de desarrollar un marco metodológico y una base de información para la evaluación de los niveles de carga crítica cuando examine la orientación para la preparación de Evaluaciones Medioambientales Globales (CEE).

(93) Alemania presentó el Documento de Información IP 41, *Final Modernization of Gondwana Station, Terra Nova Bay, northern Victoria Land* [Modernización final de la estación Gondwana, bahía de Terra Nova, Tierra Victoria del Norte], que indicaba que los trabajos para renovar la estación Gondwana habían finalizado en octubre y noviembre de 2016. Se informó también en el documento que la estación se encuentra preparada para respaldar la investigación científica en Tierra Victoria del Norte durante al menos 25 a 30 años.

(94) Italia presentó el Documento de Información IP 70, *Final Comprehensive Environmental Evaluation for the construction and operation of a gravel runway in the area of Mario Zucchelli Station, Terra Nova Bay, Victoria Land, Antarctica* [Evaluación Medioambiental Global final para la construcción y operación de una pista de aterrizaje de grava en la zona

de la estación Mario Zucchelli, bahía de Terra Nova, Tierra de Victoria, Antártida]. En el documento se presentó la CEE final que había sido aprobada por el Ministerio italiano de Medio Ambiente y Protección del Territorio y el Mar, y autorizada para su presentación por parte del Ministerio italiano de Relaciones Exteriores y Cooperación Internacional. Se mencionó en el documento que la CEE final abordaba los comentarios recibidos del Comité en ocasión de la XIX Reunión del CPA. Italia concluyó que los beneficios de la infraestructura propuesta, en términos de una gestión más confiable y rentable de las operaciones científicas y logísticas italianas, además de las mejoras en la seguridad y cooperación con los programas antárticos vecinos, compensarían su impacto ambiental. Italia reiteró su compromiso de reducir a un mínimo, en la medida que sea posible, el impacto ambiental de la construcción de la pista de aterrizaje de grava.

(95)   La República de Corea felicitó a Italia por el término de su CEE final e hizo notar que Italia había reconsiderado y retirado el uso de explosivos en la construcción de la pista de aterrizaje a fin de reducir a un mínimo el impacto sobre una colonia de pingüinos cercana. La República de Corea expresó su deseo de colaborar con ese país para reducir el impacto acumulativo de su uso de la zona.

(96)   El Comité agradeció a Italia por la presentación del Documento de Información IP 70, y resumió su respuesta a la manera en que se abordaron en la CEE final los comentarios al borrador de la CEE que surgieron durante la XIX Reunión del CPA.

(97)   Ecuador presentó el Documento de Información IP 106, *Auditoría Ambiental de Cumplimiento de la XX Campaña Antártica Ecuatoriana (2015-2016)*, un informe sobre su primera Auditoría de Cumplimiento Medioambiental para evaluar el impacto en el medioambiente de las actividades realizadas en la estación Maldonado durante su vigésima expedición.

(98)   En relación con este tema del programa se presentaron también los siguientes documentos:

   • Documento de Secretaría SP 7 rev. 2, *Lista anual de Evaluaciones Medioambientales Iniciales (IEE) y Evaluaciones medioambientales globales (CEE) preparadas entre el 1 de abril 2016 y el 31 de marzo de 2017* (STA).

   • Documento de Antecedentes BP 3, *Information on the Progress of the Renovation of the King Sejong Korean Antarctic Station on King George Island, South Shetland Islands* [Información sobre el avance de la Renovación de la estación antártica King Sejong de Corea en la isla Rey Jorge (isla 25 de Mayo), islas Shetland del Sur] (República de Corea).

Tema 9: Protección de zonas y Planes de Gestión

9a) Planes de Gestión

i. Proyectos de Planes de Gestión examinados por el Grupo Subsidiario sobre Planes de Gestión

(99) La coordinadora del Grupo Subsidiario sobre Planes de Gestión (GSPG), Patricia Ortúzar (Argentina), presentó la primera parte del Documento de Trabajo WP 45, *Grupo Subsidiario de Planes de Gestión Informe de actividades durante el período intersesional 2016-2017* en representación del GSPG. La coordinadora agradeció el arduo trabajo de todos los participantes activos del GSPG, y recordó al Comité que todos los Miembros eran bienvenidos a unirse al Grupo. De acuerdo con los Términos de Referencia n.° 1 al n.° 3, el GSPG se preparó para considerar los siguientes cinco proyectos de Plan de Gestión de Zona Antártica Especialmente Protegida (ZAEP) remitidos por el CPA para su revisión intersesional:

- ZAEP n.° 125: Península Fildes, isla Rey Jorge (isla 25 de Mayo) (Chile).
- ZAEP n.° 144: Bahía Chile (bahía Discovery), isla Greenwich, islas Shetland del Sur (Chile).
- ZAEP n.° 145: Puerto Foster, isla Decepción, islas Shetland del Sur (Chile).
- ZAEP n.° 146: Bahía South, isla Doumer, archipiélago Palmer (Chile).
- ZAEP n.° 150: Isla Ardley, bahía Maxwell, isla Rey Jorge (isla 25 de Mayo) (Chile).

(100) El GSPG informó al CPA que los cinco planes de gestión se encontraban aún en la etapa de revisión por parte del proponente, de modo que el GSPG no contaba con las versiones modificadas para su revisión.

ii. Proyectos de planes de gestión revisados no examinados por el Grupo Subsidiario sobre Planes de Gestión

(101) El Comité consideró los planes de gestión revisados correspondientes a siete ZAEP y una Zona Antártica Especialmente Administrada (ZAEA). En todos los casos, los proponentes resumían los cambios sugeridos al plan de gestión existente y recomendaban la aprobación por parte del Comité y posterior derivación a la RCTA para su aprobación.

- Documento de Trabajo WP 7 rev. 1, *Revisión del Plan de Gestión para la Zona Antártica Especialmente Protegida (ZAEP) 111, Isla Powell del Sur e islas adyacentes, islas Orcadas del Sur* (Reino Unido).

- Documento de Trabajo WP 8, *Revisión del Plan de Gestión para la Zona Antártica Especialmente Protegida (ZAEP) 140, Partes de Isla Decepción, islas Shetland del Sur* (Reino Unido).

- Documento de Trabajo WP 9 rev. 1, *Revisión del Plan de Gestión para la Zona Antártica Especialmente Protegida (ZAEP) n.° 129, punta Rothera, isla Adelaida* (Reino Unido).

- Documento de Trabajo WP 10 rev. 1, *Revisión del Plan de Gestión para la Zona Antártica Especialmente Protegida (ZAEP) 110, Isla Lynch, Islas Orcadas del Sur* (Reino Unido).

- Documento de Trabajo WP 11 rev. 1, *Revisión del Plan de Gestión para la Zona Antártica Especialmente Protegida (ZAEP) n.° 115, isla Lagotellerie, bahía Marguerite, tierra de Graham* (Reino Unido).

- Documento de Trabajo WP 12 rev. 1, *Revisión del Plan de Gestión para la Zona Antártica Especialmente Protegida (ZAEP) n.° 109, Isla Moe, islas Orcadas del Sur* (Reino Unido).

- Documento de Trabajo WP 14 rev. 1, *Plan de Gestión para la Zona Antártica Especialmente Administrada n.° 5, Estación Amundsen-Scott del Polo Sur, Polo Sur y mapas actualizados* (Estados Unidos y Noruega).

- Documento de Trabajo WP 38, *Revisión del Plan de Gestión para la Zona Antártica Especialmente Protegida (ZAEP) n.° 165, Punta Edmonson, bahía Wood, Mar de Ross* (Italia).

(102) Con respecto a los documentos de trabajo WP 7 rev. 1 (ZAEP n.° 111), WP 8 (ZAEP n.°140), WP 9 rev. 1 (ZAEP n.° 129), WP 10 rev. 1 (ZAEP n.° 110), WP 11 rev. 1 (ZAEP n.° 115) y WP 12 rev. 1 (ZAEP n.° 109), el Reino Unido señaló que sus planes de gestión se revisaron y modificaron

con referencia a la *Guía para la preparación de planes de gestión para las Zonas Antárticas Especialmente Protegidas* (la Guía), y que solo se propusieron cambios menores a los planes existentes. Los planes para las ZAEP que involucraban a colonias de aves se actualizaron con una declaración que explicaba que no se deben permitir los sobrevuelos de Sistemas de Aeronaves Dirigidas por Control Remoto (RPAS) a menos que lo hagan con fines científicos o de operación y de conformidad con un permiso expedido por una autoridad nacional pertinente. Se agregaron referencias a las Regiones biogeográficas de conservación de la Antártida (Resolución 6 [2012]) y a las Áreas Importantes para la Conservación de las Aves en la Antártida (Resolución 5 [2015]). El plan de gestión de la ZAEP n. °140 se revisó para proteger mejor la vegetación vulnerable, específicamente, el cambio de estado del sitio J, Cono Perchuć a Zona prohibida (como ya se hizo antes en otros sitios geotérmicos) y se agregó una referencia al Código de Conducta del SCAR para la realización de actividades en los medioambientes geotérmicos terrestres en la Antártida.

(103) Con respecto al Documento de Trabajo WP 14 rev. 1 (ZAEA n.° 5), los Estados Unidos y Noruega mencionaron que se realizaron revisiones con la asesoría de más de 50 miembros de la comunidad científica, con el equipo de gestión de la estación Amundsen-Scott del Polo Sur, y con los comentarios de grupos de visitantes no gubernamentales, entre los que se encuentra la IAATO. Las revisiones del plan de gestión incluyeron ajustes a los límites de los sectores para que reflejen los nuevos datos de relevamientos, el cambio de nombre de varias zonas prexistentes a "Zona restringida" para mantener la coherencia con las deliberaciones del CPA sobre zonificación, la simplificación del Sector Tranquilo mediante la eliminación del "círculo silencioso", y la entrega de una lista y ubicaciones de SMH designados en lugar de la Zona histórica.

(104) Con respecto al Documento de Trabajo WP 38 (ZAEP 165), Italia indicó que solo se propusieron cambios menores, entre otros, una revisión del Mapa 4 para destacar las colonias de pingüinos, y la incorporación de un campamento de temporada y de un sendero. Entre otros cambios, se incluyó una actualización de actividades, referencias e información censal para reflejar los estudios científicos llevados a cabo recientemente.

(105) Para abordar los comentarios surgidos durante la Reunión en relación con las disposiciones revisadas sobre el uso de UAV y RPAS, el Comité acordó cambios menores a los planes de gestión revisados para las ZAEP n. °109, 110, 111, 115 y 129. El Comité también aceptó un cambio menor propuesto

durante la Reunión a un mapa contenido en el Plan de Gestión revisado para ZAEA n.° 5. Con la aprobación de estos cambios, el Comité aprobó todos los planes de gestión revisados que no habían sido examinados por el GSPG.

Asesoramiento del CPA a la RCTA sobre Planes de Gestión revisados para ZAEP y ZAEA

(106) El Comité expresó su acuerdo en remitir a la RCTA los siguientes Planes de Gestión revisados para su aprobación por medio de una Medida:

N.°	Nombre
ZAEP n.° 109	Isla Moe, islas Orcadas del Sur
ZAEP n.° 110	Isla Lynch, islas Orcadas del Sur
ZAEP n.° 111	Isla Powell del Sur e islas adyacentes, islas Orcadas del Sur
ZAEP n.° 115	Isla Lagotellerie, bahía Margarita, Tierra de Graham
ZAEP n.° 129	Punta Rothera, isla Adelaida
ZAEP n.° 140	Partes de la isla Decepción, islas Shetland del Sur
ZAEP n.° 165	Punta Edmonson, bahía Wood, mar de Ross
ZAEA n.° 5	Estación Amundsen-Scott del Polo Sur, Polo Sur

iii. Nuevos proyectos de planes de gestión para zonas protegidas y administradas

(107) No se presentaron nuevos planes de gestión para zonas protegidas y administradas.

iv. Otros asuntos relacionados con los planes de gestión de zonas protegidas y administradas

(108) China presentó el Documento de Información WP 35, *Informe de los debates informales sostenidos durante el período intersesional 2016/2017 acerca de la propuesta de una nueva Zona Antártica Especialmente Administrada en la estación antártica china Kunlun, Domo A*. Luego de las deliberaciones sostenidas en anteriores reuniones y conversaciones intersesionales informales del CPA, sobre la estación antártica Kunlun, Domo A, de China, se informó en el documento sobre deliberaciones lideradas por China durante el período intersesional de 2016-2017 en relación con las opciones de gestión del Domo A. China agradeció a los siete Miembros que participaron en las deliberaciones informales.

(109) En el documento se presentaron las respuestas de China a los comentarios ofrecidos por varios participantes, y señaló lo siguiente: consideró que

la protección y gestión del Domo A debe mantenerse dentro del marco del sistema del Tratado Antártico y sus herramientas de gestión; acordó que el Comité debe alentar a los Miembros que planifican la realización de actividades en la Zona a consultar a China, en coherencia con las disposiciones contenidas en el Artículo 6.1 del Protocolo y la Recomendación XV-17 (1989), y agradeció el que varios Miembros hayan compartido sus experiencias en la gestión de sus estaciones antárticas, si bien continúa teniendo algunas inquietudes en relación con la recomendación de aplicar los procedimientos nacionales de China.

(110) China se refirió a su disposición de conocer las posibles alternativas de gestión para la región y reiteró su opinión en cuanto a que la designación como ZAEA es la herramienta adecuada para gestionar y proteger adecuadamente los valores ambientales y científicos en el Domo A. China informó al Comité su intención de desarrollar un Código de Conducta como la primera opción para la gestión del Domo A y ofreció liderar debates intersesionales informales durante 2017-2018 basándose en el borrador. China recomendó al CPA que apoye la propuesta, y alentó la participación de los miembros y organizaciones interesados, como el SCAR y COMNAP.

(111) El Comité agradeció a China por liderar los debates informales intersesionales y por el informe presentado en el Documento de Trabajo WP 35. Agradeció también a los miembros que contribuyeron a los debates. El Comité recordó los anteriores debates sobre este tema y recibió de buen grado los avances logrados. También acogió de buen grado la constante participación de China con otras partes interesadas en cuanto a las opciones de gestión para la zona del Domo A.

(112) Argentina expresó su opinión de que todas las zonas debían ser protegidas por las herramientas proporcionadas en el Protocolo y aquellos instrumentos aprobados por la RCTA en lugar de depender únicamente de procedimientos nacionales, y que todo código de conducta debe relacionarse con la gestión de actividades y la dirección del personal en una zona, y no con la gestión de la zona en sí.

(113) El Comité recibió de buen grado la oferta de China de redactar el proyecto de un Código de Conducta para el Domo A y de llevar a cabo debates intersesionales con base en dicho proyecto. Algunos Miembros expresaron sus reservas en relación con la idea de aprobar un Código de Conducta mediante una Resolución. China aclaró que no tenía intención de que el Código de Conducta se aprobara en esta etapa por medio de una resolución, si bien señaló que el interés internacional en la investigación científica

que se realiza en el Domo A estaba en aumento y que podría ser adecuado considerar un procedimiento de ese tipo en el futuro. El Comité alentó a los Miembros y Observadores a contribuir a este trabajo y espera con interés más información sobre los avances.

9b) Sitios y monumentos históricos

(114) Noruega presentó el Documento de Trabajo WP 47, *Informe del Grupo de Contacto Intersesional establecido para el desarrollo de material de orientación sobre enfoques de conservación para la gestión de los objetos del patrimonio antártico*, preparado en conjunto con el Reino Unido. En el documento se informó sobre el primer periodo del GCI establecido en la XIX Reunión del CPA para desarrollar orientaciones para los enfoques hacia la conservación en la gestión de los objetos del patrimonio antártico. El GCI debatió sobre los principios generales, aportes y consideraciones para la lista de temas presentados en el término de referencia n.° 2, perfeccionó algunos principios generales fundamentales y dio comienzo a los debates sobre un marco para el desarrollo de material de orientación. Informó sobre algunos puntos claves que se debatieron durante el GCI, entre los que se incluyen: que se requiere mayor consideración de las diferentes formas de comprender los términos "sitios" y "monumentos"; que sería conveniente considerar por separado los conceptos relativos a valores históricos específicos y valores patrimoniales generales; que la introducción del concepto de universalidad debe tratarse en forma detenida; y que el material de orientación debería proporcionar una visión general del conjunto amplio de opciones de gestión disponibles, con un énfasis en la forma de evaluar los sitios y monumentos frente a estas diferentes opciones. Los coautores recomendaron que el Comité: solicite al GCI que continúe su trabajo durante el periodo intersesional 2017-2018; y acuerde un término de referencia modificado para el trabajo futuro del GCI antes de la producción de material de orientación para la XXI Reunión del CPA.

(115) El Comité agradeció a Noruega y al Reino Unido por liderar el primer periodo de trabajo intersesional del GCI y reconoció las contribuciones de los demás Miembros y Observadores que participaron. El Comité agradeció el informe sobre el progreso de los debates del GCI reconociendo que el grupo se había enfrentado a asuntos y debates complejos.

(116) El Comité señaló que la necesidad de equilibrar las disposiciones contenidas en el Anexo III con relación a la limpieza y el Anexo V con relación a la protección de los sitios históricos era parte integral del trabajo del GCI.

(117) El Comité señaló que durante los debates permanentes del GCI se podría dar mayor consideración a varios de los puntos surgidos en el transcurso de la Reunión, entre los que se incluyen: que sería conveniente una visión general; se requeriría mayor debate sobre los niveles de identificación de la importancia de los sitios y monumentos, además del concepto de universalidad; mayor consideración de la manera en que se deben compartir y conmemorar los eventos y acciones representados por los sitios y monumentos; y la importancia de considerar los impactos medioambientales durante los posteriores trabajos en el contexto del patrimonio histórico.

(118) El Comité manifestó su acuerdo en que el GCI continúe durante el periodo intersesional 2017-2018, bajo los siguientes Términos de Referencia:

1. Finalizar los debates y el proyecto de directrices relativas a la evaluación de sitios patrimoniales e históricos en la Antártida para su consideración por el CPA en virtud del debate que se realizó durante el periodo intersesional 2016-2017 y con la información de los debates de la XX Reunión del CPA. Estas directrices deberían cubrir:

    • proporcionar orientación para considerar si un sitio u objeto merece la designación como SMH; y

    • proporcionar orientación relativa a las opciones de gestión de los SMH.

2. Vincular este trabajo al trabajo sobre patrimonio de los expertos internacionales y nacionales, según corresponda.

3. Desarrollar material de orientación para su consideración durante la XXI Reunión del CPA.

(119) El Comité agradeció a Noruega y al Reino Unido por aceptar seguir liderando el trabajo del GCI durante el siguiente periodo intersesional, alentó una participación amplia durante la segunda ronda de intercambios y espera con interés un informe a este respecto durante la XXI Reunión del CPA.

(120) En relación con este tema se presentó también el siguiente documento:

    • Documento de Referencia BP 4, *Antarctic Historic Resources: Ross Sea Heritage Restoration Project. Conservation of Hillary's Hut, Scott Base, Antarctic HSM 75* [Recursos históricos antárticos: proyecto de restauración del patrimonio del Mar de Ross. Conservación de la cabaña de Hillary, base Scott, SMH antártico n.° 75] (Nueva Zelandia).

9c) Directrices para sitios

(121) La IAATO presentó el Documento de Información IP 164, *Report on IAATO Operator Use of Antarctic Peninsula Landing Sites and ATCM Visitor Site Guidelines, 2016-17 Season* [Informe sobre el Uso de los Operadores de la IAATO de los Sitios de Aterrizaje la Península Antártica y Directrices de Sitios para Visitantes de la RCTA, temporada 2016-2017], donde se informan los datos recopilados por la IAATO a partir de los formularios de informe posteriores a las visitas de los operadores de la IAATO durante la temporada 2016-2017. La IAATO indicó que los niveles generales de turismo en la Antártida habían aumentado desde la temporada 2007-2008 y que lo más probable es que estos números vuelvan a sobrepasarse durante la temporada 2017-2018. Señaló que el aumento no fue uniforme, ya que la mayor parte del aumento se presentó en algunos sitios y los demás observaron una disminución en su actividad. La IAATO enfatizó que más del 95 % del total de la actividad turística en la Península Antártica sigue centrada en el turismo marítimo comercial tradicional. Mencionó que el aumento en la cantidad de pasajeros se debe principalmente a los nuevos buques que operan con mayor capacidad de pasajeros. La IAATO destacó que todos los sitios más visitados están cubiertos en las Directrices de Sitios para Visitantes de la RCTA o en las Directrices de gestión de los Programas Nacionales.

(122) El Comité agradeció a la IAATO por su informe y acogió con agrado su compromiso constante de informar al CPA sobre el uso de los sitios de desembarco de los operadores de la IAATO y las Directrices de Sitios para Visitantes.

9d) Protección y gestión del espacio marino

(123) Argentina presentó el Documento de Información IP 127, *Actualización sobre el proceso de designación de un Área Marina Protegida (AMP) en el oeste de la Península Antártica y sur del Arco de Scotia (Dominio 1)*, preparado en conjunto con Chile. En el documento se informa sobre las actividades lideradas por Argentina y Chile para identificar las zonas prioritarias al oeste de la Península Antártica y en el Arco de Scotia del Sur (Dominio 1). Las actividades fueron el resultado de esfuerzos multinacionales con múltiples contribuciones de datos y experiencias. Los coautores esperan presentar una propuesta de AMP para el Dominio 1 en la próxima Reunión del Grupo de Trabajo sobre Seguimiento y Ordenación del Ecosistema (WG-EMM) de la CCRVMA, e instaron al Comité a apoyar la actividad de la CCRVMA

con relación al proceso de designación de AMP. También alentaron al Comité a tener en cuenta la importancia del trabajo liderado por Argentina y Chile en colaboración con varios Miembros, a fin de identificar las zonas de conservación prioritaria en el Dominio 1, e invitaron la colaboración de más Miembros con Argentina y Chile para lograr una mayor comprensión de las actividades de extracción en el Dominio 1, de forma de lograr un eficaz diseño de AMP.

(124) Agradeciendo la presentación propuesta por Argentina y Chile al GT-EMM, la ASOC, en nombre de la Unión Internacional para la Conservación de la Naturaleza (UICN), informó al Comité sobre el próximo Congreso Internacional sobre Áreas Marinas Protegidas (IMPAC4) en La Serena y Coquimbo, Chile, en septiembre de 2017, reunión en la que se realizará una sesión especial sobre AMP antárticas.

(125) El Comité agradeció a Argentina y Chile por la presentación del documento. Señaló que se realizó en el seno de la CCRVMA un sustancial debate sobre la designación de AMP en el área de distribución de la Convención, y agradeció el informe sobre el progreso del trabajo de planificación en el Dominio 1 liderado por Argentina y Chile.

(126) El Reino Unido y Estados Unidos señalaron los aportes que ya habían contribuido al desarrollo de la propuesta junto a otros Miembros, y manifestaron su interés en aportar y colaborar con Argentina y Chile para el trabajo en curso. El Comité se refirió a los comentarios formulados durante el debate, incluido alentar a los coauspiciadores del trabajo para que consideren la flexibilidad en el desarrollo de nuevas propuestas. Se instó a los Miembros interesados a colaborar con Argentina y Chile en el trabajo en curso en las áreas que se destacaron en el documento.

(127) El Comité hizo notar que en el futuro podría ser conveniente considerar y analizar los medios y las posibilidades de buscar la conectividad entre el océano y las zonas terrestres, y si es posible que la existencia de medidas complementarias en el marco del Protocolo Ambiental, en particular en el Anexo V, pudiera respaldar y fortalecer las iniciativas de protección del medio marino, y cómo lo harían.

(128) Varios de los Miembros aprovecharon también la oportunidad para señalar el progreso en la protección del espacio marino por parte de la CCRVMA, incluida la designación del AMP de la Región del Mar de Ross.

9e) Otros asuntos relacionados con el Anexo V

(129) La coordinadora del GSPG, Patricia Ortúzar (Argentina), presentó la segunda parte del Documento de Trabajo WP 45, *Grupo Subsidiario de Planes de Gestión Informe de actividades durante el período intersesional 2016-2017*. El GSPG continuó su trabajo de elaboración de documentos de orientación para las ZAEA, de acuerdo con los Términos de Referencia 4 y 5 sobre la mejora de los planes de gestión y el proceso de su revisión intersesional. Este trabajo contó con el liderazgo de los Miembros de GSPG de Estados Unidos y Noruega, y se informó en el Documento de Trabajo WP 16, *Material de orientación para la designación de Zonas Antárticas Especialmente Administradas (ZAEA)*. Argentina también presentó la propuesta de plan de trabajo del GSPG para el periodo intersesional 2017-2018.

(130) Noruega presentó el Documento de Trabajo WP 16, *Material de orientación para la designación de Zonas Antárticas Especialmente Administradas (ZAEA)*, el cual preparó en conjunto con los Estados Unidos. En el documento se presentaron los resultados del trabajo del GSPG, de acuerdo con el plan de trabajo que se acordó en la XIX Reunión del CPA, para finalizar el desarrollo de la orientación destinada a determinar si una zona amerita su designación como ZAEA e iniciar el desarrollo de orientaciones sobre cómo preparar y presentar un plan de gestión en caso de que se justifique la designación de la ZAEA. Se informó que los debates fueron constructivos y fructíferos y que participaron en el proceso nueve Miembros y Observadores. En el documento se propuso que el Comité considere los dos conjuntos de orientaciones, los ajuste de forma adecuada y acuerde su aprobación y presentación ante la RCTA a fin de fomentar su difusión y uso mediante una Resolución.

(131) Señalando su función como organización no gubernamental en asuntos relativos a la protección del medioambiente y gestión en la Antártida, la ASOC expresó su interés en continuar participando en los debates acerca de posibles ZAEA.

(132) El Comité refrendó las *Orientaciones para la evaluación de una zona para su posible designación como Zona Antártica Especialmente Administrada* y los *Lineamientos para la preparación de planes de gestión de Zonas Antárticas Especialmente Administradas* modificados para considerar los comentarios formulados durante la Reunión.

(133) El Comité acordó que en una próxima revisión de las *Orientaciones para la evaluación de una zona para su posible designación como Zona Antártica Especialmente Administrada* podría ser conveniente la inclusión

de un esquema o cuadro que ilustre o resuma el proceso de evaluación y las conclusiones con respecto a la evaluación de una zona para su posible designación como ZAEA. Se señaló que esto podría mejorar los lineamientos y facilitar el proceso de toma de decisiones.

(134) El Reino Unido indicó que, si bien se encuentra preparado para eliminar un párrafo relativo a la toponimia del borrador original de los *Lineamientos para la preparación de planes de gestión de Zonas Antárticas Especialmente Administradas* con el fin de garantizar la aprobación de dichos lineamientos, deseaba, no obstante, destacar el excelente trabajo realizado por el SCAR en el desarrollo y mantención de su Composite Gazetteer of Antarctica. Señaló además su enorme valoración de dicho diccionario geográfico, y que considera que es el espacio adecuado para la presentación de nuevas toponimias.

(135) El Comité agradeció al GSPG por su asesoramiento, instó a una mayor participación de los Miembros y acordó aprobar el siguiente plan de trabajo del GSPG para el período 2017-2018:

Términos de referencia	Tareas sugeridas
TdR 1 a 3	Revisar los proyectos de planes de gestión remitidos por el CPA para su revisión intersesional y proporcionar asesoramiento a los proponentes (incluidos los cinco planes pospuestos a partir del periodo intersesional 2016-2017)
TdR 4 y 5	Trabajar con las Partes relevantes a fin de garantizar el progreso en la revisión de los planes de gestión cuya revisión quinquenal se encuentre vencida
	Considerar nuevas mejoras a las *Orientaciones para la evaluación de una zona para su posible designación como Zona Antártica Especialmente Administrada*
	Examinar y actualizar el plan de trabajo del GSPG
Documentos de trabajo	Preparar un informe para la XXI Reunión del CPA cotejándolo con los Términos de Referencia 1 a 3 del GSPG
	Preparar el informe para la XXI Reunión del CPA cotejándolo con los Términos de Referencia 4 a 5 del GSPG

Asesoramiento del CPA a la RCTA sobre el material de orientación para las Zonas Antárticas Especialmente Administradas (ZAEA)

(136) El Comité refrendó las *Orientaciones para la evaluación de una zona para su posible designación como Zona Antártica Especialmente Administrada* y los *Lineamientos para la preparación de planes de gestión de Zonas Antárticas Especialmente Administradas*, y acordó remitir a la RCTA un proyecto de Resolución para su aprobación, instando a su difusión y uso.

(137) El Presidente del CPA recordó que la XIX Reunión del CPA había refrendado el *Código de Conducta del SCAR para la realización de actividades en los medioambientes geotérmicos terrestres en la Antártida* y que acordó que sería beneficioso instar de forma similar la difusión y el uso de otros códigos de conducta del SCAR mediante una Resolución de la RCTA.

(138) El SCAR presentó el Documento de Trabajo WP 17, *Código de conducta del SCAR para la exploración e investigación de medioambientes acuáticos subglaciares*, el cual proporciona orientación revisada y actualizada sobre la planificación y la realización de exploraciones e investigación en entornos acuáticos subglaciares. El SCAR puso de relieve las amplias y extensas consultas realizadas durante la evaluación y revisión de este Código de Conducta no obligatorio con sectores normativos, responsables medioambientales y expertos científicos, además de los organismos subsidiarios del SCAR, incluido el Comité Permanente sobre el Sistema del Tratado Antártico del SCAR (SCATS, por sus siglas en inglés). Haciendo notar que no se habían realizado cambios sustanciales, el SCAR recomendó que el CPA considere el Código de Conducta revisado y que, de aceptarlo, aliente a la difusión y uso de dicho código al momento de la planificación y realización de actividades en entornos acuáticos subglaciares.

(139) El Comité agradeció al SCAR por la presentación del documento y por las amplias consultas con las partes interesadas para revisar y mejorar el Código de Conducta no obligatorio. El Comité expresó su acuerdo en alentar la difusión y el uso del Código de Conducta con las modificaciones menores destinadas a incorporar las propuestas surgidas durante la Reunión, al momento de planificar y realizar actividades en ambientes acuáticos subglaciares.

Asesoramiento del CPA a la RCTA sobre el Código de Conducta del SCAR para la exploración e investigación de medioambientes acuáticos subglaciares

(140) El Comité refrendó el *Código de Conducta del SCAR para la Exploración e Investigación de Entornos Acuáticos Subglaciares* y aceptó presentarlo ante la RCTA para su aprobación mediante un proyecto de Resolución sobre el apoyo a su difusión y uso.

(141) El SCAR presentó el Documento de Trabajo WP 18, *Código de Conducta ambiental del SCAR para las investigaciones científicas de campo sobre el terreno de la Antártida*, en el cual se presentó, se revisó y actualizó la

orientación sobre la planificación y realización de investigaciones científicas de campo sobre el terreno de la Antártida. El SCAR informó al Comité sobre las amplias y extensas consultas que se realizaron durante la evaluación y revisión de este Código de Conducta no obligatorio que incluyó a sectores normativos, responsables medioambientales y expertos científicos, además de los organismos subsidiarios del SCAR, incluido el SCATS. El SCAR informó que se realizaron ediciones, inclusiones y mejoras menores al Código de Conducta. Se recomendó que el CPA considere el Código de Conducta y que, de haber acuerdo, promueva su difusión y uso en la planificación y realización de investigaciones científicas de campo sobre el terreno de la Antártida.

(142) El Comité agradeció al SCAR por su trabajo de revisar y mejorar el Código de Conducta. Recalcó la importancia de contar con dicho código y destacó la manera en que esta orientación sobre tipos específicos de actividades en la Antártida contribuye a mejorar su protección general. Hizo notar, además, que la versión actual del código ha sido valiosa.

(143) Aunque algunos Miembros expresaron su respaldo para que el Código de Conducta fuera aprobado tal como fue presentado, otros Miembros consideraron que se requerían mayores consultas, incluso con los programas antárticos nacionales, los cuales respaldan las actividades de los investigadores en terreno.

(144) El Comité recibió con agrado la disposición del SCAR de llevar a cabo nuevas consultas, incluso con el COMNAP, a fin de presentar una nueva revisión para su consideración en la XXI Reunión del CPA.

(145) El Comité aceptó también el anuncio del SCAR en cuanto a que presentaría su *Código de Conducta para el Uso de Animales por Motivos Científicos en la Antártida* para consideración del Comité en la XXI Reunión del CPA.

(146) Argentina se refirió a la conveniencia de que estos Códigos se presenten al Comité en la forma de documentos de trabajo, lo que permitiría su traducción oficial a los cuatro idiomas del Tratado Antártico.

(147) El Reino Unido presentó el Documento de Trabajo WP 21, *Proceso de evaluación previa de ZAEP/ZAEA*, preparado de manera conjunta con Noruega. En virtud de los debates sostenidos en la XIX Reunión del CPA, los coautores informaron sobre las consultas intersesionales que se realizaron con Miembros interesados y presentaron una plantilla modificada no obligatoria para la evaluación previa de las ZAEP. Recomendaron que el CPA reconociera los beneficios de presentar de manera normalizada la

información relativa a las designaciones propuestas de nuevas ZAEP, si el/los proponente/s decidía/n que era conveniente que el Comité participara en un debate sobre evaluación previa, y acordaron que las *Directrices: Un proceso de evaluación previa para la designación de ZAEP/ZAEA* (Apéndice 3 del informe de la XVIII Reunión del CPA) deberían rectificarse para incluir la plantilla modificada no obligatoria para la evaluación previa de ZAEP.

(148) El Comité agradeció al Reino Unido y a Noruega por el documento y por la consulta intersesional con los Miembros interesados. El Comité destacó que el propósito de la plantilla era proporcionar un método práctico y no obligatorio de facilitar la entrega de información conforme a las directrices de evaluación previa y no retrasar o impedir las propuestas para designar nuevas zonas ni implicar la aprobación previa de la designación de una nueva zona.

(149) En respuesta a una consulta de la IAATO, el Reino Unido declaró que la intención era que la información general proporcionada en la plantilla se base en evidencia científica sólida. Se sugirieron algunas modificaciones menores, las que se incorporaron en la versión definitiva de dicha plantilla.

(150) El Comité mencionó que una plantilla para ZAEA, si bien probablemente resultara más compleja, también podría ser valiosa, e instó a los Miembros interesados a considerar el desarrollo de dicha plantilla.

Asesoramiento del CPA a la RCTA sobre las Directrices: Un proceso de evaluación previa para la designación de ZAEP/ZAEA

(151) El Comité acordó señalar a la RCTA que había actualizado las *Directrices: Un proceso de evaluación previa para la designación de ZAEP/ZAEA* aprobadas en la XVIII Reunión del CPA, a fin de incluir una plantilla no obligatoria para la evaluación previa de las ZAEP que facilita la entrega de información conforme a las Directrices (Apéndice 4). Esta nueva versión de las Directrices reemplazó la versión que se había adjuntado al informe de la XVIII Reunión del CPA, en 2015.

(152) Australia presentó el Documento de Trabajo WP 29, *Actualización propuesta de las Regiones biogeográficas de conservación de la Antártida*, e hizo referencia al Documento de Información IP 15, *Antarctic biogeography revisited: updating the Antarctic Conservation Biogeographic Regions* [Revisión de la biogeografía antártica: actualización de las Regiones biogeográficas de conservación de la Antártida], ambos presentados en conjunto con Nueva Zelandia y el SCAR. Los documentos resumen una

reciente revisión de las Regiones biogeográficas de conservación de la Antártida (RBCA) en virtud de la Resolución 6 (2012). La revisión refleja actualizaciones de las capas espaciales subyacentes, incluida la representación más reciente de las zonas libres de hielo de la Antártida, junto con los resultados de nuevos análisis que justifican la inclusión de una nueva zona (zona número 16) biológicamente diferente en la región de las montañas Príncipe Carlos, e informó que la capa espacial revisada está disponible en el Centro de Datos Antárticos de Australia, y que se proporcionaría a la Secretaría del Tratado Antártico para acceso y uso general. Los coautores recomendaron que el CPA refrende las Regiones biogeográficas de conservación de la Antártida revisadas (RBCA versión 2), remita el proyecto de Resolución que se presentó en el Documento de Trabajo WP 29 a la RCTA para su aprobación y solicite a la Secretaría del Tratado Antártico que ofrezca acceso a la capa de datos actualizados a través de su sitio web.

(153) El Comité agradeció a Australia, Nueva Zelandia y al SCAR por su trabajo presentado en el Documento de Trabajo WP 29 y el Documento de Información IP 15, y recordó su apoyo a las RBCA en la XV Reunión del CPA como un marco importante para los debates relacionados con valores espaciales y la protección medioambiental en la Antártida, y la posterior aprobación de las RBCA por la RCTA, a través de la Resolución 6 (2012), como un modelo dinámico para orientar el trabajo del Comité.

(154) El Comité expresó su acuerdo en la importancia de continuar actualizando el marco, incluido el garantizar que incorpore información actualizada sobre la biodiversidad de las zonas libres de hielo de la Antártida, basándose en las mejores fuentes disponibles. Del mismo modo, el Comité accedió a refrendar las RBCA modificadas y solicitó a la Secretaría del Tratado Antártico que ofrezca acceso a la capa de datos espaciales actualizada en su sitio web. El Comité también tomó nota de la recomendación formulada por Nueva Zelandia respecto a que la capa de datos espaciales actualizada estaría disponible a través del mapa presentado en el sitio web del Portal de Medioambientes Antárticos.

Asesoramiento del CPA a la RCTA sobre una actualización de las Regiones Biogeográficas de Conservación de la Antártida

(155) El Comité consideró los resultados de la investigación reciente para revisar las Regiones Biogeográficas de Conservación de la Antártida aprobadas en virtud de la Resolución 6 (2012). Para garantizar que el trabajo del CPA y

de las Partes se base en una comprensión más actualizada de la distribución espacial de la biodiversidad terrestre antártica, el Comité recomendó que la RCTA apruebe las nuevas Regiones Biogeográficas de Conservación de la Antártida (RBCA Versión 2) y remita el proyecto de Resolución a la RCTA para su aprobación y reemplazo de la Resolución 6 (2012).

(156) El Reino Unido presentó el Documento de Trabajo WP 37 *Zonas Antárticas Especialmente Protegidas y Áreas Importantes para la Conservación de las Aves*, presentado en forma conjunta con Australia, España, Noruega y Nueva Zelandia. Dado que la Resolución 5 (2015) solicitaba que el CPA actualizara a la RCTA respecto al alcance con el cual las Áreas importantes para la conservación de las aves (IBA) en la Antártida estaban, o debían estar, representadas en la red de ZAEP, este documento informó que dos análisis recientes de las IBA examinaron el alcance con el cual las colonias de aves representativas y potencialmente vulnerables están representadas actualmente dentro de la red de ZAEP. Esos análisis se presentaron en el Documento de Información IP 16, *Representation of Important Bird Areas in the network series of Antarctic Specially Protected Areas* [Representación de las Áreas importantes para la conservación de las aves en la serie de redes de Zonas Antárticas Especialmente Protegidas] (presentado por el Reino Unido, Nueva Zelandia y Noruega) y el Documento de Información IP 17, *High resolution mapping of human footprint across Antarctica and its implications for the strategic conservation of bird life* [Cartografía de alta resolución de la huella humana en la Antártida y sus implicancias para la conservación estratégica de las aves] (presentado por el Reino Unido y España). Los coautores del Documento de Trabajo WP 37 pusieron de relieve la importancia de proteger a las colonias de una variedad de especies de aves antárticas, y la necesidad de un enfoque más uniforme para proteger todas las especies de aves autóctonas en la región. Los coautores también aclararon que no se daría por sentado que todas las IBA debían recibir una designación de ZAEP, ni que las colonias de aves que no son IBA no debían considerarse para una designación de ZAEP. Los coautores del Documento de Trabajo WP 37 recomendaron que el Comité considere estos análisis y fomente un mayor trabajo intersesional entre los Miembros interesados con el fin de: definir criterios para evaluar si las colonias de aves ameritan la designación de ZAEP, lo que incluye identificar qué constituyen las "principales colonias de aves reproductoras", según lo dispuesto en el Artículo 3(2)(c) del Anexo V del Protocolo, y recomendar al Comité las IBA que cumplan con dichos criterios.

(157) El Comité agradeció a los autores de los documentos presentados a la Reunión por su trabajo de apoyar y promover su consideración de la solicitud en la Resolución 5 (2015). El Comité estuvo de acuerdo con la recomendación contenida en el Documento de Trabajo WP 37 en cuanto a llevar a cabo trabajo intersesional adicional con objeto de desarrollar criterios para evaluar si las colonias de aves ameritan la designación de ZAEP, lo que incluye identificar qué constituyen las "principales colonias de aves reproductoras", según lo dispuesto en el Artículo 3.2(c) del Anexo V del Protocolo, y recomendar al Comité una lista de IBA que cumplan con dichos criterios.

(158) El Comité acogió la oferta del Reino Unido de liderar los debates durante el período intersesional, en consulta con los Miembros y Observadores interesados. Muchos Miembros expresaron su interés en participar en dicho trabajo intersesional. El Comité señaló que los puntos mencionados por los Miembros durante la reunión podrían volver a considerarse durante el trabajo intersesional, entre otros, la importancia de considerar, además, la información relevante diferente a la presentada en los documentos de información IP 16 y 17, entre los que se encuentran estudios revisados por expertos con validación en terreno y las investigaciones en curso tales como las mencionadas por varios Miembros; los actuales mecanismos de protección y gestión en sitios no designados como ZAEP; y la relevancia de los mecanismos disponibles en el Anexo II, que desempeña un importante rol en la protección de colonias de aves en la Antártida. En el último punto, el Comité recibió de buen grado la reciente entrada en vigor de la revisión del Anexo II.

(159) Con referencia al Documento de Información IP 17, el Comité destacó la importancia de considerar la evaluación presentada a la luz de los resultados de la verificación de la exactitud de los datos a través de la investigación y la vigilancia en terreno y, además, considerando las características de sitios específicos y los resultados de los estudios de impacto humano. El Comité también hizo notar el comentario formulado por los Países Bajos en cuanto a una posible mayor relevancia de los resultados presentados en este documento para las deliberaciones posteriores del Comité sobre el asunto de la expansión de la huella humana y la protección de la vida silvestre en la Antártida, y su demanda de que continúen los trabajos.

(160) El Comité consideró los comentarios formulados por Argentina en relación con los métodos y resultados contenidos en el documento científico adjunto al Documento de Información IP 17. Argentina expresó que los valores de huella humana asociados con la colonia de aves cercana a la estación

Esperanza no incorporan datos obtenidos desde la superficie de la Tierra ni otra información relevante, lo que podría llevar a resultados erróneos. Argentina consideró que esta evaluación debería, por lo mismo, usarse con cautela.

(161) Bélgica presentó el Documento de Trabajo WP 42, *Evaluación previa de una propuesta de Zona Antártica Especialmente Protegida (ZAEP) en las montañas Sør Rondane*. Bélgica informó al Comité que había llevado a cabo una evaluación previa de una ZAEP propuesta en concordancia con las disposiciones establecidas en el Anexo V al Protocolo y a las *Directrices: Un proceso de evaluación previa para la designación de ZAEP/ZAEA* (véase el Apéndice 3 del Informe XVIII Reunión del CPA). Bélgica solicitó mayor orientación a los Miembros en cuanto a los siguientes pasos del proceso, incluida la redacción de un proyecto de Plan de Gestión. Bélgica recomendó que el Comité: acepte que los valores dentro de la ZAEP propuesta en las montañas Sør Rondane ameritan protección especial; refrende la redacción de un Plan de Gestión para la Zona bajo la coordinación de Bélgica, y que aliente a las Miembros interesados para que trabajen de manera informal junto a Bélgica durante el periodo intersesional en la elaboración de un Plan de Gestión para su posible presentación en la XXI Reunión del CPA.

(162) El Comité recibió con agrado la información presentada por Bélgica, en concordancia con las *Directrices: Un proceso de evaluación previa para la designación de ZAEP/ZAEA*, y la plantilla no obligatoria asociada. El Comité observó que el documento proporcionó una oportunidad inicial para que los Miembros participaran en el proceso de considerar la propuesta y apoyar su desarrollo. Al mismo tiempo, el Comité fue enfático en señalar la no obligatoriedad de las Directrices, y que no se habían concebido con el propósito de proporcionar o implicar una aprobación previa por parte de este.

(163) El Comité manifestó su acuerdo en que los valores científicos y medioambientales que se encuentran en el sitio de las montañas Sør Rondane, que incluyen organismos que no se han estudiado en forma exhaustiva, ameritan una mayor consideración para su posible designación como ZAEP, lo que podría mejorar la representatividad de las ZAEP ubicadas en la RBCA 6. Hizo notar además que la información que se proporcionó a la XL RCTA indicaba un posible aumento del tráfico en la zona en el futuro, lo que sustentaría la necesidad de proteger las zonas prístinas presentes en esta región. El Comité recibió de buen grado la intención de Bélgica de seguir considerando el desarrollo de un proyecto de plan de gestión para la zona, y señaló que varios Miembros habían expresado su interés en contribuir al

trabajo. Alentó a otros Miembros y Observadores interesados a trabajar con Bélgica durante el período intersesional.

(164) El Comité hizo notar un rango de zonas y asuntos a los cuales Bélgica podría dar mayor consideración. Entre estos se encuentran: la consideración de una explicación más detenida de los valores de la zona a la luz de las disposiciones contenidas en el Anexo V, incluidos sus "valores sobresalientes", la consideración del mérito de la designación de la zona como ZAEP a la luz de las medidas de gestión vigentes; la consideración de las implicancias de un posible aumento de las actividades en la zona; la consideración de las actividades históricas que podrían informar la identificación de zonas inalteradas que puedan merecer una protección específica adicional; la posible exclusión de las zonas cubiertas de hielo entre las zonas libres de hielo; la posible inclusión de la cresta Utsteinen dentro de la zona propuesta; la identificación de posibles riesgos asociados a las interacciones entre las actividades que se realizan de la estación y la zona en cuestión; y la entrega de más información sobre la presencia de una colonia de petreles y la posible presencia de microbios, invertebrados y líquenes endémicos.

(165) Como observación general, el Comité sugirió que los Miembros que usen en el futuro la anterior plantilla de evaluación podrían proporcionar una descripción de los valores de la zona en consideración además de identificar la presencia o ausencia de tipos de valores en particular.

(166) El Comité agradeció a Bélgica por su trabajo y espera con interés informarse sobre los futuros avances. Bélgica agradeció al Comité por su positiva respuesta al Documento de Trabajo WP 42 y señaló que se encontraba dispuesto a considerar todas las observaciones.

(167) La ASOC presentó el Documento de Información IP 149, *ASOC update on Marine Protected Areas in the Southern Ocean 2016-2017* [Actualización de la ASOC sobre Áreas Marinas Protegidas en el Océano Austral 2016-2017], que informó sobre las deliberaciones acerca de las Áreas Marinas Protegidas (AMP) que se llevaron a cabo en la XXXV Reunión de la CCRVMA en octubre de 2016. La ASOC observó que, con la aprobación del Área Marina Protegida de la región del Mar de Ross, la CCRVMA podría ahora abordar la aprobación de nuevas AMP en el Océano Austral durante la XXXVI Reunión de la CCRVMA a realizarse en octubre de 2017. La ASOC declaró que se podrían lograr más progresos en la designación de AMP en la Antártida Oriental y el mar de Weddel, y señaló que las propuestas de AMP en estas dos regiones se presentaron por primera vez en 2010 y 2016, respectivamente. La ASOC observó también que un operador turístico antártico emitió una

declaración de apoyo a las actuales y futuras AMP en el Océano Austral, y expresó su esperanza de que otros operadores turísticos hicieran lo mismo. La ASOC recomendó que el CPA tenga en cuenta los avances realizados por la CCRVMA sobre la aprobación de AMP en el Océano Austral y aliente a la CCRVMA a continuar su trabajo en relación con este asunto hasta su culminación, y recomendó que el CPA considere el desarrollo de un proceso similar de planificación sistemática de la conservación desde una perspectiva centrada en ampliar la red de zonas terrestres y marinas protegidas en la Antártida. La ASOC hizo notar además que, en su debido momento, la RCTA, el CPA y la CCRVMA deben aspirar a una mayor armonización de su trabajo en la protección del espacio marino.

(168) La IAATO agradeció a la ASOC por el útil resumen ofrecido, que puede ser de interés para otras instancias más allá de los procesos de la CCRVMA. Expresando su agradecimiento hacia los comentarios de la ASOC, la IAATO informó que su Secretaría se encuentra recopilando información sobre este asunto con objeto de facilitar la toma de decisiones entre los miembros de la Asociación.

(169) La ASOC presentó el Documento de Información IP 153, *Considerations for the systematic expansion of the protected areas network* [Consideraciones sobre la ampliación sistemática de la red de zonas protegidas], en donde señaló que el sistema de ZAEP es aún deficiente para proteger los valores que se mencionan en el Anexo V al Protocolo. La ASOC sugirió que, para ampliar el sistema de ZAEP, la RCTA debería iniciar un proceso de planificación sistemática de la conservación para identificar y designar nuevas ZAEP. La ASOC informó al CPA sobre una base de datos de conjuntos de datos que compiló, la que se espera que sea útil para la designación de nuevas ZAEP. La ASOC recomendó que el Comité: siga desarrollando la lista de metadatos disponibles pertinentes para mejorar la clasificación de los medioambientes antárticos creada utilizando el Análisis de Dominios Ambientales y su aplicación para el desarrollo sistemático de zonas protegidas; inicie un proceso de planificación sistemática de la conservación a cinco o diez años con el fin de establecer una red de zonas protegidas en la zona del Tratado Antártico de conformidad con el Anexo V, Artículos 3 (1) y (2); y complemente este proceso con el uso de otros instrumentos de protección basados en zonas, incluso las ZAEA y los disponibles conforme a otros instrumentos del Sistema del Tratado Antártico (como las Áreas Marinas Protegidas de la CCRVMA).

(170) El Comité expresó sus agradecimientos a la ASOC por sus documentos e indicó que algunos de los asuntos abordados en el Documento de Información IP 153 ya se mencionaron en el CCWRP como temas que merecen atención en el futuro. El Comité expresó su acuerdo en cuanto a que la ampliación de la red de zonas protegidas es un importante asunto que se compromete a examinar en el futuro.

(171) El SCAR presentó el Documento de Información IP 166, *Systematic Conservation Plan for the Antarctic Peninsula* [Plan sistemático de conservación para la Península Antártica], preparado en conjunto con la IAATO. El SCAR y la IAATO se refirieron a su reciente acuerdo de emprender un esfuerzo colaborativo para desarrollar un plan sistemático de conservación para la Península Antártica, especialmente con el objetivo de manejar la sustentabilidad a largo plazo del turismo antártico. Dado que se trata de una nueva iniciativa, el SCAR invitó a los Miembros interesados a colaborar en el proceso.

(172) El Comité agradeció las recomendaciones del SCAR y la IAATO presentadas en el Documento de Información IP 166. Varios Miembros y Observadores expresaron su interés en contribuir a la iniciativa, incluso mediante la puesta en común de la experiencia obtenida en otros trabajos relevantes, así como a los debates sobre el establecimiento de objetivos de conservación y la consideración de interacciones entre dicho trabajo y otros trabajos en curso o previstos por el CPA y sus Miembros. El Comité señaló la recomendación de la IAATO en cuanto a que la iniciativa forme parte de una estrategia multidimensional que está desarrollando esta asociación para gestionar el crecimiento futuro, lo que incluye la gestión de sitios, e instó a los Miembros interesados a que se comuniquen con el SCAR o con la IAATO, que habían mostrado su aprecio por la colaboración.

(173) Portugal presentó el Documento de Información IP 23, *Historical and geo-ecological values of Elephant Point, Livingston Island, South Shetland Islands* [Valores históricos y geoecológicos de la punta Elefante, isla Livingston, islas Shetland del Sur], presentado en conjunto con Brasil, España y el Reino Unido. El documento proporcionó información sobre el alto valor ecológico y la importancia histórica de la zona libre de hielo de la punta Elefante (isla Livingston, islas Shetland del Sur, Antártida), y puso de relieve la importancia de los cinco valores mencionados en el Anexo V al Protocolo (ambiental, científico, histórico, estético y de vida silvestre). Portugal indicó que el documento tiene como objetivo informar las consideraciones del Comité sobre la protección y gestión de esta Zona,

posiblemente con su designación como ZAEP o su incorporación dentro de la cercana ZAEP n.° 126, Península Byers, isla Livingston.

(174) La IAATO informó al Comité que el sitio de la punta Elefante, isla Livingston ha sido utilizada por operadores turísticos, e informó que el sitio recibió 1900 visitantes durante la anterior temporada, y que, debido a que no existen directrices para el sitio, los desembarcos se realizaron según las *Directrices generales para visitantes a la Antártida* (anexas a la Resolución 3 [2011]), además de los mecanismos de la IAATO. La asociación ofreció contribuir con conocimientos expertos sobre el sitio para los debates futuros, si corresponde.

(175) El Comité expresó su interés en recibir más actualizaciones de los coautores conforme al desarrollo de las opciones de gestión y protección de la punta Elefante.

(176) Australia presentó el Documento de Información IP 25, *Report of the Antarctic Specially Managed Area No. 6 Larsemann Hills Management Group* [Informe del Grupo de Gestión sobre la Zona Antártica Especialmente Administrada n.° 6, Colinas de Larsemann], enviado en conjunto con China, India y la Federación de Rusia. En el documento se informa brevemente sobre las actividades realizadas durante 2015 y 2016 por el Grupo de Gestión establecido para supervisar la implementación del plan de gestión de la ZAEA n.° 6, Colinas de Larsemann. Entre los asuntos fundamentales abordados por el grupo se incluyen: la coordinación de aeronaves, colaboración en la investigación científica, y la planificación de la puesta en valor de la principal ruta de acceso a la zona. Australia señaló también que China presidirá el siguiente período del Grupo de Gestión.

(177) Nueva Zelandia presentó el Documento de Información IP 86, *Use of UAS for Improved Monitoring and Survey of Antarctic Specially Protected Areas* [Uso de UAS para la mejora de la observación y el sondeo de las Zonas Antárticas Especialmente Protegidas], que presenta un resumen del trabajo reciente realizado por los científicos de Nueva Zelandia que utilizaron Sistemas de Aeronaves Dirigidas por Control Remoto para realizar inspecciones de alta resolución en dos Zonas Antárticas Especialmente Protegidas de la región del Mar de Ross: Bahía Botany (ZAEP n.° 154) y cabo Evans (ZAEP n.° 155). Nueva Zelandia informó que el trabajo de sondeo en la bahía Botany debería quedar finalizado durante la temporada de 2017-2018 y que se prepararía un plan de gestión actualizado sobre la base de los resultados del sondeo, el cual se presentaría durante la XXI Reunión del CPA.

(178) El Reino Unido señaló que el enfoque de Nueva Zelandia de usar UAV y RPAS para vigilar y sondear las ZAEP marca la forma de vigilar las zonas protegidas en la Antártida en el futuro, y que esta tecnología mejorará la posibilidad de comprender de mejor manera las zonas protegidas.

(179) En relación con este tema del programa se presentaron también los siguientes documentos:

- Documento de Información IP 34, *Workshop on Environmental Assessment of the McMurdo Dry Valleys: Witness to the Past and Guide to the Future* [Taller sobre la evaluación medioambiental de los valles secos McMurdo: testigo del pasado y guía para el futuro] (Estados Unidos).

- Documento de Información IP 44, *Significant change to ASPA No 151 Lions Rump, King George Island (Isla 25 de Mayo), South Shetland Islands* [Cambio importante a la ZAEP n.° 151, Anca de León, Isla Rey Jorge (isla 25 de Mayo), islas Shetland del Sur] (Polonia).

- Documento de Información IP 73, *Deception Island Antarctic Specially Managed Area (ASMA No. 4) - 2017 Management report* [Zona Antártica Especialmente Administrada Isla Decepción (ZAEA n.° 4): Informe de gestión de 2017] (Estados Unidos, Argentina, Chile, Noruega, España y el Reino Unido).

Tema 10: Conservación de la flora y fauna antárticas

10a) Cuarentena y especies no autóctonas

(180) El Reino Unido presentó el Documento de Trabajo WP 5, *Protocolo de respuesta ante especies no autóctonas*, el cual preparó en conjunto con España, en el que presentó un Protocolo de Respuesta no obligatorio para facilitar la toma de decisiones en el caso de que se sospeche de la presencia una especie no autóctona en la zona del Tratado Antártico. En numerosas ocasiones, el CPA ha reconocido la importancia de continuar elaborando directrices a fin de ayudar a las Partes a responder ante la posible introducción de especies no autóctonas.

(181) Los coautores recomendaron al Comité debatir el Protocolo de Respuesta durante el periodo intersesional, con el objetivo de incluir dicho Protocolo de Respuesta en el Manual sobre Especies No Autóctonas durante la XXI Reunión del CPA.

(182) El Comité agradeció al Reino Unido y a España por presentar el Protocolo de Respuesta no obligatorio propuesto y señaló que este trabajo se relaciona con las necesidades y las medidas que se identificaron en el Manual sobre Especies No Autóctonas del CPA, el Plan de Trabajo Quinquenal del CPA y el Programa de Trabajo de Respuesta al Cambio Climático. El Comité destacó el valor de la inclusión de dicho Protocolo de Respuesta en el Manual sobre Especies No Autóctonas.

(183) Varios de los Miembros indicaron que estarían de acuerdo en aprobar el Protocolo de Respuesta, de acuerdo a lo que se presentó en el Documento de Trabajo WP 5. Otros Miembros expresaron su deseo de profundizar el debate sobre el documento. El Comité apreció la oferta del Reino Unido y España de consultar a los Miembros interesados durante el periodo intersesional, a fin de profundizar la revisión del Protocolo de Respuesta, con el objetivo de incorporarlo en el Manual sobre Especies No Autóctonas del CPA durante la XXI Reunión del CPA.

(184) El Comité señaló que, según corresponda, se considerarían en mayor medida varios de los comentarios de los Miembros formulados durante los debates intersesionales, entre ellos: los requisitos relacionados con la evaluación de impacto ambiental de las medidas de respuesta; las preguntas sobre especies no autóctonas que se puedan haber descubierto recientemente, pero que pueden haber estado asentadas durante algún tiempo; y la idea de desarrollar una guía ilustrativa para asistir en la identificación de especies particulares en el terreno a fin de complementar el manual.

(185) Como comentario más general, Noruega sugirió que el Comité podría considerar, en el futuro, las circunstancias bajo las cuales las medidas de respuesta ante especies no autóctonas podrían constituir medidas de respuesta de emergencia de acuerdo con las disposiciones del Protocolo y, de este modo, no necesitar una evaluación de impacto ambiental previa.

(186) El Comité agradeció la amable oferta del SCAR de aportar información para la XXI Reunión del CPA con respecto al trabajo y la experiencia existente, la cual estaría disponible para identificar a las especies no autóctonas.

(187) Con respecto al proceso de actualización del Manual sobre Especies No Autóctonas, el Comité acordó que:

- el manual tiene como propósito ser una herramienta dinámica, que se pueda actualizar fácilmente para reflejar una práctica recomendable;
- se solicitaría a la Secretaría actualizar la versión en línea del manual después de cada reunión, según corresponda, a fin de reflejar cualquier cambio acordado por el Comité;

- dichos cambios se señalizarán de una manera que indique que el Comité los refrendó, pero que la RCTA aún no los ha aprobado de manera formal;

- el Comité incluirá una medida en su Plan de Trabajo Quinquenal mediante la cual se realizará una revisión completa y periódica del manual y se presentarán a la RCTA las modificaciones resultantes para su aprobación mediante una Resolución.

(188) De conformidad con este acuerdo, el Comité solicitó a la Secretaría que actualice la versión en línea del Manual sobre Especies No Autóctonas según corresponda, a fin de que refleje el acuerdo del Comité con respecto a lo siguiente:

- actualizar las *Regiones biogeográficas de conservación de la Antártida* (Documento de Trabajo WP 29);

- refrendar el *Código de Conducta del SCAR para la exploración e investigación de medioambientes acuáticos subglaciares* (Documento de Trabajo WP 17); e

- incorporar un enlace al *Manual sobre Especies No Autóctonas que desarrolló Argentina para las actividades de su Programa Antártico Nacional* (Documento de Información IP 128, rev. 1).

(189) La República de Corea presentó el Documento de Trabajo WP 26, *Plan de acción conjunto de las Partes para la ordenación de moscas no autóctonas en la isla Rey Jorge (isla 25 de Mayo), islas Shetland del Sur*, preparado en conjunto con el Reino Unido, Chile y Uruguay. En el documento se señaló que durante la XIX Reunión del CPA, el Comité acordó que las Partes con estaciones en la Isla Rey Jorge (isla 25 de Mayo) deben revisar sus plantas de tratamiento de aguas residuales para ver si presentan infestaciones de invertebrados no autóctonos y, si se encontraran presentes, deben unir sus esfuerzos de investigación colaborativa para determinar el origen de la especie e identificar las respuestas de gestión práctica y coordinada para la erradicación o control de la mosca. El documento informó sobre la distribución de la especie en el medioambiente natural y al interior de las estaciones, y las medidas iniciales de una respuesta internacional coordinada para la gestión del problema.

(190) El Comité acogió de buen grado el Documento de Trabajo WP 26 y agradeció a los coautores por la actualización sobre los temas que se debatieron en la XIX Reunión del CPA. El Comité felicitó a las Partes participantes por su

esfuerzo constante para erradicar a esta mosca no autóctona de las plantas de tratamiento de aguas residuales en ciertas estaciones de la Isla Rey Jorge (isla 25 de Mayo). El Comité alentó a las Partes que tengan estaciones en la isla Rey Jorge (isla 25 de Mayo) a revisar sus instalaciones a fin de detectar a la mosca no autóctona y a realizar un seguimiento continuo y periódico para determinar su presencia en el medioambiente. También alentó a las Partes a desarrollar en forma conjunta programas coordinados y normalizados de seguimiento y erradicación para controlar efectivamente la diseminación de la especie y a unirse al proyecto de investigación colaborativa. Con respecto a esto, el Comité señaló que Argentina y China, que también cuentan con estaciones en la isla, manifestaron su disposición para participar en este esfuerzo colaborativo.

(191) El Comité también destacó el anuncio del COMNAP de que sus Miembros habían desarrollado una lista de cotejo de especies no autóctonas y módulos de capacitación sobre asuntos relacionados con especies no autóctonas, y que se encontraría preparado para brindar apoyo en este esfuerzo continuo en caso de que se solicite.

(192) Como respuesta a una consulta, la República de Corea señaló que había limpiado los tanques de aguas residuales de su estación y que usó trampas para insectos, pero que, lamentablemente, estas medidas resultaron infructuosas para la erradicación de la mosca, por lo que continuaría considerando otras opciones de erradicación. El Comité espera con interés los informes sobre estos asuntos en una próxima Reunión.

(193) Polonia presentó el Documento de Información IP 47, *Eradication of a non-native grass* Poa annua L. *from ASPA No. 128 Western Shore of Admiralty Bay, King George Island, South Shetland Islands* [Erradicación de la hierba no autóctona *Poa annua* de la costa occidental de la bahía Almirantazgo (Bahía Lasserre), Isla Rey Jorge (isla 25 de Mayo), islas Shetland del Sur]. En este documento se presentaron los resultados de un estudio de investigación sobre la erradicación de la especie no autóctona *Poa annua* de la ZAEP n.° 128 y de la Estación Arctowski. También se informó sobre las actividades de seguimiento de la estación antártica durante la temporada 2016-2017 y se hizo hincapié en que, de llevarse a cabo la erradicación, este sería un proyecto a largo plazo.

(194) El Comité agradeció a Polonia por la presentación de este documento. Junto con recordar su anterior solicitud de recibir actualizaciones sobre esta actividad y agradecer las actividades en curso de erradicación y seguimiento, el Comité felicitó a Polonia por su esfuerzo constante y señaló que esperaba con interés las actualizaciones de parte de ese país sobre el éxito de esta actividad.

(195) Argentina presentó el Documento de Información IP 128 rev. 1, *Prevención de la introducción de especies no autóctonas al continente antártico: Manual de operaciones del programa antártico argentin*o. El documento informó que Argentina desarrolló un manual para evitar la propagación de especies no autóctonas a través de su Programa Antártico Nacional, que lleva a cabo una amplia gama de operaciones científicas y logísticas. El manual fue desarrollado en fichas técnicas específicas y se organizó en relación con los medios logísticos (depósitos de almacenamiento de carga, aeronaves y buques) y en relación con el personal asignado (logístico y científico). Destacó que era el primer documento redactado en español sobre este tema, y que todo el material original se presentó en ese idioma, algo muy conveniente para otros programas llevados a cabo por personas de habla hispana. Argentina expresó su deseo de compartir esta herramienta con otros Miembros y propuso que el CPA considere incluir este manual en la sección Directrices y recursos del Manual sobre Especies No Autóctonas del CPA.

(196) El Comité agradeció a Argentina por la presentación del manual para prevenir la introducción de especies no autóctonas a través de las actividades de su Programa Antártico Nacional. Varios Miembros mencionaron que tener este material disponible en español era un aporte muy útil y valioso que otros programas antárticos nacionales de habla hispana podrían aprovechar como les pareciera adecuado. El Comité respaldó la propuesta de Argentina de incluir el manual en la sección Directrices y recursos del Manual sobre Especies No Autóctonas del CPA.

(197) En relación con este tema del programa se presentaron también los siguientes documentos:

- Documento de Información IP 54, *Detection and eradication of a non-native Collembola incursion in a hydroponics facility in East Antarctica* [Detección y erradicación de una incursión de un colémbolo no autóctono en una instalación de hidroponía en la Antártida Oriental] (Australia).

10b) Especies especialmente protegidas

(198) No se presentaron documentos de trabajo en relación con este tema del programa.

10c) Otros asuntos relacionados con el Anexo II

(199) El SCAR presentó el Documento de trabajo WP 13, *La Antártida y el Plan Estratégico para la Diversidad Biológica 2011 a 2020*, preparado de manera conjunta con Mónaco y Bélgica. El documento proporcionaba un resumen de los resultados y recomendaciones de la reunión realizada por el SCAR, el Principado de Mónaco y otros asociados en junio de 2015 para evaluar la biodiversidad Antártica y del Océano Austral, así como su estado de conservación en el contexto del Plan Estratégico para la Diversidad Biológica 2011 a 2020 y sus Metas de Aichi. Las conclusiones de la evaluación fueron las siguientes: los cinco objetivos del Plan Estratégico y las Metas de Aichi están en consonancia con la labor exhaustiva e integradora llevada a cabo a través del STA para garantizar una protección integral del medioambiente antártico; y que los acuerdos del STA ofrecen una oportunidad incomparable para mejorar la conservación en el transcurso de los próximos cinco años, en especial dada la Declaración de Santiago de la XXXIX RCTA - XIX Reunión del CPA, y el respaldo a la conservación por parte de todas las organizaciones involucradas en la región. Los coautores recomendaron que el Comité considere el desarrollo, en colaboración con sus asociados, de una estrategia y plan de acción integrados en materia de biodiversidad para la Antártida y el Océano Austral. Esto ayudará a hacer efectivo el compromiso asumido por las Partes Consultivas del Tratado Antártico con relación a profundizar sus esfuerzos para preservar y proteger los medioambientes terrestres y marinos de la Antártida, y a sentar las bases de una contribución Antártica y del Océano Austral para realizar una evaluación de verdadero carácter mundial acerca del estado de la biodiversidad y de su ordenación en 2020. Bélgica sugirió que el portal *"biodiversity.aq"* podría desempeñar una función clave en este proceso.

(200) El Comité agradeció al SCAR, a Bélgica y a Mónaco por el documento y por sus esfuerzos constantes para evaluar el estado de la biodiversidad en la Antártida y el Océano Austral. Algunos Miembros apoyaron la recomendación de que el CPA considere el desarrollo de una estrategia y un plan de acción integrados en materia de biodiversidad para la Antártida y el Océano Austral. Algunos Miembros señalaron que este trabajo está en consonancia con el Artículo 3(2) del Tratado. Otros Miembros, si bien no respaldaron esta recomendación, expresaron su apoyo al trabajo que se realiza en el CPA en aras de una mayor comprensión de la biodiversidad y su conservación en la Antártida, incluida la continuación del trabajo previsto del SCAR, de Mónaco y Bélgica, y acogieron de buen grado la

información entregada por el SCAR en cuanto a los progresos de su estrategia de conservación.

(201) El Comité señaló que una mayor comprensión del estado de la biodiversidad en la Antártida contribuiría también a los esfuerzos internacionales hacia la conservación de la biodiversidad, y recalcó que el Sistema del Tratado Antártico era el marco adecuado para la conservación de la biodiversidad en la zona abarcada por el Tratado Antártico. Destacó que actualmente existen numerosas medidas para garantizar que toda la Antártida tenga un alto nivel de protección y conservación de acuerdo con las disposiciones contenidas en el Protocolo Ambiental y la Convención de la CCRVMA. El Comité recordó que gran parte de su trabajo se orienta a la protección y conservación de la biodiversidad antártica, incluidas las acciones identificadas en el Plan de Trabajo Quinquenal y el CCRWP. El Comité celebró los esfuerzos del SCAR, Bélgica, Mónaco y de otros Miembros por desarrollar herramientas y enfoques basados en evidencia, incluso a través de un nuevo taller programado para julio de 2017, con el propósito asistir al CPA en el abordaje de los desafíos de la conservación de la biodiversidad antártica, y alentó a aquellos involucrados a traer otras propuestas para su consideración.

(202) La ASOC expresó su aprecio por el trabajo de los coautores de evaluar el estado de la biodiversidad en la Antártida y de llamar la atención hacia las instancias donde se requiere más trabajo. Observó en particular que, debido al calentamiento y la acidificación del Océano Austral, así como al impacto asociado en los servicios ecosistémicos, es imprescindible hacer un esfuerzo para manejar y proteger estos servicios mundiales. La ASOC destacó la necesidad de un mayor trabajo en la designación de zonas terrestres y áreas marinas, y en especial en garantizar que dichas zonas terrestres y áreas marinas designadas sean representativas de áreas importantes para la biodiversidad. La ASOC respaldó la recomendación de los coautores respecto a que el CPA desarrolle una estrategia y un plan de acción sobre biodiversidad integrados para la Antártida y el Océano Austral. La ASOC indicó que esperaba que para 2020 se realizaría un avance significativo en la implementación de la estrategia y plan de acción.

Vehículos Aéreos no Tripulados / Sistemas de Aeronaves Dirigidas por Control Remoto

(203) El Comité recordó que había analizado los impactos medioambientales del uso de Vehículos Aéreos no Tripulados (UAV) y Sistemas de Aeronaves Dirigidas por Control Remoto (RPAS) en la Antártida, había recibido el

acuerdo anterior del SCAR para informar en la XX Reunión del CPA sobre los impactos de estos dispositivos sobre la vida silvestre y había acordado dar mayor consideración en dicha reunión al desarrollo de una orientación para los aspectos medioambientales del uso en la Antártida de UAV y RPAS. Tras indicar que el tema había sido debatido durante varios años, el Comité señaló que el Plan de Trabajo Estratégico Plurianual de la RCTA incluía una acción para que la XL RCTA considere el asesoramiento del CPA relacionado.

(204) El SCAR presentó el Documento de Trabajo WP 20, *Estado actual de los conocimientos acerca de las respuestas de la vida silvestre a los Sistemas de Aeronaves Dirigidas por Control Remoto (RPAS)*, e hizo referencia al Documento de Antecedentes BP 1, *Best Practice for Minimising Remotely Piloted Aircraft System Disturbance to Wildlife in Biological Field Research* [Prácticas recomendables para reducir a un mínimo la perturbación de los Sistemas de Aeronaves Dirigidas por Control Remoto a la vida silvestre en las investigaciones biológicas en terreno], que presentó una síntesis de 23 documentos de investigación científica publicados sobre las respuestas de la vida silvestre a los RPAS. Conforme a las recomendaciones del SCAR formuladas en el Documento de Trabajo WP 27 durante la XXXVIII RCTA, el documento respaldó la conclusión de que no existe una solución única para la mitigación de las respuestas de la vida silvestre a los RPAS, y que las directrices claramente deben ser específicas en función de cada sitio y cada especie, además de considerar el tipo de RPAS utilizado, incluido el ruido que genera. El SCAR recomendó que el Comité considere la implementación de directrices preliminares en materia de prácticas recomendables para todo tipo de uso de RPAS en proximidad de la vida silvestre antártica, como se presentó en el Documento de trabajo WP 20, hasta que se cuente con más información. Además identificó las prioridades para los estudios futuros sobre respuestas de la vida silvestre a los RPAS en la Antártida.

(205) Alemania presentó el Documento de información IP 38, *Use of UAVs in Antarctica, A competent authority's perspective and lessons learned* [Uso de UAV en la Antártida: la perspectiva de una autoridad nacional competente y las lecciones aprendidas], que ofreció la perspectiva de la autoridad competente nacional alemana sobre los diferentes aspectos del uso de Vehículos Aéreos no Tripulados (UAV) en la Antártida. De acuerdo con las experiencias sobre la autorización y uso de drones en la Antártida por parte de diferentes interesados, Alemania señaló que consideraba que se necesitaban directrices que rijan el uso de UAV en la Antártida. También alentó a otras autoridades nacionales competentes a que compartan sus experiencias con

su propia autorización o mediante la autorización de procedimientos para la operación de UAV.

(206) Polonia presentó el Documento de información IP 45, *UAV remote sensing of environmental changes on King George Island (South Shetland Islands): update on the results of the third field season 2016/2017* [Teledetección de los UAV de los cambios medioambientales en la Isla Rey Jorge (isla 25 de Mayo): actualización sobre los resultados de la tercera temporada en terreno del período 2016/2017], que proporcionó una actualización sobre la tercera temporada realizada exitosamente en terreno de un programa de observación mediante el uso de UAV de ala fija para recopilar datos medioambientales geoespaciales. Los científicos polacos usaron un UAV con motor a pistones para recopilar datos sobre el tamaño y distribución de la población de pingüinos y pinnípedos y un trazado de las comunidades vegetales, y habían realizado observaciones del impacto del sobrevuelo sobre los elefantes marinos. Polonia agradeció a Chile por su ayuda en el desempeño de sus actividades asociadas a los UAV.

(207) Polonia presentó el Documento de información de IP 46, *UAV impact – problem of a safe distance from wildlife concentrations* [Impacto de los UAV: problemas de una distancia segura con respecto a las concentraciones de vida silvestre], que analizó un estudio de investigación sobre la perturbación de los lugares de anidación de pingüinos Adelia ocasionada por los UAV, además de las experiencias obtenidas durante tres temporadas antárticas en el uso de UAV de ala fija para recopilar diversos datos medioambientales. En temas medioambientales, se señaló que la mayor parte de las pruebas previas con cámara y sensores se realizó en Polonia antes de su uso en terreno. Adjunto al documento, Polonia presentó también un proyecto de directrices preparadas por el programa antártico polaco para el futuro uso de UAV de ala fija cerca de colonias de vida silvestre.

(208) El COMNAP presentó el Documento de Información IP 77, *Update from the COMNAP Unmanned Aerial Systems Working Group (UAS-WG)* [Actualización del Grupo de Trabajo del COMNAP sobre Sistemas Aéreos no Tripulados (GT-UAS)]. Señaló que el documento contenía dos puntos de especial relevancia para las deliberaciones del CPA. En primer lugar, los relevamientos de los Sistemas de Aeronaves Dirigidas por Control Remoto (RPAS) que los programas antárticos nacionales usan en la Antártida mostraron que un 80 % de los países tenían legislación local relacionada y un 33 % de ellos los utilizó en sus operaciones antárticas. En segundo lugar, el documento puso de relieve los múltiples usos científicos y de gestión medioambiental que podían ofrecer los RPAS.

(209) El SCAR indicó que se encontraba en curso considerable investigación sobre el uso de RPAS en la Antártida. Con respecto al asunto de las distancias de los RPAS con respecto a las colonias de aves, el SCAR hizo hincapié en que las directrices presentadas en el Documento de Trabajo WP 20 eran de naturaleza precautoria, si bien, al mismo tiempo, se basaban en evidencia científica. El SCAR señaló que continuará centrándose en los resultados científicos basados en la evidencia, y agradeció el apoyo a las investigaciones posteriores en estas materias.

(210) El Comité agradeció al SCAR por su completo informe sobre el estado del conocimiento de las respuestas de la vida silvestre ante el uso de RPAS en la Antártida, y agradeció además a los autores de los demás documentos presentados. El Comité reconoció nuevamente los beneficios de usar UAV o RPAS en la investigación y vigilancia, entre otros, la posible reducción de riesgos medioambientales. Reconoció el valor de las directrices basadas en prácticas recomendables precautorias sobre el uso de RPAS en lugares cercanos a vida silvestre en la Antártida presentadas en el Documento de Trabajo WP 20 y acordó fomentar la difusión y uso de dichas directrices como medida provisional en función del posterior desarrollo de directrices más amplias sobre los aspectos medioambientales del uso de UAV y RPAS en la región. El Comité señaló que el futuro trabajo intersesional podría considerar otros impactos medioambientales asociados al uso de UAV y RPAS en la Antártida diferentes a aquellos asociados a la perturbación de la vida silvestre, directrices específicas para sitios y para especies acerca de su uso, además de la forma en que podría evaluarse en el futuro el uso de UAV en proyectos científicos.

(211) El Comité entregó su respaldo a la recomendación del SCAR en cuanto a que los futuros estudios sobre la respuesta de la vida silvestre a los UAV y RPAS en la Antártida deberán considerar lo siguiente:

- Un abanico de especies, incluidas aves marinas y lobos marinos.
- Respuestas comportamentales y fisiológicas.
- Efectos demográficos, incluidas las cifras de reproducción y el éxito reproductivo.
- Condiciones medioambientales tales como el viento y el ruido.
- Los efectos de los diversos tamaños y características de los RPAS.
- La manera en que el ruido de los RPAS afecta la vida silvestre.
- Comparaciones con sitios de control y alteraciones causadas por la actividad humana.
- Los efectos del acostumbramiento.

(212) El Comité señaló que la lista de necesidades científicas identificadas en el Documento de trabajo WP 34 podría actualizarse en consecuencia como parte de la revisión de la lista en la XXI Reunión del CPA.

(213) El COMNAP señaló su favorable acogida del asesoramiento ofrecido por el SCAR, el que había compartido con sus Miembros y usaría como referencia para las futuras revisiones de su Manual sobre UAS, y agregó que alentaba la elaboración de directrices específicas de acuerdo a la situación para el uso de RPAS. La IAATO informó que sus miembros acordaron continuar la prohibición del uso recreativo de UAV y RPAS en las zonas costeras.

(214) El Comité decidió establecer un GCI a cargo de elaborar pautas sobre los aspectos medioambientales del uso de UAV y RPAS en la Antártida. Señaló que el trabajo del GCI podría aprovechar el Documento de Trabajo WP 20 de la XL RCTA (SCAR), el Documento de Información IP 77 de la XL RCTA (COMNAP) y otros documentos presentados sobre esta materia en las reuniones de CPA, además de los resultados de la investigación científica en curso y las experiencias de las autoridades nacionales competentes.

(215) El Comité expresó su acuerdo en que el GCI debería funcionar bajo los siguientes Términos de Referencia:

1. revisar y actualizar la información disponible en relación con los aspectos medioambientales de los UAV y RPAS, lo que incluye las experiencias sobre su uso por parte de los programas nacionales y la IAATO;

2. recopilar información de las autoridades competentes en relación con los aspectos medioambientales de sus procedimientos de autorización o permisos para las operaciones de UAV y RPAS;

3. basándose en un enfoque precautorio, elaborar directrices sobre los aspectos medioambientales del uso de UAV y RPAS en la Antártida considerando los diferentes propósitos (por ejemplo, fines científicos, logísticos, comerciales y recreativos) y el tipo de UAV y RPAS, incluidas las condiciones específicas de los sitios y las especies;

4. informar el resultado mediante la inclusión de una propuesta de directrices para la XXI Reunión del CPA.

(216) El Comité acogió de buen grado la oferta del Dr. Heike Herata (Alemania) de actuar como coordinador del GCI.

(217) El SCAR, el COMNAP y la IAATO pusieron de manifiesto su compromiso de seguir contribuyendo en el trabajo del Comité con respecto a estos asuntos, incluso a través del GCI.

Asesoramiento del CPA a la RCTA sobre Vehículos Aéreos no Tripulados (UAV) y Sistemas de Aeronaves Dirigidas por Control Remoto (RPAS)

(218) Al señalar que el Plan de Trabajo Estratégico Plurianual de la RCTA incluye una medida para considerar el asesoramiento del Comité sobre los UAV y RPAS, el Comité acordó informar a la RCTA lo siguiente:

- que había alentado la difusión y uso de las directrices basadas en prácticas recomendables precautorias sobre el uso de Vehículos Aéreos no Tripulados (UAV) y Sistemas de Aeronaves Dirigidas por Control Remoto (RPAS) en lugares cercanos a vida silvestre en la Antártida, como se describe en el Documento de Trabajo WP 20;

- que había manifestado su acuerdo en cuanto a que los estudios futuros sobre la respuesta de la vida silvestre ante los UAV y RPAS en la Antártida deben considerar los asuntos identificados en el Documento de Trabajo WP 20; y

- que había acordado el establecimiento de un grupo de contacto intersesional a cargo de elaborar pautas sobre los aspectos medioambientales del uso de UAV y RPAS en la Antártida para su consideración en la XXI Reunión del CPA.

(219) Argentina presentó el Documento de Trabajo WP 44, *Mecanismos de protección para la colonia de pingüino emperador de la isla Cerro Nevado, noreste de la Península Antártica*, que propone la evaluación de diferentes mecanismos de protección para la colonia de pingüinos emperador de la isla Cerro Nevado, en el contexto actual de cambio climático y presiones antropogénicas. Argentina se refirió a la necesidad de iniciar los debates sobre los diferentes mecanismos de protección adicional de la colonia. En el marco del sistema del Tratado Antártico (ATS), se refirió a las diferentes formas de conferir protección adicional, tales como la designación de especies especialmente protegidas (EEP), la creación de Zonas Antárticas Especialmente Protegidas (ZAEP), y las normas relativas a los visitantes mediante el establecimiento de Directrices para sitios. Al destacar su creencia de que existen suficientes elementos para proponer la protección de la colonia por medio de la designación de una ZAEP, Argentina señaló que la designación real es un proceso que puede tardar varios años. Hasta que

se determine si es necesario implementar este mecanismo de protección u otra medida más restrictiva, de acuerdo a un enfoque preventivo, Argentina presentó una serie de directrices específicas de comportamiento en el terreno de la colonia de pingüinos emperador de la isla Cerro Nevado, que podrían aprobarse y tener aplicación inmediata. Argentina recomendó que el CPA: evalúe la relevancia de conferir protección adicional a la colonia de pingüinos emperador de la isla Cerro Nevado; considere las directrices sobre comportamiento proporcionadas en el Anexo al Documento de Trabajo WP 44 hasta que se evalúe la necesidad de mecanismos de protección más restrictivos; y ofrezca asistencia en cuanto a la identificación de mecanismos alternativos de protección que no se hubieran contemplado en el Documento de Trabajo WP 44.

(220) El SCAR llamó la atención del Comité hacia el trabajo publicado recientemente por Robin Cristofari y otros, llamado *Full circumpolar migration ensures unity in the Emperor penguin* [La migración circumpolar completa garantiza la unidad de los pingüinos emperador], publicada en 2016 en *Nature Communications*. En este trabajo se sugirió que los pingüinos emperador fueron una unidad demográfica única, lo cual implica que las acciones locales relacionadas con los pingüinos emperador podrían estar influenciadas por procesos que ocurren en regiones distantes del continente. El Reino Unido declaró su intención de presentar evidencias en la XXI Reunión del CPA en relación con las variaciones en la colonia de pingüinos emperador en la región de la Península, y su esperanza de que esto contribuyera a este análisis.

(221) El Comité agradeció a Argentina por el documento y concordó en que es importante evaluar la relevancia de conferir protección adicional a la colonia de pingüinos emperador de la isla Cerro Nevado. El Comité aceptó recomendar la aplicación de las *Directrices de comportamiento en las cercanías de la colonia de pingüinos emperador de la isla Cerro Nevado*, presentadas en el Documento de Trabajo WP 44, como una medida provisional hasta que se evalúe la necesidad de desarrollar mecanismos de protección más restrictivos.

(222) El Comité aceptó apoyar a Argentina en la realización de trabajos posteriores para desarrollar mecanismos de protección de la colonia e instó a los demás Miembros y Observadores interesados a contribuir a este trabajo. El Comité instó a los Miembros a continuar el trabajo científico relacionado con los pingüinos emperador para monitorear las tendencias de la población en las colonias. El Comité también agradeció a la IAATO por su recomendación

de distribuir entre sus Miembros las directrices sobre comportamiento y proporcionar comentarios al CPA en relación con la aplicación de dichas directrices. El Comité acogió con beneplácito la recomendación del SCAR relacionada con las recientes investigaciones relevantes que se pueden tomar en cuenta durante la consideración de estos asuntos por parte de Argentina y el Comité. El Comité espera recibir una actualización de Argentina en una futura reunión.

Asesoramiento del CPA a la RCTA sobre los mecanismos de protección para la colonia de pingüinos emperador de la isla Cerro Nevado

(223) El Comité aceptó informar a la RCTA sobre su acogida del Documento de Trabajo WP 44 y su acuerdo en cuanto a recomendar la aplicación de las *Directrices de comportamiento en las cercanías de la colonia de pingüinos emperador de la isla Cerro Nevado* como una medida provisional hasta que se evalúe la necesidad de desarrollar mecanismos de protección más restrictivos.

---

(224) España presentó el Documento de Información IP 20, *The role of monitoring, education and EIA in the prevention of vegetation trampling within ASPA No. 140, Site C: Caliente Hill* [La función del seguimiento, la educación y las EIA en la prevención del pisoteo de la vegetación dentro de la ZAEP n.° 140, Sitio C: cerro Caliente], preparado en conjunto con el Reino Unido. El documento resumió la forma en que las comunidades de vegetación extremadamente poco comunes ubicadas en el terreno calentado por fuentes geotérmicas dentro del Sitio C, cerro Caliente, de la ZAEP 140, Partes de la isla Decepción, se han sometido al impacto acumulativo de las pisadas. Se informó que los coautores habían desarrollado un sistema de trazado de alta precisión y confeccionado mapas de cada comunidad, y enviarán esta información a todos los operadores de turismo y científicos activos en la región. Los coautores instaron a las demás Partes activas en la zona a que instruyan a su personal científico y de apoyo logístico que ingrese a la zona respecto de la vulnerabilidad de las comunidades de vegetación, y a incorporar medidas para mitigar el posible impacto de las pisadas en la evaluación de impacto ambiental para la investigación de campo propuesta.

(225) Alemania llamó la atención del Comité con respecto al Documento de Información IP 37, *Bird Monitoring in the Fildes Region* [Observación de aves en la región de Fildes] y al Documento de Información IP 39, *Study on monitoring penguin colonies in the Antarctic using remote sensing data*

[Estudio sobre la observación de las colonias de pingüinos en la Antártida con datos de teledetección], e hizo notar que los informes de cada investigación se encontraban disponibles en línea en los siguientes enlaces: Documento de Información IP 37, *http://www.umweltbundesamt.de/publikationen/ monitoring-the-consequences-of-local-climate-change* y Documento de Información IP 39, *https://www.umweltbundesamt.de/publikationen/ monitoring-penguin-colonies-in-the-antarctic-using.*

(226) En relación con este tema del programa se presentó también el siguiente documento:

- Documento de Información IP 75, *A report on the development and use of the UAS by the US National Marine Fisheries Service for surveying marine mammals* [Un informe sobre el desarrollo y uso de UAS por parte del Servicio Nacional de Pesca Marina de EE. UU. para la observación de mamíferos marinos] (Estados Unidos).

Tema 11: Vigilancia ambiental e informes sobre el estado del medio ambiente

(227) El Comité recordó que la XXXIX RCTA solicitó que el CPA desarrolle una serie de estimaciones más probables de los niveles críticos estimados que permitan orientar los esfuerzos de vigilancia, tal como se reseña en la Recomendación 7 del Estudio sobre Turismo del CPA de 2012. Señaló que la Recomendación 7 hace referencia a la Recomendación 3, que fue sujeto de trabajo continuo para desarrollar una metodología para evaluar la vulnerabilidad de los sitios utilizados por los visitantes.

(228) Australia presentó el Documento de Información IP 83 rev. 1, *Update on work to develop a methodology to assess the sensitivity of sites used by visitors* [Actualización del trabajo para desarrollar una metodología para evaluar la vulnerabilidad de los sitios utilizados por los visitantes], preparado en conjunto con Nueva Zelandia, Noruega, el Reino Unido y Estados Unidos, junto a la IAATO. El documento ofreció una actualización adicional al trabajo realizado tras la XIX Reunión del CPA de desarrollar una evaluación de la vulnerabilidad de los sitios utilizados por los visitantes (Recomendación 3) y sobre las siguientes acciones previstas. Tras el debate sobre este tema durante la XIX Reunión del CPA en 2016, se recibieron sugerencias de parte de los demás Miembros y Observadores en relación con el posterior desarrollo del proyecto de metodología sobre la vulnerabilidad de los sitios. Los autores planificaron una revisión de la metodología aprovechando estas

sugerencias y la realización de una prueba de "escritorio" como preparación para las posibles pruebas de campo. El documento presentó también las perspectivas iniciales de los coautores en relación con la Recomendación 7 acerca del Estudio sobre Turismo del CPA de 2012 sobre las estimaciones más probables de los niveles críticos estimados que permitan orientar los esfuerzos de vigilancia. Se señaló que la identificación de los niveles críticos para orientar los esfuerzos de vigilancia y gestión del sitio estarían informados adecuadamente por medio de un análisis de la vulnerabilidad de los sitios a las visitas, por lo que el trabajo continuo de seguir desarrollando la metodología sobre vulnerabilidad del sitio sería un paso importante para avanzar en lo dispuesto en las Recomendaciones 3 y 7.

(229) El Comité agradeció a los autores por el documento y apreció sus constantes esfuerzos en el desarrollo de una metodología destinada a evaluar la vulnerabilidad de los sitios utilizados por los visitantes, además de señalar que este trabajo podría aportar al progreso tanto de la Recomendación 3 como de la Recomendación 7 del estudio sobre turismo del CPA.

(230) La IAATO informó que se mantenía dispuesta a contribuir al proceso si fuera necesario.

Asesoramiento del CPA a la RCTA sobre las Recomendaciones del Estudio sobre turismo de 2012 del CPA

(231) El Comité señaló que la XXXIX RCTA había solicitado al CPA la tarea de desarrollar una serie de "estimaciones más probables" de los niveles críticos estimados que permitan orientar los esfuerzos de vigilancia, tal como se reseña en la Recomendación 7 del Estudio sobre Turismo del CPA de 2012. El Comité había considerado un informe sobre el trabajo en curso, de acuerdo con la Recomendación 3, de desarrollar una metodología de evaluación de la vulnerabilidad de los sitios ante las visitas turísticas y señaló, además, que este trabajo también sería importante para abordar la Recomendación 7.

(232) La OMM presentó el Documento de Información IP 113, *The Global Cryosphere Watch and CryoNet* [La Vigilancia de la Criósfera Global y CryoNet]. En este se explica que la Vigilancia de la Criósfera Global (VCG), cuando se encuentre completamente operativa, permitiría la evaluación de la criósfera y sus cambios, además de proporcionar un amplio acceso a información sobre la criósfera. Informó además sobre la red de la VCG en estaciones de observación normalizadas (CryoNet), y que ocho de los países que mantienen estaciones en la Antártida ofrecieron sus estaciones para su

inclusión en la red de observación VCG. La OMM instó a los Miembros y Observadores a considerar su aporte a la VCG al: considerar si alguna de las estaciones de observación que administran y operan en la Antártida podría proponerse como un sitio o una estación de CryoNet; e informar a la VCG si se encuentran en conocimiento de fuentes existentes de datos criosféricos para la Antártida que puedan contribuir a la VCG y que puedan detectarse mediante el Portal de Datos de la VCG.

(233) La OMM también presentó el Documento de Información IP 114, *The Polar Space Task Group: Coordinating Space Data in the Antarctic Region* [Grupo de tareas del espacio polar: coordinación de los datos sobre el espacio en la region antártica]. En este se resumió el trabajo del Grupo de Tareas del Espacio Polar (GTEP), cuyas tareas incluyen la adquisición y distribución de los conjuntos de datos satelitales, y el apoyo del desarrollo de productos para la investigación y la aplicación de la investigación criosférica y científica polar. Estos productos incluyen una gran combinación de datos complementarios sobre altimetría, imágenes del Radar de Apertura Sintética, imágenes ópticas y conjuntos de datos gravimétricos. Otras de las herramientas que se desarrollaron para permitir el acceso a estos conjuntos de datos son la herramienta de gráficos de series temporales del equilibrio de masa gravimétrica de la capa de hielo antártico, de TU Dresden (*https://data1.geo.tu-dresden.de/ais_gmb/*) y CryoPortal de ENVEO (*http://cryoportal.enveo.at/*). El Grupo también generó productos atmosféricos y para el hielo marino.

(234) El Comité reiteró el valor de las actividades de la OMM relacionadas con el clima en la región antártica.

(235) Portugal presentó el Documento de Información IP 22, *Trace element contamination and availability within the Antarctic Treaty Area* [Contaminación y disponibilidad de oligoelementos dentro de la zona del Tratado Antártico] preparado conjuntamente con Chile, Alemania, la Federación de Rusia y el Reino Unido. En este documento se profundizaron los informes anteriores sobre oligoelementos en muestras de suelo y agua marina recolectadas en la Península Fildes y al interior de la ZAEP n.° 150, Isla Ardley, y se informó que la contaminación se originó a partir de fuentes antropogénicas específicas y que esta puede ejercer un efecto adverso sobre la biota autóctona. Los proponentes instaron a los Miembros a compartir sus datos de vigilancia a fin de aportar información para futuras investigaciones de vigilancia y el desarrollo de políticas, y a considerar además la implementación de controles de contaminación y métodos de remediación adecuados.

(236) El SCAR presentó el Documento de Información IP 68, *Update on activities of the Southern Ocean Observing System (SOOS)* [Actualización sobre las actividades del Sistema de observación del Océano Austral (SOOS)], en el que se destacaron los esfuerzos a futuro, se resumieron las actividades y se identificaron los desafíos clave que enfrenta el SOOS. Se señaló que el Grupo de Trabajo del SOOS para el Censo de las poblaciones de animales desde el espacio (CAPS) tiene como objetivo desarrollar un método económico de teledetección para el seguimiento desde el espacio de las poblaciones de fauna, lo cual es relevante para los debates del Comité sobre estos asuntos. También se informó que en 2018 se realizará una conferencia internacional patrocinada por el SOOS sobre una "Evaluación del ecosistema marino para el Océano Austral (MEASO)", la cual apuntaría a evaluar el estado y la tendencia de los hábitats, las especies claves y los ecosistemas del Océano Austral. El documento puso de relieve que el SOOS se encuentra en completa consonancia con los objetivos del Comité y que es fundamental para comprender el Océano Austral y su conservación.

(237) La OMM destacó el importante valor del SOOS y recalcó la importancia de garantizar la continuación de su financiamiento. También agradeció a Australia y a Suecia por su constante apoyo.

(238) El Comité reiteró el valor del trabajo que realiza el SOOS para facilitar la recolección y la entrega de observaciones sobre las dinámicas y los cambios en los sistemas del Océano Austral.

(239) Nueva Zelandia presentó el Documento de Información IP 76, *Supporting the analysis of environments and impacts: A tool to enable broader-scale environmental management* [Apoyo del análisis de los ambientes y los impactos: una herramienta para lograr la gestión ambiental a mayor escala]. En este se proporcionó una actualización sobre el proyecto de investigación de Nueva Zelandia para desarrollar una herramienta que asista en la planificación, el proceso de los permisos y la implementación de las actividades antárticas, a la vez que limite los efectos adversos sobre el medioambiente antártico. Nueva Zelandia destacó que sería una herramienta fácil de usar e invitó a los Miembros a continuar su participación en el desarrollo de esta herramienta.

(240) El Comité agradeció a Nueva Zelandia por el documento, apreció el desarrollo continuo de la herramienta y declaró que espera con interés más informes sobre su herramienta de desarrollo.

(241) El SCAR presentó el Documento de Información IP 81, *Report of Oceanites, Inc.* [Informe sobre Oceanites, Inc.], en el que se describen las actividades de Oceanites, Inc. desde la XXXIX RCTA y que incluye: los resultados de la vigésima tercera temporada consecutiva de campamentos del Inventario de Sitios Antárticos; los últimos documentos científicos; una actualización de la aplicación de Oceanites para el trazado de cartografía sobre las poblaciones y dinámicas proyectadas de los pingüinos y los análisis de Oceanites sobre los desafíos climáticos y los esfuerzos de conservación de los pingüinos; y el informe inaugural *State Of Antarctic Penguins* [Estado de los pingüinos antárticos].

(242) El Reino Unido recordó que trabajó con Oceanites durante muchos años y que continuaba apoyando sus actividades.

(243) La IAATO informó que sus embarcaciones han prestado apoyo para el trabajo de Oceanites desde su comienzo mediante la entrega de asistencia logística y series de datos, y que sus operadores esperan con interés la continuación de este apoyo.

(244) En relación con este tema del programa se presentaron también los siguientes documentos:

- Documento de Información IP 8, *Field Project Reviews: Fulfilling Environmental Impact Assessment (EIA) Monitoring Obligations* [Revisión de proyectos de campo: cumplimiento de las responsabilidades de vigilancia de la Evaluación del Impacto Ambiental (EIA)] (Estados Unidos).

- Documento de Información IP 34, *Workshop on Environmental Assessment of the McMurdo Dry Valleys: Witness to the Past and Guide to the Future* [Taller sobre la evaluación ambiental de los valles secos McMurdo: testigos del pasado y guías para el futuro] (Estados Unidos).

- Documento de Información IP 79, *Environmental monitoring of the reconstruction work of the Brazilian Antarctic Station (2015/16 and 2016/17)* [Vigilancia ambiental del trabajo de reconstrucción de la estación antártica brasileña (2015-2016 y 2016-2017)] (Brasil).

- Documento de Secretaría SP 9, *Actualización del estado presente de las recomendaciones del Estudio sobre turismo del CPA (2012)* (STA).

- Documento de Antecedentes BP 8, *Using virtual reality technology for low-impact monitoring and communication of protected and historic sites in Antarctica* [Uso de la tecnología de realidad virtual para la vigilancia de bajo impacto y la comunicación en sitios protegidos e históricos en la Antártida] (Nueva Zelandia).

Tema 12: Informes sobre inspecciones

(245) Chile presentó el Documento de Trabajo WP 43, *Recomendaciones generales de las inspecciones conjuntas realizadas por Argentina y Chile, en virtud del Artículo VII del Tratado Antártico y el Artículo 14 del Protocolo de Protección Ambiental*, y se refirió al Documento de Información IP 126, *Recomendaciones generales de las inspecciones conjuntas realizadas por Argentina y Chile, en virtud del Artículo VII del Tratado Antártico y el Artículo 14 del Protocolo de Protección Ambiental*, ambos preparados conjuntamente con Argentina. Los autores conjuntos formularon comentarios y recomendaciones generales en relación con las inspecciones conjuntas realizadas en virtud del Artículo VII del Tratado Antártico y el Artículo 14 del Protocolo Ambiental. Estos se basaron en las experiencias obtenidas durante las inspecciones realizadas en conjunto entre el 20 de enero y el 24 de febrero de 2017 por Argentina y Chile, que incluyó a las estaciones Johann Gregor Mendel de la República Checa y Rothera, del Reino Unido. Argentina y Chile señalaron que ambas estaciones cumplían con lo establecido en el Protocolo Ambiental y destacaron los progresos obtenidos en cuanto a eficiencia energética, la cantidad de prácticas orientaciones y capacitación en las estaciones, y la importancia de los procesos de gestión de residuos, que incluía los residuos de naturaleza histórica. Además, ambas naciones agradecieron cordialmente a la República Checa y al Reino Unido por su cooperación y hospitalidad en el transcurso de las inspecciones, y se refirieron a la forma en que estas constituyen un valioso instrumento de aprendizaje tanto para la Parte que realiza la inspección como para la Parte inspeccionada.

(246) La República Checa agradeció a Argentina y a Chile por su inspección conjunta de la estación Johann Gregor Mendel, y acogió con beneplácito sus provechosas recomendaciones, que proporcionaron una provechosa contribución para una mejor operación de la estación. Además, agradeció a Argentina y a Chile por su reconocimiento del alto porcentaje de energías renovables utilizadas en la estación.

(247) El Reino Unido agradeció a Argentina y a Chile por su inspección conjunta de la estación Rothera. Reconoció los beneficios de disminuir la dependencia de los combustibles fósiles. Asimismo, se refirió a los parámetros que se controlaron en la cercana ZAEP N° 129, Punta Rothera, isla Adelaida, que incluyeron los siguientes: seguimiento de las cantidades de skúas y su éxito reproductivo, seguimiento de la contaminación de los suelos, examen para detectar la presencia de especies no autóctonas, y examen del contenido

de metales en los líquenes. El Reino Unido indicó que se pondrán a disposición nuevas evaluaciones medioambientales iniciales (IEE) sobre la modernización del muelle y la estación en el sitio web del British Antarctic Survey (BAS) y en la base de datos sobre EIA.

(248) El Comité expresó sus agradecimientos a Chile y Argentina por el informe sobre las inspecciones realizadas durante 2017. Aceptó con agrado las positivas conclusiones del equipo de inspección en relación con el alto grado de cumplimiento del Protocolo Ambiental y también en relación con el uso de energías renovables, la gestión de residuos, y la disponibilidad de protocolos medioambientales actualizados en las estaciones inspeccionadas. Señalando que la RCTA consideraría también el informe sobre la inspección, el Comité expresó su apoyo a las recomendaciones generales presentadas en el Documento de Trabajo WP 43.

(249) Durante los debates se formuló una serie de asuntos de carácter general que incluyeron: la conveniencia de que el SEII cuente con información actualizada, la conveniencia de contar con informes sobre inspecciones anteriores como recurso para planificar las inspecciones, los beneficios asociados a la realización cooperativa de las inspecciones, y la conveniencia de recibir un informe de retroalimentación de las Partes inspeccionadas en relación con las medidas que se tomen en respuesta a las recomendaciones emanadas de las inspecciones. A este respecto, el Comité acogió de buen grado los informes presentados por Polonia (Documento de Antecedentes BP 7) y por la República Checa (Documento de Antecedentes BP 14).

(250) Australia presentó el Documento de Información IP 30, *Australian Antarctic Treaty and Environmental Protocol inspections: December 2016* [Inspecciones realizadas por Australia de conformidad con el Tratado Antártico y el Protocolo sobre Protección del Medio Ambiente en diciembre de 2016]. El documento informó sobre una inspección realizada a la estación Amundsen-Scott del Polo Sur, operada por los Estados Unidos, y a la Zona Antártica Especialmente Administrada (ZAEA) N° 5, Estación Amundsen-Scott del Polo Sur, realizada por observadores de Australia en diciembre de 2016, y llamó la atención del CPA hacia la conclusión del equipo de inspección en cuanto a que la ZAEA n.° 5 operaba de manera eficaz y que había cumplido sus objetivos de gestión por los cuales había sido designada, y que la estación Amundsen-Scott del Polo Sur operaba de conformidad con las disposiciones y objetivos del Protocolo de Protección del Medioambiente. Estados Unidos expresó sus agradecimientos a Australia por la inspección realizada.

(251) El Comité recibió de buen grado las positivas conclusiones del equipo de inspección en cuanto a que la ZAEA N° 5 había cumplido con eficacia sus objetivos de gestión por los cuales había sido designada, y que la estación Amundsen-Scott del Polo Sur operaba de conformidad con el Protocolo de Protección Ambiental.

(252) En relación con este tema del programa se presentaron también los siguientes documentos:

- Documento de Antecedentes BP 7, *Measures taken on the recommendations by Inspection team at Arctowski Polish Antarctic Station in 2016/2017* [Medidas adoptadas a raíz de las recomendaciones del equipo de inspección en la estación antártica Arctowski de Polonia en 2016-2017] (Polonia).

- Documento de Antecedentes BP 14, *Follow-up to the Recommendations of the Inspection Teams at the Eco-Nelson Facility* [Seguimiento de las recomendaciones derivadas de los equipos de inspección de la instalación Eco-Nelson] (República Checa).

Tema 13: Asuntos generales

(253) China presentó el Documento de Trabajo WP 36, *Expedición ecológica a la Antártida*, preparado conjuntamente con Australia, Chile, Francia, Alemania, India, República de Corea, Nueva Zelandia, Noruega, el Reino Unido y los Estados Unidos. El documento presentó el concepto de "expedición ecológica", que se refiere a la promoción de actividades ecológicas en la Antártida por parte de quienes planifican y realizan actividades en la región, y explicó que el concepto implicaría una reducción al mínimo de los impactos sobre el medioambiente por todos los medios posibles, lo que incluiría la implementación de métodos y orientaciones pormenorizadas en las actuales Resoluciones y deliberaciones de la RCTA y el CPA, y de todos los métodos desarrollados como resultado de los recientes progresos en la gestión y la tecnología modernas. El documento contenía una propuesta de Resolución que alentaba a las Partes a planificar y realizar sus actividades en la Antártida de una manera eficiente y sustentable.

(254) El Comité agradeció a China y a los autores conjuntos de este documento. Los coautores pusieron de relieve el liderazgo de China en relación con esta iniciativa. El Comité respaldó el concepto de "expedición ecológica" descrito en el Documento de Trabajo WP 36 en cuanto a promover la planificación y realización ecológica de todas las actividades en la Antártida. Algunos

Miembros ofrecieron más ejemplos de las iniciativas emprendidas de forma armónica con el concepto de "expedición ecológica".

(255) Argentina señaló que las directrices sobre procedimientos y comportamiento contribuyen también a la realización de actividades de manera más ecológica.

Asesoramiento del CPA a la RCTA en relación con las Expediciones Ecológicas

(256) El CPA expresó su acuerdo en remitir a la RCTA un proyecto de resolución para su aprobación, donde se aliente y promueva el concepto de "expediciones ecológicas".

(257) Portugal presentó el Documento de Información IP 24, *Future Challenges in Southern Ocean Ecology Research: another outcome of the 1st SCAR Horizon Scan* [Futuros desafíos para la investigación ecológica del Océano Austral: nuevos resultados de la Primera Búsqueda Sistemática de Horizontes Científicos del SCAR], preparado en forma conjunta por Bélgica, Brasil, Francia, Alemania, los Países Bajos, el SCAR, el Reino Unido y los Estados Unidos. El documento informó sobre los primeros resultados de la Búsqueda Sistemática de Horizontes Científicos para la Antártida y el Océano Austral del SCAR y observó que el trabajo que en el se presenta reflejó las contribuciones de muchos científicos e instancias normativas de la Antártida. El documento se centró en zonas de gran interés para la investigación relacionadas específicamente con la vida y la ecología del Océano Austral, que, si bien no se mantenían en su totalidad como una prioridad máxima entre los ámbitos científicos abordados, tenían considerable relevancia para la biología y la ecología del Océano Austral. En el documento se puso de relieve que la investigación ecológica del Océano Austral requiere de un compromiso de largo plazo de las Partes con respecto a la realización internacional e interdisciplinaria de investigación, con la ayuda del desarrollo tecnológico (en cooperación con organizaciones tales como el COMNAP y el SCAR). Señaló además que la educación y la difusión (en cooperación con organizaciones tales como la Asociación de Jóvenes Científicos Polares [APECS] y Polar Educators International [PEI]) y el financiamiento coordinado de estrategias para las diversas partes interesadas sería algo esencial para abordar de manera correcta los desafíos para la investigación antártica.

(258) El Comité agradeció a los coautores por la presentación de este trabajo y señaló la coherencia que existe entre las necesidades científicas identificadas por el Comité en documentos tales como el Programa de Trabajo de Respuesta al Cambio Climático (CCRWP), según se describe en el Documento de Trabajo WP 34, y las áreas de investigación identificadas en el documento.

(259) Ecuador presentó el Documento de Información IP 110, *Plan de contingencias y riesgos durante la XXI Campaña Antártica Ecuatoriana (2016-2017)*, que describió los planes para las contingencias y emergencias de la estación ecuatoriana Campaña Antártica Ecuatoriana. En el documento se señaló que los planes abordaban asuntos relativos a la seguridad humana, la infraestructura, y la protección del medioambiente.

Tema 14: Elección de autoridades

(260) El Comité eligió al Dr. Kevin Hughes, del Reino Unido, como Vicepresidente por un periodo de dos años y lo felicitó por su designación en el cargo.

(261) El Comité agradeció cordialmente a la Dra. Polly Penhale de los Estados Unidos y la felicitó por su excelente trabajo e importantes contribuciones en el transcurso de sus cuatro años en el cargo de Vicepresidente.

Tema 15: Preparativos para la próxima Reunión

(262) El Comité aprobó el Programa provisional de la XXI Reunión del CPA (Apéndice 5).

Tema 16: Aprobación del Informe

(263) El Comité aprobó su informe.

Tema 17: Clausura de la Reunión

(264) El Presidente clausuró la Reunión el viernes 26 de mayo de 2017.

Apéndice 1

Plan de Trabajo Quinquenal del CPA para 2017

Asunto / Presión ambiental: Introducción de especies no autóctonas	
Prioridad: 1	
Acciones:	
1. Seguir desarrollando directrices y recursos prácticos para todos los operadores en la Antártida. 2. Implementar las acciones relacionadas identificadas en el Programa de Trabajo de Respuesta para el Cambio Climático. 3. Considerar las evaluaciones de riesgo diferenciadas por actividad y espacialmente explícitas para mitigar los riesgos planteados por las especies terrestres no autóctonas. 4. Desarrollar una estrategia de vigilancia para las zonas que están en riesgo elevado de establecimiento de especies no autóctonas. 5. Prestar mayor atención a los riesgos que implica la transferencia de propágulos dentro de la Antártida.	
Período intersesional 2017-2018	• Iniciar los trabajos para desarrollar una estrategia de respuesta ante las especies no autóctonas, incluidas las respuestas adecuadas frente a las enfermedades de la vida silvestre. • Ayudar al Comité a evaluar la eficacia del Manual, solicitar al COMNAP un informe sobre las medidas de cuarentena y bioseguridad implementadas por sus miembros. • El Reino Unido debe liderar los debates sobre un Protocolo no obligatorio de respuesta ante las especies no autóctonas con los Miembros y Observadores interesados.
XXI Reunión del CPA, 2018	• Debate sobre el trabajo intersesional en relación con el desarrollo de una estrategia de respuesta para su inclusión en el Manual sobre Especies No Autóctonas, y la implementación de medidas de cuarentena y bioseguridad implementadas por los miembros del COMNAP. Revisión del informe de la OMI sobre las directrices sobre corrosión biológica. • Considerar el informe sobre el Protocolo no obligatorio de respuesta ante las especies no autóctonas en los debates informales e incluirlo en el Manual sobre Especies No Autóctonas. • El SCAR debe presentar información sobre los actuales mecanismos para ayudar en la identificación de especies no autóctonas.
Período intersesional 2018-2019	• Solicitar al SCAR la compilación de una lista de fuentes de información y bases de datos disponibles sobre biodiversidad para ayudar a las Partes a establecer las especies autóctonas que se encuentran presentes en los sitios antárticos, y ayudar con ello a identificar la escala y el alcance de las introducciones actuales y futuras. • Desarrollar directrices para el seguimiento que tengan aplicación general. Es posible que en algunos lugares en particular se requiera un seguimiento más detallado o específico del sitio. • Solicitar a las Partes y a los Observadores un informe sobre la aplicación de las directrices sobre bioseguridad por parte de sus miembros.

XXII Reunión del CPA, 2019	• Debatir sobre el trabajo intersesional relativo a las directrices para el seguimiento para su inclusión en el Manual sobre ENA. Considerar los informes de las Partes y los Observadores sobre la aplicación de las directrices sobre bioseguridad por parte de sus miembros.
Período intersesional 2019-2020	• Iniciar los trabajos para evaluar el riesgo de introducción de especies no autóctonas marinas.
XXIII Reunión del CPA, 2020	• Análisis del trabajo intersesional relativo a los riesgos de las especies no autóctonas marinas.
Período intersesional 2020-2021	• Desarrollar directrices específicas para reducir la liberación de especies no autóctonas asociada a las descargas de aguas residuales. • Revisar los progresos logrados y los contenidos del Manual del CPA sobre Especies No Autóctonas.
XXIV Reunión del CPA, 2021	• El CPA debe considerar si es necesario realizar un trabajo intersesional para la revisión y actualización del Manual sobre Especies No Autóctonas.
Período intersesional 2021-2022	• Según corresponda, se realizará trabajo intersesional para la revisión del Manual sobre Especies No Autóctonas.
XXV Reunión del CPA, 2022	• El CPA debe considerar el informe del GCI, en caso de que se establezca, y considerar la aprobación por parte de la RCTA, por medio de una Resolución, de un Manual sobre Especies No Autóctonas.

Asunto / Presión ambiental: Turismo y actividades no gubernamentales		
Prioridad: 1		
Acciones: 1. Proporcionar asesoramiento a la RCTA conforme a lo solicitado. 2. Realizar avances en las recomendaciones de la ATME sobre turismo marítimo.		
Período intersesional 2017-2018	• Seguir desarrollando la metodología para la evaluación de la vulnerabilidad de los sitios y considerar niveles críticos (recomendaciones 3 y 7 del Estudio sobre turismo).	
XXI Reunión del CPA, 2018		
Período intersesional 2018-2019		
XXII Reunión del CPA, 2019		
Período intersesional 2019-2020		
XXIII Reunión del CPA, 2020		
Período intersesional 2020-2021		
XXIV Reunión del CPA, 2021		

Asunto / Presión ambiental: Implicaciones del cambio climático para el medioambiente	
Prioridad: 1	
Acciones:	
1. Considerar las implicaciones del cambio climático en la gestión del medioambiente antártico.	
2. Lograr progresos en las recomendaciones de la RETA sobre cambio climático.	
3. Implementar un Programa de Trabajo de Respuesta para el Cambio Climático.	
Período intersesional 2017-2018	• En función de la aprobación por parte de la RCTA, el Grupo Subsidiario realiza trabajos de conformidad con el plan de trabajo acordado.
XXI Reunión del CPA, 2018	• Tema permanente del programa. • Considerar el asesoramiento sobre la forma en que se conectan las actividades de la OMM con el CCRWP. • En función de la aprobación por parte de la RCTA, consideración del informe del Grupo Subsidiario. • El SCAR entrega una actualización del informe ACCE, con los correspondientes aportes de la OMM, el ICED, y el SOOS.
Período intersesional 2018-2019	• En función de la aprobación por parte de la RCTA, el Grupo Subsidiario realiza trabajos de conformidad con el plan de trabajo acordado.
XXII Reunión del CPA, 2019	• Tema permanente del programa. • En función de la aprobación por parte de la RCTA, consideración del informe del Grupo Subsidiario. • El SCAR entrega una actualización del informe ACCE, con los correspondientes aportes de la OMM, el ICED, y el SOOS.
Período intersesional 2019-2020	
XXIII Reunión del CPA, 2020	• Tema permanente del programa. • El SCAR entrega una actualización del informe ACCE, con los correspondientes aportes de la OMM, el ICED, y el SOOS. • Considerar la revisión del Grupo Subsidiario. • Revisar la implementación de las medidas que surjan del taller conjunto del CPA y el SC-CAMLR. • Planificar el taller quinquenal conjunto del CPA y el SC-CAMLR durante el periodo intersesional 2021-2022.
Período intersesional 2020-2021	
XXIV Reunión del CPA, 2021	• Culminación de la planificación del taller quinquenal conjunto del CPA y el SC-CAMLR para el periodo intersesional 2021-2022.
Período intersesional 2021-2022	• Taller quinquenal conjunto del CPA y el SC-CAMLR.

Asunto / Presión ambiental: Procesamiento de los planes de gestión de zonas protegidas y administradas nuevos y revisados	
Prioridad: 1	
Acciones:	
1. Perfeccionar el proceso de revisión de planes de gestión nuevos y revisados. 2. Actualización de las actuales directrices. 3. Lograr progresos en las recomendaciones de la RETA sobre cambio climático. 4. Elaborar directrices para la preparación de ZAEA.	
Período intersesional 2017-2018	• El GSPG realiza el trabajo conforme al plan de trabajo convenido. • Noruega, junto a los Miembros interesados, prepara un documento sobre orientaciones para la revocación de designaciones de ZAEP.
XXI Reunión del CPA, 2018	• Considerar el Informe del GSPG. • Consideración del documento elaborado por Noruega junto a los Miembros interesados.
Período intersesional 2018-2019	
XXII Reunión del CPA, 2019	
Período intersesional 2019-2020	
XXIII Reunión del CPA, 2020	
Período intersesional 2020-2021	
XXIV Reunión del CPA, 2021	

Asunto / Presión ambiental: Operación del CPA y Planificación estratégica	
Prioridad: 1	
Acciones:	
1. Mantener actualizado el Plan de Trabajo Quinquenal basándose en las circunstancias cambiantes y en los requisitos de la RCTA. 2. Identificar las oportunidades para mejorar la eficacia del CPA. 3. Considerar objetivos de largo plazo para la Antártida (periodo de entre 50 y 100 años). 4. Considerar las oportunidades para mejorar la relación de trabajo entre el CPA y la RCTA.	
Período intersesional 2017-2018	• El Presidente del CPA debe consultar con la Secretaría y con los Miembros interesados para desarrollar las opciones para obtener y gestionar un financiamiento que ayude al trabajo del CPA.
XXI Reunión del CPA, 2018	• El CPA debe considerar el informe del Presidente del CPA. • El CPA debe revisar la lista de necesidades científicas presentada en el Documento de Trabajo WP 34 de la XL RCTA.
Período intersesional 2018-2019	
XXII Reunión del CPA, 2019	
Período intersesional 2019-2020	
XXIII Reunión del CPA, 2020	
Período intersesional 2020-2021	
XXIV Reunión del CPA, 2021	

Asunto / Presión ambiental: Reparación o remediación del daño al medioambiente	
Prioridad: 2	
Acciones:	
1. Responder a la solicitud adicional de la RCTA en relación con la reparación y remediación, según corresponda. 2. Seguimiento de los progresos en el establecimiento de un inventario de sitios de actividad pasada en toda la Antártida. 3. Considerar la elaboración de directrices sobre reparación y remediación. 4. Los miembros desarrollan directrices prácticas y recursos de apoyo para su inclusión del Manual de limpieza. 5. Continuar desarrollando prácticas de biorremediación y reparación para incluirlas en el Manual sobre limpieza.	
Período intersesional 2017-2018	• El GCI debe revisar el Manual sobre limpieza.
XXI Reunión del CPA, 2018	• Considerar el Informe del GCI sobre la revisión del Manual sobre limpieza.
Período intersesional 2018-2019	
XXII Reunión del CPA, 2019	
Período intersesional 2019-2020	
XXIII Reunión del CPA, 2020	
Período intersesional 2020-2021	
XXIV Reunión del CPA, 2021	

Asunto / Presión ambiental: Elaboración de informes sobre vigilancia y estado del medioambiente	
Prioridad: 2	
Acciones:	
1. Identificar indicadores y herramientas medioambientales claves. 2. Establecer un proceso para informar a la RCTA. 3. El SCAR debe proporcionar información al COMNAP y al CPA.	
Período intersesional 2017-2018	• El SCAR debe consultar con el COMNAP y los Miembros interesados acerca de la revisión del *Código de conducta ambiental para el trabajo de investigación científica sobre el terreno en la Antártida del SCAR*. • El GCI debe considerar orientaciones sobre los aspectos medioambientales de uso de UAV y RPAS.
XXI Reunión del CPA, 2018	• El CPA debe considerar el informe del SCAR sobre la revisión intersesional del Código de Conducta. • Considerar el informe del GCI sobre UAV y RPAS.
Período intersesional 2018-2019	
XXII Reunión del CPA, 2019	• Consideración del *Código de Conducta para el Uso de Animales con Fines Científicos en la Antártida del SCAR*.
Período intersesional 2019-2010	
XXIII Reunión del CPA, 2020	
Período intersesional 2020-2021	
XXIV Reunión del CPA, 2021	• Consideración del informe sobre seguimiento del Reino Unido sobre la ZAEP n.° 107.

Asunto / Presión ambiental: Protección y gestión del espacio marino	
Prioridad: 2	
Acciones:	
1. Cooperación entre el CPA y el SC-CAMLR sobre los asuntos de interés común.	
2. Cooperar con la CCRVMA en materia de biorregionalización del Océano Austral y otros intereses comunes y principios convenidos.	
3. Identificar y aplicar procesos de protección del espacio marino.	
4. Lograr progresos en las recomendaciones de la RETA sobre cambio climático.	
5. Considerar la conectividad entre el océano y las zonas terrestres, y las medidas complementarias que pueden adoptar las Partes con respecto a las AMP.	
Período intersesional 2017-2018	
XXI Reunión del CPA, 2018	
Período intersesional 2018-2019	
XXII Reunión del CPA, 2019	
Período intersesional 2019-2020	
XXIII Reunión del CPA, 2020	
Período intersesional 2020-2021	
XXIV Reunión del CPA, 2021	

Asunto / Presión ambiental: Directrices del sitio específicas para sitios visitados por turistas	
Prioridad: 2	
Acciones:	
1. Revisar periódicamente la lista de sitios sujetos a las Directrices para sitios y considerar si sería necesario el desarrollo de directrices para nuevos sitios.	
2. Proporcionar asesoramiento a la RCTA conforme a lo requerido.	
3. Revisar el formato de las directrices para sitios.	
Período intersesional 2017-2018	
XXI Reunión del CPA, 2018	• Tema del programa permanente; las Partes deben informar acerca de su revisión de las directrices para sitios.
Período intersesional 2018-2019	
XXII Reunión del CPA, 2019	• Tema del programa permanente; las Partes deben informar acerca de su revisión de las directrices para sitios.
Período intersesional 2019-2020	
XXIII Reunión del CPA, 2020	• Tema del programa permanente; las Partes deben informar acerca de su revisión de las directrices para sitios.
Período intersesional 2020-2021	
XXIV Reunión del CPA, 2021	

216

Asunto / Presión ambiental: Panorama general del sistema de zonas protegidas		
Prioridad: 2		
Acciones:		
1. Aplicar las clasificaciones según el Análisis de Dominios Ambientales (EDA) y las Regiones Biogeográficas de Conservación de la Antártida (RBCA) para mejorar el sistema de zonas protegidas.		
2. Lograr progresos en las recomendaciones de la RETA sobre cambio climático.		
3. Mantener y desarrollar una base de datos sobre zonas protegidas.		
4. Evaluar el grado en el cual las ZIA antárticas están o deberían estar representadas dentro de la serie de ZAEP.		
Período intersesional 2017-2018	•	El Reino Unido debe liderar los debates sobre Zonas Antárticas Especialmente Protegidas y Áreas Importantes para la Conservación de las Aves con los Miembros y Observadores interesados.
XXI Reunión del CPA, 2018	•	Planificación de un taller conjunto del SCAR y el CPA sobre la biogeografía de la Antártida, lo que incluye la identificación de situaciones de aplicación práctica de las herramientas biogeográficas y necesidades de investigación futuras.
	•	Proporcionar a la RCTA un informe de estado sobre el estado de la red de Zonas Antárticas Protegidas.
	•	Considerar el informe sobre el trabajo intersesional sobre Zonas Antárticas Especialmente Protegidas y Áreas Importantes para la Conservación de las Aves.
Período intersesional 2018-2019	•	Taller conjunto del SCAR y el CPA sobre biogeografía antártica.
XXII Reunión del CPA, 2019	•	Consideración del taller conjunto del SCAR y el CPA sobre biogeografía antártica.
Período intersesional 2019-2020		
XXIII Reunión del CPA, 2020		
Período intersesional 2020-2021		
XXIV Reunión del CPA, 2021		

Asunto / Presión ambiental: Difusión y educación		
Prioridad: 2		
Acciones:		
1. Revisar los actuales ejemplos e identificar oportunidades para una mayor difusión y educación.		
2. Alentar a los miembros a intercambiar información en relación con sus experiencias en este ámbito.		
3. Establecer una estrategia y directrices para el intercambio de información en materia de educación y difusión en el largo plazo entre los miembros.		
Período intersesional 2017-2018	•	Celebración del Vigésimo Aniversario del CPA.
XXI Reunión del CPA, 2018	•	Bulgaria debe llamar la atención del Comité sobre los resultados del GCI sobre Educación y difusión con relevancia directa para el trabajo del CPA.
Período intersesional 2018-2019		
XXII Reunión del CPA, 2019		
Período intersesional 2019-2020		
XXIII Reunión del CPA, 2020		
Período intersesional 2020-2021		
XXIV Reunión del CPA, 2021		

Asunto / Presión ambiental: Implementar y mejorar las disposiciones sobre EIA del Anexo I	
Prioridad: 2	

Acciones:
1. Perfeccionar el proceso para considerar las CEE y asesorar a la RCTA en ese sentido.
2. Elaborar directrices para evaluar los impactos acumulativos.
3. Revisar las directrices sobre EIA y considerar las políticas generales y otros asuntos.
4. Considerar la aplicación de una evaluación medioambiental estratégica en la Antártida.
5. Lograr progresos en las recomendaciones de la RETA sobre cambio climático.

Período intersesional 2017-2018	• Establecer un GCI para la revisión de los proyectos de CEE, conforme a lo requerido. • Las Partes, Expertos y Observadores trabajan para lograr progresos y coordinar la información que ayudará a desarrollar orientaciones para identificar y evaluar los impactos acumulativos. • Considerar los posibles cambios a la base de datos sobre EIA que se requieran.
XXI Reunión del CPA, 2018	• Analizar los cambios a la base de datos sobre EIA con el propósito de presentar propuestas a la Secretaría. • Consideración de los informes del GCI sobre proyectos de CEE, conforme a lo requerido.
Período intersesional 2018-2019	• Establecer un GCI para la revisión de los proyectos de CEE, conforme a lo requerido. • Las Partes, Expertos y Observadores trabajan para lograr progresos y coordinar la información que ayudará a desarrollar orientaciones para identificar y evaluar los impactos acumulativos.
XXII Reunión del CPA, 2019	• Consideración de los informes del GCI sobre proyectos de CEE, conforme a lo requerido.
Período intersesional 2019-2020	• Establecer un GCI para la revisión de los proyectos de CEE, conforme a lo requerido. • Las Partes, Expertos y Observadores trabajan para lograr progresos y coordinar la información que ayudará a desarrollar orientaciones para identificar y evaluar los impactos acumulativos.
XXIII Reunión del CPA, 2020	• Solicitar al SCAR que proporcione orientaciones sobre la manera de producir un relevamiento sobre la condición medioambiental de referencia, y considerar su asesoramiento en su debido momento. • Consideración de los informes del GCI sobre proyectos de CEE, conforme a lo requerido.
Período intersesional 2020-2021	• Establecer un GCI para la revisión de los proyectos de CEE, conforme a lo requerido. • Las Partes, Expertos y Observadores trabajan para lograr progresos y coordinar la información que ayudará a desarrollar orientaciones para identificar y evaluar los impactos acumulativos.
XXIV Reunión del CPA, 2021	• Alentar a las Partes para que ofrezcan sus comentarios sobre la conveniencia del conjunto revisado de *Lineamientos para la Evaluación de Impacto Ambiental en la Antártida* en la preparación de EIA. • Considerar las opciones para la preparación de orientaciones para la identificación y evaluación de impactos acumulativos. • Consideración de los informes del GCI sobre proyectos de CEE, conforme a lo requerido.

Asunto / Presión ambiental: Designación y gestión de Sitios y Monumentos Históricos

Prioridad: 2

Acciones:
1. Mantener la lista y considerar las nuevas propuestas a medida que estas se presenten.
2. Considerar los asuntos estratégicos según sea necesario, incluyendo las materias asociadas a la designación de SMH en comparación con las disposiciones sobre limpieza contenidas en el Protocolo.
3. Revisar la presentación de la lista de SMH con el objetivo de mejorar la disponibilidad de la información.

Período intersesional 2017-2018	• GCI sobre el desarrollo de orientaciones relativas a la designación de SMH.
XXI Reunión del CPA, 2018	• Considerar el Informe del GCI.
Período intersesional 2018-2019	
XXII Reunión del CPA, 2019	
Período intersesional 2019-2020	
XXIII Reunión del CPA, 2020	
Período intersesional 2020-2021	
XXIV Reunión del CPA, 2021	

Asunto / Presión ambiental: Conocimientos sobre biodiversidad

Prioridad: 3

Acciones:
1. Mantenerse atento a las amenazas a la actual biodiversidad.
2. Lograr progresos en las recomendaciones de la RETA sobre cambio climático.
3. El CPA debe considerar un mayor asesoramiento científico sobre la perturbación de la vida silvestre.

Período intersesional 2017-2018	
XXI Reunión del CPA, 2018	• Análisis de la actualización del SCAR sobre ruido subacuático.
Período intersesional 2018-2019	
XXII Reunión del CPA, 2019	
Período intersesional 2019-2020	
XXIII Reunión del CPA, 2020	
Período intersesional 2020-2021	
XXIV Reunión del CPA, 2021	

Asunto / Presión ambiental: Protección de valores geológicos sobresalientes

Prioridad: 3

Acciones:
1. Considerar mecanismos adicionales de protección de valores geológicos sobresalientes.

Período intersesional 2017-2018	
XXI Reunión del CPA, 2018	• Considerar el asesoramiento del SCAR.
Período intersesional 2018-2019	
XXII Reunión del CPA, 2019	
Período intersesional 2019-2020	
XXIII Reunión del CPA, 2020	
Período intersesional 2020-2021	
XXIV Reunión del CPA, 2021	

Apéndice 2

Grupo Subsidiario sobre respuesta al Cambio Climático: Marco

Antecedentes

En 2008, el CPA incluyó en su programa el asunto del cambio climático, y en 2009, el SCAR publicó su informe sobre Cambio climático y medioambiente en la Antártida. En 2010, la RCTA llevó a cabo una Reunión de Expertos del Tratado Antártico (RETA) sobre cambio climático y sus implicaciones para la gestión y gobernanza de la Antártida, donde se formularon 30 recomendaciones para la consideración de la RCTA y del CPA, que incluyeron las siguientes:

La consideración por parte del CPA de la posibilidad de formular un programa de trabajo para responder al cambio climático, en el cual se debería tratar de incorporar, entre otras cosas:

- la necesidad de continuar asignándole una alta prioridad a la gestión de las especies no autóctonas;

- una clasificación de las zonas protegidas existentes de acuerdo con la vulnerabilidad al cambio climático;

- la necesidad de una vigilancia más sofisticada y coordinada, incluida la necesidad de una mayor colaboración entre el CPA y el CC-CCRVMA;

- una revisión de las herramientas de gestión existentes para evaluar si continúan siendo adecuadas para un contexto de cambio climático (por ejemplo, directrices de las EIA (particularmente en relación con las actividades planificadas a largo plazo), directrices para las Especies Especialmente Protegidas, pautas para la preparación de planes de gestión).

EL CPA estableció un GCI para elaborar un programa de trabajo de respuesta al cambio climático (CCRWP) y, en la Resolución 4 (2015), la RCTA recibió de buen grado dicho programa de trabajo y alentó su implementación con carácter prioritario por parte del CPA, la presentación ante la RCTA de informes anuales de progreso, y su revisión periódica. La implementación del CCRWP es un tema que tiene prioridad 1 en el Plan de Trabajo Quinquenal del CPA.

Órgano subsidiario del CPA

El Comité podría establecer órganos subsidiarios con la aprobación de la RCTA, según corresponda. Estos órganos subsidiarios deben operar basándose en la Reglas de Procedimiento del Comité que apliquen (Regla 10). La XX Reunión del CPA manifestó su acuerdo en recomendar a la RCTA el establecimiento de un Grupo Subsidiario sobre respuesta al Cambio Climático (GSRCC) que respalde la implementación del CCRWP.

Términos de Referencia del GSRCC

La XX Reunión del CPA aprobó los siguientes Términos de Referencia para orientar el trabajo del Grupo Subsidiario:

Facilitar la implementación eficiente y oportuna del CCRWP a través de las siguientes acciones:

- facilitar la coordinación y la comunicación del CCRWP entre los Miembros, Observadores y Expertos, poniendo de relieve las medidas identificadas para el/los próximo/s año/s y solicitar actualizaciones pertinentes para las actividades planificadas;

- redactar propuestas de actualización anuales para el CCRWP, lo que incluye las medidas de gestión, investigación y seguimiento;

- redactar informes anuales de progreso sobre la implementación del CCRWP para que el CPA trate en la RCTA las actualizaciones presentadas en dichos informes.

El CPA puede rectificar en cualquier momento los TdR del GSRCC.

Traducción

El CPA expresó su acuerdo en que los textos fundamentales, por ejemplo, los textos destinados al debate o los proyectos de actualización anuales del CCRWP se traduzcan caso a caso. Señalando que el GSRCC opera por lo general de manera remota, el CPA considera que la traducción de los textos fundamentales cumplirá con los requisitos contenidos en la Regla 21.

Membresía

La membresía al GSRCC está abierta a todas las Partes, Observadores y Expertos. Es recomendable que los representantes del SCAR y la OMM sean miembros de este grupo. Se alienta a los Miembros a participar en el GSRCC durante un periodo mayor al anual a fin de apoyar la continuidad de la membresía y para mantener los conocimientos.

El Comité manifestó su acuerdo en cuanto a la importancia de una amplia participación en el grupo, y a que el GSRCC debería mantener una participación mínima de cuatro Miembros del CPA. El coordinador tendrá la supervisión de la membresía del GSRCC.

Coordinador

Los coordinadores del GSRCC pueden ser, o bien uno de los Vicepresidentes o Miembros del CPA elegidos bajo las mismas condiciones establecidas para los vicepresidentes en la Regla 15 de las Reglas de procedimiento, según corresponda. Los coordinadores pueden realizar aportes de carácter técnico a las actividades del GSPG, si bien no tienen la obligación de hacerlo.

Revisión

La XX Reunión hizo notar su intención de revisar la eficacia del GSRCC luego de 3 años.

Apéndice 3

Procedimientos para la consideración por el CPA de proyectos de CEE en el período intersesional

1. El programa de cada Reunión del CPA debe incluir un tema en relación con la consideración de los proyectos de CEE remitidos al CPA de conformidad con el Párrafo 4 del Artículo 3 del Anexo I al Protocolo.[*]

2. Bajo este tema del programa, el CPA debe considerar todos los proyectos de CEE, y proporcionar asesoramiento a la RCTA sobre dichos proyectos de conformidad con el Artículo 12 y el Anexo I al Protocolo.[*]

3. Se alienta a los proponentes a distribuir los proyectos de CEE al Comité tan pronto como sea posible, y, de conformidad con el Párrafo 4 del Artículo 3 del Anexo I al Protocolo, hacerlo con al menos 120 días de antelación a la siguiente Reunión Consultiva del Tratado Antártico.

4. Al mismo tiempo que un proyecto de CEE se distribuye a todos los Miembros a través de los canales diplomáticos, el proponente deberá dar aviso de la puesta en circulación de un proyecto de CEE al Presidente del CPA, de preferencia por medio del correo electrónico.[**]

5. El proponente debe publicar en un sitio web el proyecto de CEE en el idioma o idiomas originales. Además, se establecerá en el sitio web del CPA un enlace a dicho sitio web. En caso de que el proponente no cuente con un sitio web en el que pueda publicar el proyecto de CEE, deberá remitir una versión electrónica al Presidente del CPA, quien lo publicará en el sitio web del CPA.[**]

[Además, la Secretaría deberá traducir cada proyecto de CEE a los demás idiomas oficiales y publicar sus versiones traducidas en el sitio web del CPA tan pronto como sea posible].

6. El Presidente del CPA dará aviso de inmediato acerca de la disponibilidad de cada CEE a los contactos del CPA, y ofrecerá la información sobre el sitio web en el que pueden encontrarse dichos documentos.[**]

7. El Presidente sugerirá un coordinador para que un grupo de contacto intersesional de composición abierta considere el proyecto de CEE. El coordinador, de preferencia, no debe pertenecer a la Parte proponente.[**]

8. El Presidente dará un plazo de 15 días a los Miembros para que objeten u ofrezcan sus comentarios, sugerencias o propuestas relativas a:

i.   el coordinador propuesto;

ii.   los Términos de Referencia adicionales más allá de los siguientes asuntos de carácter general:

- en qué medida la CEE cumple los requisitos estipulados en el Artículo 3 del Anexo I del Protocolo Ambiental;
- si la CEE: i) identifica todos los impactos ambientales que resultarán de la actividad propuesta; y ii) sugiere métodos de mitigación adecuados para (reducir o evitar) dichos impactos;
- si la información contenida en el documento respalda adecuadamente las conclusiones del proyecto de CEE;
- la claridad, el formato y la presentación del proyecto de CEE.**

9. Si el Presidente no recibe una respuesta dentro del plazo de 15 días, considerará que los Miembros están de acuerdo con el coordinador y con los Términos de Referencia que ha propuesto. Si el Presidente recibe comentarios sobre i) o ii) mencionados anteriormente dentro del plazo de 15 días, deberá, si corresponde, distribuir una sugerencia revisada sobre uno o ambos asuntos. Los Miembros tendrán un nuevo límite de 15 días para emitir su respuesta.**

10. Toda lo correspondencia deberá ponerse a disposición de todos los representantes a través del Foro de debates del CPA.*

11. El derecho de una Parte a objetar un proyecto de CEE ante el CPA o la RCTA no se ve afectado por su acción en relación con el establecimiento, o no, de un grupo de contacto intersesional de composición abierta.**

12. El resultado de las deliberaciones del grupo de contacto, con indicación de las áreas de acuerdo o las áreas en las que se expresa algún desacuerdo, se informará en un Documento de Trabajo presentado por el coordinador durante la siguiente Reunión del CPA.*

---

* Copiado o modificado de los "Lineamientos para la consideración de proyectos de CEE por el CPA" (Anexo 4 al Informe Final de la II Reunión del CPA, 1999).

** Copiado o modificado del "Procedimiento operacional para establecer grupos de contacto intersesionales para el estudio de los proyectos de CEE" (Anexo 3 al Informe Final de la III Reunión del CPA, 2000).

Apéndice 4

Directrices: un proceso de evaluación previa para la designación de ZAEP/ZAEA

El CPA señaló los beneficios de un proceso de evaluación previa para las posibles nuevas ZAEA y ZAEP, entre los que se encuentran los siguientes: i) involucrar a todas las Partes en el proceso de designar nuevos sitios; ii) reconocer que todas las ZAEP y ZAEA se designan internacionalmente; iii) asistir a los Miembros en la preparación de planes de gestión al permitir los comentarios y la retroalimentación de otros Miembros en una etapa más temprana del proceso, y iv) facilitar la consideración del desarrollo sistemático adicional del sistema de zonas protegidas de acuerdo con el Artículo 3 del Anexo V del Protocolo y teniendo en cuenta las implicaciones del cambio climático. Por lo tanto, se alienta a los proponentes de posibles nuevas ZAEP y ZAEA a invitar al Comité a participar en un debate sobre evaluación previa.

En consecuencia, se aprobaron las siguientes Directrices en el Informe Final de la XVIII Reunión del CPA (Apéndice 3).

1. El proponente debe enviar información sobre las ZAEP y ZAEA planificadas a la próxima reunión del CPA después de haber identificado una zona como posible nueva ZAEP o ZAEA, sin importar si se tomó o no la decisión de comenzar a trabajar en el Plan de Gestión. Sería conveniente que el proponente presentase esta información al menos un año antes de la fecha que tiene prevista para la presentación de un Plan de Gestión al CPA para su consideración.

2. La información que se envíe al CPA debe incluir los siguientes datos:

   • La ubicación propuesta de la ZAEP o ZAEA.

   • Los fundamentos iniciales tras los planes para proponer la designación, incluida la especificación de la base jurídica para la designación que se encuentra en el Anexo V, la forma en que mejora la representación de la red de zonas protegidas y cómo encaja dentro de la herramienta de planificación RBCA.

   • Otra información pertinente relacionada con la elaboración de un Plan de Gestión que el país proponente tenga disponible al momento de la presentación en la reunión del CPA.

3. Se insta al país proponente a continuar debatiendo y formulando preguntas sobre los planes preliminares, por ejemplo, a través de debates o intercambios informales en el Foro del CPA o directamente con los países Miembros.

Plantilla de evaluación previa de ZAEP

Con el fin de asistir a los proponentes en el suministro de la información detallada en las Directrices (véase supra) para posibles ZAEP, se desarrolló una plantilla no obligatoria, que está disponible en el Apéndice A: *Plantilla de evaluación previa para Zonas Antárticas Especialmente Protegidas.*

Apéndice A

Plantilla de evaluación previa para Zonas Antárticas Especialmente Protegidas*

Los proponentes deben completar solamente las secciones de la plantilla que consideren pertinentes a la evaluación que han realizado.

1	Nombre de la posible Zona Antártica Especialmente Protegida (ZAEP):			
2	Proponente(s) de la posible ZAEP:			
3	Ubicación y coordenadas aproximadas de la posible ZAEP:			
4	¿Se encuentra la posible ZAEP dentro de alguna Zona Antártica Especialmente Administrada (ZAEA)?			
5	Tamaño aproximado de la posible ZAEP:			
6	Principales componentes físicos contenidos dentro de la posible ZAEP (por ejemplo, terrenos libres de hielo, lagos, océano, barreras de hielo, hielo permanente):			
7	Descripción de los fundamentos iniciales para la protección de la zona de la posible ZAEP:			
8	Indicación de los valores que requieren protección dentro de la posible ZAEP, de conformidad con el Anexo V, Artículo 3(1):			
	Valor	*Valor principal*	*Valor secundario*	*No corresponde*
	Valores ambientales			
	Valores científicos			
	Valores históricos			
	Valores estéticos			
	Valores de vida silvestre			
	Combinación de valores			
	Actividades científicas en curso o previstas			
9	Nueva descripción de los valores que requieren protección:			
10	La posible ZAEP cuenta con las siguientes características:			(Sí/No)

* En este contexto, es pertinente señalar las "*Directrices de aplicación de los Criterios sobre Zonas Protegidas estipuladas en el Artículo 3, Anexo V del Protocolo al Tratado Antártico*" (establecidas en la Resolución 1 [2000]), las que incluyen orientación para dichos procesos de evaluación.

N.B.: En las ZAEP con un componente marino importante debe obtenerse la aprobación previa de la CCRVMA (Anexo V, Artículo 6[2]).

(a)	zonas que han permanecido libres de toda interferencia humana y que por ello puedan servir de comparación con otras localidades afectadas por las actividades humanas;	
(b)	ejemplos representativos de los principales ecosistemas terrestres, incluidos glaciares y acuáticos, y marinos;	
(c)	zonas con conjuntos de especies importantes o poco habituales, entre ellos las principales colonias de aves y mamíferos reproductores autóctonos;	
(d)	localidad tipo o único hábitat conocido de cualquier especie;	
(e)	zonas de especial interés para la investigación científica en curso o prevista;	
(f)	representativas de características geológicas, glaciológicas o geomórficas sobresalientes;	
(g)	zonas de excepcional valor estético o natural;	
(h)	sitios o monumentos de reconocido valor histórico;	
(i)	cualquier otra zona en la que convenga proteger los valores ambientales, científicos, históricos, estéticos o naturales sobresalientes, cualquier combinación de esos valores, o la investigación científica en curso o prevista.	
11	Consideración en cuanto a si la ZAEP se protegerá principalmente con fines de conservación o de investigación científica:	
12	Descripción de la forma en que la calidad de las zonas amerita su designación como ZAEP (por ejemplo, su representatividad, su diversidad, sus características distintivas, su importancia ecológica, su grado de interferencia, y los usos científicos y de seguimiento):	
13	Evaluación del riesgo que representan para la zona las actividades y el impacto de los seres humanos, los procesos naturales, la variabilidad y la viabilidad naturales, las amenazas de origen externo a la Antártida, la urgencia y la incertidumbre científica:	
Designación de la zona protegida dentro de los criterios ambientales y geográficos sistemáticos:		
14	La zona se encuentra dentro de la siguiente región de acuerdo con su definición en el Análisis de Dominios Ambientales (Resolución 3 [2008]):	
15	La zona se encuentra dentro de la siguiente región de acuerdo con su definición en las Regiones Biogeográficas de Conservación de la Antártida (Resolución 6 [2012]):	
16	La zona contiene las siguientes Áreas importantes para la conservación de las aves en la Antártida (Resolución 5 [2015]):	
17	Breve descripción de la forma en que se consideró que la posible ZAEP mejora la representatividad de la red de zonas protegidas:	
18	Otra información relevante surgida del proceso de evaluación:	
19	Documentación de apoyo relevante:	

Apéndice 5

Programa preliminar de la XXI Reunión del CPA (2018)

1. Apertura de la Reunión
2. Aprobación del Programa
3. Deliberaciones estratégicas sobre el trabajo futuro del CPA
4. Funcionamiento del CPA
5. Cooperación con otras organizaciones
6. Reparación y remediación del daño al medioambiente
7. Implicaciones del cambio climático para el medioambiente
   a. Enfoque estratégico
   b. Implementación y evaluación del Programa de trabajo de respuesta al cambio climático
8. Evaluación del Impacto Ambiental (EIA)
   a. Proyectos de evaluación medioambiental global
   b. Otros temas relacionados con la Evaluación del Impacto Ambiental
9. Protección de zonas y planes de gestión
   a. Planes de gestión
   b. Sitios y monumentos históricos
   c. Directrices para sitios
   d. Protección y gestión del espacio marino
   e. Otros asuntos relacionados con el Anexo V
10. Conservación de la flora y fauna antárticas
    a. Cuarentena y especies no autóctonas
    b. Especies especialmente protegidas
    c. Otros asuntos relacionados con el Anexo II
11. Vigilancia ambiental e informes sobre el estado del medio ambiente
12. Informes sobre inspecciones
13. Asuntos generales
14. Elección de autoridades
15. Preparativos para la próxima Reunión
16. Aprobación del Informe
17. Clausura de la Reunión

3. Apéndices

Programa preliminar, grupos de trabajo y asignación de temas para la XLI RCTA

Sesión plenaria

1. Apertura de la Reunión.

2. Elección de autoridades y creación de Grupos de Trabajo.

3. Aprobación del Programa, asignación de temas del Programa a los grupos de trabajo y consideración del Plan de trabajo estratégico plurianual.

4. Funcionamiento del Sistema del Tratado Antártico: Informes de Partes, observadores y expertos.

5. Informe del Comité para la Protección del Medio Ambiente.

Grupo de Trabajo 1: *(Asuntos jurídicos e institucionales y relativos a políticas)*

6. Funcionamiento del Sistema del Tratado Antártico: Asuntos generales.

7. Funcionamiento del Sistema del Tratado Antártico: Asuntos relacionados con la Secretaría.

8. Responsabilidad.

9. Prospección biológica en la Antártida.

10. Intercambio de información.

11. Asuntos educacionales.

12. Plan de trabajo estratégico plurianual.

Grupo de Trabajo 2: *(Ciencias, Operaciones, Turismo)*

13. Seguridad de las operaciones antárticas.

14. Inspecciones realizadas en virtud del Tratado Antártico y el Protocolo sobre Protección del Medio Ambiente.

15. Asuntos, futuros desafíos, cooperación y asesoramiento científicos.

16. Implicaciones del cambio climático para la gestión de la zona del Tratado Antártico.

17. Turismo y actividades no gubernamentales en la zona del Tratado Antártico, incluidos asuntos relativos a las autoridades competentes.

Sesión plenaria

18. Preparativos para la XLII Reunión.

19. Otros asuntos.

20. Aprobación del Informe Final.

21. Clausura de la Reunión.

Comunicado del País Anfitrión

La Cuadragésima Reunión Consultiva del Tratado Antártico (XL RCTA) se llevó a cabo en Pekín, China, entre el 23 de mayo y el 1 de junio de 2017. La Reunión fue presidida por Su Excelencia, el Sr. Liu Zhenmin, Subsecretario de Relaciones Exteriores de la República Popular de China. La Vigésima Reunión del Comité para la Protección del Medio Ambiente (CPA) se llevó a cabo entre el 22 y el 26 de mayo de 2017 y fue presidida por el Sr. Ewan McIvor (Australia). Las reuniones fueron organizadas en conjunto con el Ministerio de Relaciones Exteriores de China y la Administración Oceánica Estatal de China.

Asistieron a la Reunión anual más de 400 participantes, entre los que se incluían las delegaciones de las Partes del Tratado Antártico y a Observadores y Expertos de organizaciones internacionales invitados. Su Excelencia el Sr. Zhang Gaoli, Vice Primer Ministro del Consejo de Estado de la República Popular de China, declaró la XL RCTA oficialmente abierta. Se unió a los Delegados Su Excelencia el Sr. Yang Jiechi, Consejero de Estado del Consejo de Estado de la República Popular de China.

Los debates de la RCTA se centraron en los siguientes asuntos: funcionamiento del Sistema del Tratado Antártico, responsabilidad, prospección biológica en la Antártida, intercambio de información, asuntos educacionales, el plan de trabajo estratégico plurianual, seguridad y operaciones en la Antártida, inspecciones realizadas en virtud del Tratado Antartico y el Protocolo Ambiental, asuntos científicos, cooperación y facilitación científica, desafíos futuros para la ciencia antártica, implicancias del cambio climático para la gestión de la zona del Tratado Antártico, turismo y actividades no gubernamentales en la zona del Tratado Antártico.

En la Reunión del CPA, se debatieron los siguientes temas: funcionamiento del CPA y futuros trabajos, cooperación con otras organizaciones, reparación y remediación del daño al medioambiente, implicancias del cambio climático sobre el medioambiente, evaluación de impacto ambiental, protección de zonas y planes de gestión, conservación de la flora y fauna autóctonas, vigilancia ambiental e informes sobre el estado del medioambiente, e informes sobre inspecciones.

El Sr. Albert Lluberas Bonaba, de Uruguay, fue elegido como el próximo Secretario Ejecutivo de la Secretaría del Tratado Antártico durante el periodo 2017-2021. Las Partes felicitaron al Sr. Albert Lluberas Bonaba y expresaron su aprecio por el excelente desempeño del Dr. Manfred Reinke, que se desempeñó como Secretario Ejecutivo durante los últimos ocho años.

Tras la apertura de la XL RCTA, se llevó a cabo una Reunión Especial, denominada "Nuestra Antártida: su protección y uso" a raíz de una iniciativa de China en su carácter de País anfitrión el 23 de mayo de 2017. Si bien esta reunión no formó parte del programa oficial de la RCTA, se invitó a asistir a todos los delegados de la RCTA y del CPA. Presidió esta reunión Su Excelencia el Sr. Liu Zhenmin. Tras los discursos inaugurales pronunciados por Su Excelencia el Sr. Zhang Yesui, el Vice Primer Ministro de Asuntos Exteriores de China, otros ocho oradores, que incluyeron a representantes de Gobierno y científicos de Rusia, Polonia, Argentina, los Estados Unidos, China, el Reino Unido, Chile y Australia, fueron invitados por China a ofrecer sus puntos de vista sobre los asuntos relativos a la protección y uso de la Antártida. Como reflejo de las ponencias de los oradores, China presentó en el Tema 6 del programa de la RCTA un resumen del Presidente en la forma de Documento de Información.

Las Partes expresaron sus agradecimientos al Gobierno de China por su organización de la XL RCTA y mostraron su aprecio por las excelentes instalaciones proporcionadas para la Reunión.

La próxima RCTA será organizada por Ecuador en 2018.

SEGUNDA PARTE
Medidas, Decisiones y Resoluciones

1. Medidas

Zona Antártica Especialmente Protegida n.° 109
(isla Moe, islas Orcadas del Sur):
Plan de Gestión revisado

Los Representantes,

Recordando los Artículos 3, 5 y 6 del Anexo V del Protocolo al Tratado Antártico sobre Protección del Medio Ambiente ("el Protocolo"), que establecen la designación de Zonas Antárticas Especialmente Protegidas ("ZAEP") y la aprobación de planes de gestión para dichas Zonas;

Recordando

- la Recomendación IV-13 (1966), que designó a isla Moe, islas Orcadas del Sur, como Zona Especialmente Protegida ("ZEP") n.° 13 y anexó un mapa de la Zona;

- la Recomendación XVI-6 (1991), que anexó una descripción revisada de la ZEP n.° 13 y un Plan de Gestión para dicha Zona;

- la Medida 1 (1995), que anexó una descripción revisada y un Plan de Gestión revisado para la ZEP n.° 13;

- la Decisión 1 (2002), que cambió el nombre y número de la ZEP n.° 13 a ZAEP n.° 109;

- las Medidas 1 (2007) y 1 (2012), que aprobaron los planes de gestión revisados para la ZAEP n.° 109;

Recordando que la Recomendación IV-13 (1966) fue declarada obsoleta por la Decisión 1 (2011), que la Resolución 9 (1995) fue declarada obsoleta por la Resolución 1 (2008), que la Recomendación XVI-6 (1991) no entró en vigor y fue retirada por la Decisión (D) 2017 y que la Medida 1 (1995) no entró en vigor y fue retirada por la Medida 3 (2012);

Observando que el Comité para la Protección del Medio Ambiente refrendó un Plan de Gestión revisado para la ZAEP n.° 109;

Deseando reemplazar el actual Plan de Gestión de la ZAEP n.° 109 por el Plan de Gestión revisado;

Recomiendan a sus Gobiernos la siguiente Medida para su aprobación de conformidad con el párrafo 1 del Artículo 6 del Anexo V al Protocolo:

Que:

1. sea aprobado el Plan de Gestión revisado para la Zona Antártica Especialmente Protegida n.° 109 (isla Moe, islas Orcadas del Sur), anexo a esta Medida; y

2. se revoque el Plan de Gestión para la Zona Antártica Especialmente Protegida n.° 109 anexo a la Medida 1 (2012).

Medida 2 (2017)

Zona Antártica Especialmente Protegida n.° 110
(isla Lynch, islas Orcadas del Sur):
Plan de Gestión revisado

Los Representantes,

Recordando los Artículos 3, 5 y 6 del Anexo V del Protocolo al Tratado Antártico sobre Protección del Medio Ambiente ("el Protocolo"), que establecen la designación de Zonas Antárticas Especialmente Protegidas ("ZAEP") y la aprobación de planes de gestión para dichas Zonas;

Recordando

- la Recomendación IV-14 (1966), que designó a isla Lynch, islas Orcadas del Sur, como Zona Especialmente Protegida ("ZEP") N.° 14 y anexó un mapa de la Zona;

- la Recomendación XVI-6 (1991), que anexó un Plan de Gestión para la Zona;

- la Medida 1 (2000), que anexó un Plan de Gestión revisado para la ZEP n.° 14;

- la Decisión 1 (2002), que cambió el nombre y número de la ZEP n.° 14 a ZAEP n.° 110;

- la Medida 2 (2012), que aprobó un Plan de Gestión revisado para la ZAEP n.° 110;

Recordando que la Recomendación XVI-6 (1991) y la Medida 1 (2000) no entraron en vigor y fueron retiradas por la Decisión (D) (2017);

Observando que el Comité para la Protección del Medio Ambiente refrendó un Plan de Gestión revisado para la ZAEP n.° 110;

Deseando reemplazar el actual Plan de Gestión de la ZAEP n.° 110 por el Plan de Gestión revisado;

Recomiendan a sus Gobiernos la siguiente Medida para su aprobación de conformidad con el párrafo 1 del Artículo 6 del Anexo V al Protocolo:

Que:

1. sea aprobado el Plan de Gestión revisado para la Zona Antártica Especialmente Protegida n.° 110 (isla Lynch, islas Orcadas del Sur), anexo a esta Medida; y

2. se revoque el Plan de Gestión para la Zona Antártica Especialmente Protegida n.° 110 anexo a la Medida 2 (2012).

Zona Antártica Especialmente Protegida n.° 111
(isla Powell del Sur e islas adyacentes, islas Orcadas del Sur): Plan de Gestión revisado

Los Representantes,

Recordando los Artículos 3, 5 y 6 del Anexo V del Protocolo al Tratado Antártico sobre Protección del Medio Ambiente ("el Protocolo"), que establecen la designación de Zonas Antárticas Especialmente Protegidas ("ZAEP") y la aprobación de planes de gestión para dichas Zonas;

Recordando

- la Recomendación IV-15 (1996), que designó a la isla Powell del Sur e islas adyacentes, islas Orcadas del Sur, como Zona Especialmente Protegida ("ZEP") n.° 15 y anexó un mapa de la Zona;

- la Recomendación XVI-6 (1991), que anexó un Plan de Gestión para la ZEP n.° 15;

- la Medida 1 (1995), que anexó una descripción revisada y un Plan de Gestión revisado para la ZEP n.°15;

- la Decisión 1 (2002), que cambió el nombre y número de la ZEP n.° 15 a ZAEP n.° 111;

- la Medida 3 (2012), que aprobó un Plan de Gestión revisado para la ZAEP n.° 111;

Recordando que la Recomendación XVI-6 (1991) no entró en vigor y fue desplazada por la Decisión (D) (2017) y que la Medida 1 (1995) no entró en vigor y fue retirada por la Medida 3 (2012);

Observando que el Comité para la Protección del Medio Ambiente refrendó un Plan de Gestión revisado para la ZAEP n.° 111;

Deseando reemplazar el actual Plan de Gestión de la ZAEP n.° 111 por el Plan de Gestión revisado;

Recomiendan a sus Gobiernos la siguiente Medida para su aprobación de conformidad con el párrafo 1 del Artículo 6 del Anexo V del Protocolo:

Que:

1. se apruebe el Plan de Gestión revisado para la Zona Antártica Especialmente Protegida n.° 111 (isla Powell del Sur e islas adyacentes, islas Orcadas del Sur), que se anexa a esta Medida; y

2. se revoque el Plan de Gestión para la Zona Antártica Especialmente Protegida n.° 111 anexo a la Medida 3 (2012).

.

Zona Antártica Especialmente Protegida n.° 115
(isla Lagotellerie, bahía Margarita, Tierra de Graham): Plan de Gestión revisado

Los Representantes,

Recordando los Artículos 3, 5 y 6 del Anexo V del Protocolo al Tratado Antártico sobre Protección del Medio Ambiente ("el Protocolo"), que establecen la designación de Zonas Antárticas Especialmente Protegidas ("ZAEP") y la aprobación de planes de gestión para dichas Zonas;

Recordando

- la Recomendación XIII-11 (1985), que designó a isla Lagotellerie, bahía Margarita, Tierra de Graham, como Zona Especialmente Protegida ("ZEP") n.° 19 y anexó un mapa de la Zona;

- la Recomendación XVI-6 (1991), que anexó un Plan de Gestión para la Zona;

- la Medida 1 (2000), que anexó un Plan de Gestión revisado para la ZEP n.° 19;

- la Decisión 1 (2002), que cambió el nombre y número de la ZEP n.° 19 a ZAEP n.° 115;

- la Medida 5 (2012), que aprobó un Plan de Gestión revisado para la ZAEP n.° 115;

Recordando que la Recomendación XVI-6 (1991) y la Medida 1 (2000) no entraron en vigor y fueron retiradas por la Decisión (D) (2017);

Observando que el Comité para la Protección del Medio Ambiente refrendó un Plan de Gestión revisado para la ZAEP n.° 115;

Deseando reemplazar el actual Plan de Gestión de la ZAEP n.° 115 por el Plan de Gestión revisado;

Recomiendan a sus Gobiernos la siguiente Medida para su aprobación de conformidad con el párrafo 1 del Artículo 6 del Anexo V al Protocolo:

Que:

1. se apruebe el Plan de Gestión revisado para la Zona Antártica Especialmente Protegida n.° 115 (isla Lagotellerie, bahía Margarita, Tierra de Graham), que se anexa a esta Medida; y

2. se revoque el Plan de Gestión para la Zona Antártica Especialmente Protegida n.° 115 anexo a la Medida 5 (2012).

Zona Antártica Especialmente Protegida n.° 129
(punta Rothera, isla Adelaida):
Plan de Gestión revisado

Los Representantes,

Recordando los Artículos 3, 5 y 6 del Anexo V del Protocolo al Tratado Antártico sobre Protección del Medio Ambiente ("el Protocolo"), que establecen la designación de Zonas Antárticas Especialmente Protegidas ("ZAEP") y la aprobación de planes de gestión para dichas Zonas;

Recordando

- la Recomendación XIII-8 (1985), que designó a punta Rothera, isla Adelaida, como Sitio de Especial Interés Científico ("SEIC") n.° 9 y anexó un Plan de Gestión para el Sitio;

- la Resolución 7 (1995), que extendió la fecha de expiración del SEIC n.° 9;

- la Medida 1 (1996), que anexó una descripción revisada y un Plan de Gestión revisado para el SEIC n.° 9;

- la Decisión 1 (2002), que cambió el nombre y número del SEIC n.° 9 a ZAEP n.° 129;

- la Medida 1 (2007), que aprobó un Plan de Gestión revisado para la ZAEP n.° 129 y revisó sus límites;

- la Medida 6 (2012), que aprobó un Plan de Gestión revisado para la ZAEP n.° 129;

Recordando que la Resolución 7 (1995) fue declarada obsoleta por la Decisión 1 (2011) y que la Medida 1 (1996) no entró en vigor y fue retirada por la Medida 10 (2008);

Observando que el Comité para la Protección del Medio Ambiente refrendó un Plan de Gestión revisado para la ZAEP n.° 129;

Deseando reemplazar el actual Plan de Gestión de la ZAEP n.° 129 por el Plan de Gestión revisado;

Recomiendan a sus Gobiernos la siguiente Medida para su aprobación de conformidad con el párrafo 1 del Artículo 6 del Anexo V al Protocolo:

Que:

1. se apruebe el Plan de Gestión revisado para la Zona Antártica Especialmente Protegida n.° 129 (punta Rothera, isla Adelaida), que se anexa a esta Medida; y

2. se revoque el Plan de Gestión para la Zona Antártica Especialmente Protegida n.° 129 anexo a la Medida 6 (2012).

Zona Antártica Especialmente Protegida n.° 140
(partes de la isla Decepción, islas Shetland del Sur): Plan de Gestión revisado

Los Representantes,

Recordando los Artículos 3, 5 y 6 del Anexo V del Protocolo al Tratado Antártico sobre Protección del Medio Ambiente ("el Protocolo"), que establecen la designación de Zonas Antárticas Especialmente Protegidas ("ZAEP") y la aprobación de planes de gestión para dichas Zonas;

Recordando

- la Recomendación XIII-8 (1985), que designó a las costas de puerto Foster, isla Decepción, islas Shetland del Sur, como Sitio de Especial Interés Científico ("SEIC") n.° 21 y anexó un Plan de Gestión para el Sitio;

- la Resolución 7 (1995) y la Medida 2 (2000), que extendió la fecha de expiración del SEIC n.° 21;

- la Decisión 1 (2002), que cambió el nombre y número del SEIC n.° 21 a ZAEP n.° 140;

- las Medidas 3 (2005) y 8 (2012), que aprobaron los planes de gestión revisados para la ZAEP n.° 140;

Recordando que la Resolución 7 (1995) fue retirada por la Decisión 1 (2011) y que la Medida 2 (2000) no entró en vigor y fue retirada por la Medida 5 (2009);

Observando que el Comité para la Protección del Medio Ambiente refrendó un Plan de Gestión revisado para la ZAEP n.° 140;

Deseando reemplazar el actual Plan de Gestión de la ZAEP n.° 140 por el Plan de Gestión revisado;

Recomiendan a sus Gobiernos la siguiente Medida para su aprobación de conformidad con el párrafo 1 del Artículo 6 del Anexo V al Protocolo:

Que:

1. se apruebe el Plan de Gestión revisado para la Zona Antártica Especialmente Protegida n.° 140 (partes de isla Decepción, islas Shetland del Sur), que se anexa a esta Medida; y

2. se revoque el Plan de Gestión para la Zona Antártica Especialmente Protegida n.° 140 anexo a la Medida 8 (2012).

Zona Antártica Especialmente Protegida n.° 165
(punta Edmonson, bahía Wood, mar de Ross):
Plan de Gestión revisado

Los Representantes,

Recordando los Artículos 3, 5 y 6 del Anexo V del Protocolo al Tratado Antártico sobre Protección del Medio Ambiente, que establecen la designación de Zonas Antárticas Especialmente Protegidas ("ZAEP") y la aprobación de planes de gestión para dichas Zonas;

Recordando que Medida 1 (2006), que designó a punta Edmonson, bahía Wood, mar de Ross, como ZAEP n.° 165 y anexó un Plan de Gestión para la Zona;

Recordando la Medida 8 (2011), que aprobó un Plan de Gestión revisado para la ZAEP n.° 165;

Observando que el Comité para la Protección del Medio Ambiente refrendó un Plan de Gestión revisado para la ZAEP n.° 165;

Deseando reemplazar el actual Plan de Gestión de la ZAEP n.° 165 por el Plan de Gestión revisado;

Recomiendan a sus Gobiernos la siguiente Medida para su aprobación de conformidad con el Párrafo 1 del Artículo 6 del Anexo V al Protocolo al Tratado Antártico sobre Protección del Medio Ambiente:

Que:

1. se apruebe el Plan de Gestión revisado para la Zona Antártica Especialmente Protegida n.° 165 (punta Edmonson, bahía Wood, mar de Ross), que se anexa a la presente Medida; y

2. se revoque el Plan de Gestión para la Zona Antártica Especialmente Protegida n.° 165 anexo a la Medida 8 (2011).

Zona Antártica Especialmente Administrada n.° 5
(Estación Amundsen-Scott del Polo Sur, Polo Sur): Plan de Gestión revisado

Los Representantes,

Recordando los Artículos 4, 5 y 6 del Anexo V del Protocolo al Tratado Antártico sobre Protección del Medio Ambiente, que establecen la designación de Zonas Antárticas Especialmente Administradas ("ZAEA") y la aprobación de los Planes de Gestión para dichas Zonas;

Recordando la Medida 2 (2007), que designó a estación Amundsen-Scott del Polo Sur, Polo Sur, como Zona Antártica Especialmente Administrada n.° 5;

Observando que el Comité para la Protección del Medio Ambiente refrendó un Plan de Gestión revisado para la ZAEA n.° 5;

Deseando reemplazar el actual Plan de Gestión para la ZAEA n.° 5 por el Plan de Gestión revisado;

Recomiendan a sus Gobiernos la siguiente Medida para su aprobación de conformidad con el párrafo 1 del Artículo 6 del Anexo V al Protocolo:

Que:

1. se apruebe el Plan de Gestión revisado para la Zona Antártica Especialmente Administrada n.° 5 (estación Amundsen-Scott del Polo Sur, Polo Sur), anexo a la presente Medida, y

2. se revoque el Plan de Gestión para la Zona Antártica Especialmente Administrada n.° 5 anexo a la Medida 2 (2007).

2. Decisiones

Grupo Subsidiario del Comité para la Protección del Medio Ambiente sobre Respuesta al Cambio Climático (GSRCC)

Los Representantes,

Recordando la Regla 10 de las Reglas de Procedimiento revisadas del Comité para la Protección del Medio Ambiente anexo a la Decisión 2 (2011), que establece que el Comité para la Protección del Medio Ambiente ("CPA") "puede establecer, con la aprobación de la Reunión de las Partes Consultivas del Tratado Antártico, los organismos subsidiarios, según corresponda" y que dichos organismos subsidiarios operarán en virtud de las Reglas de Procedimiento del CPA, según corresponda;

Recordando la Resolución 4 (2015), que alienta al CPA a comenzar a implementar el Programa de Trabajo de Respuesta al Cambio Climático ("CCRWP") como asunto prioritario;

Señalando que el CPA, en su vigésimo aniversario, solicitó a la Reunión Consultiva del Tratado Antártico que aprobara el establecimiento de un Grupo Subsidiario sobre respuesta al Cambio Climático ("GSRCC") en apoyo de la implementación del CCRWP (véase el párrafo 79 del Informe de la Vigésima Reunión del Comité para la Protección del Medio Ambiente) (Informe de la XX Reunión del CPA);

Teniendo en cuenta que el marco del GSRCC, incluidos sus términos de referencia, se describe en el Apéndice 2 del Informe de la Vigésima Reunión del Comité para la Protección del Medio Ambiente;

Deciden aprobar el establecimiento por parte del Comité para la Protección del Medio Ambiente ("CPA") del Grupo Subsidiario sobre respuesta al Cambio Climático como organismo subsidiario, de conformidad con la Regla 10 de las Reglas de Procedimiento revisadas del Comité para la Protección del Medio Ambiente anexo a la Decisión 2 (2011).

Directrices sobre el procedimiento a seguir con respecto al carácter de Parte Consultiva

Los Representantes,

Recordando la necesidad de contar con un procedimiento actualizado para la consulta y la evaluación en caso de que otro Estado, luego de adherir al Tratado Antártico, deba notificar al Gobierno depositario que considera que tiene derecho a designar representantes que participen en las Reuniones Consultivas del Tratado Antártico ("RCTA");

Recordando la responsabilidad establecida en virtud del Artículo X del Tratado Antártico de "hacer los esfuerzos apropiados, compatibles con la Carta de las Naciones Unidas, con el fin de que nadie lleve a cabo en la Antártida ninguna actividad contraria a los propósitos y principios" del Tratado;

Reconociendo que una Parte Contratante que haya llegado a ser Parte del Tratado Antártico por adhesión estará facultada a designar representantes para su participación en las Reuniones Consultivas del Tratado Antártico en virtud del párrafo 2 del Artículo IX del Tratado Antártico "mientras dicha Parte Contratante demuestre su interés en la Antártida mediante la realización de actividades de investigación científica importante en el lugar, como el establecimiento de una estación científica o el envío de una expedición científica";

Recordando la obligación, en virtud del párrafo 4 del Artículo 22 del Protocolo al Tratado Antártico sobre Protección del Medio Ambiente ("el Protocolo") de no actuar ante una notificación relativa al derecho de una Parte Contratante del Tratado Antártico de designar representantes que participen en las RCTA, a menos que, con anterioridad, dicha Parte Contratante haya ratificado, aceptado, aprobado este Protocolo o se haya adherido a este;

Poniendo de relieve la importancia de que las Partes Contratantes del Tratado Antártico que desean obtener carácter consultivo aprueben todos los Anexos al Protocolo que han entrado en vigor;

Teniendo en cuenta que la Decisión 4 (2005), que se acordó en la XXVIII RCTA, y las Directrices para la notificación de Carácter Consultivo, que se acordaron en la XIV RCTA, necesitan ser actualizadas;

Deciden que:

1. Una Parte Contratante que se considera con derecho a designar representantes, en virtud del párrafo 2 del Artículo IX del Tratado Antártico, deberá notificar esta opinión al Gobierno depositario del Tratado Antártico y deberá proporcionar información relativa a sus actividades en la Antártida, en un plazo que no exceda los 210 días antes de la Reunión Consultiva del Tratado Antártico ("RCTA") en la que se debe considerar la solicitud de reconocimiento del carácter de Parte Consultiva en particular, como lo recomienda la RCTA en la presente Decisión y sus Anexos. El Gobierno depositario deberá comunicar, de forma inmediata, la notificación y la información antes mencionada a todas las demás Partes Consultivas para su evaluación.

2. Las Partes Consultivas, en ejercicio de la obligación que se inviste sobre ellas en virtud del Artículo X del Tratado, deberán examinar la información sobre sus actividades proporcionada por la Parte Contratante, podrán realizar cualquier pesquisa pertinente (incluido el ejercicio de su derecho a la inspección, en virtud del Artículo VII del Tratado) y podrán, a través del Gobierno depositario, exhortar a dicha Parte Contratante a realizar una declaración de su intención de aprobar las Recomendaciones y Medidas adoptadas por la RCTA y posteriormente aprobadas por todas las Partes Contratantes cuyos representantes tenían el derecho de participar en dichas reuniones. A través del Gobierno depositario, las Partes Consultivas pueden invitar a las Partes Contratantes a considerar la aprobación de las demás Recomendaciones y Medidas.

3. El Gobierno anfitrión de la siguiente RCTA deberá incluir un tema correspondiente en el programa provisional para la consideración de la notificación en el marco de la preparación de dicho programa para la Reunión Consultiva con arreglo a las Reglas de Procedimiento de dicha reunión.

4. En función de la información disponible, la RCTA deberá decidir si la Parte Contratante en cuestión tendrá carácter de Parte Consultiva de conformidad con el párrafo 2 del Artículo IX del Tratado Antártico y el párrafo 4 del Artículo 22 del Protocolo al Tratado Antártico sobre Protección del Medio

Ambiente. El Gobierno anfitrión informará a la Parte Contratante acerca de una decisión de la RCTA de conferir carácter de Parte Consultiva.

5. Las Directrices sobre el procedimiento a seguir con respecto al carácter de Parte Consultiva se anexan a esta Decisión.

6. Las Directrices sobre la notificación del carácter de Parte Consultiva que se aprobaron en la XIV RCTA y la Decisión 4 (2005) quedan reemplazadas en virtud de esta Decisión y su Anexo.

Directrices sobre el procedimiento a seguir con respecto al carácter de Parte Consultiva

Las Partes Contratantes que se consideren con derecho a designar representantes para la Reunión Consultiva del Tratado Antártico deberán atenerse a las siguientes Directrices para la notificación de carácter de Parte Consultiva del Tratado Antártico ("RCTA"). También deberán hacerlo las Partes Consultivas, con respecto al procedimiento y la evaluación de la solicitud de la RCTA:

a) La Parte Contratante que solicita el carácter de Parte Consultiva deberá informar a las Partes Consultivas sobre su intención de solicitar el reconocimiento de su carácter de Parte Consultiva lo más pronto posible, antes de la RCTA en la cual se deberá considerar la solicitud.

b) La Parte Contratante que solicita el carácter de Parte Consultiva debe notificar formalmente al Gobierno depositario y proporcionar el expediente de información necesario en un plazo no superior a 210 días antes de la RCTA en la cual se debe considerar la solicitud.

c) La Parte Contratante que solicita el carácter consultivo debe entregar el expediente de información mediante el Gobierno depositario en al menos uno de los cuatro idiomas oficiales de la RCTA, con un resumen ejecutivo que deben traducir los servicios de traducción de la Secretaría del Tratado Antártico al resto de los idiomas del Tratado tan pronto como se reciba.

d) Se recuerda a las Partes Contratantes que una Parte Contratante que ha llegado a ser Parte del Tratado Antártico por adhesión tiene derecho a designar representantes para su participación en las Reuniones Consultivas del Tratado Antártico (RCTA) en virtud del párrafo 2 del Artículo IX del Tratado Antártico "durante el período en que dicha Parte Contratante demuestre su interés en la Antártida mediante la realización de actividades de investigación científica importante en el lugar, como el establecimiento de una estación científica o el envío de una expedición científica", y que dichos ejemplos no son exhaustivos.

e) El expediente de información de la Parte Contratante que solicita el carácter consultivo deberá incluir una descripción de todos los programas científicos y actividades que haya realizado sobre la Antártida o en ella durante los últimos diez años. Esto puede incluir:

  • una lista de publicaciones relacionadas con la Antártida, que incluya tanto artículos en revistas científicas revisadas por expertos como documentos presentados a organismos internacionales;

  • una lista de publicaciones con autoría conjunta de diversos países;

  • detalles de las citas de documentos pertinentes en índices de citas científicas con un buen factor de impacto;

- detalles de los datos aportados por la Parte Contratante que solicita el carácter consultivo, con énfasis en los datos citados en publicaciones con un buen factor de impacto en índices de citas científicas y en los datos que se aporten para programas y bases de datos científicos;
- creación de conjuntos de datos abiertos y accesibles para la comunidad científica; y/o
- ejemplos de premios a la investigación o reconocimientos formales de logros.

f) La Parte Contratante que solicita el carácter consultivo también debe incluir toda la información que indique un aporte constante a la ciencia. Esto puede incluir:

- los programas científicos en desarrollo y previstos en la Antártida, incluida la participación en grupos, programas y organismos internacionales de investigación en la Antártida;
- los detalles y el estado de las evaluaciones de impacto ambiental necesarias en relación con las actividades propuestas en la Antártida;
- el detalle de las instalaciones de investigación y los recursos logísticos, actuales o previstos, en apoyo de las actividades de investigación en la Antártida;
- la relación entre el personal científico y de logística en verano y en invierno;
- los objetivos científicos a largo plazo y los planes de investigación; y/o
- la designación de una autoridad nacional competente, de acuerdo con el Artículo 1 del Anexo II al Protocolo al Tratado Antártico sobre Protección del Medio Ambiente ("el Protocolo").

g) La Parte Contratante que solicita el carácter consultivo debe proporcionar una descripción de toda la planificación, la gestión y la ejecución de sus programas científicos y sus actividades de apoyo logístico en la Antártida, en cumplimiento del Tratado Antártico y el Protocolo. Esto puede incluir:

- la forma en que se gestionan los asuntos antárticos dentro de las estructuras gubernamentales;
- la legislación necesaria para garantizar el cumplimiento de las disposiciones vinculantes de la RCTA por parte de la instituciones gubernamentales pertinentes;
- la identificación de todas las demás instituciones gubernamentales y no gubernamentales participantes; y/o
- las inversiones dedicadas tanto a los programas científicos antárticos como a las actividades de apoyo logístico.

h) La Parte Contratante que solicita el carácter consultivo debe proporcionar detalles sobre su capacidad y voluntad de fomentar la cooperación internacional, en conformidad con el Artículo III del Tratado Antártico. Esto podría incluir información sobre:

- las disposiciones o los acuerdos de cooperación que la Parte pueda tener en vigencia con otras naciones antárticas para impulsar sus programas científicos antárticos;
- el número de científicos de otros países que participan en los proyectos antárticos (en terreno o en laboratorios);
- el número de científicos de la Parte Contratante que solicita el carácter consultivo que participan en una expedición en terreno que organiza otra de las Partes;
- una lista de proyectos internacionales conjuntos en los cuales participe la Parte Contratante que solicita el carácter consultivo; y/o
- las disposiciones realizadas a fin de facilitar las inspecciones de cualquier observador, designado en virtud del Artículo VII del Tratado Antártico y el Artículo 14 del Protocolo, de sus propios sitios o embarcaciones, o de cualquier apoyo logístico que se brinde.

i) La Parte Contratante que solicita el carácter consultivo debe tener en cuenta la obligación de las Partes Consultivas, en virtud del Artículo 22(4) del Protocolo, de no actuar ante una notificación relativa al reconocimiento del carácter de Parte Consultiva a menos que, con anterioridad, esta Parte Contratante haya ratificado, aceptado y aprobado este Protocolo o se haya adherido a él y haya aprobado, además, todos los Anexos al Protocolo que hayan entrado en vigor.

j) La Parte Contratante que solicita el carácter consultivo debe realizar una declaración de su intención de aprobar las Recomendaciones y las Medidas que se aprueben en las RCTA que, posteriormente, aprueben todas las Partes Consultivas.

k) Si una expedición científica es la justificación única o principal de la solicitud para el carácter de Parte Consultiva, la Parte Contratante que solicita el carácter consultivo debe informar en qué grado la expedición se autogestiona, se encuentra bajo su responsabilidad, usa sus propios medios o los de un proveedor de servicios, o usa los de una de las Partes Consultivas existentes pero la organiza, financia y encabeza la Parte Contratante que solicita el carácter consultivo.

l) La Parte Contratante que solicita el carácter consultivo debe tener presente que, si una de sus autoridades pertinentes es miembro pleno del Consejo de Administradores de Programas Antárticos Nacionales ("COMNAP"), esto se considera un indicador positivo de la participación en asuntos operacionales en la Antártida en apoyo de la ciencia, mientras que si uno de sus organismos científicos pertinentes es un miembro pleno del Comité Científico de Investigación Antártica ("SCAR") y participa en actividades científicas relacionadas con el SCAR, esto se considera un indicador importante de su participación en la ciencia en la Antártida.

m) La Parte Contratante que solicita el carácter consultivo debe cargar todos los datos pertinentes en el Sistema Electrónico de Intercambio de Información ("SEII") de la Secretaría del Tratado Antártico, incluida la sección "Información científica".

n) Se insta a la Parte Contratante que solicita el carácter consultivo a buscar la asistencia, según corresponda, de otras Partes Consultivas durante el proceso para obtener el carácter de Parte Consultiva.

Medidas retiradas

Los Representantes,

Recordando la Decisión 3 (2002), la Decisión 1 (2007), la Decisión 1 (2011), la Decisión 1 (2012), la Decisión 1 (2004) y la Decisión 2 (2015), que establecen listas de medidas retiradas[*] o sin vigencia;

Habiendo examinado una serie de medidas que la Secretaría del Tratado Antártico identificó con la categoría "aún no entró en vigor";

Recordando que las medidas enumeradas en el Anexo a esta Decisión fueron retiradas o habían sido reemplazadas por medidas posteriores que trataban sobre el mismo asunto o materia y que habían sido aprobadas por las Partes;

Deciden:

1. que las medidas que figuran en el Anexo a la presente Decisión se retiran; y

2. solicitar a la Secretaría del Tratado Antártico la publicación en su sitio web del texto de las medidas que figuran en el Anexo a la presente Decisión de manera de dejar en claro que estas medidas no entraron en vigor y han sido retiradas.

---

[*] Las medidas aprobadas anteriormente en virtud del Artículo IX del Tratado Antártico fueron descritas como Recomendaciones hasta la XIX RCTA (1995), y fueron divididas entre Medidas, Decisiones y Resoluciones por medio de la Decisión 1 (1995).

Medidas retiradas

Recomendación XV-2 (1989)

Recomendación XV-16 (1989)

Recomendación XVI-6 (1991)

Recomendación XVII-1 (1992)

Recomendación XVII-4 (1992)

Medida 1 (2000)

Procedimientos para la designación de Presidentes de los Grupos de Trabajo de la Reunión Consultiva del Tratado Antártico

Los Representantes,

Recordando que la Regla 11 de las Reglas de Procedimiento revisadas de la Reunión Consultiva del Tratado Antártico ("Reglas de Procedimiento") anexa a la Decisión 2 (2015) faculta a la Reunión Consultiva del Tratado Antártico ("RCTA") para que establezca Grupos de Trabajo y designe Presidentes para dichos Grupos de Trabajo;

Teniendo en cuenta que la Regla 11 de las Reglas de Procedimiento no se pronuncia ante los acuerdos prácticos para la designación de Presidentes de los Grupos de Trabajo;

Recordando que durante la XXXIX RCTA (2016) la Reunión expresó que estaba de acuerdo en elaborar procedimientos para la designación de Presidentes de los Grupos de Trabajo;

Deciden que la designación y selección de los Presidentes de los Grupos de Trabajo se realizará de conformidad con el siguiente procedimiento:

1. A más tardar, 180 días antes de cada Reunión Consultiva del Tratado Antártico ("RCTA"), la Secretaría del Tratado Antártico ("la Secretaría") consultará con los Presidentes de los Grupos de Trabajo designados en la reunión anterior acerca de la disponibilidad de estos últimos para presidir un Grupo de Trabajo, si resultaran elegibles de conformidad con la Regla 11 de las Reglas de Procedimiento revisadas de la Reunión Consultiva del Tratado Antártico ("las Reglas de Procedimiento") anexa a la Decisión 2 (2015).

2. A más tardar, 120 días antes de cada RCTA, la Secretaría emitirá una Circular de la STA, con las siguientes finalidades:

    a) recordarles a las Partes Consultivas acerca de los acuerdos provisionales para los Grupos de Trabajo determinados durante la Reunión anterior, de conformidad con la Regla 11 de las Reglas de Procedimiento, que incluyen lo siguiente:

        i. los Grupos de Trabajo establecidos;

        ii. los Presidentes de Grupos de Trabajo nombrados; y

        iii. la asignación de temas del programa para cada Grupo de Trabajo;

y

    b) informar a las Partes Consultivas con respecto a lo siguiente:

        i. si algún Presidente de Grupo de Trabajo designado provisionalmente, que haya notificado que no se encuentra disponible para desempeñarse como Presidente de Grupo de Trabajo durante o después de la próxima Reunión, o si esa persona no resulta elegible para seguir desempeñándose como Presidente de un Grupo de Trabajo específico, de acuerdo con la Regla 11 de las Reglas de Procedimiento; y

        ii. la cantidad de Reuniones consecutivas para las que otros Presidentes de Grupos de Trabajo actuales se hayan desempeñado como Presidentes del mismo Grupo de Trabajo y la cantidad de años para la cual fueron nombrados;

y

    c) en caso de que se prevean vacantes, convocar a las Partes Consultivas para que presenten las nominaciones a Presidentes de Grupos de Trabajo, a más tardar, 60 días antes de la RCTA, y establecer como requisito que cada presentación cumpla con las siguientes condiciones:

        i. referirse a un candidato con un sólido conocimiento operativo del Sistema del Tratado Antártico, las prácticas de la RCTA y los temas en consideración;

ii. indicar que el candidato cuenta con el apoyo de la Parte a la que pertenece para cumplir su función al menos hasta la próxima Reunión —y, posiblemente, hasta 4 años— e indicar el requisito de que los Presidentes de Grupos de Trabajo participen en reuniones anuales y se preparen en forma adecuada para tal fin, y que estén disponibles para liderar o coordinar actividades durante el período intersesional; y

iii. señalar las áreas de conocimiento para las que se postula el candidato e indicar que en la próxima Reunión podría decidirse establecer Grupos de Trabajo nuevos o diferentes.

3. Antes de la RCTA, la Secretaría emitirá una nueva circular con un resumen de los resultados de la convocatoria de candidaturas.

4. Durante la RCTA, en el Tema del Programa relativo a la elección de autoridades y a la creación de Grupos de Trabajo, el Presidente de la RCTA tendrá las siguientes responsabilidades:

a) recordarles a las Partes Consultivas su capacidad de establecer Grupos de Trabajo y nombrar Presidentes de Grupos de Trabajo, de conformidad con la Regla 11 de las Reglas de Procedimiento;

b) confirmar a los Presidentes de los Grupos de Trabajo designados provisionalmente al término de cada Reunión anterior y su disponibilidad para desempeñarse en ese cargo durante la actual Reunión;

c) en caso de que un Presidente de un Grupo de Trabajo designado provisionalmente al término de la Reunión anterior no esté disponible para desempeñarse en carácter de Presidente, confirmar si se han recibido candidaturas antes de la Reunión;

d) invitar a la presentación de candidaturas; en caso de que se hayan presentado dos o más candidaturas para un puesto cualquiera, se deberá seguir el procedimiento establecido en el párrafo 5(c) a (f).

5. En el Tema del Programa relativo a la organización de la próxima Reunión que se tratará durante la RCTA, las Partes Consultivas utilizarán el siguiente procedimiento, en la medida de lo posible, a fin de nombrar a los Presidentes —y, si corresponde, a los Copresidentes— de cualquier Grupo de Trabajo que se establezca en forma provisional para la Reunión siguiente:

a) el Presidente resumirá la situación actual relativa a la disponibilidad y elegibilidad de los Presidentes de Grupos de Trabajo actuales para desempeñarse en la próxima RCTA y describirá en forma general otras muestras de interés y candidaturas recibidas por la Secretaría;

b) el Presidente invitará a comunicar muestras de interés o a presentar candidaturas durante la Reunión;

c) se requerirá que haya quorum para que la elección sea válida;

d) cada Parte Consultiva tendrá derecho a un voto (por ronda de votación, en caso de que se requiera más de una);

e) el resultado de las elecciones se decidirá por el voto mayoritario simple de las Partes Consultivas presentes y votantes; y

f) en caso de que haya más de dos candidatos para un cargo de Presidente de Grupo de Trabajo, se realizarían rondas de votaciones y se eliminaría a aquellos candidatos con menor cantidad de votos en cada ronda.

6. Al designar Presidentes de Grupos de Trabajo, se observarán las siguientes condiciones, siempre que sea posible:

a) los mandatos de los Presidentes de diferentes Grupos de Trabajo se organizarán en forma escalonada para ayudar a garantizar la continuidad en la experiencia del plantel de Presidentes de Grupos de Trabajo en todas las RCTA; y

b) no habrá varios representantes de una misma Parte desempeñándose en calidad de Presidentes de Grupos de Trabajo, y los nombramientos se realizarán teniendo en cuenta la diversidad en términos de género y de ubicación geográfica.

Informe, programa y presupuesto de la Secretaría

Los Representantes,

Recordando la Medida 1 (2003) sobre el establecimiento de la Secretaría del Tratado Antártico;

Recordando la Decisión 2 (2012) sobre el establecimiento de un Grupo de Contacto intersesional de composición abierta sobre Asuntos Financieros que debía ser coordinado por el país anfitrión de la próxima Reunión Consultiva del Tratado Antártico;

Teniendo en cuenta el Reglamento Financiero de la Secretaría anexo a la Decisión 4 (2003);

Deciden:

1. aprobar el Informe Financiero auditado para 2015/2016, anexo a esta Decisión (Anexo 1);

2. tomar nota del Informe de la Secretaría correspondiente al periodo 2016/2017, que incluye el Informe Financiero Provisional para 2016/2017, anexo a esta Decisión (Anexo 2);

3. tomar nota del perfil presupuestario quinquenal prospectivo correspondiente al periodo 2017/2018-2021/2022 y aprobar el Programa de la Secretaría para 2017/2018, incluido el Presupuesto correspondiente a 2017/2018, anexo a esta Decisión (Anexo 3); e

4. invitar al país anfitrión de la próxima Reunión Consultiva del Tratado Antártico ("RCTA") a que solicite al Secretario Ejecutivo la apertura del foro de la RCTA para el Grupo de Contacto intersesional de composición abierta sobre Asuntos Financieros y le brinde asistencia a este último.

Informe financiero auditado para 2015-2016

"2017 - Año de las Energías Renovables"

Presidencia de la Nación
Sindicatura General de la Nación

ANEXO I

Dictamen de Auditor

Sr. Secretario
de la Secretaría del Tratado Antártico
Maipú 757, 4° piso
CUIT 30-70892567-1
Re: RCTA XXXX - CPA XX Reunión Consultiva del Tratado Antártico, 2017 - Beijing, China

1. Informe sobre Estados Financieros

Hemos auditado los Estados Financieros adjuntos de la Secretaría del Tratado Antártico que comprenden el Estado de Ingresos y Gastos, Estado de Situación Financiera, Estado de Evolución del Patrimonio Neto, el Estado de Flujo de Fondos y Notas aclaratorias por el ejercicio económico comenzado el 1° de abril de 2015 y finalizado el 31 de marzo de 2016.

2. Responsabilidad de la Dirección en los Estados Financieros

La Secretaría del Tratado Antártico, constituida bajo la Ley de la República Argentina N° 25.888 del 14 de mayo de 2004, es responsable de la preparación y presentación razonable de los estados financieros adjuntos de conformidad con criterios de contabilización basados en movimientos de efectivo, de acuerdo con las Normas Internacionales de Contabilidad y Normas específicas de las Reuniones Consultivas del Tratado Antártico. Dicha responsabilidad incluye el diseño, implementación y mantenimiento de control interno con respecto a la preparación y presentación de los estados financieros de modo que los mismos, estén libres de tergiversación, sea por fraude o error, selección e implementación de políticas contables apropiadas y elaboración de estimaciones contables que sean razonables a las circunstancias.

3. Responsabilidad del Auditor

Nuestra responsabilidad es expresar una opinión sobre estos Estados Financieros basados en la auditoría efectuada.

La auditoría se realizó conforme Normas Internacionales de Auditoría y el Anexo a la Decisión 3 (2012) de la XXXI Reunión Consultiva del Tratado Antártico, el cual describe las tareas a ser llevadas a cabo por la auditoría externa.
Dichas normas requieren el cumplimiento de requisitos éticos y un planeamiento y ejecución de auditoría para obtener seguridad razonable que los Estados Financieros están libres de incorrecciones significativas.

Una auditoría incluye la ejecución de procedimientos cuyo objeto es obtener evidencias relativas a los montos y la exposición reflejados en los Estados Financieros. Los procedimientos seleccionados dependen del juicio del auditor, incluida la valoración de los riesgos de incorrecciones significativas en los estados financieros.

Al efectuar dicha evaluación de riesgos, el auditor considera el control interno relevante a la preparación y razonable presentación por la organización de los Estados Financieros a fin de diseñar los procedimientos adecuados que resulten apropiados a las circunstancias.

Una auditoría incluye además una evaluación de la idoneidad, de los principios contables utilizados, una opinión en cuanto a si los cálculos contables aplicados por la gerencia son razonables, así como también una evaluación de la presentación general de los Estados Financieros.

Consideramos que los elementos de juicio que hemos obtenido proporcionan una base suficiente y adecuada para nuestra opinión de auditoría.

Presidencia de la Nación
Sindicatura General de la Nación

4. Opinión

En nuestra opinión, los Estados Financieros adjuntos de la Secretaría del Tratado Antártico correspondientes al ejercicio económico finalizado el 31 de marzo de 2016 han sido preparados, en todos sus aspectos significativos de conformidad con las Normas Internacionales de Contabilidad, normas específicas de las Reuniones Consultivas del Tratado Antártico y criterios de contabilización basados en movimientos de efectivo.

5. Otras Cuestiones

La información contenida en la Nota 1 a los estados financieros adjuntos, que indica que los mismos han sido preparados por la Secretaría del Tratado Antártico siguiendo los lineamientos establecidos en el Reglamento Financiero, Anexo a la decisión 4 (2003), los cuales difieren en ciertos aspectos de valuación y presentación de las normas contables profesionales vigentes en la Ciudad Autónoma de Buenos Aires, República Argentina.

6. Información complementaria exigida por la ley

De conformidad con el análisis descrito en el punto 3, informo que los Estados Financieros citados surgen de registros contables que no se encuentran transcriptos en libros conforme las normas argentinas vigentes.

Adicionalmente, informamos que, según surge de registraciones contables al 31 de marzo de 2016, las deudas devengadas a favor del Sistema Único de Seguridad Social de la República de Argentina en pesos Argentinos y de acuerdo con las liquidaciones practicadas por la Secretaría ascienden a $124.004,85 (U$S 14.059,51), no existiendo a dicha fecha deuda exigible en pesos argentinos.

Es importante mencionar que las relaciones laborales se rigen por el Reglamento del personal de la Secretaría del Tratado Antártico.

Ciudad Autónoma de Buenos Aires, 27 abril de 2017

SINDICATURA GENERAL DE LA NACIÓN

Héctor Horacio Canaveri
Contador Público (U.M.)

1. Estado de Ingresos y Gastos de todos los fondos correspondientes al periodo 1ro de abril 2015 al 31 de marzo 2016 y comparativo con el año anterior.

	31/03/2015	Presupuesto 31/03/2015	31/03/2016
INGRESOS			
Contribuciones (Nota 10)	1.379.710	1.378.097	1.378.099
Otros ingresos (Nota 2)	6.162	1.000	13.956
Total de ingresos	1.385.872	1.379.097	1.392.055
GASTOS			
Salarios y remuneraciones	677.760	706.570	692.454
Servicios de traducción e interpretación	294.318	340.000	304.821
Viaje y alojamiento	104.207	99.000	92.238
Tecnología informática	33.224	47.815	39.259
Impresión, edición y copiado	18.910	24.850	23.963
Servicios generales	73.382	49.447	53.818
Comunicaciones	15.254	20.685	20.827
Gastos de oficina	12.471	26.110	25.772
Administración	8.582	16.315	7.101
Gastos de representación	4.267	4.000	4.154
Otros	0	0	0
Financiación	7.986	11.393	2.251
Total de gastos	1.250.361	1.346.185	1.266.656
APROPIACION DE FONDOS			
Fondo para cesantías de personal	30.314	32.912	32.988
Fondo para reemplazo de personal	0	0	0
Fondo capital de trabajo	6.685	0	0
Fondo para contingencias	0	0	0
Total apropiación de fondos	36.999	32.912	32.988
Total de gastos y apropiaciones	1.287.360	1.379.097	1.299.644
(Déficit) / Superávit del periodo	98.512	0	92.412

Este estado debe ser leído en forma conjunta con Notas 1 al 10 adjuntas

Informe Final RCTA XL

2. **Estado de Situación Financiera al 31 de marzo 2016, y comparativa con el ejercicio anterior**

ACTIVO	31/03/2015	31/03/2016
Activo corriente		
Caja y efectivo equivalente (Nota 3)	1.057.170	1.227.598
Contribuciones adeudadas (Nota 9 y 10)	196.163	136.317
Otros deudores (Nota 4)	39.306	44.805
Otros activos corrientes (Nota 5)	146.017	65.550
Total activo corriente	1.438.656	1.474.271
Activo no corriente		
Activo fijo (Nota 1.3 y 6)	109.434	100.459
Total activo no corriente	109.434	100.459
Total del Activo	1.548.090	1.574.730

PASIVO	31/03/2015	31/03/2016
Pasivo corriente		
Cuentas a pagar (Nota 7)	30.461	17.163
Contribuciones cobradas por anticipado (Notas 10)	467.986	347.173
Fondo especial voluntario para fines especificos (Nota 1.9)	13.372	14.516
Remuneración y contribuciones a pagar (Nota 8)	30.163	73.345
Total pasivo corriente	541.983	452.197
Pasivo no corriente		
Fondo para cesantías de personal (Nota 1.4)	207.194	240.181
Fondo para reemplazo de personal (Nota 1.5)	50.000	50.000
Fondo para contingencias (Nota 1.7)	30.000	30.000
Fondo reemplazo de activo fijo (Nota 1.8)	43.137	34.163
Total pasivo no corriente	330.332	354.344
Total del Pasivo	872.314	806.541
ACTIVO NETO	675.776	768.189

Este estado debe ser leído en forma conjunta con Notas 1 al 10 adjuntas

3. **Estado de evolución de Activo Neto al 31 de marzo de 2015 y 2016**

Representado por	Activo neto 31/03/2015	Ingresos	Gastos y Apropiaciones	Otros ingresos	Activo neto 31/03/2016
Fondo general	445.824	1.378.099	(1.299.644)	13.956	538.237
Contribuciones no recibidas (Not;	0	0			0
Fondo capital de trabajo (Nota 1.	229.952		0		229.952
Activo neto	675.776				768.189

Este estado debe ser leído en forma conjunta con Notas 1 al 10 adjuntas

4 **Estado de flujo de fondos para el periodo 1ro de abril 2015 al 31 de marzo 2016 y comparativa con el ejercicio anterior.**

Variaciones en efectivo y efectivo equivalente		**31/03/2016**	**31/03/2015**
Efectivo y efectivo equivalente al inicio		1.057.170	
Efectivo y efectivo equivalente al cierre		1.227.598	
Incremento neto del efectivo y efectivo equivalente		170.428	(174.633)

Causas de las variaciones del efectivo y efectivo equivalente

Actividades operativas

Contribuciones cobradas	969.959		
Pago de remuneraciones y sueldos	(681.184)		
Pago de servicios de traducción	(243.109)		
Pago de viajes, alojamiento, etc.	(69.052)		
Pago impresión, edición y copiado	(23.963)		
Pago servicios generales	(55.625)		
Otros pagos a proveedores	(54.523)		
Flujo neto del E. y E.E. generados por actividades operativas		(157.497)	(585.302)

Actividades de inversión

Compra de activo fijo	(38.362)		
Fondo especial voluntario	0		
Flujo neto del E. y E.E. generados por actividades de inversión		(38.362)	(35.719)

Actividades de financiación

Contribuciones recibidas por anticipado	347.173		
Cobro pt. 5.6 Reglamento de Personal	159.060		
Pago pt. 5.6 Reglamento de Personal	(162.397)		
Adelanto neto alquiler	34.050		
AFIP movimiento neto	(24.132)		
Ingresos varios	13.793		
Flujo neto del E. y E.E. generados por actividades de financiación		367.546	454.379

Actividades en moneda extranjera

Perdida neta	(1.260)		
Flujo neto del E. y E.E. generados por moneda extranjera		(1.260)	(7.991)

| **Incremento neto del efectivo y efectivo equivalente** | | 170.428 | (174.633) |

Este estado debe ser leído en forma conjunta con Notas 1 al 10 adjuntas

NOTAS a los ESTADOS CONTABLES al 31 MARZO 2015 y 2016

1 BASES PARA LA ELABORACION DE LOS ESTADOS CONTABLES

Los presentes estados contables, están expresados en dólares estadounidenses, siguiendo los lineamientos establecidos en el Reglamento Financiero, Anexo a la Decisión 4 (2003). Dichos estados fueron preparados de acuerdo con las Normas Internacionales de Información Financiera (NIIF) del Consejo de Normas Internacionales de Contabilidad (del ingles IASB).

1,1 Costo Histórico

Los estados contables han sido preparados de acuerdo a la convención de costo histórico, excepto lo indicado en contrario.

1,2 Oficina

La oficina de la Secretaria está provista por el Ministerio de Relaciones Exteriores, Comercio Exterior y Culto de la República Argentina. Su uso es libre de gastos de alquiler como de los gastos comunes.

1,3 Activo fijo

Los bienes están valuados a su costo histórico, menos la correspondiente depreciación acumulada. La depreciación es calculada por el método de la línea recta aplicando tasas anuales suficientes para extinguir sus valores al final de la vida útil estimada. El valor residual de los bienes de uso en su conjunto, no supera su valor de utilización económica.

1,4 Fondo para cesantías de personal ejecutivo

De acuerdo al Reglamento del Personal artículo 10.4, el fondo contara con los fondos necesarios para indemnizar al personal Ejecutivo a razón de un mes de sueldo base por cada año de servicio.

1,5 Fondo para reemplazo de personal

El fondo sirve para solventar los gastos de traslado del personal ejecutivo de la Secretaria hacia y desde la sede de la Secretaria.

1,6 Fondo capital de trabajo

De acuerdo al Reglamento Financiero articulo 6.2 (a), este no deberá ser superior a un sexto (1/6) del presupuesto del corriente ejercicio.

1,7 Fondo para contingencias

De acuerdo a la Decisión 4 (2009), se creó el Fondo para sufragar los gastos de traducción, que puedan ser ocasionados por el aumento imprevisto del volumen de documentos presentados a la RCTA para ser traducidos.

1,8 Fondo reemplazo de activo fijo

De acuerdo a las NIC los activos cuya vida útil excede a un ejercicio deberán ser expuestos como un activo en el Estado de Situación Financiera. Hasta marzo 2010, la contrapartida era un ajuste al Fondo General. A partir de abril 2010 la contrapartida de estos activos será reflejada en el pasivo bajo este concepto.

1,9 Fondo especial voluntario para fines específicos

Pt (82) del Informe Final RCTA XXXV, para recibir contribuciones voluntarias de las partes. El Fondo voluntario es dinero para hacer frente al pago de los alquileres y gastos comunes para el año fiscal.

Anexo 1: Informe financiero auditado para 2015-2016

		31/03/2015	31/03/2016
2 Otros Ingresos			
	Intereses ganados	6.162	13.810
	Descuentos obtenidos	0	146
	Total	6.162	13.956
3 Caja y efectivo equivalente			
	Efectivo dólares	61	965
	Efectivo pesos Argentinos	480	63
	BNA cuenta especial en dólares	539.324	611.910
	BNA cuenta en pesos Argentinos	17.077	34.327
	Inversiones	500.170	580.334
	Total	1.057.112	1.227.598
4 Otros deudores			
	Reglamento de personal pt. 5.6	39.306	44.805
5 Otros activos corrientes			
	Pagos por adelantado	86.992	8.848
	IVA a cobrar	54.250	51.995
	Otros gastos a recuperar	4.776	4.706
	Total	146.017	65.550
6 Activo fijo			
	Libros y subscripciones	8.667	10.406
	Aparatos de oficina	37.234	37.234
	Muebles	45.466	49.818
	Equipos y software de computación	120.262	135.452
	Total costo original	211.629	232.910
	Depreciación acumulada	(102.195)	(132.451)
	Total	109.434	100.459
7 Cuentas a pagar			
	Comerciales	8.670	5.022
	Gastos devengados	18.287	11.991
	Otros	3.504	150
	Total	30.461	17.163
8 Remuneración y contribuciones a pagar			
	Remuneraciones	9.274	38.774
	Contribuciones	20.889	34.579
	Total	30.163	73.353

9 Contribuciones no recibidas

Al fin de cada ejercicio existen contribuciones que no han sido canceladas. Esto conlleva a que el Fondo General este incrementada en la cantidad igual a las contribuciones no canceladas. El Reglamento Financiero en su articulo 6.(3) "... notificar a las Partes Consultivas sobre todo superávit de caja del Fondo General...", en el ejercicio finalizado el 31 de marzo de 2016 habría que deducir $ 136.317, mientras para el ejercicio anterior este ascendería a $ 196.613.

10 Contribuciones adeudadas, comprometidas, canceladas y recibidas por anticipada.

Contribuciones Partes	Adeudadas 31/03/2015	Comprometidas	Canceladas $	Adeudadas 31/03/2016	Anticipadas 31/03/2016
Argentina		60.347	60.347	0	0
Australia	25	60.347	60.347	25	60.347
Bélgica	50	40.021	40.021	50	0
Brasil	40.268	40.021	40.053	40.236	0
Bulgaria		33.923	33.923	0	33.923
Checolosvaquia		40.021	40.021	0	0
Chile		46.119	46.119	0	0
China	25	46.119	46.119	25	0
Ecuador	34.039	33.923	67.962	0	0
Finlandia		40.021	40.021	0	40.001
Francia		60.347	60.347	0	0
Alemania	11	52.217	52.217	11	0
India	112	46.119	46.156	75	0
Italia		52.217	52.192	25	0
Japón		60.347	60.347	0	0
Corea		40.021	40.021	0	0
Países Bajos		46.119	46.119	0	46.119
Nueva Zelandia	25	60.347	60.392	-20	60.342
Noruega	60	60.347	60.347	60	0
Perú	1.087	33.923	33.848	1.162	0
Polonia		40.021	40.021	0	0
Rusia		46.119	46.119	0	46.119
Sudáfrica		46.119	46.119	0	0
España	25	46.119	46.144	0	0
Suecia	30	46.119	46.149	0	0
Ucrania	80.220	40.021	25.635	94.606	0
Reino Unido		60.347	60.347	0	60.322
Estados Unidos	25	60.347	60.347	25	0
Uruguay	40.160	40.021	80.115	66	0
Total	196.162	1.378.099	1.437.915	136.346	347.173

Dr. Manfred Reinke
Secretario Ejecutivo

Roberto A. Fennell
Responsable Finanzas

Informe financiero provisional para 2016-2017

Estimado de ingresos y gastos para todos los fondos correspondientes al período comprendido entre el 1 de abril de 2016 y el 31 de marzo de 2017

PARTIDAS PRESUPUESTARIAS	Estado auditado 2015/2016		Presupuesto 2016/2017		Estado provisional 2016/2017	
INGRESOS						
CONTRIBUCIONES prometidas	$	-1.378.099	$	-1.378.097	$	-1.378.097
*) Otros ingresos	$	-12.466	$	-55.207	$	-58.827
Ingreso total	$	**-1.390.565**	$	**-1.433.304**	$	**-1.436.924**
GASTOS						
SALARIOS						
Ejecutivos	$	331.679	$	336.376	$	336.376
Personal de servicios generales	$	329.957	$	336.801	$	329.047
Personal de apoyo a la RCTA	$	16.398	$	18.092	$	18.810
Estudiantes en práctica	$	1.867	$	9.600	$	2.313
Horas extraordinarias	$	12.552	$	16.000	$	13.615
	$	**692.454**	$	**716.869**	$	**700.162**
TRADUCCIÓN E INTERPRETACIÓN						
Traducción e interpretación	$	**304.821**	$	**326.326**	$	**302.260**
VIAJES						
Viajes	$	**92.238**	$	**99.000**	$	**73.701**
TECNOLOGÍA INFORMÁTICA						
Hardware	$	13.019	$	11.000	$	8.140
Software	$	2.287	$	9.000	$	2.193
Desarrollo	$	14.123	$	21.500	$	21.136
Asistencia técnica	$	7.242	$	9.500	$	8.067
	$	**39.259**	$	**53.000**	$	**39.536**
IMPRESIÓN, EDICIÓN Y COPIAS						
Informe Final	$	18.273	$	18.386	$	14.435
Compilación	$	0	$	3.412	$	2.373
Directrices para sitios	$	5.689	$	3.396	$	0
	$	**23.963**	$	**25.194**	$	**16.809**
SERVICIOS GENERALES						
Asesoramiento jurídico	$	2.008	$	3.500	$	1.126
Auditorías externas	$	9.294	$	10.815	$	9.163
*) Servicios de relatores			$	53.207	$	53.207
Limpieza, mantenimiento y seguridad	$	8.713	$	15.000	$	9.091
Capacitación	$	4.357	$	6.500	$	2.774
Transacciones bancarias	$	5.254	$	6.489	$	6.342
Alquiler de equipos	$	2.543	$	3.245	$	2.503
	$	**32.169**	$	**98.756**	$	**84.205**
COMUNICACIONES						
Teléfono	$	7.251	$	7.000	$	5.046
Internet	$	2.956	$	3.000	$	2.533
Alojamiento web	$	7.975	$	8.500	$	7.288
Franqueo	$	2.645	$	2.704	$	1.180
	$	**20.827**	$	**21.204**	$	**16.047**

	Estado auditado 2015/2016	Presupuesto 2016/2017	Estado provisional 2016/2017
OFICINA			
Insumos y artículos de oficina	$ 4.273	$ 4.650	$ 5.689
Libros y suscripciones	$ 3.079	$ 3.245	$ 984
Seguros	$ 3.216	$ 4.200	$ 3.388
Mobiliario	$ 4.535	$ 4.565	$ 97
Equipamiento de oficina	$ 21.650	$ 4.326	$ 1.321
Mejoras de oficina	$ 10.669	$ 2.704	$ 5.503
	$ **47.422**	$ **23.690**	$ **16.982**
ADMINISTRACIÓN			
Artículos de oficina	$ 2.582	$ 4.867	$ 2.648
Transporte local	$ 351	$ 865	$ 377
Varios	$ 3.036	$ 4.326	$ 2.567
Servicios (energía)	$ 1.132	$ 11.897	$ 2.994
	$ **7.101**	$ **21.955**	$ **8.585**
REPRESENTACIÓN			
Representación	$ 4.154	$ 4.000	$ 3.646
FINANCIAMIENTO			
Pérdidas por diferencias cambiarias	$ -536	$ 11.893	$ 10.691
SUBTOTAL DE ASIGNACIONI	$ **1.263.870**	$ **1.401.887**	$ **1.272.625**
ASIGNACIÓN DE FONDOS			
Fondo de contingencia para traducciones	$ 0	$ 0	$ 0
Fondo de sustitución de personal	$ 0	$ 0	$ 0
Fondo para cesantía de personal	$ 32.988	$ 31.417	$ 31.417
Fondo de operaciones	$ 0	$ 0	$ 0
	$ **32.988**	$ **31.417**	$ **31.417**
TOTAL DE ASIGNACIONES	$ **1.296.858**	$ **1.433.304**	$ **1.304.041**
*) **Contribuciones impagas**	$ **0**	$ **0**	$ **49.165**
SALDO	$ **93.707**	$ **0**	$ **83.717**

Resumen de fondos

Fondo de contingencia para traducciones	$ 30.000	$ 30.000	$ 30.000
Fondo de sustitución de personal	$ 50.000	$ 50.000	$ 50.000
Fondo para cesantía de personal	$ 240.182	$ 271.518	$ 271.599
***) Fondo de operaciones	$ 229.952	$ 229.952	$ 229.952

* Chile reintegró los costos de los relatores a través de una contribución especial

** Contribuciones impagas al 31 de marzo de 2016

Importe máximo requerido
*** Fondo de operaciones (Reg. Fin. 6.2) $ 229.683 $ 229.683 $ 229.683

Programa de la Secretaría para 2017-2018

Introducción

Este programa de trabajo describe las actividades propuestas para la Secretaría en el ejercicio económico 2017/2018 (desde el 1 de abril de 2017 hasta el 31 de marzo de 2018). En las cuatro primeras partes —que están seguidas de una sección sobre la gestión y una previsión del programa para el ejercicio económico 2018/2019— se abordan las principales áreas de actividad de la Secretaría.

En los apéndices, se incluye el presupuesto para el ejercicio económico 2017/2018, el presupuesto proyectado para el ejercicio económico 2018/2019 y las escalas de contribuciones y salarios correspondientes.

El programa y las cifras presupuestarias correspondientes al ejercicio económico 2017/2018 se basan en el presupuesto proyectado para el ejercicio económico 2017/2018 (Decisión 3 [2016], Anexo 3, Apéndice 1).

El programa se centra en las actividades regulares, tales como la preparación de las XL y XLI RCTA, la publicación de Informes Finales y las diversas tareas específicas asignadas a la Secretaría en virtud de la Medida 1 (2003).

Contenidos:

1. Apoyo a la RCTA y al CPA
2. Tecnología informática
3. Documentación
4. Información pública
5. Administración
6. Programa proyectado para el ejercicio económico 2018/2019 y para el ejercicio económico 2019/2020

    •   Apéndice 1: Informe provisional para el Ejercicio Económico 2016/2017, Presupuesto proyectado para el Ejercicio Económico 2017/2018, Presupuesto Proyectado para el Ejercicio Económico 2018/2019

    •   Apéndice 2: Escala de contribuciones para el Ejercicio Económico 2018/2019

    •   Apéndice 3: Escala de salarios

1. Apoyo a la RCTA y al CPA

XL RCTA

La Secretaría apoyará la XL RCTA a través de la recopilación y la compaginación de los documentos destinados a la reunión, así como de su publicación en una sección con acceso restringido en el sitio web de la Secretaría. La Secretaría, además, proporcionará una unidad flash USB a todos los delegados. Dicha unidad contendrá una aplicación que permite, por un lado, la exploración fuera de línea de todos los documentos y, por el otro, la sincronización automática con la base de datos en línea para obtener las actualizaciones más recientes. La sección Delegados proporcionará la posibilidad de que los delegados se registren en línea junto con una lista actualizada de los delegados para su descarga.

La Secretaría apoyará el funcionamiento de la RCTA mediante la producción de los Documentos de la Secretaría, de un Manual para Delegados y de resúmenes de los documentos de la RCTA, el CPA y los Grupos de Trabajo de la RCTA.

La Secretaría se ocupará de la organización relativa a los servicios de traducción e interpretación. La Secretaría es responsable tanto de la traducción de documentos antes y después de las sesiones como de los servicios de traducción que se ofrecen durante la RCTA. Mantiene contactos con ONCALL, la empresa proveedora de servicios de interpretación.

La Secretaría organizará los servicios de toma de apuntes en colaboración con la Secretaría del País Anfitrión. Asimismo, es responsable de la compilación y edición de los Informes del CPA y de la RCTA para su aprobación durante la sesión plenaria final.

XLI RCTA

La Secretaría del País Anfitrión, Ecuador, y la Secretaría del Tratado Antártico organizarán conjuntamente la XLI RCTA, que se realizará en Ecuador entre mayo y junio de 2018.

Coordinación y contacto

Además de mantener un contacto constante con las Partes y con instituciones internacionales del Sistema del Tratado Antártico por correo electrónico, teléfono y otros medios, la asistencia a las reuniones constituye una herramienta importante para mantener la coordinación y la comunicación.

Los viajes que se realizarán serán los siguientes:

- XXIX Reunión General Anual (RGA) del COMNAP, Brno, República Checa, del 31 de julio al 2 de agosto de 2017. Asistir a la reunión proporcionará la oportunidad de fortalecer aún más las conexiones y la interacción con el COMNAP.
- CCRVMA, Hobart, Australia, del 16 al 27 de octubre de 2017. La reunión de la CCRVMA, que se lleva a cabo aproximadamente a mediados del período intersesional entre una RCTA y la siguiente, proporciona a la Secretaría la

oportunidad de informar a los Representantes de la RCTA, muchos de los cuales asisten a la reunión de la CCRVMA, sobre los avances en el trabajo de la Secretaría. La conexión con la Secretaría de la CCRVMA también es importante para la Secretaría del Tratado Antártico, ya que muchas de las regulaciones de esta última se formulan tomando como modelo las de la Secretaría de la CCRVMA.

- Reuniones de coordinación con Ecuador en calidad de País Anfitrión de la XLI RCTA, estimadas para octubre de 2017 y marzo de 2018.

Apoyo a actividades entre sesiones

Durante los últimos años, el CPA y la RCTA han producido una notable cantidad de trabajo entre sesiones, principalmente a través de los Grupos de Contacto Intersesionales (GCI). La Secretaría ofrecerá asistencia técnica para la conformación en línea de los GCI, según lo acordado en la XL RCTA y la XX Reunión del CPA, y producirá documentos específicos si estos son solicitados por la RCTA o por el CPA.

La Secretaría actualizará su sitio web con las medidas aprobadas por la RCTA y con la información producida por el CPA y la RCTA.

Impresión

La Secretaría se encargará de traducir, publicar y distribuir el Informe Final de la XL RCTA, junto con sus Anexos, en los cuatro idiomas del Tratado, de conformidad con los Procedimientos para la presentación, traducción y distribución de documentos para la RCTA y el CPA. El texto del Informe Final se publicará en el sitio web de la Secretaría y su impresión se hará en formato de libro. El texto completo del Informe Final estará disponible en su versión impresa (dos volúmenes) a través de comercios en línea, y además, en formato de libro electrónico.

2. Tecnología informática

Intercambio de información y Sistema Electrónico de Intercambio de Información

La Secretaría seguirá asistiendo a las Partes en la publicación de sus materiales de intercambio de información, así como en el procesamiento de la información que se cargue mediante la función File Upload (Carga de archivos).

La Secretaría continuará brindando asesoramiento dirigido al Plan de Trabajo Estratégico Plurianual de la RCTA con respecto a los debates permanentes sobre la consideración del SEII y de los requisitos para el intercambio de información y estará listo para impulsar los cambios, las mejoras y los aportes que pudieran surgir de dichos debates.

Base de datos de contactos

La Secretaría planifica lanzar la nueva versión de esta base de datos, que incluirá un rediseño integral, un mayor grado de seguridad y la introducción de nuevas tecnologías que la dotarán de una interfaz más intuitiva para los usuarios y que mejorará su funcionalidad en varios dispositivos.

Por otro lado, se implementarán procedimientos internos para la gestión de contactos y comunicaciones, incluido el desarrollo del software requerido.

Desarrollo del sitio web de la Secretaría

El sitio web continuará perfeccionándose para hacerlo más conciso y fácil de usar, y para aumentar la visibilidad de las secciones y la información de mayor relevancia.

3. Documentación

Documentos de la RCTA

La Secretaría continuará sus esfuerzos por completar su archivo de los Informes Finales y otros registros de la RCTA y otras reuniones del Sistema del Tratado Antártico en los cuatro idiomas del Tratado. La ayuda de las Partes en la recopilación y entrega de sus archivos será esencial para que la Secretaría pueda completar el archivo. El proyecto continuará durante el ejercicio económico 2017/2018. Para todas las delegaciones interesadas en colaborar, hay disponible una lista completa y detallada de los documentos que faltan.

Glosario

La Secretaría continuará desarrollando su glosario de términos y expresiones de la RCTA con objeto de generar una nomenclatura en los cuatro idiomas del Tratado. Además, mejorará aún más la implementación de un servidor de vocabulario controlado electrónicamente para administrar, publicar e intercambiar las ontologías, los tesauros y las listas de la RCTA.

Base de datos del Tratado Antártico

En la actualidad, la base de datos de Recomendaciones, Medidas, Decisiones y Resoluciones de la RCTA está completa en inglés y casi completa en español y francés, si bien la Secretaría aún no dispone de varias copias de informes finales en esos idiomas. Siguen faltando algunos informes finales en ruso.

4. Información pública

La Secretaría y su sitio web seguirán funcionando como un centro de coordinación de información sobre las actividades de las Partes y los acontecimientos relevantes en la Antártida.

5. Administración

Personal

Al 1 de abril de 2017, la Secretaría contaba con el siguiente personal:

Personal ejecutivo

Nombre	Cargo	Desde	Rango	Fase	Período
Manfred Reinke	Secretario ejecutivo (SE)	01-09-2009	E1	8	31-08-2017
José María Acero	Asistente del Secretario Ejecutivo (ASE)	01-01-2005	E3	13	31-12-2018

Personal general

Nombre	Cargo	Desde	Rango	Fase	Período
José Luis Agraz	Oficial de información	11-01-2004	G1	6	
Diego Wydler	Oficial de tecnología de información	02-01-2006	G1	6	
Roberto Alan Fennell	Oficial de finanzas (tiempo parcial)	01-12-2008	G2	6	
Pablo Wainschenker	Editor	02-01-2006	G2	3	
Violeta Antinarelli	Bibliotecaria (tiempo parcial)	04-01-2007	G3	6	
Anna Balok	Experta en comunicaciones (tiempo parcial)	10-01-2010	G5	2	
Viviana Collado	Directora de oficina	11-15-2012	G5	2	
Margarita Tolaba	Responsable de limpieza (tiempo parcial)	01-07-2015	G7	2	

En la XXXIX RCTA, se decidió elegir y designar a un nuevo Secretario Ejecutivo en la XL RCTA, de conformidad con la Decisión 4 (2016). La Secretaría recibió seis postulaciones, que se distribuyeron de inmediato entre las Partes. En noviembre de 2016, una Parte retiró una postulación. En abril de 2017 se retiró una nueva postulación. La Secretaría respaldará a la RCTA en la implementación del procedimiento de selección aprobado.

La Secretaría invitará a estudiantes internacionales en práctica, provenientes de las Partes, para que realicen pasantías en la Secretaría. También ha extendido una invitación para que Ecuador, como País Anfitrión de la XLI RCTA, envíe a un miembro de su equipo organizativo a realizar una pasantía en Buenos Aires.

Asuntos financieros

El presupuesto para el ejercicio económico 2017/2018 y el presupuesto proyectado para el ejercicio económico 2018/2019 se presentan en el Apéndice 1.

Salarios

El costo de vida continuó aumentando notablemente en la Argentina durante 2016. A causa de algunos cambios en la metodología de cálculo del aumento de costos (Índice de Precios al Consumidor o IPC) del Instituto Nacional de Estadística y Censos de la Argentina (INDEC), aún no están disponibles los datos estadísticos finales correspondientes al año 2016. Publicaciones de otras fuentes (empresas privadas, la publicación del IPC del Congreso de la Nación Argentina) estiman una tasa de inflación del 40 %, aproximadamente. Tomando en consideración la devaluación del peso argentino del 18,2 % respecto del dólar estadounidense, el aumento de los salarios de los empleados públicos en pesos argentinos, que fue del 32,6 %, y algunos efectos de la devaluación del peso argentino en 2015, el Secretario Ejecutivo propone compensar un seis por ciento (6 %) por el costo de vida al personal de servicios generales. Esto no se hará extensivo al personal ejecutivo

La Regla 5.10 del Reglamento del personal exige la compensación de los miembros del personal de servicios generales cuando tengan que trabajar más de 40 horas semanales. Se solicitan horas extraordinarias durante las reuniones de la RCTA.

Con el término de este contrato, el Secretario Ejecutivo saliente, Dr. Manfred Reinke, tendrá derecho a recibir el pago indemnizatorio en virtud de la Regla 10.4 de los Estatutos del personal de la RCTA. Durante la XXXIII RCTA, que se celebró en 2010 (Punta del Este), "la RCTA acordó que el artículo 10.4 habría de regir para toda desvinculación de un miembro del personal ejecutivo, aunque sujeto a las advertencias del artículo 10" (Informe Final de la XXXIII RCTA, p. 35, párrafo 100).

Fondos

Fondo de operaciones

De conformidad con el Reglamento Financiero 6.2 (a), el fondo de operaciones debe mantenerse en el orden de 1/6 del presupuesto de la Secretaría, que asciende a USD 229 952, durante los próximos años. Las contribuciones de las Partes conforman la base del cálculo del nivel del fondo de operaciones.

Fondo para cesantía de personal

De conformidad con la Regla 10.4 del Reglamento del personal de la RCTA el Secretario Ejecutivo saliente recibirá USD 127 438 del Fondo para cesantía de personal. Al Fondo para cesantía de personal se le acreditarán USD 29 986 de conformidad con la Regla 10.4 del Reglamento del personal (Documento de Secretaría SP 5 Apéndice 1: Declaración provisional del ejercicio económico 2016/2017, proyección para el ejercicio económico 2017/2018, presupuesto del ejercicio económico 2017/2018, proyección para el ejercicio económico 2018/2019).

Fondo de sustitución de personal

Se transfirieron USD 50 000 desde el superávit del Fondo general a "Ingresos" a fin de cubrir los costos de reubicación del Secretario Ejecutivo saliente y del nuevo Secretario

Ejecutivo (Documento de Secretaría SP 5 Apéndice 1: Declaración provisional del ejercicio económico 2016/2017, proyección para el ejercicio económico 2017/2018, presupuesto del ejercicio económico 2017/2018, proyección para el ejercicio económico 2018/2019). El Fondo de sustitución de personal se mantiene con USD 50 000 (Decisión 1 (2006), Anexo 3, Apéndice 1: Presupuesto 2006/2007 y Presupuesto proyectado 2007/2008 y asignación de recursos).

Fondo general

Al 31 de marzo de 2017, el superávit de efectivo del Fondo general ascendía USD 621.954. Las contribuciones pendientes ascendían a USD 49.125. Durante 2017 se transferirán USD 50.000 desde el Fondo general a "Ingresos" a fin de cubrir los costos de reubicación del Secretario Ejecutivo saliente y del nuevo Secretario Ejecutivo, y en 2018 se asignarán USD 25.000 para el nuevo ASE. Se espera que para el 31 de marzo de 2018, el Fondo general ascienda a USD 621.119.

Más detalles sobre el Presupuesto Preliminar para el Ejercicio Económico 2017/2018

El Gobierno de China y la Secretaría acordaron la contratación de relatores internacionales para la XL RCTA, y que el Gobierno de China reembolsaría dichos costos.

La aplicación a las partidas presupuestarias se ciñe a la propuesta del año anterior. Se han implementado algunos pequeños ajustes de acuerdo con los gastos previstos para el ejercicio económico 2017/2018.

El Apéndice 1 muestra el Presupuesto para el ejercicio económico 2017/2019. La escala de salarios se presenta en el Apéndice 3.

Contribuciones para el Ejercicio Económico 2018/2019

Las contribuciones para el ejercicio económico 2018/2019 no aumentarán.

El Apéndice 2 muestra las contribuciones de las Partes para el ejercicio económico 2018/2019.

6. Programa Proyectado para el Ejercicio Económico 2018/2019 y para el Ejercicio Económico 2019/2020

Se espera que la mayoría de las actividades actuales de la Secretaría continúen durante el ejercicio económico 2018/2019 y durante el ejercicio económico 2019/2020; por lo tanto, a no ser que el programa sufra grandes cambios, no se prevé que haya cambios en los cargos del personal en los próximos años.

Apéndice 1

Declaración provisional del ejercicio económico 2016/2017, proyección para el ejercicio económico 2017/2018, presupuesto del ejercicio económico 2017/2018 y proyección para el ejercicio económico 2018/2019

PARTIDAS PRESUPUESTARIAS	Estado provisional 2016/2017 *)	Proyección 2017/2018	Presupuesto 2017/2018	Proyección 2018/2019
INGRESOS				
CONTRIBUCIONES comprometidas	$ -1.378.097	$ -1.378.097	$ -1.378.097	$ -1.378.097
Contribuciones voluntarias	$ -53.207			
del Fondo General			$ -50.000	$ -25.000
del Fondo para cesantía de personal			$ -127.438	$ -175.281
Intereses de inversiones	$ -5.620	$ -2.000	$ -3.000	$ -3.000
Ingreso total	**$ -1.436.924**	**$ -1.380.097**	**$ -1.558.535**	**$ -1.581.378**
GASTOS				
SALARIOS				
Ejecutivos	$ 336.376	$ 326.636	$ 326.636	$ 313.333
Cesantía del personal			$ 127.438	$ 175.281
Sustitución de personal			$ 50.000	$ 25.000
Personal de servicios generales	$ 329.047	$ 345.666	$ 362.892	$ 372.992
Personal de apoyo a la RCTA	$ 18.810	$ 18.092	$ 21.160	$ 21.160
Estudiantes en práctica	$ 2.313	$ 9.600	$ 9.600	$ 9.600
Horas extraordinarias	$ 13.615	$ 16.000	$ 16.000	$ 16.000
	$ 700.162	**$ 715.994**	**$ 913.726**	**$ 933.366**
TRADUCCIÓN E INTERPRETACIÓN				
Traducción e interpretación	**$ 302.260**	**$ 331.518**	**$ 316.388**	**$ 334.967**
VIAJES				
Viajes	**$ 73.701**	**$ 99.000**	**$ 103.000**	**$ 91.000**
TECNOLOGÍA INFORMÁTICA				
Hardware	$ 8.140	$ 11.000	$ 10.000	$ 10.000
Software	$ 2.193	$ 3.500	$ 6.000	$ 3.000
Desarrollo	$ 21.136	$ 21.500	$ 22.000	$ 22.500
Mantenimiento de hardware y software	$ 1.620	$ 2.040	$ 2.250	$ 2.250
Asistencia técnica	$ 6.447	$ 10.000	$ 7.500	$ 7.750
	$ 39.536	**$ 48.040**	**$ 47.750**	**$ 45.500**
IMPRESIÓN, EDICIÓN Y COPIAS				
Informe Final	$ 14.435	$ 18.937	$ 20.000	$ 20.100
Compilación	$ 2.373	$ 3.271	$ 2.500	$ 2.512
Directrices para sitios	$ 0	$ 3.497	$ 3.205	$ 3.221
	$ 16.809	**$ 25.705**	**$ 25.705**	**$ 25.833**
SERVICIOS GENERALES				
Asesoramiento jurídico	$ 1.126	$ 3.605	$ 3.000	$ 3.060
Servicios de relatores	$ 53.207			
Auditorías externas	$ 9.163	$ 11.139	$ 11.139	$ 11.362
Limpieza, mantenimiento y seguridad	$ 9.091	$ 16.480	$ 11.000	$ 11.220
Capacitación	$ 2.774	$ 7.298	$ 8.000	$ 8.160
Transacciones bancarias	$ 6.342	$ 6.683	$ 9.983	$ 10.183
Alquiler de equipos	$ 2.503	$ 3.342	$ 3.042	$ 3.103
	$ 84.205	**$ 48.547**	**$ 46.164**	**$ 47.087**
COMUNICACIONES				
Teléfono	$ 5.046	$ 7.210	$ 7.210	$ 7.354
Internet	$ 2.533	$ 3.000	$ 2.500	$ 2.550
Alojamiento web	$ 7.288	$ 8.500	$ 8.500	$ 8.670
Franqueo	$ 1.180	$ 2.785	$ 2.785	$ 2.841
	$ 16.047	**$ 21.495**	**$ 20.995**	**$ 21.415**

	Estado provisional 2016/2017	Proyección 2017/2018	Presupuesto 2017/2018	Proyección 2018/2019
OFICINA				
Insumos y artículos de oficina	$ 5.689	$ 4.789	$ 4.789	$ 4.885
Libros y suscripciones	$ 984	$ 3.342	$ 3.342	$ 3.409
Seguros	$ 3.388	$ 4.326	$ 4.326	$ 4.413
Mobiliario	$ 97	$ 1.255	$ 1.255	$ 1.280
Equipamiento de oficina	$ 1.321	$ 4.455	$ 4.455	$ 4.544
Mejoras de oficina	$ 5.503	$ 2.785	$ 2.785	$ 2.841
	$ 11.479	$ 20.952	$ 20.952	$ 21.371
ADMINISTRACIÓN				
Insumos de oficina	$ 2.648	$ 5.013	$ 5.013	$ 5.113
Transporte local	$ 377	$ 890	$ 890	$ 908
Varios	$ 2.567	$ 4.455	$ 4.455	$ 4.544
Servicios (energía)	$ 2.994	$ 12.253	$ 7.262	$ 7.407
	$ 8.585	$ 22.611	$ 17.620	$ 17.972
REPRESENTACIÓN				
Representación	$ 3.646	$ 4.000	$ 4.000	$ 4.000
FINANCIAMIENTO				
Pérdidas por diferencias cambiarias	$ 10.691	$ 12.249	$ 12.249	$ 12.494

	Estado provisional 2016/2017	Proyección 2017/2018	Presupuesto 2017/2018	Proyección 2018/2019
SUBTOTAL DE ASIGNACIONES	$ 1.272.625	$ 1.350.111	$ 1.528.549	$ 1.555.006
ASIGNACIÓN DE FONDOS				
Fondo de contingencia para traducción	$ 0	$ 0	$ 0	$ 0
Fondo de sustitución de personal	$ 0	$ 0	$ 0	$ 0
Fondo para cesantía de personal	$ 31.417	$ 29.986	$ 29.986	$ 26.372
Fondo de operaciones	$ 0	$ 0	$ 0	$ 0
	$ 31.417	$ 29.986	$ 29.986	$ 26.372
TOTAL DE ASIGNACIONES	$ 1.304.041	$ 1.380.097	$ 1.558.535	$ 1.581.379
·····) **Contribuciones pendientes**	$ 49.165	$ 0	$ 0	$ 0
SALDO	$ 83.717	$ 0	$ 0	$ 0

Resumen de fondos

	Estado provisional 2016/2017	Proyección 2017/2018	Presupuesto 2017/2018	Proyección 2018/2019
Fondo de contingencia para traducción	$ 30.000	$ 30.000	$ 30.000	$ 30.000
Fondo de sustitución de personal	$ 50.000	$ 50.000	$ 50.000	$ 50.000
Fondo para cesantía de personal	$ 271.599	$ 174.065	$ 174.065	$ 25.156
·······) Fondo de operaciones	$ 229.952	$ 229.952	$ 229.952	$ 229.952
Fondo general (Reg. Fin. 6.3)	$ 621.954	$ 671.119	$ 621.119	$ 596.120

· Declaración provisional al 31 de marzo de 2016

·· Servicios de relator contratados por la Secretaría y reembolsados por el País anfitrión en la XXXIX RCTA

··· Reducción de costos para el nuevo Secretario Ejecutivo (Reglas 9.6 (b) y 10.6 (b)) del Reglamento del Personal sobre Secretarios Ejecutivos para 2017 y para el Asistente del Secretario Ejecutivo en 2018, tomados del Fondo general

···· Compensación de cesantía del personal (Regla 10.4 del Reglamento del Personal e Informe Final de la XXXIII RCTA, párrafo 100) para el Secretario Ejecutivo y el Asistente del Secretario Ejecutivo en 2018

····· Contribuciones pendientes al 31 de marzo de 2017

······· Importe máximo requerido Fondo de operaciones (Reg. Fin. 6.2)	$ 229.683	$ 229.683	$ 229.683	$ 229.683

Apéndice 2

Escala de contribuciones para el ejercicio económico 2018/2019

2018/2019	Cat.	Mult.	Variable	Fijo	Total
Argentina	A	3,6	$ 36.587	$ 23.760	$ 60.347
Australia	A	3,6	$ 36.587	$ 23.760	$ 60.347
Bélgica	D	1,6	$ 16.261	$ 23.760	$ 40.021
Brasil	D	1,6	$ 16.261	$ 23.760	$ 40.021
Bulgaria	E	1	$ 10.163	$ 23.760	$ 33.923
Chile	C	2,2	$ 22.359	$ 23.760	$ 46.119
China	C	2,2	$ 22.359	$ 23.760	$ 46.119
República Checa	D	1,6	$ 16.261	$ 23.760	$ 40.021
Ecuador	E	1	$ 10.163	$ 23.760	$ 33.923
Finlandia	D	1,6	$ 16.261	$ 23.760	$ 40.021
Francia	A	3,6	$ 36.587	$ 23.760	$ 60.347
Alemania	B	2,8	$ 28.456	$ 23.760	$ 52.216
India	C	2,2	$ 22.359	$ 23.760	$ 46.119
Italia	B	2,8	$ 28.456	$ 23.760	$ 52.216
Japón	A	3,6	$ 36.587	$ 23.760	$ 60.347
República de Corea	D	1,6	$ 16.261	$ 23.760	$ 40.021
Países Bajos	C	2,2	$ 22.359	$ 23.760	$ 46.119
Nueva Zelandia	A	3,6	$ 36.587	$ 23.760	$ 60.347
Noruega	A	3,6	$ 36.587	$ 23.760	$ 60.347
Perú	E	1	$ 10.163	$ 23.760	$ 33.923
Polonia	D	1,6	$ 16.261	$ 23.760	$ 40.021
Federación de Rusia	C	2,2	$ 22.359	$ 23.760	$ 46.119
Sudáfrica	C	2,2	$ 22.359	$ 23.760	$ 46.119
España	C	2,2	$ 22.359	$ 23.760	$ 46.119
Suecia	C	2,2	$ 22.359	$ 23.760	$ 46.119
Ucrania	D	1,6	$ 16.261	$ 23.760	$ 40.021
Reino Unido	A	3,6	$ 36.587	$ 23.760	$ 60.347
Estados Unidos	A	3,6	$ 36.587	$ 23.760	$ 60.347
Uruguay	D	1,6	$ 16.261	$ 23.760	$ 40.021

Presupuesto   **$1.378.097**

Escala de sueldos 2017/2018

Programa A
ESCALA SALARIAL PARA EL PERSONAL DE CATEGORÍA EJECUTIVA
(en dólares estadounidenses)

2017/2018 Nivel		I	II	III	IV	V	VI	VII	VIII	IX	X	XI	XII	XIII	XIV	XV
E1	A	$135.302	$137.819	$140.337	$142.855	$145.373	$147.890	$150.407	$152.926							
E1	B	$169.127	$172.274	$175.421	$178.569	$181.716	$184.863	$188.009	$191.158							
E2	A	$113.932	$116.075	$118.218	$120.359	$122.501	$124.642	$126.783	$128.926	$131.069	$133.211	$135.352	$137.709			
E2	B	$142.415	$145.093	$147.772	$150.449	$153.126	$155.802	$158.479	$161.158	$163.837	$166.513	$169.190	$172.136			
E3	A	$95.007	$97.073	$99.140	$101.207	$103.275	$105.341	$107.408	$109.476	$111.542	$113.608	$115.675	$116.915	$118.154	$120.193	$122.231
E3	B	$118.758	$121.341	$123.925	$126.509	$129.094	$131.676	$134.260	$136.845	$139.427	$142.010	$144.594	$146.143	$147.693	$150.242	$152.788
E4	A	$78.779	$80.693	$82.609	$84.518	$86.435	$88.347	$90.257	$92.174	$94.089	$96.000	$97.915	$98.448	$100.336	$102.223	$104.110
E4	B	$98.474	$100.866	$103.262	$105.648	$108.044	$110.434	$112.822	$115.217	$117.611	$119.999	$122.393	$123.060	$125.419	$127.778	$130.137
E5	A	$65.315	$67.029	$68.739	$70.452	$72.162	$73.873	$75.386	$77.293	$79.007	$80.719	$82.427	$82.981			
E5	B	$81.644	$83.786	$85.924	$88.065	$90.203	$92.342	$94.482	$96.617	$98.799	$100.899	$103.034	$103.726			
E6	A	$51.706	$53.351	$54.994	$56.641	$58.284	$59.928	$61.575	$63.219	$64.862	$65.862	$66.508				
E6	B	$64.632	$66.689	$68.742	$70.801	$72.855	$74.910	$76.969	$79.024	$81.078	$82.328	$83.135				

Nota: La línea B representa el salario base (mostrado en la línea A) con un 25 % adicional por costos de salarios (fondo de jubilación y primas de seguro, subsidios de instalación y repatriación de personal, asignación por escolaridad, etc.) y constituye el salario total al que tiene derecho el personal ejecutivo de acuerdo con la regulación 5.

Programa B
ESCALA SALARIAL PARA EL PERSONAL GENERAL
(en dólares estadounidenses)

Nivel	I	II	III	IV	V	VI	VII	VIII	IX	X	XI	XII	XIII	XIV	XV
G1	$64.788	$67.810	$70.834	$73.856	$77.006	$80.291									
G2	$53.990	$56.508	$59.028	$61.546	$64.172	$66.909									
G3	$44.990	$47.089	$49.189	$51.288	$53.477	$55.760									
G4	$37.493	$39.242	$40.991	$42.741	$44.564	$46.466									
G5	$30.972	$32.419	$33.863	$35.310	$36.818	$38.391									
G6	$25.388	$26.571	$27.756	$28.941	$30.177	$31.465									
G7	$12.724	$13.317	$13.911	$14.505	$15.124	$15.770									

Nombramiento del Secretario Ejecutivo

Los Representantes,

Recordando el Artículo 3 de la Medida 1 (2003) con respecto al nombramiento de un Secretario Ejecutivo de la Secretaría del Tratado Antártico;

Recordando la Decisión 2 (2013) sobre el nuevo nombramiento del Dr. Manfred Reinke como Secretario Ejecutivo de la Secretaría del Tratado Antártico por un período de cuatro años a partir del 1 de septiembre de 2013;

Recordando la Decisión 4 (2016) sobre el Procedimiento para la selección y el nombramiento del Secretario Ejecutivo de la Secretaría del Tratado Antártico;

Recordando la Regla 6.1 del Reglamento del Personal de la Secretaría del Tratado Antártico, anexa a la Decisión 3 (2003);

Deciden:

1. designar al Sr. Albert Lluberas Bonaba como Secretario Ejecutivo de la Secretaría del Tratado Antártico por un periodo de cuatro años, en cumplimiento de los términos y condiciones que se establecen en la carta del Presidente de la XL Reunión Consultiva del Tratado Antártico anexa a esta Decisión; y

2. que este nuevo nombramiento comenzará el 1 de septiembre de 2017.

Cartas

Sr. Albert Lluberas Bonaba

Secretario General del Instituto Antártico Uruguayo

MONTEVIDEO

Uruguay

Estimado Sr. Lluberas Bonaba:

Nuevo nombramiento para el cargo de Secretario Ejecutivo

Como Presidente de la XL Reunión Consultiva del Tratado Antártico ("RCTA") y conforme a la Decisión X (2017) de la XL RCTA, me complace ofrecerle el nuevo nombramiento para el cargo de Secretario Ejecutivo de la Secretaría del Tratado Antártico ("la Secretaría").

A continuación, se establecen los términos y condiciones de su nombramiento. En caso de que acepte esta oferta, por favor, firme su aceptación en la copia adjunta a esta carta y devuélvamela.

Términos y condiciones del nombramiento

1. Con su aceptación del nuevo nombramiento, se compromete con el fiel cumplimiento de sus deberes y a actuar teniendo en cuenta únicamente los intereses de la RCTA. Su aceptación del cargo de Secretario Ejecutivo incluye una declaración por escrito de su conocimiento y aceptación de las condiciones establecidas en el Reglamento del Personal de la Secretaría del Tratado Antártico ("Reglamento del Personal"), anexo a la Decisión 3 (2003) que se adjunta, así como de cualquier cambio eventual que pueda sufrir dicho Reglamento. En particular, su aceptación del cargo incluye los siguientes compromisos:

- cumplir fielmente las Reglas 2.6 y 2.7 del Reglamento del Personal en relación, respectivamente, con el empleo externo y los intereses económicos y financieros;

- cumplir sus responsabilidades relativas a la designación, dirección y supervisión del personal en virtud del Artículo 3 (2) de la Medida 1 (2003) de conformidad con la Regla 6.2 del Reglamento del Personal así como con las normas sobre eficacia, competencia e integridad establecidas en la Regla 2.3 del Reglamento del Personal y en particular de manera tal que evite dar una impresión de deshonestidad o nepotismo;

- demostrar las más altas normas de conducta ética a través del respeto por todos los reglamentos y políticas de la organización y entregar garantías en cuanto a que todas las decisiones y acciones de la Secretaría estén informadas por las normas de eficacia, competencia e integridad que se establecen en la Regla 2.3 del Reglamento del Personal;

* evitar dar la impresión de un conflicto de interés; y

* supervisar de modo responsable los recursos que se le han confiado a la Secretaría, lo que incluye el uso transparente y eficaz de los recursos financieros de conformidad con el Reglamento Financiero de la Secretaría del Tratado Antártico anexo a la Decisión 4 (2003) ("Reglamento Financiero").

2. Los deberes del Secretario Ejecutivo son: designar, dirigir y supervisar a otros miembros del personal y garantizar que la Secretaría cumpla las funciones estipuladas en el Artículo 2 de la Medida 1 (2003).

3. Según la Decisión X (2017), su nuevo nombramiento comenzará el 1 de septiembre de 2017.

4. El plazo de su mandato será de cuatro años y podrá ser reelegido por un nuevo y único periodo adicional de cuatro años en función del acuerdo de la RCTA.

5. El nombramiento es para la categoría de personal ejecutivo. Su salario se establecerá en el Nivel E1B, Paso I, como se detalla en el Anexo A del Reglamento del Personal y sus modificaciones.

6. El salario anterior incluye la base salarial (Nivel E1A, Paso I, Anexo A) con un 25 % adicional de gastos de sueldos (plan de pensiones y primas de seguros, subsidios de instalación y repatriación, asignaciones de escolarización, etc.) y será el salario total al que tenga derecho según la Regla 5.1 del Reglamento del Personal. Asimismo, tendrá derecho a asignaciones por viajes y gastos de reubicación en virtud de la Regla 9 del Reglamento del Personal.

7. La RCTA puede rescindir este nuevo nombramiento mediante una previa notificación por escrito con una antelación mínima de tres meses, según la Regla 10.3 del Reglamento del Personal. Puede renunciar en cualquier momento proporcionando una notificación por escrito con tres meses de antelación o en un plazo inferior autorizado por la RCTA.

Le deseo lo mejor en el cumplimiento de sus funciones.

Le saluda atentamente,

{rúbrica}

NOMBRE Y TÍTULO

Presidente de la XL Reunión Consultiva del Tratado Antártico

Por la presente, acepto el nombramiento descrito en esta carta sujeto a las condiciones especificadas en la misma y declaro que conozco y acepto las condiciones estipuladas en el Reglamento del Personal y cualquier cambio eventual que puedan sufrir.

Sr. Albert Lluberas Bonaba

Firma:

Fecha:

Sra. Susana Malcorra

Ministra de Asuntos Exteriores y Culto

República Argentina

Buenos Aires

Estimada Ministra Malcorra:

Me dirijo a usted en mi condición de Presidente de la XL Reunión Consultiva del Tratado Antártico ("RCTA") en referencia al Artículo 21 del Acuerdo de Sede para la Secretaría del Tratado Antártico, anexo a la Medida 1 (2003), la carta de la República Argentina al Presidente de la XXVI RCTA del 16 de junio de 2003 y la notificación de la República Argentina al Gobierno depositario del 19 de mayo de 2004.

Según los requisitos del Artículo 21, por la presente, notifico al Gobierno de la República Argentina, el nuevo nombramiento por parte de la XL RCTA del Sr. Albert Lluberas Bonaba para el cargo de Secretario Ejecutivo por un plazo de cuatro años, que entrará en vigor el viernes 1 de septiembre de 2017.

Aprovecho esta oportunidad para reiterarle el testimonio de mi más alta consideración.

Le saluda atentamente.

{rúbrica}

NOMBRE Y TÍTULO

Presidente de la XL Reunión Consultiva del Tratado Antártico

Plan de trabajo estratégico plurianual para la Reunión Consultiva del Tratado Antártico

Los Representantes,

Reafirmando los valores, objetivos y principios contenidos en el Tratado Antártico y su Protocolo sobre Protección del Medio Ambiente;

Recordando la Decisión 3 (2012) sobre el Plan de trabajo estratégico plurianual ("el Plan") y sus principios;

Teniendo en cuenta que el Plan es complementario al programa de la Reunión Consultiva del Tratado Antártico ("RCTA") y que las Partes y demás participantes de la RCTA son alentados a contribuir, como de costumbre, en los demás asuntos del programa de la RCTA;

Deciden:

1. aprobar el Plan anexo a esta Decisión; y

2. retirar el Plan que se anexa a la Decisión 6 (2016).

Plan de Trabajo Estratégico Plurianual de la RCTA

	Prioridad	RCTA 40 (2017)	Intersesional	RCTA 41 (2018)	Intersesional	RCTA 42 (2019)	RCTA 43 (2020)
1.	Realizar una revisión exhaustiva de los actuales requisitos para el intercambio de información y del funcionamiento del Sistema Electrónico de Intercambio de Información, e identificar todo requisito adicional.	• El GT 1 debe analizar el funcionamiento del SEII.	• La STA debe cooperar con el COMNAP en las posibles maneras de reducir las repeticiones entre sus bases de datos y de aumentar la compatibilidad entre estas. • La STA debe continuar su puesta en valor del SEII, incluida la entrega de la interfaz de su sitio web en los cuatro idiomas del Tratado.	• El GT 1 debe analizar el funcionamiento del SEII.			
2.	Considerar una difusión coordinada hacia los Estados que no son Parte cuyos ciudadanos o recursos están activos en la Antártida y hacia los Estados que son Parte al Tratado Antártico si bien aún no lo son del Protocolo.	• La RCTA debe identificar a los Estados que no son Parte cuyos ciudadanos están activos en la Antártida, y comunicarse con estos.		• La RCTA debe identificar a los Estados que no son Parte cuyos ciudadanos están activos en la Antártida, y comunicarse con estos.			
3.	Contribuir a las actividades de educación y difusión coordinadas a nivel nacional e internacional desde la perspectiva del Tratado Antártico.	• El GT 1 debe considerar el informe del GCI sobre Educación y Difusión.	• GCI sobre Educación y Difusión.	• El GT 1 debe considerar el informe del GCI sobre Educación y Difusión.			
4.	Compartir y debatir las prioridades científicas estratégicas con el fin de identificar y aprovechar las oportunidades para la colaboración y la creación de capacidades científicas, particularmente en relación con el cambio climático.	• El GT 2 debe cotejar y comparar las prioridades científicas estratégicas con objeto de identificar oportunidades de cooperación.	• Continuar los debates informales intersesionales sobre prioridades científicas estratégicas	• Considerar los resultados de los debates informales intersesionales sobre prioridades científicas estratégicas.			

311

	Prioridad	RCTA 40 (2017)	Intersesional	RCTA 41 (2018)	Intersesional	RCTA 42 (2019)	RCTA 43 (2020)
5.	Aumentar la cooperación efectiva entre las Partes (por ejemplo, Inspecciones conjuntas, proyectos científicos conjuntos y apoyo logístico) y la participación eficaz en las reuniones, (por ejemplo, la consideración de métodos eficaces de trabajo durante las reuniones).	• El GT 2 debe considerar el informe del GCI sobre Inspecciones Conjuntas.	• Continuar las consultas informales relativas a inspecciones conjuntas.	• Considerar los resultados de las consultas informales relativas a inspecciones conjuntas.			
6.	Fortalecer la cooperación entre el CPA y la RCTA.	• La RCTA debe considerar los asuntos planteados en el informe del CPA en ocasión de las XXXIX y XL RCTA. • La RCTA debe recibir el asesoramiento que requiere seguimiento del CPA.					
7.	Lograr la entrada en vigor del Anexo VI, y continuar recabando información sobre reparación y remediación del daño al medioambiente y otros asuntos con relevancia para informar las futuras negociaciones sobre responsabilidad.	• La RCTA debe continuar evaluando los progresos para lograr la entrada en vigor del Anexo VI de conformidad con el Artículo IX del Tratado Antártico, y determinar las acciones que puedan ser necesarias y adecuadas para alentar a las Partes a aprobar oportunamente el Anexo VI.	• [La STA establecerá dentro de su sitio web una página web que contendrá la información sobre legislación nacional relativa a la implementación del Anexo 6, la que será entregada por las Partes en forma voluntaria, y estará a disposición de estas].	• La RCTA debe continuar evaluando los progresos para lograr la entrada en vigor del Anexo VI de conformidad con el Artículo IX del Tratado Antártico, y determinar las acciones que puedan ser necesarias y adecuadas para alentar a las Partes a aprobar oportunamente el Anexo VI.			• [En 2020, la RCTA debe tomar una decisión sobre el plazo para la reanudación de las negociaciones en materia de responsabilidad de conformidad con el Artículo 16 del Protocolo de Protección del Medio Ambiente, o antes, si las Partes así lo deciden a la luz de los progresos obtenidos en la aprobación de la Medida 1 (2005) (véase la Decisión 5 [2015]).

	Prioridad	RCTA 40 (2017)	Intersesional	RCTA 41 (2018)	Intersesional	RCTA 42 (2019)	RCTA 43 (2020)
8.	Evaluar el progreso del CPA en su continuo trabajo de revisión de las prácticas recomendables, y para mejorar las herramientas existentes y desarrollar nuevas herramientas para la protección del medioambiente, incluidos los procedimientos de evaluación del impacto ambiental.	• El GT 1 debe considerar el asesoramiento del CPA y debatir las considera-ciones sobre políticas para la revisión de los Linea-mientos para Evaluación del Impacto Ambiental (EIA).		• El GT 1 deberá continuar el debate de los asuntos planteados en la Parte 8b del Informe de la XX Reunión del CPA.		• El GT 1 debe considerar el asesoramiento del CPA y debatir las consideraciones sobre políticas para la revisión de la Evaluación del Impacto Ambiental.	
8 bis.	Recolección y uso de material biológico en la Antártida.			• El GT 1 debe debatir sobre la re-colección y uso de material biológico en la Antártida.			
9.	Abordar las reco-mendaciones de la Reunión de Ex-pertos del Tratado Antártico sobre las implicaciones del cambio climático para la gestión y gobernanza de la Antártida (CPA-GCI).	• El GT 2 debe considerar las recomendacio-nes 4 a 6. • El GT 2 debe considerar los resultados del taller conjunto del SC-CCAMLR y el CPA.	• Las Partes inte-resadas deben prepararse para analizar las re-comendaciones pendientes de la RETA sobre las implicancias del cambio climáti-co (2010).	• Acordar la forma de proceder sobre cualquier recomendación de la RETA acerca de las implicancias del cambio climático (2010) que esté pendiente.		• Realizar el seguimiento de toda decisión de la RETA sobre las implicancias del cambio climático (2010) relativa a la gestión de las recomendacio-nes pendientes.	
10.	Analizar la im-plementación del Programa de traba-jo de respuesta al cambio climático (CCRWP).	• El GT 2 debe considerar la actualización anual del CPA sobre la implementación del CCRWP		• El GT 2 debe considerar la actualización anual del CPA sobre la implementación del CCRWP		• El GT 2 debe considerar la actualización anual del CPA sobre la imple-mentación del CCRWP.	
11.	Modernizar las es-taciones antárticas en el contexto del cambio climático.	• El GT 2 debe analizar el intercambio de información y el asesoramiento del COMNAP.		• El GT 2 debe analizar el ase-soramiento sobre intercambio de información y del COMNAP.			

	Prioridad	RCTA 40 (2017)	Intersesional	RCTA 41 (2018)	Intersesional	RCTA 42 (2019)	RCTA 43 (2020)
12.	Revisar y debatir los asuntos relativos al aumento de la actividad de aeronaves en la Antártida y evaluar la necesidad de tomar medidas complementarias.		• La Secretaría debe comunicarse por escrito con la OACI con objeto de solicitar toda la información relevante a la actividad de aeronaves en la Antártida, y extender a dicho organismo una invitación para asistir a la XLI RCTA. • Solicitar al COMNAP y a la IAATO que ofrezcan una reseña general de la actividad de aeronaves, y que la presenten en la próxima XLI RCTA a fin de informar el debate.	• El GT 2 de la XLI RCTA debe haber realizado un debate específico sobre la actividad de aeronaves en la Antártida, incluido el tráfico aéreo no gubernamental y el uso de UAV/ RPAS. • El GT 2 de la XLI RCTA debe tomar en cuenta todas las perspectivas presentadas sobre seguridad aérea presentadas por la OACI.	• La Reunión debe solicitar asesoramiento para tratar los riesgos y otros asuntos identificados durante los debates sostenidos en la XLI RCTA.		
12 bis.	Tomar nota del Código Internacional para Buques que Operen en Aguas Polares y continuar su trabajo de fortalecimiento de la cooperación entre los operadores marítimos antárticos; y tomar en cuenta los progresos obtenidos por la OMI.		• La Secretaría debe comunicarse por escrito con la OMI con el propósito de establecer los intereses prioritarios de la RCTA en materia de seguridad marítima, e invitar a dicha organización a presentar una actualización y a participar en la XLI RCTA.	• El GT 2 debe considerar los progresos obtenidos por la OMI y analizar en mayor profundidad los asuntos relativos a la seguridad marítima.		• Intercambiar puntos de vista sobre las experiencias nacionales en lo relativo a autorizar la actividad naviera en la Antártida tras la entrada en vigor del Código Polar.	
13.	Relevamientos hidrográficos en la Antártida.		• Durante la XLI RCTA, la OHI, en consulta con la STA y el país anfitrión, deben prepararse para ofrecer un seminario sobre la situación y el impacto hidrográfico en aguas antárticas.	• La RCTA debe presentar un seminario específico sobre hidrografía en la Antártida, con una presentación de la OHI.			

	Prioridad	RCTA 40 (2017)	Intersesional	RCTA 41 (2018)	Intersesional	RCTA 42 (2019)	RCTA 43 (2020)
14.	Revisar y evaluar la necesidad de aprobar medidas adicionales con respecto a la gestión de zonas e infraestructura permanente relacionadas con el turismo, así como las cuestiones relacionadas con el turismo terrestre y de aventura, y atender las re-comendaciones del estudio sobre turismo del CPA.	• Considerar un informe de la Secretaría en relación con los progresos logrados en relación con la Recomendación 1 del Estudio sobre turismo del CPA de 2012.		• El SCAR y la IAATO deben presentar un in-forme provisional sobre el progreso de la Planificación Sistemática de la Conservación para la península Antártica. • Analizar las opciones para el desarrollo de una metodología de seguimiento nor-malizada para la gestión de sitios. • Analizar las pro-puestas relativas a la necesidad de tomar medidas complementarias en relación con la gestión de zonas. • Revisar los progresos logrados en relación con las recomendaciones del Estudio sobre turismo del CPA.	• Seguimiento de las con-clusiones en relación con el Estudio sobre turismo del CPA.		
15.	Elaborar un enfo-que estratégico en torno al turismo y las actividades no gubernamen-tales gestionados de manera responsable en lo medioambiental en la Antártida	• El GT 2 debe considerar la actualización de la Secretaría. • Desarrollar una visión estratégi-ca del turismo y las actividades no guberna-mentales en la Antártida.	• Continuar los debates en pre-paración para la XLI RCTA.	• Analizar las medi-das específicas que podrían mejorar la implementación de los Principios generales del turismo antártico de 2009.			
16.	Seguimiento de sitios para visitantes.			• Examinar los progresos del CPA en relación con las recomendaciones 3 y 7 del Estudio sobre turismo del CPA.			

Nota: Los antedichos Grupos de Trabajo de la RCTA no son permanentes, sino que se establecen por consenso al término de cada Reunión Consultiva del Tratado Antártico.

3. Resoluciones

Material de orientación para la designación de Zonas Antárticas Especialmente Administradas (ZAEA)

Los Representantes,

Señalando que el Artículo 4 del Anexo V al Protocolo al Tratado Antártico sobre Protección del Medio Ambiente ("el Protocolo") establece la designación de Zonas Antárticas Especialmente Administradas ("ZAEA") "para asistir en la planificación y la coordinación de las actividades, evitar posibles conflictos, mejorar la cooperación entre las Partes o reducir a un mínimo los impactos medioambientales";

Reconociendo los requisitos en virtud de los Artículos 5 y 6 del Anexo V al Protocolo en relación con la preparación y revisión de planes de gestión de Zonas Antárticas Especialmente Protegidas y ZAEA;

Señalando que la Guía para la Preparación de Planes de Gestión para las Zonas Antárticas Especialmente Protegidas (Resolución 2, 2011) y las Directrices para la aplicación del Marco para Zonas Protegidas, tal como se estipulan en el Artículo 3, Anexo V del Protocolo Ambiental (Resolución 1, 2000), se desarrollaron para asistir a las Partes en su trabajo en virtud del Anexo V;

Reconociendo el valor de contar también con directrices que asistan a las Partes en su consideración de posibles ZAEA y en el desarrollo de planes de gestión para dichas zonas;

Señalando el trabajo del Comité para la Protección del Medio Ambiente para el desarrollo de dicha orientación;

Reconociendo que dicha orientación no tiene carácter obligatorio;

Recomiendan a sus gobiernos que:

1. las *Orientaciones para la evaluación de una zona para su posible designación como Zona Antártica Especialmente Administrada* que se anexa a esta Resolución (Anexo A) se use por parte de quienes participarán en la evaluación de una zona para su posible designación como Zona Antártica Especialmente Administrada ("ZAEA"); y

2. la Guía para la preparación de Planes de gestión de Zonas Antárticas Especialmente Administradas que se anexa a esta Resolución (Anexo B) se use por parte de quienes participan en la preparación o revisión de los planes de gestión de ZAEA.

Orientaciones para la evaluación de una zona para su posible designación como Zona Antártica Especialmente Administrada

1. Introducción

El objetivo de este documento es proporcionar orientación y apoyo a los posibles proponentes en el proceso de evaluar y determinar si una zona amerita su designación como Zona Antártica Especialmente Administrada (ZAEA), de qué manera y por qué. Estas orientaciones no tienen carácter obligatorio, pero ofrecen los puntos que se deben considerar cuando una o varias Partes comienzan a considerar la designación de una zona como ZAEA.

El Artículo 4 del Anexo V del Protocolo Ambiental estipula que cualquier zona, incluidas las áreas marinas, en que se lleven a cabo actividades o puedan llevarse a cabo en el futuro, podrá designarse como ZAEA con el fin de facilitar la planificación y coordinación de actividades, evitar los posibles conflictos, mejorar la cooperación entre las Partes y reducir al mínimo los efectos en el medioambiente. Las ZAEA pueden incluir áreas en las que las actividades presentan riesgos de interferencia mutua o de impacto ambiental acumulativo, así como sitios o monumentos de reconocido valor histórico. Las ZAEA pueden incluir Zonas Antárticas Especialmente Protegidas (ZAEP) y Sitios y Monumentos Históricos (SMH) ubicados dentro del área que ocupan. El Artículo 5 del Anexo V especifica además que cualquier Parte, el Comité Científico de Investigación Antártica (SCAR) o la Comisión para la Conservación de los Recursos Vivos Marinos Antárticos (CCRVMA), pueden proponer la designación de una ZAEA mediante la presentación de una propuesta de Plan de Gestión a la Reunión Consultiva del Tratado Antártico (RCTA). El Artículo 6 del Anexo V describe los procedimientos para la designación, incluida la necesidad de aprobación previa por parte de la CCRVMA si la ZAEA incluyera un área marina.

En los Artículos 5 y 6 del Anexo V al Protocolo Ambiental se indica que el proceso de designación de una ZAEA se inicia formalmente con la presentación al Comité para la Protección del Medio Ambiente (CPA) de una propuesta de Plan de Gestión. Este documento ofrece orientaciones y ayuda a los proponentes en relación con el proceso práctico que se recomienda para llegar al punto en que se presenta una propuesta formal mediante la presentación de una propuesta de Plan de Gestión.

La experiencia en el desarrollo de las actuales ZAEA ha demostrado que el proceso de su establecimiento puede ser lento y complejo. En particular, la complejidad del proceso de designación de una ZAEA puede aumentar en función de la escala de la zona y de la cantidad de actividades, y/o Partes y terceros involucrados.

Este documento se centra en el proceso para evaluar una zona para su posible designación como ZAEA. Dependiendo de las circunstancias de la zona en cuestión, existen otras opciones que pueden contribuir a lograr los objetivos de gestión espacial de una zona (por ejemplo, designación como ZAEP; los acuerdos bilaterales entre las Partes, los procedimientos o códigos de conducta nacionales).

Todas las propuestas de ZAEA deben pasar por la consideración del CPA, y en última instancia, por el acuerdo de las Partes Consultivas del Tratado Antártico en una RCTA. Un plan de gestión para ZAEA es el instrumento acordado internacionalmente que rige para todos los visitantes a la Zona, y debe entrar en vigor para todas las Partes de conformidad con las disposiciones del Tratado Antártico y su Protocolo de acuerdo con lo implementado por las autoridades nacionales por medio de las legislaciones de sus países. Por consiguiente, cada propuesta de ZAEA tiene relevancia para todas las Partes, y no solo para las Partes y otros operadores que realizan actividades dentro de la zona en cuestión.

Este documento se debe considerar solo a modo de orientación, como una ayuda para garantizar que se hayan considerado adecuadamente y de manera suficiente todos los aspectos pertinentes al proceso para que los posibles proponentes consideren si se propondrá o no una zona como ZAEA. Todas las zonas consideradas para su designación como ZAEA tendrán diferentes cualidades y presiones pasadas, en curso o previstas, así como dificultades asociadas a su gestión, y se deben tomar en cuenta sus circunstancias específicas en relación con el proceso de designación.

Además de la orientación que se ofrece a los proponentes, el objetivo a largo plazo de estas orientaciones es contribuir a lograr un grado de coherencia y comparabilidad entre los procesos de evaluación (al tiempo que se reconoce que cada posible ZAEA tendrá sus propios requisitos y dinámicas), y garantizar que el proceso esté lo suficientemente documentado para referencia futura.

Este documento también se debe usar con referencia, cuando corresponda, al siguiente material:

- Anexo V al Protocolo (en específico los Artículos 4, 5 y 6);
- Directrices: *Un proceso de evaluación previa para la designación de ZAEP/ZAEA* (Apéndice 3 del Informe Final de la XVIII Reunión del CPA, 2015);
- las *Directrices para la aplicación del marco para zonas protegidas* (Resolución 1 [2000]),* y
- El *Report of the CEP Workshop on Marine and Terrestrial Antarctic Specially Managed Areas Montevideo, Uruguay, 16-17 June 2011* [Informe del Taller del CPA sobre Zonas Antárticas Especialmente Administradas marinas y terrestres. Montevideo, Uruguay, 16 y 17 de junio de 2011] (Documento de Información IP 136 de la XXXIV RCTA / XIV Reunión del CPA, 2011).

---

* Cabe señalar que, si bien este documento corresponde a las Zonas Antárticas Especialmente Protegidas, contiene principios comunes que proporcionan puntos útiles para la consideración de una posible ZAEA.

Cómo determinar la necesidad de designación de ZAEA

Si una o varias Partes que operan al interior de una zona identifican la incidencia de diversas actividades que en la actualidad, o en un futuro razonablemente previsible, presentan el riesgo de interferencia mutua o de efectos acumulativos al medioambiente, o que existe la necesidad de ayudar en la planificación y coordinación de actividades, o de mejorar la cooperación entre las Partes, podrían considerar la propuesta de dicha zona para su designación como ZAEA.

Documentación del proceso

Es importante documentar los métodos que se utilizan en la elaboración y presentación de un plan de gestión para la designación como ZAEA. La documentación que debe presentarse podría estar compuesta por los resultados de proyectos científicos o de seguimiento, informes de talleres, documentos para debate, listas de reuniones importantes celebradas y sus resultados fundamentales, lista de partes interesadas consultadas, listas de material de referencia, etc.

Deben documentarse las conclusiones del proceso de evaluación, y comunicarse claramente a todos los participantes, sin importar el resultado final del proceso de evaluación.

Identificación y participación de las partes interesadas

Como se señaló antes, la decisión en cuanto a si una zona se designará como ZAEA depende en última instancia de la RCTA, y dicha decisión será un reflejo de la opinión consensuada de las Partes Consultivas del Tratado Antártico.

Debido a que cualquier decisión que se tome en cuanto a si se designará una ZAEA probablemente estará informada por una variedad de puntos de vista, es posible que la Parte o las Partes que inicien el proceso de evaluación consideren conveniente la participación de otras partes interesadas en el proceso con el fin de lograr una perspectiva integral de todos los asuntos que puedan incidir en la futura gestión de la zona. La Parte o las Partes que inicien el proceso de evaluación podrían, por ejemplo, proponerse identificar y lograr la participación de otras Partes, y allí donde corresponda, de las organizaciones relevantes (por ejemplo, el SCAR, el COMNAP, la IAATO) que podrían tener interés en la zona como resultado de sus actividades anteriores, actuales o previstas. Si corresponde, dicha participación puede abarcar desde la puesta en común de información hasta la participación activa en el proceso de evaluación.

Debería tenerse presente, además, que puede ser necesaria la presentación de una propuesta de ZAEA a la consideración de la CCRVMA de conformidad con la Decisión 9 (2005) en aquellas áreas en las que se realizan, o es posible que se realicen, actividades de cosecha de recursos marinos vivos que podrían resultar afectadas por la designación del sitio, o para las cuales existen disposiciones específicas en un proyecto de Plan de Gestión que podrían impedir o limitar las actividades asociadas a la CCRVMA.

Métodos de trabajo

Cuando los posibles proponentes consideren la propuesta de designación como ZAEA para alcanzar los objetivos de gestión espacial de una zona, pueden aplicarse los siguientes métodos de apoyo al proceso de evaluación, entre otros, para garantizar la participación y el análisis y evaluación completos de todos los aspectos por las partes interesadas:

- Documentación inicial: una o varias de las Partes deben iniciar el proceso mediante la elaboración de un documento para debate (basado en un estudio conceptual o estudio teórico inicial o en debates generales con otros interesados en la zona), en el que se entregue material de apoyo sobre la necesidad de evaluar y considerar las opciones de gestión.

- Talleres: organizar una o varias reuniones en las que se consideren los elementos claves de las necesidades de evaluación. Invitar a los expertos y partes interesadas.

- Grupos de trabajo: establecer grupos que tengan a cargo la evaluación de los diversos elementos identificados como relevantes a la zona en cuestión, a fin de garantizar una evaluación integral y focalizada de los diferentes aspectos.

- Actividades en terreno: organizar un taller o visita al sitio, que incluya a las partes interesadas, si corresponde y es posible.

- Foros de debate en línea y otros medios de comunicación remotos: se pueden usar estos medios para publicar documentos para debates y otros documentos pertinentes para obtener la participación en el proceso de la comunidad más amplia de partes interesadas.

Identificación de valores, actividades y objetivos de gestión

Los objetivos de gestión de una zona dependerán de los valores, las actividades y las presiones que existan en la zona. Los proponentes iniciales tendrán una noción de los objetivos de gestión de la zona al momento de comenzar la evaluación, aunque es probable que la comprensión de estos asuntos evolucione en el transcurso del proceso de consultas con las demás partes interesadas que realicen actividades o tengan intereses en la zona. En última instancia, es importante obtener una imagen clara de los objetivos de gestión que se acuerden para la zona a fin de permitir que el proponente o proponentes, partes interesadas y el CPA puedan proceder.

Se puede establecer una ZAEA con objeto de mejorar la cooperación entre las Partes con intereses en la zona, de reducir los efectos adversos de las actividades sobre valores específicos de la zona, y de reducir los conflictos entre las diferentes actividades. Al considerar los objetivos y opciones de gestión de la zona es necesario identificar sus valores y las actividades pasadas, en curso o previstas. Las siguientes orientaciones podrían resultar útiles, y se debe trazar un esquema, con el mayor grado de precisión posible, de la ubicación y magnitud de los valores y actividades.

Cabe señalar que esta etapa del proceso es similar al de la consideración de zonas para su posible designación como ZAEP, por lo que lo que se expone a continuación refleja las orientaciones contenidas en las *Directrices para la aplicación del marco para Zonas protegidas fijado en el Artículo 3, Anexo V del Protocolo Ambiental.*

Valores

Se debe considerar si están presentes algunos de los siguientes valores de la zona:

- *Valores ambientales*: ¿La zona posee características físicas, químicas o biológicas, como glaciares, lagos de agua dulce, lagunas de deshielo, afloramientos rocosos o biota, que sean componentes especialmente únicos o representativos del medioambiente antártico (por ejemplo, Áreas importantes para la conservación de las aves)?[*]

- *Valores científicos*: ¿La zona posee características físicas, químicas o biológicas de especial interés para los investigadores científicos en las cuales se pueden aplicar los métodos y principios científicos? Se debe tener en cuenta que, en este contexto, resulta pertinente una evaluación orientada hacia el futuro, además de una evaluación de los intereses científicos actuales. También se debe considerar si existen varios valores científicos en la misma zona, ya que esto puede ser importante para considerar los intereses científicos que podrían competir entre sí y el efecto acumulativo de las actividades científicas en terreno.

- *Valores históricos y de patrimonio*: ¿La zona posee algún Sitio o Monumento Histórico designado en virtud del Anexo V u otras características u objetos que plasman, sugieren o recuerdan eventos, experiencias, logros, lugares o registros que sean relevantes, significativos o inusuales para el curso de eventos y actividades humanas que han tenido y tienen lugar en la Antártida?

- *Valores estéticos*: ¿La zona posee características o atributos, tales como belleza, tranquilidad, cualidades inspiradoras, atractivo y encanto paisajístico que contribuyan a la apreciación y sentido de percepción de las personas en el lugar?

- *Valores de flora y fauna silvestre*: ¿La zona posee características, tales como encontrarse apartada, contar con presencia humana escasa o nula, ausencia de objetos creados por el hombre, de huellas, sonidos o aromas, tratarse de un terreno rara vez visitado o inexplorado, que sean componentes especialmente únicos o representativos del medioambiente antártico?

- *Valores educativos*: ¿La zona proporciona una oportunidad de educación y difusión al público con el objetivo de promover los valores identificados en el Protocolo mencionados anteriormente y de alentar la comprensión de la importancia de la Antártida en un contexto global?

---

[*] Para obtener más información, véase la Resolución 5 (2015) sobre Áreas importantes para la conservación de las aves en la Antártida.

Al considerar los valores presentes en la zona, debe tomarse en cuenta si esta contiene una o más ZAEP u otras zonas administradas con el fin de dar protección a cualquiera de los valores medioambientales u otros valores identificados.

Actividades

Se debe considerar si se llevan a cabo, se planifican o se prevén algunas de las siguientes actividades en la zona, y si estas actividades se llevan a cabo de manera regular, continua, ocasional o por temporada, y la manera en que el rango de actividades ha cambiado durante los últimos años. Es importante considerar si las actividades en curso han cambiado en el tiempo o si se prevé que cambiarán en el futuro, ya que esto puede tener diferentes efectos sobre las demás actividades o valores de la zona:

- *Actividades científicas*: ¿Se realizan actividades científicas (incluida la observación) en la zona? ¿De qué tipo y en qué ubicaciones? ¿Estas actividades requieren de una separación en el tiempo o en el espacio con respecto a otras actividades que podrían causar interferencia (por ejemplo, una zona de amortiguación), o dependen del estado de los valores medioambientales en un sector o en la totalidad de la zona?

- *Operaciones de estación y actividades de apoyo a la ciencia*: ¿Hay estaciones (científicas) u otros equipos o instalaciones en la zona? ¿En qué ubicación? ¿Cuál es la extensión espacial y temporal de las operaciones normales de la estación?

- *Transporte*: ¿Existen áreas, corredores o sitios que sean de particular importancia para las actividades de transporte? ¿Dónde se encuentran?

- *Actividades recreativas*: ¿Existen áreas que los programas antárticos nacionales utilicen con fines recreativos? ¿Dónde y qué tipo de actividades se realizan?

- *Turismo*: ¿Existen áreas que se utilicen con fines turísticos organizados o para expediciones privadas? ¿Qué tipo de actividades se realizan? ¿Dónde están estas áreas?

- *Cosecha o pesca*: Si una zona contiene un componente marino, ¿se produce la explotación o cosecha de recursos marinos en la zona o se realizará posiblemente en el futuro? Si es así, ¿dónde?

- *Gestión del medioambiente*: ¿Existen áreas con gestión ambiental en curso (p. ej., ZAEP, Directrices de Sitios para Visitantes u otros)?

- *Otras actividades*: ¿Se realiza otro tipo de actividades en la zona? ¿De qué tipo y dónde?

- *Actividades futuras*: ¿Se prevé la realización de nuevas actividades o se ampliarán las actividades en esta zona en un futuro razonablemente previsible? ¿De qué tipo y dónde? ¿Se prevén otros cambios en las actividades en curso, como por ejemplo, su disminución, finalización, cambios en la calendarización, entre otros?

Interacciones entre varias actividades y operadores, y entre las actividades y los valores de la zona

Posibles presiones y efectos en el medioambiente

Se deben considerar los valores ambientales y otros valores de la zona en el contexto de las actividades que se llevan a cabo en esta a través de las siguientes preguntas. Cabe señalar que es particularmente importante proporcionar a los científicos y gestores los conocimientos acerca de la zona o bien las pericias que resulten pertinentes al considerar estos asuntos, especialmente con relación a la identificación de los valores ambientales importantes.

- ¿Existen valores medioambientales de importancia especial dentro de la zona que pueden resultar dañados por las actividades en curso o previstas que se llevan a cabo de manera individual o colectiva? ¿Hay actividades específicas? ¿Cuál es el nivel de actividad? ¿Cuál es la frecuencia y el cronograma de actividad?

- ¿Existen formas más eficientes en que se podrían desarrollar las actividades disminuyéndose al mismo tiempo los efectos?

- ¿Existen áreas o entornos dentro de la zona que puedan causar inquietudes relativas a la seguridad?

- ¿Existen algunos sitios o lugares dentro de la zona que contengan valores que resulten más vulnerables que otros al efecto antropogénico?

Se debe considerar si existen lagunas de conocimiento relacionadas con los asuntos señalados anteriormente, para las que se pueda requerir más investigación y considerar el inicio de estudios pertinentes (incluso trabajo de campo para evaluar y comprobar la precisión de los datos de valores, actividades, posibles conflictos, etc.), para rellenar estas lagunas, según sea necesario.

Se debe considerar si es probable que las posibles presiones asociadas a las actividades en curso o razonablemente previstas en la zona precisen de coordinación entre las Partes con el fin de alcanzar las finalidades de gestión que se han propuesto para la zona.

Se debe considerar si existen iniciativas de coordinación específicas que se puedan implementar para reducir los efectos en la zona, como las siguientes:

- Compartir las instalaciones.

- Compartir la logística, como el movimiento de personal, transporte de bienes, etc.

- Alentar e implementar la cooperación científica a fin de aprovechar al máximo los resultados científicos y reducir a un mínimo la repetición de las investigaciones.

- Intercambiar información mediante reuniones de gestión u otras iniciativas de comunicación.

- Designar de áreas de gestión (por ejemplo, zonas restringidas, de investigación científica, para visitantes, históricas, entre otras). Véanse las *Directrices para la designación de áreas de gestión en las zonas antárticas especialmente administradas y las zonas antárticas especialmente protegidas.*

- Otros.

Posibilidades de coordinación, cooperación o conflicto

Para evaluar los conflictos en curso o la posibilidad de conflictos,* así como las oportunidades de planificación, coordinación o cooperación para evitar tales conflictos o alcanzar otros objetivos de gestión, se deben considerar las actividades en el contexto del entorno en que se desarrollan y en relación con otras actividades que se llevan a cabo en la zona, a través de las preguntas que se detallan a continuación, para todas las actividades identificadas. Se debe tener en cuenta que es particularmente importante proporcionar a las Partes y a otras partes interesadas la oportunidad de considerar estos asuntos, especialmente en relación con las vulnerabilidades asociadas a la actividad que desarrollan.

- ¿Existen actividades en curso o previstas que sean incompatibles, o sitios específicos dentro de una zona donde se estén desarrollando actividades incompatibles?
- ¿Las actividades en curso o previstas son particularmente propensas a resultar afectadas por la perturbación producida por otras actividades? Se debe considerar si esta es una vulnerabilidad general o limitada por el tiempo. Se debe considerar como vulnerabilidad a todos los tipos de perturbación, no solo aquellos que se derivan de las actividades en curso en la zona.
- ¿La actividad tiene aspectos peligrosos o riesgosos que, por lo mismo, dificultan o limitan otros tipos de actividades en la misma zona? Se debe considerar si esto es general o limitado por el tiempo.
- ¿La actividad altera de manera importante el entorno o sus valores específicos, ya sea en forma permanente o temporal?
- ¿Es posible prever posibles conflictos (p. ej., la introducción de nuevos métodos científicos tales como vehículos aéreos no tripulados [UAV] o vehículos submarinos autónomos [ROV]), instalaciones científicas de gran escala o el aumento de las capacidades logísticas) que ocasionen un aumento de la cantidad de personas que realizan actividades dentro de la zona?

Se debe considerar si existen medidas que se pueden tomar para limitar los posibles conflictos identificados mediante las siguientes preguntas para las Partes y partes interesadas:

- ¿Se pueden tomar medidas para evitar o limitar el efecto adverso sobre sus intereses en la zona?
- ¿Se pueden tomar medidas para evitar o limitar el efecto adverso sobre otros intereses en la zona?

---

* Se considera un conflicto la incompatibilidad de dos o más actividades que se llevan a cabo en la misma zona de manera simultánea.

Conclusiones

Cuando los posibles proponentes consideren la propuesta de designación como ZAEA para alcanzar los objetivos de gestión espacial de una zona, deben considerar si se requerirá la participación de varias Partes o grupos de partes interesadas.

El conjunto de opciones de gestión que pueden contribuir a alcanzar los objetivos de gestión espacial de una zona incluye, con mero carácter enunciativo: la designación como ZAEP, los acuerdos bilaterales entre las Partes, los procedimientos o códigos de conducta nacionales, entre otros.

Se debe realizar un resumen de las consideraciones anteriores y evaluar si la gestión de la zona se vería mejorada con una designación de ZAEA y un plan de gestión e incluir en las deliberaciones, si corresponde y es factible, la conveniencia que tendría la implementación de un Grupo de Gestión de la Zona para facilitar y coordinar las acciones destinadas a alcanzar los objetivos de gestión.

Si la evaluación llevada a cabo por los posibles proponentes concluye que debería considerarse la designación como ZAEA de conformidad con el Protocolo, la Parte o las Partes involucradas deben informar al CPA en esta etapa sobre una posible propuesta para una ZAEA y obtener los comentarios y opiniones de otros miembros, conforme a las Directrices del CPA: *Un proceso de evaluación previa para la designación de ZAEP/ZAEA.*

Luego de que los posibles proponentes hayan llevado a cabo el proceso de evaluación antedicho, pueden considerar apropiado el desarrollo de un Plan de Gestión para la Zona. Debe elaborarse un proyecto de Plan de Gestión de manera consistente con los *Lineamientos para la preparación de planes de gestión para ZAEA*, y luego presentarlos para su consideración más amplia en conformidad con los Artículos 5 y 6 del Anexo V del Protocolo.

Referencias e información de apoyo

Documentos generales

- Anexo V al Protocolo (específicamente, los Artículos 4, 5 y 6)
- Directrices: *Un proceso de evaluación previa para la designación de ZAEP/ZAEA* (Apéndice 3 del Informe Final de la XVIII Reunión del CPA, 2015)
- *Guía para la Preparación de Planes de Gestión para las Zonas Antárticas Especialmente Protegidas* (Resolución 2 [2011])
- *Directrices para la designación de áreas de gestión en las zonas antárticas especialmente administradas y las zonas antárticas especialmente protegidas* (Documento de trabajo WP 10, XXXIII RCTA / XIII Reunión del CPA, 2010)
- *Directrices para la aplicación del marco para zonas protegidas* (Resolución 1 [2000])

- *Report of the CEP Workshop on Marine and Terrestrial Antarctic Specially Managed Areas Montevideo, Uruguay, 16-17 June 2011* [Informe del Taller del CPA sobre Zonas Antárticas Especialmente Administradas marinas y terrestres, Montevideo, Uruguay. 16 y 17 de junio de 2011] (Documento de Información IP 136 de la XXXIV RCTA / XIV Reunión del CPA, 2011)

- *Guía para la presentación de Documentos de Trabajo que contengan propuestas relativas a Zonas Antárticas Especialmente Protegidas, a Zonas Antárticas Especialmente Administradas y a Sitios y Monumentos Históricos* (Resolución 5 [2011])

- *Lista de verificación para facilitar las inspecciones de Zonas Antárticas Especialmente Protegidas y de Zonas Antárticas Especialmente Administradas* (Resolución 4 [2008])

Documentos relativos a anteriores procesos de ZAEA[*]

- Downie, RH. and Smellie, JL. *A management Strategy for Deception Island* (2001)

- Valencia J. and Downie, RH. (eds). *Workshop on a Management Plan for Deception Island* (2002)

- Report from workshop: *Description of the biological research program in the vicinity of Palmer Station, Antarctica and possible impacts on the program from activities in the area to serve as a basis for development of a provisional research/ management plan for the Palmer area* (1988)

- Report from McMurdo Dry Valley workshops: *Environmental Management of a cold desert ecosystem: The McMurdo Dry Valleys* (1995) and *McMurdo Dry Valley Lakes: impacts of research activities* (1998)

- Harris C.M. 1998: Science and environmental management in the McMurdo Dry Valleys Southern Victoria Land, Antarctica

- Report from McMurdo Dry Valley workshop: *Environmental Assessment of the McMurdo Dry Valleys: Witness to the Past and Guide to the Future* (2016)

- Report from workshop: *Larsemann Hills: an Antarctic Microcosm* (1997)

---

[*] Los siguientes documentos emanados de anteriores procesos de ZAEA pueden proporcionar algunas ideas y perspectivas sobre las diferentes etapas de un proceso de evaluación, y la manera en que se han documentado estas instancias.

Guía para la preparación de planes de gestión para ZAEA

1. Antecedentes

1.1 Propósito de esta Guía

En 1991, las Partes Consultivas del Tratado Antártico (PCTA) aprobaron el Protocolo al Tratado Antártico sobre Protección del Medio Ambiente (Protocolo Ambiental) con el fin de garantizar una protección integral de la Antártida. El Protocolo Ambiental designa a toda la Antártida como "una reserva natural consagrada a la paz y a la ciencia".

El Anexo V al Protocolo, aprobado luego durante la XVI RCTA en virtud de la Recomendación XVI -10, proporciona un marco jurídico para el establecimiento de zonas especialmente protegidas y administradas dentro de la "reserva natural" general. El texto del Anexo V se encuentra disponible en el sitio web de la Secretaría del Tratado Antártico en *http://www.ats.aq/documents/recatt/Att004_s.pdf.*

El Anexo V establece que cualquier zona, inclusive las zonas marinas, en que se lleven a cabo actividades o puedan llevarse a cabo en el futuro, podrá designarse como Zona Antártica Especialmente Administrada para coadyuvar al planeamiento y la coordinación de las actividades, evitar los posibles conflictos, mejorar la cooperación entre las Partes y reducir al mínimo los impactos ambientales (Artículo 4.1 del Anexo V). Las Zonas Antárticas Especialmente Administradas pueden incluir aquellas zonas en las que la realización de actividades representan un riesgo de interferencia mutua o de impacto medioambiental acumulativo. Asimismo, pueden incluir aquellos sitios o monumentos históricos con reconocido valor histórico (Artículo 4.2, Anexo V). Una Zona Antártica Especialmente Administrada puede contener además una o más Zonas Antárticas Especialmente Protegidas (Artículo 4.4, Anexo V).

El Anexo además especifica que cualquier Parte del Tratado Antártico, el Comité para la Protección del Medio Ambiente (CPA), el Comité Científico de Investigación Antártica (SCAR) o la Convención sobre la Conservación de los Recursos Marinos Vivos (CCRVMA) pueden proponer que se designe una zona como Zona Antártica Especialmente Protegida o como Zona Antártica Especialmente Administrada mediante la presentación de un proyecto de Plan de Gestión a la Reunión Consultiva del Tratado Antártico (Artículo 5.1, Anexo V).

Esta Guía se desarrolló con el fin de asistir a cualquier proponente en el proceso de propuesta de una Zona Antártica Especialmente Administrada, con los siguientes objetivos:

- asistir a las Partes en la preparación de los Planes de Gestión de Zonas Antárticas Especialmente Administradas (ZAEA) propuestas de conformidad con lo estipulado en el Protocolo (Artículo 5, Anexo V);

- ofrecer un marco que permita que los Planes de Gestión cumplan con los requisitos del Protocolo Ambiental; y
- ayudar a lograr un contenido claro y nitidez, coherencia (con otros Planes de Gestión) y eficacia para agilizar su revisión, aprobación e implementación.

Es importante tener en cuenta que esta guía es simplemente una ayuda memoria para la elaboración de Planes de Gestión para las ZAEA. No posee condición jurídica alguna. Cualquiera que tenga la intención de preparar un Plan de Gestión debe examinar cuidadosamente las disposiciones contenidas en el Anexo V del Protocolo Ambiental y solicitar el asesoramiento de su autoridad nacional en una etapa inicial.

1.2 Identificación de zonas para su administración especial

La designación de un área como Zona de Gestión proporciona el marco para la planificación, coordinación y gestión de las actividades presentes y futuras con el fin de evitar los posibles conflictos, mejorar la cooperación entre las Partes o reducir a un mínimo las consecuencias para el medioambiente, incluidos los impactos acumulativos. Cuando se desea evaluar si una zona, en efecto, requiere disposiciones especiales de gestión, es necesario evaluar la interacción entre los valores, las actividades y las presiones que existen en ella. El CPA aprobó una orientación específica destinada a evaluar una zona para su posible designación como Zona Antártica Especialmente Administrada que ayudará a los proponentes en el proceso de realizar la evaluación en tal sentido.

Garantizar un análisis detenido y exhaustivo durante el proceso de evaluación ayudará a los proponentes a la hora de determinar si las necesidades de gestión de la zona se satisfacen mejor mediante la elaboración de un Plan de Gestión de ZAEA. Una vez que los proponentes hayan an tomado una decisión, las orientaciones que proporciona el presente documento ayudarán en el proceso de elaboración del Plan de Gestión para la Zona.

1.3 Material de orientación pertinente

- Anexo V al Protocolo al Tratado Antártico *(http://www.ats.aq/documents/recatt/ Att004_s.pdf)*
- Orientaciones tendientes a evaluar una zona para su posible designación como Zona Antártica Especialmente Administrada
- Directrices para la designación de zonas de gestión dentro de las ZAEA y ZAEP[*]
- Directrices: Un proceso de evaluación previa para la designación de ZAEP y ZAEA[**]

---

[*] Documento de Trabajo WP 10, XXXIII RCTA, XIII Reunión del CPA, 2010, incl. el documento adjunto "Directrices para la designación de áreas de gestión en las zonas antárticas especialmente administradas y las zonas antárticas especialmente protegidas".
[**] Apéndice al Informe Final de la XVIII Reunión del CPA.

2. Formato de los Planes de Gestión de ZAEA

El CPA puso de relieve los beneficios de promover la coherencia entre los planes de gestión de las zonas especialmente administradas. De manera similar, si bien las circunstancias, actividades y presiones pueden variar considerablemente entre las distintas zonas a la hora de evaluarlas para designarlas ZAEA, se recomienda que haya coherencia entre todos los planes de gestión. El Artículo 5.3 del Anexo V especifica las materias que debería abordar el Plan de Gestión de cada ZAEA, según corresponda. Las siguientes secciones de la presente Guía proporcionan orientación sobre esos requisitos, resumidos en el Cuadro 1 que figura a continuación.

**Cuadro 1: Descripción general de la estructura de un
plan de gestión de ZAEA sugerido**

Sección del Plan de Gestión / Sección de la Guía	Referencia al Artículo 5
1. Índice	
2. Introducción	
3. Descripción de los valores que requieren protección	3 a
4. Finalidades y objetivos	3 b
5. Actividades de gestión	3 c
6. Período de designación	3 d
7. Mapas	3 g
8. Descripción de la Zona	3 e (i iv)
9. Zonas protegidas y administradas situadas en la Zona	3 f
10. Documentación de apoyo	3 h
11. Código de conducta y otras directrices	3 j (i-viii)
12. Intercambio anticipado de información	3 k

3. Orientación sobre el contenido de los planes de gestión

Dado que la elaboración de planes de gestión para ZAEA es un proceso en evolución, quienes los preparan deben estar al tanto de las actuales prácticas recomendables: se los alienta a consultar y a revisar los planes de gestión de ZAEA revisados recientemente por tratarse de referencias útiles y prácticas. El Plan de Gestión en vigor de cada ZAEA puede obtenerse en la Base de datos de Zonas Protegidas, en el sitio web de la Secretaría del Tratado Antártico, en *http://www.ats.aq/devPH/apa/ep_protected.aspx?lang=s*.

Un Plan de Gestión debe brindar suficiente información en materia de rasgos, actividades y presiones especiales en el interior de una zona. Asimismo, debe informar acerca de todas las disposiciones que se necesitan para gestionar las actividades que se llevan a cabo en la zona a fin de garantizar que quienes planifican actividades destinadas a ese lugar sean capaces de realizarlas en consonancia con las finalidades y objetivos definidos para dicha zona. Las siguientes secciones proporcionan orientación para los proponentes sobre el contenido abordado bajo cada encabezado normalizado del Plan de Gestión.

3.1 Índice

Un índice ofrece al lector una guía sobre cómo encontrar un tema en particular dentro de un Plan de Gestión de ZAEA, que suele ser extenso y complejo. El Cuadro 1 ofrece una reseña general de un Índice, que puede ampliarse mediante contenidos subordinados.

3.2 Introducción

La introducción del Plan de Gestión no es un requisito estipulado en el Artículo 5 del Anexo V, pero podría constituir una útil reseña general. La información podría incluir un resumen de las características importantes de la Zona, una breve descripción en materia de designaciones y revisiones, de las actuales actividades y de las que se llevaron a cabo en el pasado en el lugar y de las presiones o amenazas que indican las necesidades específicas de gestión.

Es importante comunicar los fundamentos para designar zona como Zona Especialmente Administrada al comienzo del proceso de designación del Plan de Gestión. Al hacerlo, se recomienda ofrecer un breve resumen de las presiones, las amenazas y los requisitos de coordinación.

3.3 Valores que requieren protección

Esta sección debe proporcionar una reseña general y una breve descripción de los valores identificados en la Zona para los cuales se determinó la necesidad de disposiciones de gestión a fin de evitar los impactos adversos o de reducir posibles conflictos. Dichos valores pueden ser, por ejemplo:

- Valores medioambientales
- Valores científicos
- Valores históricos y de patrimonio
- Valores estéticos
- Valores de flora y de fauna silvestres
- Valores educativos

Es importante tener en cuenta que la descripción de los valores constituirá un factor esencial en términos de planificación para quienes consideran realizar actividades dentro de la Zona. Por consiguiente, los valores deben describirse de manera concreta y no generalizada.

3.4 Actividades que deben gestionarse

Esta sección debe ofrecer una reseña general y una breve descripción de las actividades presentes, futuras o razonablemente previsibles en la Zona y que pueden constituir una presión o amenaza para los valores identificados o que requieran coordinación a fin de reducir a un mínimo los efectos adversos o los conflictos:

- Actividades científicas
- Operaciones de la estación y actividades de apoyo a la ciencia

- Transporte
- Actividades recreativas
- Turismo
- Cosecha o pesca
- Gestión del medioambiente

3.5 Finalidades y objetivos

Esta sección debe definir lo que desea lograrse a través del Plan de Gestión y la forma en que este abordará la gestión correcta de los valores descritos anteriormente.

Por ejemplo, los objetivos del Plan podrían poner de relieve la intención de realizar lo siguiente:

- proteger la investigación científica actual, futura y de largo plazo;
- administrar los conflictos —posibles o reales— que pueden surgir entre las distintas actividades y los valores de la zona;
- reducir al mínimo los impactos sobre el medioambiente, incluido el impacto acumulativo;
- asistir en la planificación y coordinación de las actividades humanas;
- alentar la comunicación y cooperación entre los usuarios de la Zona; y
- considerar las implicancias del cambio climático en la coordinación y gestión de actividades.

Es importante tener en cuenta que la descripción de los objetivos será esencial en términos de planificación para quienes estén a cargo de la gestión de la Zona y para quienes se propongan realizar actividades en su interior. Por consiguiente, los objetivos del plan deben describirse de manera concreta y no generalizada.

3.6 Actividades de gestión

Las actividades de gestión señaladas en esta sección debieran relacionarse con los propósitos del Plan de gestión y con los objetivos para los cuales la Zona fue designada.

Por ejemplo, el Plan podría poner de relieve y describir las siguientes iniciativas relativas a la gestión:

- establecer un Grupo de Gestión de la ZAEA para facilitar y garantizar la comunicación efectiva entre quienes trabajan en la Zona o la visiten;
- la propuesta de un espacio para resolver todos los conflictos, posibles o reales, relativos a su uso, y ayudar a reducir a un mínimo la repetición de actividades;
- la difusión de información acerca de la Zona, en particular sobre las actividades que allí se realizan y las medidas de gestión que rigen en su interior;

- la mantención de un registro de actividades y, si resulta factible, de sus impactos dentro de la Zona y el desarrollo de estrategias para detectar y abordar los impactos acumulativos;

- un examen de las actividades pasadas, en curso y previstas, y la evaluación de la eficacia de las medidas de gestión, posiblemente a través de la realización de visitas al lugar; y

- la recopilación de datos para seguir respaldando, obtener más conocimientos y detectar todos los cambios que se producen en los valores de la Zona.

Es importante señalar en el Plan de Gestión que una gestión activa podría requerir una evaluación de impacto medioambiental, la cual deberá emprenderse de conformidad con lo estipulado en el Anexo I al Protocolo del Medioambiente.

3.7 Período de designación

La designación como ZAEA tendrá vigencia indefinida, a menos que el Plan de Gestión estipule otra cosa. El Plan de Gestión debe ser revisado cada cinco años y actualizado cuando se considere conveniente de conformidad con un requisito estipulado en virtud del Artículo 6.3 del Anexo V.

3.8 Mapas

Los mapas son un componente crucial del Plan de gestión y debieran ser claros y muy detallados. Si la Zona es particularmente extensa, puede resultar apropiada la elaboración de varios mapas de diferentes escalas.

Es esencial que los mapas indiquen a las claras los límites de la Zona Administrada, según se describe en la sección 6.1 a continuación.

Puede ser conveniente que el Plan de Gestión incluya fotografías e imágenes, si estas contienen un propósito de gestión claro y muestran puntos específicos. Si se incluyen, las imágenes y fotografías deben ser nítidas, tener suficiente resolución, incluir la fuente de información. Además, la ubicación debe indicarse en forma clara.

En el Apéndice 1, se proporcionan orientaciones relativas a cartografía e imágenes junto con una lista de cotejo de las características que deben tenerse en cuenta para su inclusión.

3.9 Descripción de la Zona

Esta sección requiere una descripción exacta de la Zona y, si corresponde, de sus áreas circundantes a fin de garantizar que quienes prevén visitarla estén suficientemente informados respecto de sus características especiales.

Es importante que esta sección describa en forma adecuada aquellas características, actividades y necesidades de coordinación de la Zona que requieren gestión especial, y, de esa manera, alertar a los usuarios acerca del Plan de Gestión sobre características que tienen un interés particular. De preferencia, esta sección no debería repetir la descripción de los valores de la Zona.

Si bien es importante que las descripciones se proporcionen con exactitud y sean adecuadas, se recomienda que sean breves y generales, sin entrar en excesivo detalle y entregar muchas referencias científicas. Esto garantizará que la atención del lector pueda centrarse en las disposiciones sobre operación contenidas en el Plan de Gestión. Debe incluirse en la descripción la información acerca de la flora y fauna que sea necesaria para la implementación de medidas de gestión específicas. Sin embargo, las descripciones en mayor detalle, con citas o listas de especies de fauna y flora —o ambas— pueden ponerse a disposición convenientemente a través de otros medios; por ejemplo, a través de un sitio web sobre la ZAEA, un sitio web de un Programa Nacional o en un apéndice aparte al Plan de Gestión.

La sección puede dividirse en varias subsecciones, tal como se indica a continuación.

3.9.1 Coordenadas geográficas, indicaciones de límites y rasgos naturales

Los límites de la Zona deben delinearse de la forma más clara y con la menor ambigüedad posible, y deben describirse sus características más importantes, ya que la demarcación de los límites formará la base para las actividades de gestión. Los límites de la Zona deben seleccionarse y describirse en detalle. Es preferible describir un límite que se pueda identificar en cualquier época del año. Se recomienda el uso de marcadores de límites estáticos —como afloramientos rocosos o bordes costeros— y no se aconsejan las características de las que podría esperarse una variación en su ubicación durante el año o durante el periodo de cinco años entre una y otra revisión quinquenal del Plan de Gestión —como los bordes de un campo de nieve o las colonias de fauna silvestre—. En ciertos casos, cuando las características naturales no son suficientes, sería aconsejable instalar marcadores de límites.

Al determinar o revisar los límites de la Zona de Gestión, debe considerarse las probables consecuencias a futuro del cambio climático. En particular, debe ponerse particular atención a la demarcación de límites con características que no sean los del suelo libre de hielo. Por ejemplo, el futuro cambio climático induce el retiro de los glaciares, el colapso de las plataformas de hielo y cambios en el nivel de los lagos, todo lo cual tendrá un impacto sobre las ZAEA cuyos límites se hayan demarcado en función de ese tipo de características.

Las coordenadas geográficas incluidas en la descripción de los límites debieran ser lo más precisas posible y presentarse como latitud y longitud en grados, minutos y segundos. De ser posible, debiera hacerse referencia a cartografía o mapas ya publicados, a fin de permitir la delineación en el mapa de los límites de la Zona.

No debe pasarse por alto la importancia del GPS a la hora de determinar las posiciones. Se recomienda enfáticamente el uso de posicionamiento mediante GPS para documentar información exacta sobre la ubicación de los límites. Dicha información debe incluirse en el Plan de Gestión de la ZAEA. Si es posible, las tecnologías de imagen satelital y teledetección pueden constituir métodos convenientes para respaldar dicha información.

La descripción de los rasgos naturales de la Zona debe incluir descripciones de la topografía local —como las nieves y campos de hielo permanentes—, la presencia de cuerpos de agua —lagos, arroyos, charcas— y de islas u otros rasgos en el caso de las áreas marinas, además de una breve síntesis de la geología y geomorfología local. También es conveniente agregar una descripción sucinta y fidedigna de las características biológicas de la Zona —incluidas anotaciones sobre las principales comunidades vegetales, colonias de aves y de mamíferos— y un cálculo del número de ejemplares individuales o casales reproductores de aves y mamíferos marinos.

Las técnicas de teledetección tienen un gran potencial de ofrecer documentación relevante para el Plan de Gestión de la ZAEA. Sus usos pueden incluir cartografía —incluida identificación y límites de la Zona— y una cuantificación de su vegetación, agua de superficie y terrenos que pueden estar alterados. Con la evolución tecnológica, que incluye la disponibilidad de imágenes de mayor resolución e imágenes hiperespectrales, las posibilidades de proporcionar información pertinente a la gestión aumentarán muchísimo.

Si la Zona incluye un componente marino, es posible que el Plan de Gestión necesite ser sometido a la consideración de la CCRVMA (ver la sección sobre el "Proceso de aprobación de los Planes de Gestión de las ZAEA" a continuación).

3.9.2 Estructuras situadas en la Zona

Es necesario describir y localizar con precisión todas las estructuras que existen dentro de la Zona o en las áreas adyacentes. Estas incluyen, por ejemplo, los marcadores de límites, los carteles señalizadores, los montículos, las cabañas, los depósitos y las instalaciones de investigación. De ser posible, deben registrarse tanto la fecha en que se erigieron dichas estructuras y el país al que pertenecen o que las utilice como información relacionada con los SMH que se encuentran allí. Asimismo, debe registrarse la fecha prevista para el desmantelamiento de todas las estructuras —por ejemplo, en el caso de instalaciones científicas temporales u otro tipo de instalaciones—, si corresponde.

3.9.3 Otras zonas con estatus especial en las cercanías de la Zona

El Artículo 5.3(iv) especifica que los Planes de Gestión de ZAEA deben incluir la descripción de otras zonas protegidas o administradas que se encuentren en las cercanías. Si bien no existe ninguna orientación respecto del radio de distancia que debe emplearse cuando se describen otros sitios "en las cercanías", hasta el momento se ha adoptado la distancia de 50 km en los planes. Todas las zonas protegidas en las cercanías —ZAEP, ZAEA, SMH, Reservas de Focas de la CCFA, Sitios de Vigilancia del Ecosistema de la CCRVMA, etc.— deben señalarse por su nombre y, cuando proceda, con su número. También deben proporcionarse tanto las coordenadas y la distancia como la dirección aproximadas con respecto a la Zona en cuestión.

3.10 Zonas protegidas y administradas situadas en la Zona

El Artículo 4.4 del Anexo V señala que una Zona Antártica Especialmente Administrada puede contener una o más Zonas Antárticas Especialmente Protegidas (ZAEP). Esta sección debe proporcionar una reseña general y una breve descripción de todas las ZAEP que se encuentran dentro de los límites de la ZAEA.

Además, es relevante tener en cuenta y proporcionar una breve descripción de todos los lugares cubiertos por las Directrices de Sitios para Visitantes aprobadas por la RCTA, así como de todos los Sitios y Monumentos Históricos que haya dentro de la Zona.

Asimismo, es posible que un sitio del Programa de Seguimiento del Ecosistema (CEMP) de la CCRVMA se encuentre ubicado dentro de los límites de una ZAEA. Si fuera el caso, debe incluirse una reseña general y una breve descripción del programa. Si se ha otorgado protección especial a un sitio del CEMP a través de la CCRVMA, debe hacerse una referencia al Plan de Gestión del sitio del CEMP y proporcionarse un enlace a este a través del Plan de Gestión de la ZAEA. Lo mismo aplica en caso de que haya un Área Marina Protegida (AMP) aprobada formalmente dentro de los límites de la Zona.

El Artículo 5.3(f) del Anexo V permite la identificación de zonas en las ZAEP y las ZAEA "en las cuales las actividades están prohibidas, limitadas o administradas con objeto de alcanzar los objetivos y finalidades (...)" mencionadas en el Plan de Gestión.

Las zonas delimitadas en forma precisa ayudan a proporcionar a quienes visitan el lugar información clara sobre dónde, cuándo y por qué se aplican ciertas condiciones de gestión especiales. Estas zonas pueden resultar útiles para comunicar las finalidades y los requisitos de administración de manera clara y sencilla.

Con objeto de ayudar a lograr una mayor coherencia en la aplicación de la herramienta de zonificación en la Antártida, se ha identificado y definido un conjunto estándar de zonas regularmente usadas que pueden cumplir con las necesidades de administración en la mayoría de las situaciones (Cuadro 2).

Como es normal en todas las directrices, pueden surgir casos en los cuales las excepciones sean tan necesarias como deseables y en los que podría resultar más adecuado el uso de zonas alternativas. Sin embargo es importante tener en cuenta que los planes de gestión deben aspirar a desarrollarse en zonas que sean lo más sencillas y coherentes posible en todos los lugares de la Antártida.

En caso de que no existan zonas designadas dentro de la Zona, el Plan de Gestión debe señalarlo en forma específica.

Cuadro 2: Reseña general de las posibles zonas que pueden utilizarse en una ZAEA

Zona	Objetivos Específicos de la Zona
Zona de instalaciones y operaciones	Asegurar que las instalaciones de apoyo científico dentro de la Zona y las actividades humanas asociadas a estas estén contenidas y sean administradas en las zonas designadas.
Zona de acceso	Proporcionar orientación respecto del acercamiento o el aterrizaje —o ambos— de aeronaves, embarcaciones, vehículos o visitantes que lleguen a la Zona y con esto, proteger, entre otros, aquellas zonas con grupos de especies vulnerables o equipos científicos y/o brindar seguridad.
Zona histórica	Garantizar que aquellos que ingresen a la Zona estén informados de las zonas o características dentro de las cuales haya sitios, edificios o artefactos de importancia histórica y además se los administre en forma adecuada.
Zona científica	Garantizar que aquellos que ingresen a la Zona estén informados acerca de qué áreas de la Zona son lugares de investigación científica en curso o de largo plazo o tienen instalados equipos científicos vulnerables.
Zona restringida	Restringir el acceso hacia un sector en particular de la Zona o a las actividades que se realicen en ella en virtud de diversos motivos administrativos o científicos, como la presencia de valores científicos o ecológicos especiales, su grado de vulnerabilidad, la presencia de riesgos, o bien para limitar las emisiones o construcciones en un sitio en particular. Por lo general, el acceso a las Zonas restringidas debe realizarse por motivos indispensables a los que no se puede dar respuesta en otros lugares dentro de la Zona.
Zona de visitantes	Realizar la gestión de las visitas de operadores turísticos comerciales, expediciones privadas y personal del Programa Antártico Nacional cuando emprendan actividades recreativas en la Zona. Su fin es garantizar que dichas visitas reduzcan a un mínimo sus posibles impactos.

3.11 Documentación de apoyo

Esta sección debe referirse a un lugar donde el lector encuentre información más detallada y documentación relacionada con la Zona, por ejemplo, proporcionar un enlace al sitio web de la ZAEA o a la página de inicio del Programa Nacional, la base de datos de zonas protegidas, referencias a un apéndice, entre otros.

3.12 Código de conducta general y otras directrices

Esta sección debe presentar el Código General de Conducta en la Zona. Este código delinea el marco de gestión y constituye el instrumento principal para la gestión de las actividades en la Zona. Debe describir los principios generales de gestión y operación que la rigen y, si corresponde, debe cubrir entre otros los siguientes asuntos:

- *Acceso a la Zona y desplazamientos en su interior*: esta subsección debe incluir la descripción de las rutas de acceso por tierra, aire o mar a la Zona que sean preferibles. Deben definirse claramente para evitar confusiones y proporcionar alternativas adecuadas en caso en que la ruta preferible no esté disponible. Todas las rutas de acceso, así como las zonas de anclaje marinas y de aterrizaje de helicópteros, deben ser descritas y delineadas con claridad en los mapas de la Zona adjunto al Plan. Las restricciones que se apliquen a los sobrevuelos, si las hubiera, deben constar en el texto. Esta subsección debe describir también las rutas preferibles para el desplazamiento a pie o con vehículo dentro de la Zona.

- *Actividades que pueden llevarse a cabo dentro de la Zona*: aquí se debe informar sobre las actividades cuya realización se considera pertinente dentro de la Zona y las condiciones bajo las cuales son pertinentes.

- *Campamentos en terreno*: deben establecerse las condiciones bajo las cuales pueden permitirse los campamentos. Es posible que solo se acepten estos campamentos en ciertos lugares de la Zona. Estos lugares deberían identificarse y registrarse en los mapas de apoyo.

- *Restricciones relativas a los materiales y organismos que puedan introducirse en la zona*: esta sección debe establecer las prohibiciones pertinentes y ofrecer asesoramiento respecto de la gestión de cualquier material que se vaya a utilizar o almacenar en la Zona.

- *Recolección o retiro de material encontrado en la Zona*: puede permitirse que de la Zona se retiren materiales tales como basura de la playa, fauna o flora muerta o con enfermedades, o reliquias abandonadas y artefactos pertenecientes a actividades previas. Deben señalarse claramente los elementos o muestras que pueden ser retirados y aquellos cuyo retiro no esté permitido.

- *Gestión de residuos*: esta sección del Plan debe especificar los requisitos para la eliminación y el retiro de los residuos que se generan dentro de la Zona.

- *Instalación, modificación o desmantelamiento de estructuras*: resulta conveniente identificar las estructuras que se permiten dentro de la Zona, en caso de que se permitan. Por ejemplo, podría permitirse la instalación de ciertos equipos de investigación científica, marcadores u otras estructuras dentro de la Zona.

El Plan de Gestión debe, si corresponde, incluir directrices específicas para las actividades que pueden realizarse en la Zona. Si forman parte del Plan de Gestión, tales directrices deben incluirse como apéndices al Plan de Gestión y pueden tratar asuntos como los identificados e incluir lo siguiente:

- Directrices para la investigación científica
- Directrices para actividades dentro de instalaciones y actividades operacionales
- Directrices para visitantes
- Directrices sobre prevención de riesgos
- Directrices sobre especies no autóctonas

En los casos en que existan directrices específicas e independientes aprobadas por la RCTA, puede bastar con incluir una referencia y un enlace a estas, en lugar de incluirlas como apéndices.

3.13 Intercambio anticipado de información

Una clave para la implementación exitosa de un Plan de Gestión es el intercambio anticipado de información de las actividades que se prevé realizar en la ZAEA. En esta sección del plan, se recomienda incluir una referencia al intercambio de información normal a través de la presentación de los informes nacionales anuales para las Partes del Tratado Antártico y para el SCAR y el COMNAP. Además, el Plan de Gestión debe establecer los acuerdos apropiados para la comunicación y puesta en común de información en relación con las actividades que se realizan en la Zona, y posiblemente incluir un aviso de los programas antárticos nacionales sobre las actividades científicas que se prevén en la Zona y de las autoridades nacionales correspondientes sobre las actividades no gubernamentales planificadas, incluido el turismo y la pesca.

3.14 Apéndices

Es importante que el material asociado y relevante sea puesto a disposición en la forma de apéndices al Plan de Gestión. Los detalles específicos dependerán de la zona en cuestión, pero pueden incluir, entre otros:

- Directrices específicas sobre actividades que pueden realizarse en la Zona (v. sección 3.12)
- Directrices sobre la Zona de Gestión (v. sección 3.10)
- Más información y documentos acerca de la Zona (v. sección 3.9)
- Especies vegetales, aves y mamíferos observados en la Zona
- Estrategias de conservación para los SMH presentes en la Zona
- Información de contacto del Programa Nacional
- Cartografía e imágenes

Puede resultar más adecuado que, en lugar de incluir los planes de gestión de ZAEP, las Directrices del sitio para visitantes aprobadas por la RCTA y los planes de gestión para el sitio del CEMP contenidos dentro de la Zona (v. sección 3.1.10) en la forma de apéndices al Plan de Gestión de ZAEA, se proporcione una referencia, y de preferencia, los enlaces hacia estos documentos independientes.

4. Procedimiento de aprobación de los Planes de Gestión de ZAEA

El Artículo 5 del Anexo V establece que cualquier Parte, el CPA, el SCAR o la CCRVMA pueden presentar un proyecto de Plan de Gestión para su consideración durante la Reunión Consultiva. En la práctica, los proyectos de Planes de Gestión suelen someterse a la consideración del CPA por una o más Partes.

En el organigrama que se presenta en la Figura 1 se resume el procedimiento mediante el cual se tramitan los Planes de Gestión desde su elaboración hasta su aceptación final. Este se basa en los requisitos estipulados en el Artículo 6 del Anexo V, *Directrices para la consideración por el CPA de proyectos de planes de gestión nuevos y revisados de ZAEP y ZAEA* (Anexo 1 del Apéndice 3 al Informe Final de la XI Reunión del CPA) y en otras directrices asociadas.

El procedimiento de aprobación de un Plan de Gestión de ZAEA contempla varias etapas cruciales que pueden tardar mucho antes de su finalización. No obstante, cada etapa es necesaria ya que un Plan de Gestión de ZAEA requiere la aprobación de todas las Partes Consultivas durante una RCTA.

4.1 Preparación del Plan de Gestión

En las etapas iniciales de la preparación del Plan de Gestión, se recomienda realizar un proceso consultivo amplio, tanto al nivel nacional como internacional, en las que se consideren los aspectos científicos, medioambientales y operacionales del Plan, según corresponda. Esto ayudará a que el Plan sea aprobado dentro del proceso más formal de la RCTA.

Se alienta enfáticamente a los proponentes de nuevas zonas a que consideren las directrices y referencias pertinentes que los ayudarán en la evaluación, selección, definición y propuesta de zonas que puedan requerir de una gestión especial por medio de su designación como ZAEA, incluido lo siguiente:

- *Orientaciones tendientes a evaluar una zona para su posible designación como Zona Antártica Especialmente Administrada*
- *Directrices: Un proceso de evaluación previa para la designación de ZAEP y ZAEA*[*]

Se alienta a los proponentes a informar en una etapa inicial al CPA cuando vayan a considerar la designación de una nueva ZAEA —preferiblemente, con bastante antelación respecto de la elaboración de un Plan de Gestión para la Zona— de modo que las propuestas puedan debatirse en el contexto general del sistema de áreas protegidas. En este contexto, es relevante consultar las siguientes *Directrices: Un proceso de evaluación previa para la designación de ZAEP y ZAEA* aprobadas como directrices por el CPA.[**]

---

[*] Apéndice 3 al Informe Final de la XVIII Reunión del CPA (*http://www.ats.aq/documents/cep/cep%20documents/ATCM38_CEPrep_s.pdf*).
[**] Ibid.

**Figura 1. Organigrama del Proceso de aprobación
de los planes de gestión de una ZAEA**

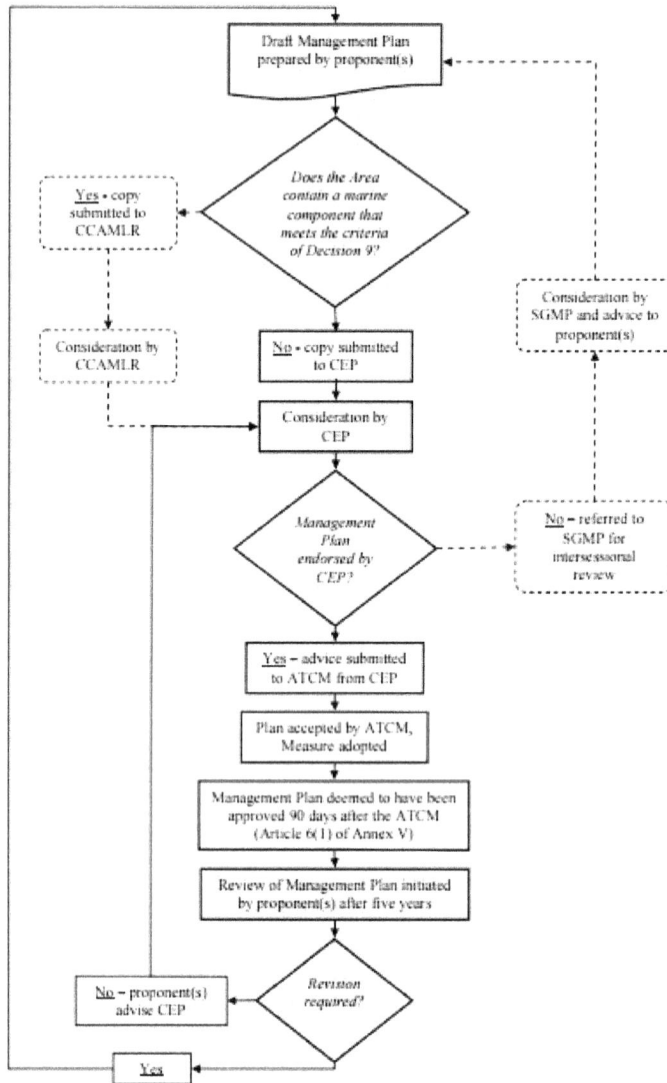

Al revisar un Plan de Gestión ya existente, el uso de la *Lista de Verificación para facilitar las inspecciones de Zonas Antárticas Especialmente Protegidas y de Zonas Antárticas Especialmente Administradas* (Resolución 4 [2008]) puede resultar instructivo como herramienta para identificar las mejoras y cambios necesarios.

4.2 Presentación del proyecto del Plan de Gestión

El proyecto del Plan de Gestión debería someterse a la consideración del CPA como documento anexo a un Documento de Trabajo elaborado en conformidad con la *Guía para la presentación de Documentos de Trabajo que contengan propuestas relativas a Zonas Antárticas Especialmente Protegidas, Zonas Antárticas Especialmente Administradas o a Sitios y Monumentos Históricos*, Resolución 5 (2016).

Si la Zona contiene un componente marino que cumple con los criterios descritos en la Decisión 9 (2005) *Zonas marinas protegidas y otras áreas de interés para la CCRVMA*, el proyecto de Plan de Gestión además debe someterse a la consideración de la CCRVMA. Los proponentes deberían hacer los arreglos para garantizar que cualquier contribución de la CCRVMA esté disponible antes de que el CPA considere la propuesta. Es crucial que exista una calendarización, ya que el Grupo de Trabajo en Seguimiento y Ordenación del Ecosistema de la CCRVMA, que se reúne entre junio y julio, antes de la Reunión anual de la CCRVMA que se realiza entre octubre y noviembre, lleva a cabo un examen inicial del proyecto de Plan de Gestión.

4.3 Consideración por parte del CPA y la RCTA

El CPA considerará el Plan de Gestión y, si corresponde, tomará en cuenta los comentarios de la CCRVMA. El CPA puede remitir el Plan de Gestión a la RCTA para su consideración y aprobación, o bien al Grupo Subsidiario sobre Planes de Gestión (GSPG) para su revisión durante el periodo intersesional.

De acuerdo con sus Términos de Referencia, (ver el Apéndice 1 del Informe Final de la XIII Reunión del CPA), el GSPG considerará cada proyecto de Plan de Gestión que se le remita, asesorará a los proponentes sobre los cambios recomendados, considerará toda versión revisada de los planes de gestión que se preparen en el periodo intersesional e informará al CPA sobre su revisión. El Plan de Gestión revisado y el informe del GSPG serán, entonces, considerados durante la reunión del CPA y, de existir acuerdo, serán remitidos a las Partes Consultivas para su consideración y aprobación.

Si las Partes Consultivas aprueban el Plan de Gestión, la Reunión aprueba una Medida de conformidad con lo estipulado en el Artículo IX (1) del Tratado Antártico. Si la medida no especifica lo contrario, se estima que el plan ha quedado aprobado 90 días después de la clausura de la Reunión Consultiva del Tratado Antártico en que es aprobado, a menos que una o más de las Partes Consultivas notifiquen al Depositario, dentro de ese plazo, que desea una prórroga del mismo o que no puede aprobar la Medida.

4.4. Examen y revisión de los Planes de Gestión

Cada cinco años se llevará a cabo una revisión del Plan de Gestión de conformidad con el Artículo 6.3 del Anexo V al Protocolo Ambiental y se actualizará cuando se considere conveniente. Luego, los Planes de Gestión actualizados siguen el mismo trámite de aprobación señalado anteriormente.

Cuando se llevan a cabo las revisiones del Plan de Gestión, debe considerarse la necesidad de mantener o aumentar la gestión si se produjesen cambios en los valores que requieren protección, cambios en el medioambiente o cambios en las actividades que deben gestionarse.

Apéndice 1

Notas de orientación para la producción de cartografía para su inclusión en los Planes de Gestión, incluida una lista de verificación de los rasgos cuya inclusión debe considerarse en los mapas

Los Planes de Gestión deben incluir un mapa general de localización que muestren la posición de la Zona y la ubicación de cualquier otra Zona Protegida en las cercanías y al menos un mapa detallado del sitio que muestre las características esenciales que cumplen con los objetivos del Plan de Gestión.

1)   Todos los mapas deben indicar latitud y longitud, y deben contar con gráfico de barras en escala. Debe evitarse la mención de escalas de relación —por ejemplo 1:50 000— ya que resultan inútiles debido a las ampliaciones y reducciones. Debe indicarse la proyección del mapa, así como los niveles de referencias horizontales y verticales usados.

2)   Es importante utilizar información actualizada sobre la línea de la costa, que incluya características tales como plataformas de hielo y bordes de hielo, entre otras características glaciales. El repliegue y el avance del hielo continúan afectando muchas zonas, con la consiguiente modificación de sus límites. Cuando el frente de un glaciar determina un límite, debe indicarse la fecha del reconocimiento topográfico —por ejemplo, un estudio o fotografía satelital—.

3)   Los mapas deben mostrar las siguientes características: todas las rutas específicas, todas las zonas restringidas, los puntos de acceso y las zonas de aterrizaje y de desembarco, los lugares de acampe, las instalaciones y cabañas, los lugares más importantes de concentración y reproducción de animales y cualquier zona amplia de vegetación. Asimismo, deben delinear claramente los suelos cubiertos de hielo o nieve y los suelos libres de hielo. En muchos casos resulta útil incluir un mapa geológico de la Zona. En la mayoría de los casos, se sugiere realizar un delineamiento del contorno a intervalos apropiados en todos los mapas de la Zona. Pero las curvas de nivel no deben estar muy cerca entre sí como para impedir la distinción de otras características o símbolos en el mapa.

4)   Las curvas de nivel deberían incluirse en los mapas en intervalos adecuados a la escala del mapa.

5)   Al preparar el mapa, se debe tener en cuenta que —a los efectos de incluirlo en el informe oficial de la RCTA— este será reducido a un tamaño aproximado de 150 x 200 mm. Esto es importante cuando se selecciona el tamaño de los símbolos, la proximidad de los contornos y el uso del sombreado. La reproducción siempre es monocromática, por lo que en el original no deben emplearse colores para distinguir

las características. Es muy probable que existan otras versiones disponibles de los mapas de la Zona, pero a los efectos legales del Plan de Gestión, la versión definitiva y la que se incorpora a la legislación nacional es la versión publicada en el Informe Final de la Reunión Consultiva del Tratado Antártico.

6) Si la Zona necesita una evaluación por parte de la CCRVMA, debe indicarse la ubicación de los sitios más cercanos del programa de vigilancia del CEMP. La CCRVMA ha solicitado que, siempre que sea posible, también sean indicadas en el mapa la ubicación de las colonias de aves y de focas, así como sus rutas de acceso desde el mar.

7) Otro tipo de imágenes también pueden ser de ayuda cuando se utilice el Plan de Gestión en terreno:

   •   Cabe destacar que una impresión con buenos contrastes resulta esencial para que la reproducción fotográfica sea adecuada. Al fotocopiar el Plan, los filtros y la digitalización de la fotografía podrían mejorar su reproducción. Si en el mapa se usa una imagen como por ejemplo una fotografía aérea o una imagen satelital, debe mencionarse su fuente y la fecha en que se obtuvo.

   •   Algunos planes ya han usado modelos topográficos tridimensionales, los cuales pueden proporcionar información importante del lugar para acercarse a la Zona, especialmente por helicóptero. Estos trazados deben ser diseñados cuidadosamente para que al reducirlos no resulten confusos.

Lista de verificación de las características que deben incluirse en los mapas

1. Características esenciales

1.1 Título

1.2 Latitud y longitud

1.3 Escalas de barras con escala numérica

1.4 Leyenda amplia

1.5 Toponimia adecuada y aprobada

1.6 Proyección del mapa y modificación esferoide

1.7 Flecha señalando al norte

1.8 Intervalos del contorno

1.9 De incluirse datos de imágenes, fecha de la toma de la imagen

2. Características topográficas esenciales

2.1 Línea de la costa, rocas y hielo

2.2 Crestas y líneas de las cordilleras

2.3 Bordes del hielo y otras características glaciales

2.4 Contornos (etiquetados cuando proceda) puntos de levantamiento topográfico y alturas de ciertos sitios

3. Características naturales

3.1. Lagos, lagunas y arroyos

3.2 Morrenas, derrubios, acantilados, playas

3.3 Zonas de playa

3.4 Vegetación

3.5 Colonias de aves y focas

4. Características antropogénicas

4.1 Estación

4.1 Cabañas en el terreno, refugios

4.3 Lugares de campamento

4.4 Caminos y huellas de vehículos, senderos, superposición de senderos

4.5 Zonas de aterrizaje para aeronaves de ala fija y helicópteros

4.6 Puertos, ensenadas

4.7 Abastecimiento de energía eléctrica, cables

4.8 Antenas aéreas

4.9 Zonas de almacenamiento de combustible

4.10 Reservorios de agua y tuberías

4.11 Escondites de emergencia

4.12 Señalizadores, letreros

4.13 Sitios o artefactos históricos, sitios arqueológicos

4.14 Instalaciones científicas o zonas de toma de muestras

4.15 Contaminación o modificación del sitio

5. Límites

5.1 Límites de la Zona

5.2 Límites de zonas subsidiarias designadas. Límites de zonas protegidas contenidas en el interior

5.3 Señalizadores y marcadores de límites (incluyendo montículos)

5.4 Rutas de acceso en lanchas o en aeronave

5.5 Marcadores o balizas de navegación

5.6 Puntos y marcadores topográficos

Obviamente se exige el mismo enfoque para todo mapa incluido dentro de otro.

Al terminar el mapa debiera realizarse una verificación de la calidad cartográfica con objeto de garantizar:

- El equilibrio entre los elementos.
- Un sombreado adecuado para realzar las características pero que no se preste a confusión en el momento en que el mapa sea fotocopiado y en el cual el grado de sombreado debiera reflejar importancia.
- Texto correcto y apropiado que no contenga superposición de características.
- Siempre que sea posible, se deben utilizar los símbolos cartográficos aprobados por el SCAR.
- Texto en blanco con sombreado apropiado para todos los datos contenidos en las imágenes.

Código de conducta del SCAR para la exploración e investigación de medioambientes acuáticos subglaciares

Los Representantes,

Recordando el Artículo 3 del Protocolo al Tratado Antártico sobre Protección del Medio Ambiente ("el Protocolo"), que requiere que las actividades en el Área del Tratado Antártico se planifiquen y realicen de manera tal que se limiten los impactos adversos en el medioambiente antártico y sus ecosistemas dependientes y asociados;

Reconociendo que los medioambientes acuáticos subglaciares en la Antártida pueden albergar comunidades microbiológicas excepcionales que posiblemente sean únicas y diversas, y por eso mismo, tener un alto valor para la ciencia;

Reconociendo además el interés cada vez mayor en la investigación subglaciar;

Reconociendo que esos medioambientes pueden verse en riesgo debido al impacto asociado a las actividades de investigación, que incluye la introducción de especies microbianas no autóctonas o la descarga de sustancias contaminantes;

Acogiendo de buen grado el desarrollo del Código de Conducta para la Exploración e Investigación de Medioambientes Acuáticos Subglaciares por el Comité Científico de Investigación Antártica ("SCAR"), tras amplias consultas que incluyeron los aportes del Consejo de Administradores de Programas Antárticos Nacionales ("COMNAP"), que las Partes pueden aplicar y usar, según corresponda, para ayudar a cumplir con sus responsabilidades en virtud del Protocolo;

Recomiendan que sus Gobiernos:

1. refrenden el Código no obligatorio de conducta del SCAR para la exploración e investigación de medioambientes acuáticos subglaciares (el "Código de

Conducta") como un reflejo de las actuales prácticas recomendables para la planificación y realización de actividades en los medioambientes acuáticos subglaciares en la Antártida; y

2. alienten la consideración de este Código de conducta cuando se lleve a cabo el proceso de evaluación del impacto ambiental de actividades que se realizarán al interior de los medioambientes acuáticos subglaciares y que, asimismo, alienten a sus investigadores para que se informen a fondo y se ciñan a los contenidos del Código de Conducta durante sus actividades de investigación sobre los medioambientes acuáticos subglaciares.

Código de conducta del SCAR para la exploración e investigación de medioambientes acuáticos subglaciales

Antecedentes

1. El presente Código de Conducta (CC) del Comité Científico de Investigación Antártica (SCAR) ofrece directrices para la comunidad científica que tenga interés en llevar a cabo actividades de exploración e investigación en los medioambientes acuáticos subglaciales (SAE) de la Antártida.

2. Originalmente, la preparación de este CC estuvo a cargo de un Grupo de Acción del SCAR,[*] en consulta con especialistas en SAE —incluido el Consejo de Administradores de Programas Antárticos Nacionales (COMNAP)— pertenecientes a un amplio abanico de disciplinas.

3. El CC fue elaborado en reconocimiento del valor de estos medioambientes, de la necesidad de llevar adelante una gestión ambiental y del creciente interés científico en las investigaciones subglaciales.

4. El CC se basa en la literatura publicada y presta especial atención a los informes del programa de investigación científica Exploración Lacustre Subglacial (SALE) del SCAR (ver *http://www.sale.scar.org/*) y al informe de las Academias Nacionales de Estados Unidos sobre gestión ambiental de los SAE.[**]

5. Estados Unidos presentó el informe de las Academias Nacionales de ese país sobre gestión ambiental de los SAE como Documento de Información IP 110 en la XXXI RCTA-XI Reunión del CPA.

6. En 2011, el SCAR presentó el CC como Documento de Información IP 33 en la XIV Reunión del CPA. En 2017, el SCAR coordinó una revisión de este CC a través de expertos y de la comunidad más amplia del SCAR, y la versión revisada se presentó ante la XX Reunión del CPA. Se seguirá actualizando y perfeccionando este Código a medida que surjan nuevos resultados científicos y se elaboren futuros informes del impacto ambiental a partir de campañas de exploración de los SAE planificadas. Los desarrollos en materia de investigación logrados en este campo están resumidos en dos volúmenes editados.[***][****]

[*] Miembros del Grupo de Acción del SCAR: Warwick Vincent (Presidente, Canadá), Irina Alekhina (Rusia), Peter Doran (Estados Unidos), Takeshi Naganuma (Japón), Guido di Prisco (Italia), Bryan Storey (Nueva Zelandia), Jemma Wadham (Reino Unido) y David Walton (Reino Unido).

[**] National Research Council, "Exploration of Antarctic Subglacial Aquatic Environments: Environmental and Scientific Stewardship", National Academies Press, ISBN -13: 978-0-309-10635, 152 pp. (2007).

[***] Siegert, M.J., Kennicutt, M, Bindschadler, R. (eds.). Antarctic Subglacial Aquatic Environments. AGU Geophysical Monograph 192, 246 pp. (2011).

[****] Siegert, M.J., Priscu, J. Alekhina, I., Wadham, J. y Lyons, B. (eds.). Antarctic Subglacial Lake Exploration: first results and future plans. Transactions of the Royal Society of London, A. 374, número 2059. (2016).

Introducción

7. El hielo antártico encallado es muy reconocido como un componente fundamental del sistema terrestre que influye en la dinámica de las corrientes oceánicas y del clima mundial, y que afecta sobremanera el nivel global del mar.

8. En los primeros modelos de corrientes de hielo desde el interior del continente hasta el océano, se daba por sentado que había una fricción considerable entre la parte inferior de las capas de hielo y la roca subyacente.

9. El descubrimiento del lago subglaciar Vostok y, más adelante, de más de 400 características lacustres restantes bajo el hielo ha cambiado nuestra visión de los medioambientes subglaciares.

10. Cuando se realiza una perforación del hielo hasta la roca madre, a menudo se encuentra agua en la interfase hielo/roca. Además, los cambios en la altura de la superficie de hielo que cubre los lagos sugieren que el agua fluye activamente bajo el hielo.

11. A partir de estas y otras observaciones, se ha llegado a la conclusión de que, en la mayoría de los casos, hay agua libre en la interfase hielo/roca; de que el agua suele acumularse en lagos, dentro de cuencas; y de que las actividades científicas que contaminan una zona podrían contaminar también los medioambientes subglaciares ubicados corriente abajo.

12. Gran parte de la atención científica se ha centrado en la posibilidad de que las aguas subglaciares contengan ecosistemas activos, incluidas comunidades microbianas que sobreviven o prosperan en dichos medioambientes. Asimismo, las investigaciones demostraron que hay microbios que existen en las cercanías del borde del hielo encallado y que los lagos subglaciares pueden constituir ecosistemas microbianos activos.[*]

13. Para proteger esos lagos singulares, así como el medioambiente acuático subglaciar en su totalidad, es esencial que exista un CC acordado a nivel internacional.

14. Durante las etapas de elaboración y revisión del presente CC, el SCAR se basó en los debates internacionales entablados en reuniones de su programa SALE y en las recomendaciones de las Academias Nacionales de Estados Unidos en materia de gestión ambiental de los SAE.

Principios rectores

15. La gestión responsable efectuada durante la exploración de los medioambientes acuáticos subglaciares debería llevarse a cabo en consonancia con el Protocolo al Tratado Antártico sobre Protección del Medio Ambiente, de manera que se reduzca a un mínimo la contaminación y los daños posibles a los medioambientes y que el valor de estos medioambientes prístinos se mantenga protegido para las generaciones futuras, no solo en términos científicos, sino también en términos de conservación y protección.

---

[*] Christner, B.C., Priscu, J.C., Achberger, A.M., Barbante, C., Carter, S.P., Christianson, K., Michaud, A.B., Mikucki, J.A., Mitchell, A.C., Skidmore, M.L., Vick-Majors, T.J. A microbial ecosystem beneath the West Antarctic ice sheet. Nature, 512 Número 7514, pp 310-313 (2014).

16. De conformidad con el Protocolo al Tratado Antártico sobre Protección del Medio Ambiente, todas las actividades propuestas deben someterse a una Evaluación del Impacto Ambiental antes de su comienzo.

17. Es probable que aquellos proyectos de perforación del hielo para llegar a medioambientes acuáticos subglaciares requieran una Evaluación Ambiental Inicial (IEE), aunque quizás el nivel de evaluación adecuado sea una Evaluación Medioambiental Global (CEE), dados los posibles efectos que implica dicha actividad.

18. La CEE garantiza que toda la información pertinente esté disponible a nivel mundial, que las propuestas se expongan a una amplia variedad de comentarios de especialistas y que la comunidad científica siga las prácticas recomendables disponibles.

19. En consonancia con el principio de cooperación científica establecido en el Tratado Antártico, se alienta la participación multinacional en la exploración de los SAE.

20. La exploración debería llevarse a cabo con un enfoque conservador y gradual mediante el cual la información recopilada y las lecciones aprendidas en cada etapa se archiven y se utilicen para orientar la gestión medioambiental, las investigaciones científicas y el desarrollo tecnológico en el futuro. Dicha información debería ser pública y distribuirse de manera gratuita, por ejemplo, a través de las autoridades nacionales, a los Miembros del Comité para la Protección del Medio Ambiente, entre otros.

21. Se recomienda evaluar cada posible sitio de exploración en el marco de los conjuntos de datos geofísicos y del modelado del flujo del hielo que identifican lagos y otras regiones donde hay derretimiento basal. Eso ayudaría a identificar las características singulares de cada lugar y a seleccionar los sitios de perforación. Algunas consideraciones adicionales en relación con los sitios incluyen la profundidad del agua, la accesibilidad, las conexiones hacia ambientes acuáticos subglaciares no locales, las limitaciones logísticas, los costos y las posibles consecuencias ambientales del campamento de superficie.

22. Deben recopilarse, mantenerse y publicarse registros exactos de manera gratuita para favorecer todos los futuros esfuerzos de muestreo subglaciar.

23. El Anexo V al Protocolo permite que se designen áreas como Zonas Antárticas Especialmente Protegidas (ZAEP), ya sea para gestionarlas con fines de investigación, o para conservarlas como ejemplares prístinos para generaciones futuras. Una vez que haya suficiente información disponible acerca de las características de los lagos subglaciares, los esfuerzos deberían centrarse en seleccionar medioambientes acuáticos subglaciares ejemplares y en designarlos ZAEP en pos de lograr su conservación a largo plazo, de conformidad con el Artículo 3 del Anexo V al Protocolo.

Perforación y entrada a los SAE

24. A menos que existan evidencias específicas del sitio que demuestren lo contrario, cuando se perfora hasta la base de una capa de hielo de la Antártida, debe darse por sentado que hay agua en estado líquido debajo del hielo basal y que esa agua forma parte de una red de drenaje subglacial que requiere un alto nivel de protección.

ambiental. En general, puede decirse que los sitios ubicados corriente abajo, sobre todo aquellos que están más cerca del mar, corren un riesgo ambiental menor que los sitios ubicados corriente arriba.

25. Los protocolos de exploración también deben asumir que los medioambientes acuáticos subglaciares contienen organismos vivos, por lo que deben tomarse precauciones para prevenir cualquier alteración permanente de la biología —incluida la introducción de especies no autóctonas— o de las propiedades del hábitat de dichos medioambientes.

26. Los fluidos de perforación y el equipo asociado que vayan a ingresar al medioambiente acuático subglaciar deben limpiarse en el mayor grado posible, y deben llevarse registros de las pruebas de esterilidad, tales como registros bacterianos mediante microscopía de fluorescencia en el sitio de perforación, entre otros. Como directriz provisional para la limpieza general, la cantidad de microorganismos presentes en esos objetos debe ser menor que la cantidad presente en un volumen equivalente del hielo que se esté perforando para llegar al medioambiente subglaciar. Esta norma debería reevaluarse cuando haya nuevos datos disponibles sobre poblaciones microbianas acuáticas subglaciares.

27. Debería documentarse la concentración de contaminantes químicos introducidos por los fluidos de perforación y por el equipo de muestreo, y deberían utilizarse tecnologías de perforación limpias —como agua caliente— en la máxima medida posible.

28. No debería esperarse que la cantidad total de las sustancias contaminantes agregadas a estos medioambientes acuáticos modifique las propiedades químicas mensurables del medioambiente.

29. Antes de realizar la perforación, deberían calcularse la presión del agua y la presión parcial de los gases en los lagos, a efectos de evitar que el flujo arrastre la contaminación y que los hidratos de gas se desestabilicen. Además, deberían adoptarse medidas preparatorias en caso de erupciones.

Muestreo e instalación de instrumentos

30. Los planes y protocolos de muestreo deben optimizarse para garantizar que un tipo de investigación no incida por accidente en otras investigaciones, que los regímenes de muestreo contemplen la máxima utilización interdisciplinaria de las muestras y que toda la información se comparta a fin de promover una mejor comprensión.

31. Los protocolos deben estar diseñados con el objetivo de reducir a un mínimo las alteraciones en la estructura y las propiedades químicas y físicas de los medioambientes acuáticos subglaciares durante la exploración y el muestreo de agua y sedimentos.

32. Los sistemas de muestreo y otros instrumentos que se sumerjan en los medioambientes acuáticos subglaciares deben limpiarse con meticulosidad para asegurarse de reducir al mínimo la contaminación química y microbiológica, de acuerdo con las recomendaciones del punto 26.

33. Es posible que sea necesario introducir ciertos objetos y materiales en medioambientes acuáticos subglaciares por razones de seguimiento, por ejemplo, para calcular los efectos a largo plazo de las actividades humanas en el medioambiente subglaciar, en cuyo caso se definirían en la Evaluación del Impacto Ambiental del proyecto, o por razones científicas, por ejemplo, para realizar el seguimiento a largo plazo de los procesos geofísicos o bioquímicos. En estos casos, deberán cumplirse las exigencias microbiológicas detalladas en el punto 26 y, para usos científicos, deberá incluirse un análisis de los riesgos ambientales —como la probabilidad y las implicancias de la falta de recuperación de instrumentos— en contraposición con los beneficios científicos descritos en los documentos de evaluación ambiental.

Siempre que sea posible, deben retirarse los objetos y los materiales que se hayan ingresado a un medioambiente acuático subglaciar una vez que se hayan cumplido los objetivos previstos.

Revisión de las Regiones Biogeográficas de Conservación de la Antártida

Los Representantes,

Recordando el Artículo 3 del Anexo V del Protocolo al Tratado Antártico sobre Protección del Medio Ambiente, que dispone la designación de las Zonas Antárticas Especialmente Protegidas;

Recordando que el párrafo 2 del Artículo 3 del Anexo V establece que las Partes deben intentar identificar estas zonas en el marco de "criterios ambientales y geográficos sistemáticos";

Recordando además que el preámbulo a la Resolución 6 (2012) acoge "la clasificación de las zonas sin hielo del continente Antártico e islas cercanas dentro del Área del Tratado Antártico en 15 Regiones Biogeográficas de Conservación de la Antártida diferentes en lo biológico";

Acogiendo de buen grado el asesoramiento del Comité para la Protección del Medio Ambiente en cuanto a actualizar las Regiones Biogeográficas de Conservación de la Antártida a fin de que reflejen los últimos análisis de la distribución espacial de la biodiversidad terrestre antártica, incluyendo la identificación de una nueva región biológicamente diferente, la número 16;

Recomiendan a sus Gobiernos:

1. las Regiones Biogeográficas de Conservación de la Antártida revisadas que se adjuntan a esta Resolución ("RBCA Versión 2") se utilicen de manera conjunta con el Análisis de Dominios Ambientales y demás instrumentos acordados en el Sistema del Tratado Antártico a fin de apoyar las actividades relevantes a los intereses de las Partes, incluido su uso como modelo dinámico para la identificación de zonas que pueden ser designadas como Zonas Antárticas Especialmente Protegidas en el marco de los criterios

ambientales y geográficos sistemáticos mencionados en el párrafo 2 del Artículo 3 del Anexo V del Protocolo al Tratado Antártico sobre Protección del Medio Ambiente; y

2. la Secretaría del Tratado Antártico publique el texto de la Resolución 6 (2012) en su sitio web de manera de dejar en claro que ya no tiene vigencia.

Regiones biogeográficas de conservación de la Antártida (Versión 2)

El uso de análisis cuantitativos para combinar datos espacialmente explícitos sobre la biodiversidad terrestre antártica con otros marcos espaciales pertinentes identificó 16 regiones libres de hielo biológicamente diferentes que abarcan el continente antártico y las islas cercanas que están dentro del Área del Tratado Antártico (véase el Cuadro 1). Una descripción completa de los métodos empleados se presenta en Terauds *et al.* (2012) y en Terauds y Lee (2016). Las Regiones Biogeográficas de Conservación Antártica ilustradas en la Figura 1 representan la mejor clasificación de la biodiversidad terrestre antártica según los datos y las capas espaciales disponibles actualmente.

La capa de datos espaciales que representa a las regiones está disponible para descarga en el Centro de Datos Antárticos de Australia: *http://dx.doi.org/10.4225/15/5729930925224.*

Referencias

Terauds, A., Chown, S., Morgan, F., Peat, H., Watts, D., Keys, H., Convey, P. & Bergstrom, D. (2012) Conservation biogeography of the Antarctic. *Diversity and Distributions*, 22 May 2012, DOI: 10.1111/j.1472-4642.2012.00925.x.

Terauds, A. & Lee, J.R. (2016) Antarctic biogeography revisited: updating the Antarctic Conservation Biogeographic Regions, *Diversity and Distributions*, 1–5, DOI:10.4225/15/5729930925224.

Cuadro 1: Descripción de Regiones Biogeográficas de Conservación Antártica

Región	Nombre	Superficie (km²)
1	Noreste de la Península Antártica	1.215
2	Islas Orcadas del Sur	160
3	Noroeste de la Península Antártica	5.183
4	Centro-sur de la Península Antártica	4.962
5	Tierra Enderby	2.188
6	Tierra de la Reina Maud	5.523
7	Antártida Oriental	1.109
8	Tierra Victoria del Norte	9.431
9	Tierra de Victoria Meridional	10.038
10	Montañas trasantárticas	18.480
11	Montañas Ellsworth	2.859
12	Tierra de Marie Byrd	1.128
13	Tierra de Adelia	178
14	Tierra de Ellsworth	217

Región	Nombre	Superficie (km²)
15	Sur de la Península Antártica	2.875
16	Montañas Príncipe Carlos	5.992

**Figura 1: Mapa de la Antártida con las 16 Regiones Biogeográficas
de Conservación Antártica**

Expedición ecológica a la Antártida

Los Representantes,

Recordando que el Protocolo al Tratado Antártico sobre Protección del Medio Ambiente ("el Protocolo") designa a "la Antártida como una reserva natural consagrada a la paz y a la ciencia" y establece principios medioambientales que ofrecen orientación para las actividades científicas de la misma manera en que son respaldados y priorizados en el Tratado Antártico y su Protocolo;

Reconociendo que los logros de las investigaciones científicas realizadas por los Programas Antárticos Nacionales de las Partes Contratantes, habitualmente bajo el nombre de Expedición Antártica, contribuyen en gran manera a la comprensión de la Antártida y su función dentro de los procesos naturales mundiales;

Reconociendo los requisitos jurídicos y los posibles beneficios de la realización de una correcta Evaluación de Impacto Ambiental ("EIA") que ponga de relieve la forma de mejorar la eficiencia medioambiental de la actividad y que trate el asunto de los impactos acumulativos;

Señalando el interés científico cada vez mayor que existe en la Antártida así como también aumentan las necesidades, lo que podría dar como resultado la realización de más investigación, con el consiguiente aumento del apoyo logístico y de las presiones sobre el medioambiente, y la importancia de considerar más profundamente el equilibrio entre la protección del medioambiente y la realización de actividades científicas;

Recordando el compromiso de las Partes hacia la protección del medioambiente antártico y sus ecosistemas dependientes y asociados;

Reconociendo que el Protocolo y sus Anexos en vigor, así como las medidas vigentes que constituyen instrumentos vinculantes y algunas Resoluciones aprobadas por consenso durante la Reunión Consultiva del Tratado Antártico ("RCTA") contribuyen en su conjunto a proteger el medioambiente antártico, y que el Comité para la Protección del Medio Ambiente y la RCTA trabajan constantemente para seguir mejorando estas normativas a fin de alcanzar los objetivos del Tratado Antártico y del Protocolo;

Reconociendo que las actividades ecológicas en la Antártida se alientan y valoran mucho;

Deseando desarrollar el concepto de Expedición ecológica que se basa en los ideales de eficiencia, armonía y sustentabilidad, y que aspira a recurrir a todos los métodos disponibles (incluidos aquellos contenidos en las actuales Resoluciones y los que emanen de las nuevas Resoluciones como producto del progreso de la gestión y tecnología modernos) a fin de reducir el impacto generado por el ser humano;

Recomiendan que sus gobiernos:

1. reafirmen su compromiso hacia la protección del medioambiente antártico y sus ecosistemas dependientes y asociados, y alienten los esfuerzos colaborativos en aras de este objetivo;

2. respalden el concepto de Expedición ecológica alentando a sus Programas Antárticos Nacionales para que realicen sus actividades científicas de manera ecológica;

3. alienten a sus Programas Antárticos Nacionales para que trabajen en forma más estrecha con las demás Partes, incluso a través de la participación e interacción con organizaciones tales como el Comité Científico de Investigación Antártica ("SCAR") y el Consejo de Administradores de Programas Antárticos Nacionales ("COMNAP"), para realizar proyectos más colaborativos y para promover la puesta en común de experiencias y tecnologías de avanzada; y

4. produzcan Evaluaciones del Impacto Ambiental de alta calidad al momento de planificar nuevas actividades, que incluyan, dentro de lo posible, las prácticas recomendables para evitar y reducir a un mínimo los impactos al medioambiente.

Establecimiento del Área Marina Protegida en la región del mar de Ross

Los Representantes,

Recordando la Resolución 1 (2006), en la cual las Partes Consultivas, conscientes de que la Convención sobre la Conservación de los Recursos Vivos Marinos Antárticos constituye una parte integral del Sistema del Tratado Antártico, fomentaron una mayor cooperación práctica entre la Reunión Consultiva del Tratado Antártico (RCTA) y la Comisión para la Conservación de los Recursos Vivos Marinos Antárticos (CCRVMA);

Reconociendo las notables contribuciones de la RCTA a la hora de designar e implementar Zonas Antárticas Especialmente Protegidas y Zonas Antárticas Especialmente Administradas, así como de la CCRVMA en materia de designación e implementación de Áreas Marinas Protegidas, a fin de conservar zonas importantes del medio marino antártico;

Señalando que en la 35.a reunión de la CCRVMA se acordó el establecimiento del Área Marina Protegida de la región del mar de Ross (AMPRMR), que entrará en vigor el 1 de diciembre de 2017;

Recordando la libertad de investigación científica como se consagra en el Artículo II del Tratado Antártico y la importancia de la investigación y el seguimiento científico para apoyar y evaluar el progreso de los objetivos de la AMPRMR, así como la colaboración internacional en dicha investigación y seguimiento;

Teniendo en cuenta que la Medida de Conservación 91-05 de la CCRVMA estipula el examen periódico de la AMPRMR;

Haciendo notar la importancia de que la RCTA y la CCRVMA trabajen en colaboración;

Recomiendan a sus Gobiernos:

1. acoger el establecimiento de la AMPRMR como una importante contribución para la conservación de los ecosistemas y de la biodiversidad del Océano Austral;

2. alentar a las Partes del Tratado Antártico que no son Miembros de la CCRVMA a familiarizarse con la Medida de Conservación 91-05 —incluido el Plan de Gestión y el inminente Plan de Investigación y Seguimiento para el AMPRMR—, y alentar, según corresponda, el cumplimiento de todas las medidas de gestión de la AMPRMR;

3. invitar al Comité para la Protección del Medio Ambiente a que considere todas las medidas adecuadas dentro de las capacidades de la RCTA a fin de contribuir a la consecución de los objetivos específicos detallados en la Medida de Conservación 91-05 de la CCRVMA, en particular en la designación e implementación de Zonas Antárticas Especialmente Protegidas y Zonas Antárticas Especialmente Administradas en la región del mar de Ross, así como a la ordenación de actividades humanas pertinentes;

4. identificar oportunidades para realizar y respaldar actividades relevantes de investigación y seguimiento que estén en consonancia con los objetivos y con el Plan de Investigación y Seguimiento inminente del AMPRMR, en especial a través de colaboraciones internacionales.

Directrices sobre planes de contingencia, seguros y otros asuntos relacionados con el turismo y otras actividades no gubernamentales en la Zona del Tratado Antártico

Los Representantes,

Acogiendo de buen grado la entrada en vigor del Código Internacional para Buques que Operen en Aguas Polares (Código Polar);

Aún preocupados ante los posibles impactos, incluidos los costos adicionales que las actividades turísticas u otras actividades no gubernamentales pueden imponer a los Programas Antárticos Nacionales, y los riesgos para la seguridad de las personas que participan en las operaciones de búsqueda y salvamento;

Deseando garantizar que el turismo u otras actividades no gubernamentales realizadas en la Antártida se lleven a cabo de una manera segura y autosuficiente;

Deseando asimismo garantizar que los riesgos asociados al turismo u otras actividades no gubernamentales se identifiquen plenamente con antelación y se reduzcan a un mínimo;

Recordando los "Procedimientos a Seguir por los Organizadores y Operadores", tal como se estipulan en la Guía para visitantes a la Antártida y en la Guía para aquellos que organizan y llevan a cabo actividades turísticas y no gubernamentales en la Antártida, anexas a la Recomendación XVIII-1;

Poniendo de relieve la Medida 4 (2004), Seguros y Planes de Contingencia para el Turismo y las Actividades no Gubernamentales en la Zona del Tratado Antártico, y deseando tomar ciertas medidas antes de su entrada en vigor a fin de promover sus objetivos, además de recomendar directrices complementarias para quienes organizan o llevan a cabo actividades sin la supervisión o el respaldo de otro operador o programa nacional;

Recomiendan que:

1. las Partes exijan a aquellos que, estando bajo su jurisdicción, organicen o lleven a cabo turismo u otras actividades no gubernamentales en la zona del Tratado Antártico, para las cuales se requiera aviso anticipado de conformidad con el párrafo 5 del Artículo VII del Tratado Antártico, sigan las directrices anexas a esta Resolución; y

2. la Secretaría del Tratado Antártico publique en su sitio web el texto de la Resolución 4 (2004), Directrices sobre los Planes de Contingencia, Seguros y otros asuntos relacionados con el Turismo y otras Actividades no Gubernamentales en la Zona del Tratado Antártico, de manera de dejar en claro que ya no tiene vigencia.

Directrices sobre los planes de contingencia, seguros y otros asuntos relacionados con el turismo y otras actividades no gubernamentales en la Zona del Tratado Antártico

1. Quienes organicen o lleven a cabo actividades turísticas u otras actividades no gubernamentales en la zona del Tratado Antártico, deben garantizar lo siguiente:

a) que se hayan redactado e implementado los planes de contingencia adecuados y las condiciones suficientes para la salud y seguridad, la búsqueda y salvamento (SAR) y la atención médica y evacuación antes del inicio de la actividad. Estos planes y condiciones no deben depender del respaldo de otros operadores o programas nacionales sin su consentimiento expreso por escrito; y

b) que se hayan implementado los seguros correspondientes u otras condiciones para cubrir los costos asociados con las operaciones SAR y la atención médica y evacuación.

2. Las autoridades competentes pueden especificar el formato en que prefieren recibir la información concerniente al párrafo 1a de dichas directrices y el requisito equivalente en la Medida 4 (2004).

3. Cuando lo decida una autoridad competente, un operador marítimo puede proporcionar una copia del Manual de operaciones en Aguas Polares que exige el Código Internacional para Buques que Operen en Aguas Polares (Código Polar), o sus partes pertinentes, como parte de su demostración de cumplimiento con los componentes relativos al mar de los requisitos a los que se refiere el párrafo 2.

4. Las siguientes directrices también deberían ser observadas, en especial por quienes organizan o llevan a cabo actividades sin la supervisión o el respaldo en terreno de otro operador o programa nacional:

a) los participantes deben tener experiencia suficiente y demostrable, adecuada a la actividad propuesta, para operar en entornos polares o sus equivalentes. Esta experiencia puede incluir entrenamiento de supervivencia en zonas frías o remotas, así como volar, navegar u operar otros vehículos en condiciones y a lo largo de distancias similares a las propuestas en la actividad;

b) todo el equipo, incluyendo el de abrigo, comunicación, navegación, emergencia y logística, debe estar en condiciones adecuadas, con repuestos suficientes y en buen estado para una operación eficaz en condiciones antárticas;

c) todos los participantes deben ser competentes en el uso de dicho equipo;

d) todos los participantes deben estar en buenas condiciones médicas, físicas y psicológicas para realizar la actividad en la Antártida;

e) debe encontrarse disponible equipo de primeros auxilios durante la actividad y al menos uno de los participantes debe tener conocimientos avanzados de primeros auxilios.

www.ingramcontent.com/pod-product-compliance
Lightning Source LLC
Chambersburg PA
CBHW051341200326
41521CB00015B/2583